HR-Compliance

Praxisleitfaden Compliance im Personalwesen

Herausgegeben von
Dr. Yvonne Conzelmann

Mit Beiträgen von
Dr. David Albrecht, Dr. Yvonne Conzelmann,
Prof. Dr. Daniela Eisele-Wijnbergen,
Dr. Anne Förster, Dr. Christiane Freytag,
Dr. Tatjana Gohritz, Dr. Katrin Haußmann,
Dr. Martin Knaup, Dr. Michael Johannes Pils,
Katja Schiffelholz, Dr. Harald Schloßmacher,
Johannes Simon, Jan-Patrick Vogel,
Dr. Volker Vogt, Susan Weltz
und Martin Zackor

ERICH SCHMIDT VERLAG

Bibliografische Information der Deutschen Nationalbibliothek
Die Deutsche Nationablbibliothek verzeichnet diese Publikation in der Deutschen Nationalbibliografie; detaillierte bibliografische Daten sind im Internet über http://dnb.d-nb.de abrufbar.

Weitere Informationen zu diesem Titel finden Sie im Internet unter
ESV.info/978-3-503-18796-6

Gedrucktes Werk: ISBN 978-3-503-18796-6
eBook: ISBN 978-3-503-18979-3

Alle Rechte vorbehalten
© Erich Schmidt Verlag GmbH & Co. KG, Berlin 2020
www.ESV.info

Dieses Papier erfüllt die Frankfurter Forderungen
der Deutschen Nationalbibliothek und der Gesellschaft für
das Buch bezüglich der Alterungsbeständigkeit und entspricht
sowohl den strengen Bestimmungen der US Norm Ansi/Niso Z
39.48-1992 als auch der ISO-Norm 9706

Satz: L101 Mediengestaltung, Fürstenwalde
Druck und buchbinderische Verarbeitung: docupoint, Barleben

Vorwort

Das Themenfeld Compliance im Personalwesen ist sehr vielschichtig und die Anforderungen an ein regelkonformes Verhalten steigen stetig. Die Einhaltung gesetzlicher und regulatorischer sowie auch moralischer und ethischer Verpflichtungen ist für Unternehmen jeder Branche im Alltag nicht immer einfach und stellt diese vor zahlreiche Herausforderungen, die es zu meistern gilt.

Dieser Praxisleitfaden widmet sich den aktuellen Themen aus dem Bereich Human Resource Compliance und soll dem Leser dazu dienen, die Risiken und Probleme im Bereich Compliance und Personalwesen zu erkennen und geeignete Maßnahmen zu ergreifen, um ein regelkonformes Verhalten in Personalfragen sicherzustellen.

Das Werk bietet einen guten Einstieg, um sich dieser immer mehr an Bedeutung gewinnenden Thematik zu nähern, und ist daneben auch zur Vertiefung von bereits erworbenen Kenntnissen in den einzelnen Themenfeldern geeignet.

Jeder Beitrag wendet sich hierbei einem speziellen Thema zu, wobei neben einer abstrakten Problemdarstellung dem Leser stets auch praxisrelevante Lösungsansätze an die Hand gegeben werden. Dieser Praxisleitfaden richtet sich daher primär an Leser, die nach praktischen Lösungsansätzen bei Compliancerechtlichen Fragestellungen im Bereich Personalwesen suchen.

Es ist nicht möglich, auf sämtliche Probleme des Themenkomplexes HR-Compliance in einem Werk einzugehen und diese umfassend darzustellen. In der Folge werden daher einzelne ausgewählte Themenkomplexe aus dem Bereich Compliance im Personalwesen dargestellt und erörtert, die aus Sicht der Autoren eine hohe Praxisrelevanz aufweisen und besonders risikoanfällig sind.

Wir wünschen Ihnen viel Spaß beim Lesen!

Frankfurt am Main, im Januar 2020   Dr. Yvonne Conzelmann

Inhaltsverzeichnis

Vorwort 5

Was versteht man unter „Compliance" und was ist mit HR-Compliance gemeint? *(Yvonne Conzelmann)* 19
Literatur 19
1. Begriffserläuterung Compliance 19
2. Human Resource Compliance 20
3. Spannungsfelder 21
4. Ziele einer Compliance-Struktur 22

Compliance im Bewerbungsprozess – Welche Fallstricke gibt es im Rahmen der Besetzung einer neuen Stelle zu vermeiden? *(Yvonne Conzelmann)* 25
Literatur 25
1. Einleitung 25
2. Ausschreibungsverfahren 27
3. Stellenausschreibung 27
4. Recruiting 31
    4.1 Soziale Netzwerke als Resource für Recruiting 31
    4.2 Auslagerung des Recruiting neuer Mitarbeiter 33
    4.3 Aufbewahrung bzw. Speicherung geeigneter Profile ... 33
5. Das Vorstellungsgespräch 34
6. Ersatzfähige Bewerbungskosten 37
7. Absagen eines Bewerbers 39
8. Fazit 40

Rechtssichere Beauftragung von Werk-/Dienstverträgen aus Kunden- und Dienstleistersicht sowie alternative Gestaltungsmodelle des Fremdpersonaleinsatzes *(Johannes Simon)* .. 41
Literatur 41
1. Einleitung 41
2. Risiken des fehlerhaften Fremdpersonaleinsatzes 42
    2.1 Ordnungswidrigkeitenrechtliche Risiken 42
    2.2 Sozialversicherungsrechtliche und steuerliche Risiken 43

    2.3 Strafrechtliche Risiken 44
    2.4 Wettbewerbs- und vergaberechtliche Risiken 44
    2.5 Zwischenfazit 45
3. Maßnahmen der Fremdpersonal-Compliance 45
    3.1 Bestandsaufnahme 45
    3.2 Schulungen und Aufklärung der Betroffenen 46
    3.3 Unternehmensregeln für den Einsatz von Fremdpersonal 46
    3.4 Überwachung der Einhaltung der Fremdpersonal-Compliance ... 47
    3.5 Umgang mit Bestandsfällen 47
    3.6 Umgang mit sozialversicherungsrechtlichen Beitragsrisiken
         und Steuerrisiken 48
    3.7 Übertragung von Unternehmerpflichten 49
    3.8 Umgang mit (Personal-)Dienstleistern 49
4. Offene Arbeitnehmerüberlassung als Gestaltungsmodell 50
    4.1 Höchstüberlassungsdauer 50
    4.2 Equal pay/equal treatment 51
    4.3 Kennzeichnungs- und Konkretisierungsgebot sowie Unterrichtungspflicht 52
5. Alternative Gestaltungsmodelle zum Werk-/Dienstvertrag 53
    5.1 Anwendung des Konzernprivilegs 53
    5.2 Ruhendes Arbeitsverhältnis und Neuabschluss befristetes Arbeitsverhältnis (Befristungsmodell) 54
    5.3 Gemeinschaftsbetrieb 55
6. Fazit 57

Entgeltgerechtigkeit und Recht rund ums Entgelt – Was wird unter einem gerechten Entgelt verstanden und (was) hat das mit Recht tun? *(Daniela Eisele-Wijnbergen)* 59
Literatur 59
1. Einleitung 59
2. Entgeltgerechtigkeit 60
    2.1. Anforderungsgerechtigkeit von Grund- bzw. Zielvergütung im
          Tarif und außertariflich 61
    2.2. Leistungs- und Erfolgsgerechtigkeit in (nicht) mitbestimmten
          Betrieben und Institutionen der Finanzbranche 66
    2.3. Mögliche weitere Aspekte einer gerechten Entgeltfindung 68
    2.4. Marktgerechtigkeit der Vergütung im Tarif und außertariflich ... 70
    2.5. Exkurs: Andere Herangehensweisen 71
3. Transparenz und das Entgelttransparenzgesetz 72
4. Der Mindestlohn: Die Untergrenze 73
5. Fazit 75

Klauseln zur Bindung von Mitarbeitern – Rückzahlungsvereinbarungen für Weiterbildungen und andere Tatbestände zur Förderung von Commitment
(Yvonne Conzelmann und *Daniela Eisele-Wijnbergen)* 77
Literatur 77
1. Einleitung 77
2. Rechtliche Wirksamkeit von Rückzahlungsklauseln 79
   2.1 Vorliegen eines geldwerten Vorteils für den Arbeitnehmer 80
   2.2 Interessenabwägung 81
   2.3 Transparenz der Vereinbarung 86
3. Rückzahlungsklauseln für weitere Tatbestände 87
4. Faktische Bindungswirkung von Rückzahlungsklauseln 89
5. Fazit 92

Strafbarkeitsrisiken bei der Vergütung von Betriebsräten und deren Eingrenzung durch Compliance
(Jan-Patrick Vogel und *Katja Schiffelholz)* 95
Literatur 95
1. Strafbarkeitsrisiken bei der Betriebsratsvergütung 96
   1.1. Mögliche Delikte einer fehlerhaften Vergütung 96
      1.1.1. Benachteiligung/Begünstigung von Arbeitnehmervertretern, § 119 Abs. 1 Nr. 3 BetrVG 96
         1.1.1.1. Schutzgut und Deliktsnatur 96
         1.1.1.2. Objektiver Tatbestand 97
         1.1.1.3. Subjektiver Tatbestand 98
         1.1.1.4. Strafantragserfordernis 98
      1.1.2. Untreue, 266 StGB 99
         1.1.2.1. Erster Schwenk des BGH: kompensationslose Zuwendung 99
         1.1.2.2. Zweiter Schwenk des BGH: Vermögensschutz der verletzten Norm 99
         1.1.2.3. Dritter Schwenk des BGH: Vermögensschutz aus privatem Rechtsakt 100
      1.1.3. Steuerhinterziehung, § 370 Abs. 1 Nr. 1 AO 101
      1.1.4. Beitragsvorenthaltung, § 266a StGB 102
   1.2. Täterkreis 102
      1.2.1. Personal-/, Steuer-/ und Compliance-Abteilung 103
      1.2.2. Eigene Strafbarkeit des Betriebsrates 103
   1.3. Zusammenfassung 104

2. Die rechtmäßige Betriebsratsvergütung 104
2.1. Grundsätze der Vergütungsfindung 105
   2.1.1. Betroffene Gehaltsbestandteile 105
   2.1.2. Absicherung der Vergütung nach unten,
        § 37 Abs. 4 BetrVG 106
        2.1.2.1. Vergleichsgruppenbildung 107
        2.1.2.2. Nachzeichnen der betriebsüblichen Entwicklung
              der Vergleichsgruppe 109
        2.1.2.3. Entwicklung und Anpassung der Vergütung von
              Betriebsratsmitgliedern 110
        2.1.2.4. Anwendungszeitraum des Ehrenamts- und Entgelt-
              ausfallprinzip 111
2.2. Korrektiv: Benachteiligungsverbot bei Einzelfallbeförderungen .. 111
3. Regelungsmöglichkeiten zur Betriebsratsvergütung 112
4. Sicherstellung der rechtmäßigen Vergütung durch Compliance 114
4.1. Zielsetzung eines Compliance-Prozesses 114
4.2. Übertragung und Definition von Verantwortlichkeiten 114
   4.2.1. Horizontale Delegation 114
   4.2.2. Vertikale Delegation 116
4.3. Prüf- und Freigabeprozess 117
   4.3.1. Absicherung des Entgelts nach unten 117
   4.3.2. Absicherung des Entgelts nach oben 117
   4.3.3. Dokumentation der Vergütungsentscheidung 118
5. Flankierende Maßnahmen 118

Strafbarkeitsrisiken wegen Vorenthalten und Veruntreuen von Arbeitsentgelt, § 266a StGB – Strafbarkeitsvoraussetzungen und Risikoreduzierung *(David Albrecht)* 119

Literatur 119
1. Einleitung 119
2. Strafbarkeit nach § 266a StGB 120
2.1. Tatbestandsstruktur und Schutzzwecke des § 266a StGB 120
2.2. Objektiver Tatbestand 120
   2.2.1. Tauglicher Täter 120
        2.2.1.1. Arbeitgebereigenschaft 121
        2.2.1.2. Strafrechtliche Verantwortlichkeit von
              Repräsentanten des Arbeitgebers 123
        2.2.1.3. Der Arbeitgeber in Fällen der Arbeitnehmer-
              überlassung 126
   2.2.2. Vorenthalten von Beiträgen des Arbeitnehmers
        nach Abs. 1 127

    2.2.2.1. Sozialversicherungsbeiträge des Arbeitnehmers ... 127
    2.2.2.2. Vorenthalten von Beiträgen 129
  2.2.3. Vorenthalten von Beiträgen des Arbeitgebers nach Abs. 2 . 132
    2.2.3.1. Sozialversicherungsbeiträge des Arbeitgebers 133
    2.2.3.2. Täuschung über sozialversicherungsrechtliche
        erhebliche Tatsachen 133
    2.2.3.3. Vorenthalten von Beiträgen 135
  2.2.4. Vorenthalten sonstiger Lohnteile nach Abs. 3 136
 2.3. Subjektiver Tatbestand 136
 2.4. Besonders schwere Fälle nach Abs. 4 138
 2.5. Absehen von Strafe und Strafausschluss nach Abs. 6 139
 2.6. Täterschaft und Teilnahme 140
 2.7. Verjährung 141
3. Verbandsgeldbuße nach § 30 OWiG 142
4. Außerstrafrechtliche Rechtsfolgen 142
 4.1. Inhabilität, § 6 Abs. 2 GmbHG/§ 76 Abs. 3 AktG 143
 4.2. Registereintragungen 143
 4.3. Gewerbeuntersagung, § 35 GewO 144
5. Verfahrensrechtliche Besonderheiten 145
 5.1. Beteiligte Behörden 146
  5.1.1. Zollverwaltung 146
  5.1.2. Deutsche Rentenversicherung 147
  5.1.3. Sonstige Behörden 148

Compliance im Arbeitsalltag – Wie viel Mitarbeiterüberwachung ist zulässig? *(Yvonne Conzelmann)* 149
Literatur 149
1. Einleitung und Überblick 150
2. Bild- und Videoüberwachung 151
 2.1 Sinn und Zweck der Bild- und Videoüberwachung 152
 2.2 Widerstreitende Interessen 152
 2.3 Offene Videoüberwachung 153
 2.4 Verdeckte Videoüberwachung 154
3. Überwachung der Telekommunikation 155
 3.1 Entscheidungsfreiheit des Arbeitgebers 155
 3.2 Keylogger-Entscheidung 156
 3.3 Abhören eines Telefongespräches 157
 3.4 Kontrolle der Internetnutzung und Lesen von E-Mails 158
4. GPS- Überwachung und Zeiterfassung 159
 4.1 GPS-Überwachung 159
 4.2 Zeiterfassung 160

5. Zuverlässigkeitstest 161
   5.1 Sinn und Zweck 161
   5.2 Zulässigkeit 161
6. Detektiveinsatz 162
   6.1 Zulässigkeit 162
7. Taschen- und Spindkontrollen sowie Aufsuchen des Arbeitsplatzes . 164
   7.1 Taschenkontrolle 164
   7.2 Spindkontrolle 164
   7.3 Inspektion des Arbeitsplatzes 164
8. Mitarbeiterbeurteilungen und Mitarbeiterbefragungen 165
   8.1 Mitarbeiterbeurteilung 165
   8.2 Mitarbeiterbefragung 166
9. Erfassung biometrischer Daten 168
10. Fazit 168

Einführung in die Compliance im Arbeits- und Gesundheitsschutz
(Michael Johannes Pils) 171
1. Überblick 172
2. Grundprinzipien und Leitgedanken 173
3. Einführung in das Sanktionssystem im Arbeitsschutzrecht 175
   3.1 Beschwerdewesen und behördliche Überwachung 175
   3.2 Handlungsmöglichkeiten der Behörden 176
      (a) Behördliche Überprüfungen 177
      (b) Anordnungen 177
   3.3 Bußgeld und Strafbarkeiten 179
      (a) Ermittlungsanlässe 180
      (b) Sorgfaltspflichtverletzung 181
      (c) Ordnungswidrigkeitentatbestände 181
      (d) Straftatbestände 182
4. Beispielshafte Herausforderungen der Arbeitsschutz-Compliance 183
   4.1 Gefährdungsbeurteilung und Unterweisung 183
   4.2 Arbeitsschutzorganisation 186
   4.3 Pflichtendelegation 188
5. Beispielhafte Herausforderungen der Gesundheitsschutz-Compliance 190
   5.1 Gesundheitsschutz bezüglich der Begründung des Arbeits-
      verhältnisses 190
   5.2 Leidensgerechte Beschäftigung 192
   5.3 Betriebliches Eingliederungsmanagement 194
6. Einführung in die Arbeitszeit-Compliance 197
   6.1 Sanktionsbewehrtheit 198
   6.2 Grundlagen des Arbeitszeitgesetzes und Arbeitszeitbegriffs 199

6.3 Flexibilisierungsmöglichkeiten 200
6.4 Dokumentationspflicht 202
7. Betriebliche Mitbestimmung 205
8. Gesundheits- und Arbeitsschutz-Compliance in M&A-Transaktionen . 208
9. Zusammenfassung und Ausblick 209

Social-Media-Guidelines *(Susan Weltz)* 211
Literatur 211
1. Die unbegrenzten Möglichkeiten des Internets 211
   1.1 Das Internet als Informationsquelle 212
   1.2 Das Internet als Kommunikationsmedium 212
2. Zahlen und Fakten 214
3. Beispiele aus der Rechtsprechung 215
   3.1 Das Veröffentlichen von Patientenfotos 215
   3.2 Die Beleidigung von Vorgesetzten auf Facebook 215
   3.3 Rassistische Äußerung durch Teilen eines Bildes 216
   3.4 Unzulässige Werbung durch eigene Arbeitnehmer 216
4. Unternehmensreaktionen 217
5. Social-Media-Guidelines 217
   5.1 Erkennbarkeit 218
   5.2 Verständlichkeit 218
   5.3 Keine Zuweisung zusätzlicher Aufgaben 219
   5.4 Keine willkürlichen Regelungen 219
   5.5 Beteiligung des Betriebsrates 219
6. Instrumente zur Einführung verbindlicher Social-Media-Guidelines .. 220
   6.1 Direktionsrecht 220
   6.2 Individualvertragliche Vereinbarung 220
   6.3 Umsetzung durch Betriebsvereinbarung 221
   6.4 Zusammenfassung 222
7. Inhaltliche Ausgestaltung verbindlicher Social-Media-Guidelines 223
   7.1 Festlegung des Nutzungsumfangs 223
   7.2 Das „Ob" der Nutzung 223
   7.3 Das „Wie" der Nutzung 224
       7.3.1 Wiederholung bereits bestehender Pflichten und Verbote .. 224
       7.3.2 Treue- und Loyalitätspflichten 224
       7.3.3 Strafrechtlich relevantes Verhalten 225
       7.3.4 Wettbewerbs- und urheberrechtliche Pflichten 226
8. Begründung neuer Verhaltenspflichten 227
   8.1 Interessenspositionen 227
   8.2 Meinungsfreiheit des Arbeitnehmers 227

9. Eingriff in das Recht auf freie Meinungsäußerung 228
   9.1 Schranken der Meinungsfreiheit 228
   9.2 Rechte des Arbeitgebers 229
   9.3 Abwägung der Rechtspositionen 229
10. Netiquette 230

Arbeitsrechtliche Compliance bei agilen (IT-)Projekten
(Anne Förster) 231
Literatur 231
1. Einleitung 231
2. Gestaltung agiler Projekte am Beispiel Scrum 233
   2.1. (Typische) Rollenverteilung bei Scrum 233
   2.2. (Typischer) Ablauf eines Scrum-Projektes 234
3. Rechtskonformer Fremdpersonaleinsatz bei agilen (IT-)Projekten 235
   3.1. Keine Bereichsausnahme im AÜG für (agile) IT-Projekte 235
   3.2. Anwendung der Abgrenzungskriterien bei agilen IT-Projekten ... 236
      3.2.1 Vorab abgegrenzter Leistungsgegenstand 237
      3.2.2 Keine Eingliederung in die Arbeitsorganisation
             des Auftraggebers 238
      3.2.3 Keine Weisungsbefugnis des Product Owners gegenüber
             dem Entwicklungsteam 239
4. Fazit 240

**Compliance-Anforderungen bei der Errichtung und Unterhaltung
von Whistleblower-Hotlines** *(Martin Knaup* und *Jan-Patrick Vogel)* ... 243
Literatur 243
1. Der Begriff des Whistleblowings/
   Regelungsbedürftigkeit der Thematik 245
2. Rechtspflicht zur Implementierung von Hinweisgebersystemen 247
   2.1. Aktienrecht 247
   2.2. Deutscher Corporate Governance Kodex 249
   2.3. Finanzsektor und Versicherungswirtschaft 249
   2.4. Gesetz über Ordnungswidrigkeiten (OWiG) 250
   2.5. Unternehmen mit US-Bezug 251
3. Faktische Verpflichtung zur Implementierung von Hinweisgebersystemen (Best Practice) 251
4. Inhaltliche Anforderungen an die Ausgestaltung von Hinweisgebersystemen 252
   4.1. Bisherige deutsche Rechtslage 252
   4.2. Anforderungen nach der Whistleblowing-Richtlinie 254

4.2.1. Regelungszweck und gesetzgeberischer Wille 254
4.2.2. Anwendungsbereich 254
4.2.3. Geschützte Meldungen 255
4.2.4. Verpflichtete zur Einrichtung eines Hinweisgebersystems . 256
4.2.5. Ausgestaltung von Hinweisgebersystemen 257
    4.2.5.1. Abkehr vom strengen dreistufigen Meldesystem . 257
    4.2.5.2. Schutz der Identität des Hinweisgebers 258
    4.2.5.3. Rückkopplungsprozess 259
    4.2.5.4. Dokumentationspflichten 260
4.2.6. Verbot von Repressalien, Schutz des Hinweisgebers 261
4.2.7. Sanktion Missbräuchlichen Verhaltens 263
4.2.8. Schutz des Beschuldigten/Betroffenen 264
5. Organisationsformen von Hinweisgebersystemen 264
  5.1. Interne Hinweisgebersysteme 265
    5.1.1. Gesellschaftsorgane, Betriebsrat, Personalabteilung 266
    5.1.2. Einbettung in Compliance-Abteilung 267
  5.2. Externe Hinweisgebersysteme 268
    5.2.1. Ombudsperson als externer Hinweisempfänger 268
    5.2.2. Internetbasierte externe (E-Mail-)Systeme 270
    5.2.3. Externe Callcenter 270
6. Arbeitsrechtliche Implementierung von Hinweisgebersystemen 271
  6.1. Arbeitsrechtliche Verbindlichkeit 271
    6.1.1. Arbeitgeberseitiges Direktionsrecht 271
    6.1.2. Arbeitsvertragliche Regelung 273
    6.1.3. Betriebsvereinbarung 274
    6.1.4. Zusammenfassender Praxishinweis 275
  6.2. Mitbestimmungsrecht des Betriebsrates 275
    6.2.1. Konsequenzen der Verletzung von Mitbestimmungsrechten 276
    6.2.2. Mitbestimmungsrechte 276
        6.2.2.1. Honeywell und Wal-Mart: Meldepflicht entscheidend 276
        6.2.2.2. Ermessenentscheidung in Bezug auf das „Ob" ... 277
        6.2.2.3. Mitbestimmungsrecht in Bezug auf das „Wie" ... 277
        6.2.2.4. Gesetzesvorbehalt des § 87 Abs. 1 BetrVG 278
7. Konsequenzen von Whistleblowermeldungen 278
  7.1. Pflicht zur Sachverhaltsaufklärung 279
  7.2. Recht zur Datenerhebung 280
  7.3. Beschuldigtenähnliche Stellung des Unternehmens 280
  7.4. Arbeitsrechtliche Verdachtskündigung 281
8. Abschließende Empfehlungen 282

Compliance und Unternehmensführung *(Harald Schloßmacher* und *Tatjana Gohritz)* 283
Literatur 283
1. Einleitung: Compliance als Führungsaufgabe 284
2. Symptomatik des Normal- und Sonderfalls 285
   Beispiel 1 – Leistungsmanagement der arbeitsrechtliche Normalfall: 285
   Beispiel 2 – Der gegenteilige Normalfall: 286
   Beispiel 3 – Symptomatik des vermeintlichen Führens: 286
3. Verankerung von Compliance im Unternehmen durch Führung 287
   3.1 Verankerung durch ein gelebtes Compliance-Management-System 287
       3.1.1 Grundelemente und Wirkungen 287
       3.1.2 Angemessene Organisation 289
       3.1.3 Stellung der Compliance-Einheiten bzw. -Funktionen 290
       3.1.4 Weitere Führungs- bzw. Compliance-Elemente 291
             3.1.4.1 Tone from the Top 291
             3.1.4.2 Speak-up-Kultur 292
   3.2 Die tatsächliche Umsetzung der Compliance- und Führungskultur 294
       3.2.1 Schulungen und Workshops 294
       3.2.2 Umsetzung in Personalsystemen 295
   3.3 Betriebswirtschaftliche und strategische Aspekte von Compliance 296
4. Fazit 298

Compliance und Verstöße im Arbeitsverhältnis *(Volker Vogt)* 299
Literatur 299
1. Tabellarische Übersicht der relevanten Regeln 300
2. Inhalt von Compliance-Regelungen 301
3. Sanktionsmöglichkeiten und Maßnahmen bei Compliance-Verstoß ... 302
4. Überwachung der Einhaltung von Compliance-Richtlinien 303
5. Konkrete arbeitsrechtliche Maßnahmen bei Compliance-Verstößen ... 304
   5.1 Abmahnung 305
       Exkurs: Die vorweggenommene Abmahnung 305
   5.2 Ordentliche verhaltensbedingte Kündigung 306
       5.2.1 Vertragswidriges Verhalten 307
             5.2.1.1 Prognoseprinzip 307
             5.2.1.2 Anderweitige Beschäftigungsmöglichkeit 308
             5.2.1.3 Interessenabwägung 308
   5.3 Personenbedingte Kündigung 309
   5.4 Sonderfall: Druckkündigung 310
       5.4.1 Unechte Druckkündigung 311
       5.4.2 Echte Druckkündigung 312

5.5 Außerordentliche Kündigung 312
    5.5.1 An sich geeigneter Grund 313
    5.5.2 Interessenabwägung 313
    5.5.3 Fallgruppen 314
    5.5.4 Verdachtskündigung 316
6. Besonderheiten bei Tendenzbetrieben 317
7. Fazit 318

Die „personelle Selbstreinigung" und ihre Einordnung im Kündigungsschutzrecht – Kann arbeitsrechtlich umgesetzt werden, was vergaberechtlich geboten ist?
(Katrin Haußmann und Christiane Freytag) 321

Literatur 321
1. Einleitung 321
2. Die „personelle Selbstreinigung" 322
3. Qualifizierte Eignungsmerkmale Zuverlässigkeit und Fachkunde ... 324
4. Entscheidungsmaßstäbe 325
    4.1 Spezialgesetzliche Zuverlässigkeitsbewertung 326
    4.2 Prognoseprinzip im Kündigungsschutzrecht 326
5. Auflösungsantrag im Kündigungsschutzverfahren 327
6. Eignungs- und Zuverlässigkeitsmerkmale als personenbedingter Kündigungsgrund 329
7. Pflichtverletzungen zur Begründung einer verhaltensbedingten Tat- oder Verdachtskündigung 330
8. Die betriebsbedingte Druckkündigung 331
9. Auswirkungen von strafrechtlichen Ermittlungsverfahren, einer Anklage oder Haft 331
10. Zusammenfassung 332
Anhang 333

Tax-Compliance *(Martin Zackor)* 335
Literatur 335
1. Überblick 335
    2. Tax-Compliance-Management-System 336
    2.1 Funktionen und Zielsetzung 336
    2.2 Verpflichtung zur Einführung eines Tax-Compliance-Management-System 337
    2.3 Tatsächliche Einrichtung eines Tax-Compliance-Management-Systems 338
3. Allgemeine Pflichten 340

3.1 Dokumentationspflichten 340
3.2 Abgabe von Steuererklärungen 341
3.3 Anzeigepflichten 342
3.4 Steuerentrichtungspflichten 342
3.5 Mitwirkungspflichten 343
3.6 Anzeige- und Berichtigungspflichten von Steuererklärungen 343
4. Rechtsfolgen 344
   4.1 Finanzielle Sanktionen 344
   4.2 Zinsen 345
   4.3 Schätzung von Besteuerungsgrundlagen 345
   4.4 Geldbußen bei (allgemeinen) Ordnungswidrigkeiten 345
   4.5 Steuerordnungswidrigkeiten 346
   4.6 Steuerstraftaten 347
   4.7 Haftung 348
   4.8 Sonstiges 349
5. Zusammenfassung 349

Autorenverzeichnis 351

Stichwortverzeichnis 357

Was versteht man unter „Compliance" und was ist mit HR-Compliance gemeint?

Yvonne Conzelmann

Literatur

Conzelmann, Yvonne, Compliance auf dem Vormarsch, ZRFC 2017, S. 77–80; Conzelmann, Yvonne, Human Resource Compliance, ZRFC 2017, S. 123–127; Kopp, Reinhold, ZRFC 2009, Arbeitsrechtliche Compliance, S. 252–258; Küttner, Wolfgang, Personalhandbuch Compliance, 23. Auflage 2016; Steffen, Markus/Stöhr Alexander, Die Umsetzung von Compliance-Maßnahmen im Arbeitsrecht, RdA 2017, S. 43–52; Streck, Michael/Binnenwies, Burkhard, Tax Compliance, DstR 2009, S. 229–234; Theile, Hans, Compliance und Strafrecht, JuS 2017, S. 913–916; Zimmer, Mark, HR-Compliance: Arbeitgeber in der Zwickmühle, CB 2015, S. 392–396.

Dieser kurze Beitrag dient als Einleitung und Hinführung zur Thematik dieses Praxisleitfadens. Es soll hierbei kurz dargestellt werden, was sich hinter dem Modewort Compliance und insbesondere dem speziellen Themenfeld der Human Resource Compliance verbirgt. Diese einleitenden kurzen Worte und Erläuterung der Begrifflichkeiten geben einen groben Überblick über dieses Themenfeld und sollen das Problembewusstsein schärfen.

Zunächst werden die Begrifflichkeiten „Compliance" und speziell „Human Resource Compliance" kurz erläutert. Anschließend werden insbesondere die bestehenden Hürden bzw. das Spannungsfeld der Human Resource Compliance dargestellt. Danach werden die Ziele, die mittels einer funktionsfähigen Compliance-Struktur verfolgt werden, beleuchtet.

1. Begriffserläuterung Compliance

„Compliance" ist ein zentrales Thema, welches in den letzten Jahren immer mehr in den Fokus der Öffentlichkeit gelangt ist und die Unternehmen vor die Herausforderung stellt, sich „compliant", d.h. regelkonform zu verhalten. Der Begriff „Compliance" ist dabei heutzutage in aller Munde und ein regelrechtes „In"-Wort geworden.

Der Begriff „Compliance" stammt ursprünglich aus dem Englischen „comply with" und bedeutet „einhalten", „erfüllen".[1] Unter Compliance versteht man daher nichts anderes als die Einhaltung von Regeln, d.h. ein regelkonformes Ver-

---

[1] Conzelmann, Y., ZRFC 2017, S. 77, 77.

halten.[2] Wichtig ist, dass nicht nur die Einhaltung von parlamentarischen Gesetzen gewährleistet werden muss, sondern vielmehr die Einhaltung sämtlicher Regelungen zu beachten ist, auch solche, die das jeweilige Unternehmen sich selbst gesetzt hat. Daher verlangt ein rechtmäßiges, regelkonformes Verhalten mehr als die lediglich Beachtung des gesetzlichen Regelwerks. Nach dem heutigen Verständnis umfasst der Begriff „Compliance" daher nicht nur die Einhaltung von Regeln, sondern gerade auch die Sicherstellung und Befolgung regelkonformen Verhaltens durch die Implementierung eines geeigneten Systems.[3]

Um ein regelkonformes Verhalten sicherzustellen, ist die Implementierung bzw. Etablierung von effektiven präventiven Compliance-Systemen, die Überwachung der Einhaltung des aufgestellten Regelwerks durch geeignete Maßnahmen sowie die Schaffung aktiver und funktionsfähiger Sanktionsmechanismen zur Ahndung von Verstößen unabdingbar. Compliance setzt also sowohl präventiv, im Rahmen der Verhinderung von Regelverstößen, als auch repressiv, bei der Verfolgung von begangenen Regelverstößen, an.[4] Insbesondere bei der Verfolgung von begangenen Verstößen muss das Unternehmen das Verhältnismäßigkeitsprinzip beachten.

2. Human Resource Compliance

Compliance ist keinesfalls auf das Wirtschaftsrecht beschränkt, sondern spielt auch insbesondere im Arbeits-/Personalwesen eine entscheidende Rolle.[5] Human Resource Compliance (kurz auch als HRC bekannt), ist bislang noch nicht einheitlich definiert worden, weswegen es keine allgemeingültige, verbindliche Definition dieses Begriffs gibt. Es verwundert, dass es bislang nur wenige einschlägige Publikationen zum Themenkomplex Human Resource Compliance gibt, da die HR-Abteilung eines Unternehmens letztlich eine wesentliche Rolle bei der Vermittlung und Umsetzung von Compliance-Strukturen spielt. Es ist nicht selbstverständlich, dass sich das Unternehmen und dessen Mitarbeiter stets regelkonform verhalten. Dies haben in der Vergangenheit immer wieder medienträchtige Skandale bekannter und namhafter Unternehmen gezeigt.

---

[2] Streck, M./Binnenwies, B., DstR 2009, S. 229, 229.
[3] Steffen, M./Stöhr, A., RdA 2017, S. 43, 43.
[4] Thiele, H., JuS 2017, S. 913, 914.
[5] Kreitner, J., Personalhandbuch Compliance, Rn. 3.

3. Spannungsfelder

Ein wesentlicher Faktor für den Erfolg eines Unternehmens sind letztlich dessen Mitarbeiter. Nahe an den Mitarbeitern ist Kraft ihrer Aufgabenstellung die HR-Abteilung jedes Unternehmens. Zu den klassischen Human Resource Aufgaben gehören die Personalrekrutierung, die Personalentwicklung, die Personalverwaltung und letztlich auch die Abwicklung des Ausscheidens. Es ist daher Aufgabe des Personalwesens, dafür Sorge zu tragen, dass innerhalb des Unternehmens Prozesse herausgearbeitet und etabliert werden, die eine konsequente, angemessene und verhältnismäßige Sanktionierung bei begangenen Pflichtverstößen sicherstellen. Hierbei ist im Rahmen einer umfangreichen Interessenabwägung unter Berücksichtigung des jeweiligen Einzelfalles eine interessengerechte und nachvollziehbare Lösung zu finden. Nur durch einen konsequenten Umgang mit Regel- bzw. Pflichtverstößen kann eine zukünftige Einhaltung des bestehenden Regelwerks effektiv gewährleistet werden.

Im Rahmen des Personalwesens ist das sog. Vier-Augen-Prinzip ein wesentliches Grundsatzprinzip. Dieses Prinzip soll sicherstellen, dass durch das Einführen einer Kontrolle bei wichtigen Prozessen kein missbräuchliches Verhalten an den Tag gelegt wird. Des Weiteren ist es von elementarer Bedeutung, dass wesentliche Arbeitsbedingungen einzelner Mitarbeiter vorab und insbesondere diskriminierungsfrei festgelegt werden.

Eine besondere Hürde bei der Beachtung von Compliance im Personalwesen ist letztlich die Komplexität der vielen verschiedenen Regelungen und Regelwerke, die beachtet werden müssen.[6] So gibt es einen bunten Strauß an rechtlichen Vorgaben, die eingehalten werden müssen. Um nur einige wenige aufzuführen: das Straf- und Ordnungswidrigkeitengesetz, das Arbeitsschutzgesetz, das Arbeitszeitgesetz, das Betriebsverfassungsgesetz, das Schwarzarbeitergesetz, das Mindestlohngesetz, das Arbeitnehmerüberlassungsgesetz, etc.[7] Die zu berücksichtigenden Regelungen sind sehr komplex und vielschichtig, weswegen die Gewährung eines regelkonformen Verhaltens oftmals nicht leicht ist. Die Risiken sich „incompliant" zu verhalten, sind daher sehr groß. Eine weitere Verkomplizierung stellt der Umstand dar, dass die meisten Unternehmen nicht nur national aufgestellt sind, sondern vielmehr international agieren, weswegen neben den nationalen Besonderheiten auch die internationalen Regelungen genau beachtet werden müssen. Zu beachten ist auch die Zwickmühle, in der sich der jeweilige Arbeitgeber befindet. Zum einen ist er gezwungen seine Mitarbeiter zu kontrollieren und zu überwachen, um deren ordnungsgemäßes Verhalten sicherzustellen, zum anderen muss er aber bei der Überwachung und Kontrolle

---

[6] Conzelmann, Y., ZRFC 2017, S. 123, 123.
[7] Conzelmann, Y., ZRFC 2017, S. 123, 123.

der Mitarbeiter gewisse Regelungen beachten und darf sich selbst nicht incompliant verhalten, indem er bei Überwachungs- und Kontrollmaßnahmen den Bereich der Legalität verlässt.[8] Gerade dieser Spagat ist in der Praxis häufig schwierig und kein leichtes Unterfangen.

4. Ziele einer Compliance-Struktur

Das primäre Ziel einer funktionstüchtigen Compliance-Struktur im Rahmen des Personalwesens ist es, dass das Unternehmen vor Haftungsrisiken geschützt wird, indem sichergestellt wird, dass die jeweiligen Mitarbeiter sich selbst regelkonform verhalten.[9] Dadurch werden drohende Schäden für das Unternehmen präventiv abgewendet. Imageschäden, die oftmals weitreichendere Folgen für das betroffene Unternehmen haben, als lediglich die Sanktionierung mit Bußgeldern, können präventiv verhindert werden. Ein funktionsfähiges Compliance-System dient damit in erster Linie der Schadensabwehr. Daneben soll ein funktionsfähiges Compliance-System aber auch für ein positives Betriebsklima im Unternehmen selbst sorgen, indem Transparenz und Mitarbeiterzufriedenheit verbessert werden.[10] Das Gefühl der Vetternwirtschaft und der Bevorzugung gewisser Mitarbeiter wird durch eine transparente Personalführung verhindert. Gerade ein gutes innerbetriebliches Arbeitsklima kann proaktiv als Aushängeschild verwendet werden und den Wert des Unternehmens positiv beeinflussen.[11] Es wird letztlich ein attraktives Arbeitsumfeld geschaffen, was drohender Personalfluktuation vorbeugt und die Mitarbeiter langfristig an das Unternehmen bindet. Durch ein regelkonformes Verhalten im Personalwesen kann letztlich auch eine Beschleunigung der Personalvorgänge gewährleistet werden und dadurch eine Effektivitätssteigerung erreicht werden.

Auch wenn es nach deutschem Recht derzeit keine Verpflichtung zur Einführung von Compliance-Systemen – abgesehen von Regelungen in der Finanzbranche – gibt, sind alle Unternehmen, unabhängig von ihrer Größe und Struktur, gut beraten, in ihrem Personalwesen Compliance-Systeme zu implementieren. Allein mit der Einführung eines Compliance-Systems ist es selbstverständlich nicht getan, sondern die Einhaltung dieses Regelwerks durch die Arbeitnehmer muss nachhaltig gesichert werden. Das beste Compliance-System nützt letztlich nichts, wenn es im Arbeitsalltag nicht gelebt wird.

In der Praxis gibt es nicht den „goldenen Weg", um erfolgreich Compliance-Systeme zu implementieren. Es fehlt an den hierfür notwendigen verbindlichen

---

[8] Zimmer, M., CB 2015, S. 392, 396.
[9] Conzelmann, Y., ZRFC 2017, S. 123, 124.
[10] Conzelmann, Y., ZRFC 2017, S. 123, 124.
[11] Kopp, R., ZRFC 2009, S. 252, 252.

Regelungen, an denen sich der Arbeitgeber orientieren könnte. Daher kann nicht generell einheitlich beantwortet werden, auf welche Art und Weise am effektivsten die Implementierung eines Compliance-Systems erfolgen kann. Vielmehr muss jedes Unternehmen dies an Hand der Struktur, der Mitarbeiterzahl und der Ausrichtung jeweils selbst entscheiden.

Dieser praxisorientierte Leitfaden beschäftigt sich mit spezifischen Fragestellungen der HR-Compliance. Im Folgenden werden in jedem Beitrag schwerpunktmäßig unterschiedliche Fragestellungen und aktuelle Themen aus dem Themenfeld HR-Compliance beleuchtet.

Compliance im Bewerbungsprozess – Welche Fallstricke gibt es im Rahmen der Besetzung einer neuen Stelle zu vermeiden?

Yvonne Conzelmann

Literatur

Carpenter, Doreen, Assessment Center generell rechtlich unbedenklich?, NZA 2015, S. 466–469; Czerny, Olivia, 12 Jahre AGG – Die wichtigsten Entscheidungen im Arbeitsrecht, NZA-RR 2018, S. 393–402; Göpfer, Burkard/Dußmann, Andreas, Recruiting und Headhunting in der digitalen Arbeitswelt – Herausforderungen für die arbeitsrechtliche Praxis, NZA-Beilage 2016, S. 41–46; Hohenstett Klaus-Stefan/Stamer, Katrin/Hinrichs, Lars, Background Checks von Bewerbern in Deutschland: Was ist erlaubt?, NZA 2006, S. 1065–1070; Hoppe Christian/Fuhlrott Michael, Update Antidiskriminierungsrecht – Vorsicht im Stellenbesetzungsverfahren, ArbRAktuell 2013, S. 91–94; J. von Staudingers Kommentar zum Bürgerlichen Gesetzbuch: Staudinger BGB Buch 2: Recht der Schuldverhältnisse: §§ 812–822 (Ungerechtfertigte Bereicherung), 2007; Kainer, Friedmann/Weber, Christian, Datenschutzrechtliche Aspekte des „Talentmanagements", BB 2017, S. 2740–2747; Kania, Thomas/Sasone Piero, Möglichkeiten und Grenzen des Pre-Employment-Screenings, NZA 2012, S. 360–364; Körlings, Peter, Das dritte Geschlecht und die diskriminierungsfreie Einstellung, NZA 2018, S. 282–285; Künzl, Richard, Das Fragerecht des Arbeitgebers bei der Einstellung, ArbAktuell 2012, S. 235–239; Münchener Kommentar zum Bürgerlichen Gesetzbuch, Band 4, 7. Auflage 2016; Ohlendorf, Bernd/Schreier Michael, AGG-konformes Einstellungsverfahren – Handlungsanleitung und Praxistipps, BB 2008, S. 2458–2465; Roepert, Jan-Willem, Erstattung von Kosten im Rahmen von Vorstellungsgesprächen, NJW 2017, S. 2076–2080; Roesner, Oliver, Rechtssicherer Umgang mit Stellenausschreibung und Bewerbung, BC 2012, S. 214–218; Tausch, Karin/Tausch, Sebastian, DS-GVO: Bewerbungs- und Einstellungsverfahren, BC 2019, S. 32–36; Wecker Gregor/Ohl, Bastian, Compliance in der Unternehmenspraxis, 3. Auflage 2013; Wissenkirch, Gerlind/Bissels Alexander, Das Fragerecht des Arbeitgebers bei Einstellung unter Berücksichtigung des AGG, NZA 2007, S. 169–174; Zundel, Frank, Die Entwicklung des Arbeitsrechts im Jahr 2017 – Gesetzgebung sowie Inhalt und Umfang arbeitsvertraglicher Rechte und Pflichten, NJW 2018, S. 126–132

1. Einleitung

Den Arbeitgeber trifft bereits im Bewerbungsprozess eine gewisse Fürsorgepflicht gegenüber dem potenziell zukünftigen Arbeitnehmer. Das Allgemeine Gleichbehandlungsgesetz (kurz: AGG) bietet einen umfassenden Schutz für Bewerber und Bewerberinnen, die von dem persönlichen Schutzbereich dieses Gesetzes erfasst werden.[1]

---

[1] Süßbrich, K./Rütz, E., Compliance in der Unternehmenspraxis, S. 208, 212.

Im gesamten Bewerbungsprozess, von der Ausschreibung der Stelle bis hin zum Absageschreiben, ist in compliance-rechtlicher Hinsicht Vorsicht geboten, damit sich der Arbeitgeber keiner (vermeidbaren) Haftung ausgesetzt sieht. Gerade bei der Stellenausschreibung unterlaufen oftmals Fehler, die es tunlichst zu vermeiden gilt, um sich nicht z.B. schadensersatzpflichtig gegenüber sogenannten AGG-Hoppern zu machen. Daher sollte auf das Erstellen der Stellenanzeigen größte Sorgfalt gelegt werden. Die Besonderheiten, die es bei der Stellenausschreibung zu beachten gilt, werden nachfolgend an Hand der aktuellen Rechtsprechung in diesem Beitrag dargestellt.

In den letzten Jahren hat sich immer mehr ein Ringen um qualifizierte Mitarbeiter bemerkbar gemacht. Daher verfügen die meisten mittelständischen und größeren Unternehmen über ein eigenes Recruiting-Team, wobei sich in der Folge immer mehr das „E-Recruiting" fortentwickelt hat. Hierbei wird der Einsatz elektronischer Medien, insbesondere Social Media, bewusst zur Rekrutierung neuer Mitarbeiter genutzt. Mithilfe der Auswertung sozialer Netzwerke lassen sich kostengünstig und relativ simpel Rückschlüsse auf Interessen, Qualifikation und den beruflichen Werdegang des Kandidaten schließen, weswegen sich dieser Weg der Informationsbeschaffung immer größerer Beliebtheit erfreut. Worauf insbesondere im Rahmen des „E-Recruitings" zu achten ist, wird im nachfolgenden Beitrag gleichfalls erläutert.

Dem Vorstellungsgespräch kommt im Bewerbungsprozess eine entscheidende Bedeutung zu. Der Arbeitgeber hat ein Interesse, im Vorstellungsgespräch möglichst viele Informationen über den Bewerber zu erhalten, um so besser beurteilen zu können, ob dieser ein geeigneter Kandidat für die zu besetzende Stelle ist. Aus diesem Grund möchte der Arbeitgeber verständlicherweise möglichst viele Fragen stellen und diese auch beantwortet erhalten. Das Fragerecht des Arbeitgebers ist jedoch nicht grenzenlos, da insbesondere der Verhältnismäßigkeitsgrundsatz zu beachten ist. Auf der einen Seite besteht ein Informationsinteresse des Arbeitgebers und auf der anderen Seite ist das allgemeine Persönlichkeitsrecht des Bewerbers zu berücksichtigen. Diese beiden widerstreitenden Interessen sind in Ausgleich zu bringen.

Zuletzt ist bei der Formulierung eines Absageschreibens tunlichst darauf zu achten, keine Angriffsfläche für die Annahme einer Diskriminierung des Bewerbers zu bieten. Oftmals wird diesem letzten Akt des Bewerbungsverfahrens seitens des Arbeitgebers keine Bedeutung mehr beigemessen obwohl auch dieses dem enttäuschten Bewerber Potenzial für eine Diskriminierungsklage bietet.

Dieser Beitrag befasst sich mit den Besonderheiten des Bewerbungsverfahrens in compliance-rechtlicher Sicht.

2. Ausschreibungsverfahren

Im Ausschreibungsverfahren ist bereits auf § 81 Abs. 1 SGB IX zu achten, der in der Praxis oftmals übersehen wird. Dem Unternehmen als neuem Arbeitgeber obliegt eine Prüfpflicht, ob der freie bzw. neu zu besetzende Arbeitsplatz mit Schwerbehinderten besetzt werden kann. Hierbei ist insbesondere auf die Bewerberdaten der Agentur für Arbeit zurückzugreifen, § 81 Abs. 1 S. 1 SGB IX.[2] Allein die fehlende Auseinandersetzung mit dieser Frage ist schon ein Indiz für die Benachteiligung wegen einer Behinderung.[3] In der Praxis ist es daher ratsam, bei jeder Stellenausschreibung eine Abfrage bei der Agentur für Arbeit nach geeigneten schwerbehinderten Bewerbern vorzunehmen und dieses Vorgehen zu dokumentieren, um kein Indiz für eine potenziellen Benachteiligung schwerbehinderter Arbeitnehmer zu schaffen.[4]

3. Stellenausschreibung

Im Rahmen der Stellenausschreibung sollten selbstverständlich gewisse Mindestinhalte enthalten sein, um potenzielle Bewerber über die Anforderungen und die erwartete Leistung zu informieren. Nur so kann sichergestellt werden, dass sich auch geeignete Kandidaten bewerben.

Der erster Stolperstein, über den es gilt hierbei nicht zu fallen, ist die Ausschreibug der konkreten Tätigkeit ohne die Schaffung eines Diskriminierungspotenzials. Ein besonderes Augenmerk ist daher darauf zu legen, eine benachteiligungsfreie Stellenannonce zu formulieren, um sich nicht AGG-Hoppern ausgesetzt zu sehen. Der persönliche Anwendungsbereich des AGG ist gem. § 6 Abs. 1 S. 2 AGG nämlich nicht nur für die Beschäftigten, sondern gerade auch für Bewerberinnen und Bewerber für ein Beschäftigungsverhältnis eröffnet, weswegen bereits bei der Stellenausschreibung sorgfältig darauf zu achten ist, dass nicht gegen das AGG verstoßen wird.[5]

Das AGG trat im Jahre 2006 in Kraft. Mit dem Inkrafttreten dieses Gesetzes wurde vielfach befürchtet, dass es auch in Deutschland zu einer Flut an Schadensersatz- und Entschädigungsklagen mit immensen Entschädigungssummen nach amerikanischem Vorbild kommen wird. Diese Befürchtung hat sich nicht bewahrheitet, jedoch ist es dennoch mehr als ratsam in der Praxis dafür Sorge zu tragen, dass Organisationsmaßnahmen getroffen werden, um Rechtsverstöße bereits im Keim zu ersticken und bei der Stellenausschreibung penibel darauf

---

[2] Hoppe, C./Fuhlrott, M., ArbRAktuell 2013, S. 91, 93.
[3] LAG Baden-Württemberg, NZA-RR 2011, S. 237.
[4] Hoppe, C./Fuhlrott, M., ArbRAktuell 2013, S. 91, 93.
[5] Carpenter, D., NZA 2015, S. 466, 468.

zu achten keinen Angriffspunkt für einen denkbaren Verstoß gegen das AGG zu bieten. Aus diesem Grunde gehört das AGG zu einem der häufigst diskutierten Compliance-Thematiken der vergangenen Jahre.

Nach § 11 AGG muss die Stelle seitens des Arbeitgebers so ausgeschrieben werden, dass kein Bewerber wegen seines Geschlechts, seiner Rasse oder ethnischen Herkunft, seiner Behinderung, seiner Religion oder Weltanschauung, seiner sexuellen Identität oder seines Alters benachteiligt wird. Im Rahmen der Formulierung sollte penibel darauf geachtet werden, dass unmittelbare Benachteiligungen, eine solche liegt vor, wenn eine Person unter ausdrücklicher Bezugnahme auf ein in § 1 AGG genanntes persönliches Merkmal (Alter, Geschlecht etc.) schlechter behandelt wird, sowie auch mittelbare Benachteiligungen, eine solche ist gegeben, wenn eine scheinbar neutrale Regelung bei näherem Hinsehen eine faktische Benachteiligung einer bestimmten Personengruppe bewirkt, vermieden werden. Eine mittelbare Beeinträchtigung hat die Rechtsprechung beispielsweise bei der Verwendung von „für unser junges dynamisches Team"[6], „Muttersprachler"[7], angenommen.

Liegt eine Benachteiligung vor, haftet der Arbeitgeber nach § 15 AGG auf Schadenersatz in unbegrenzter Höhe. Der Anspruch ist lediglich für die Nichteinstellung eines Bewerbers auf drei Monatsgehälter limitiert, wenn der Bewerber auch bei einer benachteiligungsfreien Auswahl nachweislich nicht eingestellt worden wäre.[8] Daher besteht durch eine Stellenausschreibung ein potenzielles Haftungsrisiko für das Unternehmen, was letztlich durch die Beweiserleichterung in § 22 AGG für den jeweiligen Kläger noch erhöht wird. Der Arbeitgeber hat hiernach im Rahmen seiner Darlegungs- und Beweislast aufzuzeigen, dass eine Diskriminierung tatsächlich nicht stattgefunden hat, was in der Praxis in den seltensten Fällen gelingt.

Im Hinblick auf einen Entschädigungsanspruch nach § 15 Abs. 2 AGG wegen einer diskriminierenden Stellenausschreibung hat das BAG eine wesentliche Änderung der bislang bestehenden Rechtsprechung im Jahre 2016 vorgenommen.[9] Nach der neuen Rechtsprechung kommt es nicht mehr, wie davor, auf die objektive Eignung des Bewerbers für die ausgeschriebene Stelle an. Allein ausreichend und ausschlaggebend ist nunmehr, dass sich der Bewerber auf eine Stelle beworben hat, deren Ausschreibung diskriminierend ist. Lediglich im Rahmen einer Rechtsmissbrauchskontrolle, welche an Hand von § 242 BGB festgemacht wird, wird als Kriterium die objektive Geeignetheit des Bewerbers

---

[6] BAG, Urteil vom 11.08.2016 – 8 AZR 406/14.
[7] BAG, Urteil vom 29.06.2017 – 8 AZR 402/15.
[8] Süßbrich, K./Rütz, E., Compliance in der Unternehmenspraxis, S. 208, 212.
[9] BGH, Urteil vom 19.05.2016 – 8 AZR 470/14.

noch berücksichtigt.[10] Es darf also nicht nur bezweckt werden durch die Einreichung einer Bewerbung den Status eines Bewerbers zu erreichen, sondern der Bewerber muss die Bewerbung auch tatsächlich ernst meinen und den Bewerbungsprozess ernsthaft betreiben wollen.[11] Anders formuliert, es darf sich nicht lediglich um eine Scheinbewerbung handeln, um dadurch einen Entschädigungsanspruch geltend machen zu können, sondern der Bewerber muss ein wirkliches und echtes Interesse an der ausgeschriebenen Stelle haben.[12]

Liegt indes eine bloße Bewerbung zum Schein vor, verfängt die Rechtsmissbrauchskontrolle nach § 242 BGB und ein Entschädigungsanspruch ist abzulehnen. Durch diese Missbrauchskontrolle wird versucht, dem sog. AGG-Hopping Einhalt zu gebieten. Ob es sich um eine bloße Scheinbewerbung handelt, muss jeweils im konkreten Einzelfall geprüft werden. Ein Indiz für eine bloße formale Bewerbung, ohne ein echtes Interesse an der ausgeschriebenen Stelle zu haben, ist, wenn der Bewerber deutlich höher qualifiziert ist als es das Anforderungsprofil der ausgeschriebenen Stelle verlangt und der Bewerbungsprozess nicht mit den üblichen Sorgfaltsstandards betrieben wird, indem beispielsweise unzureichende Unterlagen eingereicht oder mehrere Terminvorschläge für ein Vorstellungsgespräch durch den Bewerber ohne zureichende Begründung abgelehnt werden.[13] An diesem Verhalten lässt sich oftmals festmachen, dass der Bewerber den Bewerbungsprozess nicht ernst betreibt und nicht die Einstellung bezweckt. Allein der Umstand, dass sich der Bewerber bei der Bewerbung nur keine Mühe gibt, genügt indes nach einer Entscheidung des BAG noch nicht, um eine Scheinbewerbung anzunehmen.[14] Darlegungs- und beweisbelastet für das Vorliegen einer Scheinbewerbung ist der Arbeitgeber, der diesen Einwand erhebt.[15] Im Hinblick darauf, dass an das Vorliegen einer bloßen Scheinbewerbung hohe Anforderungen zu stellen sind, wird der Nachweis des Vorliegens eines Rechtsmissbrauchs in der Praxis nur selten gelingen.

Besondere Vorsicht ist bei Formulierungen, die auf Alter oder Geschlecht abzielen, geboten, da diesbezüglich sich in der Praxis schnell eine unpassende, diskriminierende Formulierung einschleicht. Daher ist es ratsam bei Stellenanzeigen jede Andeutung auf das Lebensalter zu unterlassen. Sowohl eine Diskriminierung aufgrund höheren als auch geringerem Lebensalter ist verboten.[16] Es darf auch nicht auf Anglizismen zurückgegriffen werden. Bekannt ist in diesem

---

[10] NZA 2016, S. 1394, 1394.
[11] Zundel, F., NJW 2018, S. 126, 132.
[12] Czerny, O., NZA-RR 2018, S. 393, 393.
[13] Czerny, O., NZA-RR 2018, S. 393, 393.
[14] BAGE 156, 71.
[15] Czerny, O., NZA-RR 2018, S. 393, 393.
[16] Czerny, O., NZA-RR 2018, S. 393, 394.

Zusammenhang eine Entscheidung des BAG, in der durch die Verwendung der Redewendung „young professionals" eine Diskriminierung angenommen worden ist.[17]

Ebenfalls ist penibel darauf zu achten, dass keine Diskriminierung wegen des Geschlechts vorgenommen wird. Nach einem jüngsten Beschluss des Bundesverfassungsgerichts aus dem Herbst 2017, schützt das allgemeine Persönlichkeitsrecht nach Art. 2 Abs. 1 i. V. m. Art. 1 Abs. 1 GG auch die geschlechtliche Identität derjenigen, die sich dauerhaft weder dem männlichen noch dem weiblichen Geschlecht zuordnen lassen.[18] Dies hat auch Auswirkungen auf die Formulierung von Stellenausschreibungen. Waren bis dato Stellenausschreibungen geschlechtsneutral, wenn sie deutlich erkenntlich machten, dass sowohl männliche als auch weibliche Bewerber für die entsprechende Stelle in Betracht kommen, ist nach dieser neuen Entscheidung des Bundesverfassungsgerichts deutlich, dass auch Personen angesprochen werden müssen, die sich weder dem männlichen noch dem weiblichen Geschlecht zuordnen lassen. Daher ist es in der Praxis dringend anzuraten, als zusätzliches Geschlecht „divers" anzugeben und einen entsprechenden Zusatz in einer Stellenausschreibung „m/w/divers" zu notieren. Des Weiteren gilt zu beachten, dass eine Verwendung des männlichen und weiblichen Genus bei einer Tätigkeitsbezeichnung in einer Stellenausschreibung das dritte Geschlecht unberücksichtigt lässt und daher eine Diskriminierung wegen des Geschlechts vermuten lässt.[19]

In den letzten Jahren haben viele Unternehmen zunehmend auf Online-Bewerbungsformulare umgestellt. Der interessierte Bewerber gibt auf der Homepage des Unternehmens in einer Online-Maske seine persönlichen Daten ein. Regelmäßig werden standardisierte Masken verwendet, die den Bewerbern nur die Auswahl bei dem Geschlecht zwischen männlich und weiblich ermöglichen und auch bei der Anrede nur als Auswahlkriterium Herr oder Frau vorgeben. Wegen des vorgenannten Beschlusses des Bundesverfassungsgerichts sollten diese Bewerbungseingabemasken schnellstmöglich überholt und angepasst werden, da ansonsten der begründete Verdacht einer Diskriminierung des dritten Geschlechts anzunehmen ist.

Es stellt sich die interessante Frage, was mit Stellenanzeigen aus der Vergangenheit ist. Letztlich hat das Bundesverfassungsgericht festgestellt, dass Ausschreibungen stets geschlechtsneutral zu formulieren sind. Vor diesem bahnbrechenden Beschluss des Bundesverfassungsgerichts aus Oktober 2017 war es gängige Praxis lediglich den Zusatz (m/w) zu verwenden. Die Konsequenz

---

[17] BAG, Urteil vom 24.01.2013 – 8 ZRA 429/11.
[18] Beschluss des Bundesverfassungsgerichts vom 10.10.2017 – Az.: 1 BvR 2019/16.
[19] Körlings, P., NZA 2018, S. 282, 284.

wäre, dass bislang so gut wie jede Stellenausschreibung gegen das Diskriminierungsverbot verstoßen hätte. Nach Ansicht der Verfasserin können sich Unternehmen vor dem Publik werden dieses Beschlusses darauf berufen, dass keine Diskriminierung gewollt war, sondern mit dem Zusatz (m/w), der gängig und zudem auch in der Literatur empfohlen wurde, jeder potenzielle Bewerber angesprochen werden sollte und die Stelle geschlechtsneutral ausgeschrieben war. Die Sichtweise lässt sich mit dem Vertrauensgrundsatz untermauern, der Verfassungsrang genießt.

Des Weiteren ist darauf zu achten, dass im Rahmen der Stellenausschreibung keine Benachteiligung wegen der ethischen Herkunft erfolgt. Deutsch darf im Rahmen der Stellenanzeige nicht als Muttersprache verlangt werden, so entschied das BAG in einer neueren Entscheidung: Die Formulierung „Deutsch als Muttersprache" bei einer Stellenausschreibung stelle eine mittelbare Benachteiligung gemäß § 3 Abs. 2 AGG dar, weil die Muttersprache in besonderer Weise den Sprachraum und damit die ethnische Herkunft eines Menschen betreffe.[20]

4. Recruiting

4.1 Soziale Netzwerke als Resource für Recruiting

In den letzten Jahren nutzen Personalabteilungen und Recruitingfirmen immer häufiger das Internet, um insbesondere auf sozialen Netzwerken entweder neue geeignete Kandidaten ausfindig zu machen oder aber um über geeignete Kandidaten vor einer Einstellung noch weitere Informationen zu erlangen. Bei der Zuhilfenahme sozialer Netzwerke müssen jedoch zwingend gewisse Regeln eingehalten werden.

Bei sozialen Netzwerken unterscheidet man zunächst zwischen privaten Netzwerken, in denen primär freizeitorientierte Informationen mitgeteilt werden, wie beispielsweise Facebook und geschäftsbezogene Netzwerke, in denen primär berufs- und karrierebezogene Aktivitäten preisgegeben werden, wie zum Beispiel Xing.[21] Diese Unterscheidung ist für die Erhebung und Verwertung der personenbezogenen Daten entscheidend.

Bei freizeitorientierten Netzwerken geht der Bewerber gerade nicht davon aus, dass diese Seiten von einem potenziellen Arbeitgeber angeschaut und ausgewertet werden, um sich ein Bild von dem Bewerber und dessen Persönlichkeit zu machen. Diese auf den freizeitorientierten Netzwerken geposteten Daten sollen

---

[20] BAG, Urteil vom 29.06.2017 – 8 AZR 402/15.
[21] Göpfert, B./Dußmann, A., NZA-Beilage 2016, S. 41, 43; Kainer, F./Weber, C., BB 2017, S. 2740, 2744.

gerade nicht für geschäftliche Zwecke verwendet werden. Die Daten sind allgemein zugänglich, wenn sie mit Hilfe einer Suchmaschine entdeckt werden können und keine entsprechende Anmeldung auf der Plattform erforderlich ist. Diese Daten wurden bewusst von dem Nutzer online gestellt und daher für eine breite Öffentlichkeit zugänglich gemacht. Nach herrschender Meinung ist dies auch nicht anders, wenn eine Mitgliedschaft in dem Netzwerk erforderlich wird, um die Daten einsehen zu können. So erfolgt eine Anmeldung bei solchen sozialen Netzwerken in der Regel kostenneutral und schnell, weswegen die Hürden für eine Anmeldung nicht hoch sind und sich prinzipiell jeder binnen kürzester Zeit nach einer Registrierung Zugang zu den Daten verschaffen kann. Eine Begrenzung der Preisgabe der Daten an einen begrenzten Personenkreis wird daher auch durch das Anmeldeerfordernis nicht gewährleistet. In beiden Fällen muss jedoch berücksichtigt werden, dass die Daten gerade nicht für den beruflichen Alltag verwendet werden sollen, weswegen im Rahmen einer Interessenabwägung erkennbar ist, dass die in freizeitorientierten Netzwerken geposteten Daten gerade nicht für kommerzielle Zwecke verwendet werden sollen.[22] Die private Zwecke der Daten steht unmissverständlich im Vordergrund. Daher ist für den Arbeitgeber und dessen Recruitingteam ersichtlich, dass sie kein überwiegendes Interesse an den Daten begründen können. Dies ist denklogisch korrekt, da durch Daten auf solchen freizeitorientierten Netzwerken sogar sensible persönliche Informationen, wie zum Beispiel politische Meinung, religiöse Überzeugung oder das Sexualleben einer Person deutlich zu Tage treten können, wodurch die Erfolgsaussichten einer Bewerbung unter Umständen deutlich sinken können.[23]

Können die Daten indes nur durch das Hinzufügen in die Kontakt- oder Freundesliste eingesehen werden, handelt es sich bereits um keine öffentlich zugänglichen Daten, da diese gerade nicht jedermann zur Verfügung stehen. Wurde indes die Kontaktanfrage bestätigt und auf die damit verbundenen Recruitingzwecke hingewiesen, ist der Bewerber weniger schutzwürdig, da er bewusst die Kontaktanfrage angenommen hat, weswegen eine Auswertung der Daten leichter zu rechtfertigen und begründen ist.

Zusammenfassend kann festgehalten werden, dass der Arbeitgeber freizeitorientierte soziale Netzwerke nur sehr begrenzt für Recruitingzwecke im Bewerbungsprozess einsetzen darf, da in der Regel kein überwiegendes Interesse des Arbeitgebers an der Erhebung und Verwertung dieser personenbezogener Daten besteht, zumal auch nicht damit gerechnet werden kann, dass Informationen auf solchen primär freizeitorientierten Netzwerken für berufliche Zwecke verwendet werden.

---

[22] Kainer, F./Weber, C., BB 2017, S. 2740, 2744.
[23] Kainer, F./Weber, C., BB 2017, S. 2740, 2744.

Anders ist es indes bei beruflich orientierten Netzwerken. In diese werden bewusst karriere- und geschäftsbezogene Informationen mitgeteilt, weswegen damit zu rechnen ist, dass potenzielle Arbeitgeber und deren Recruitingteams sich an solch öffentlich zugänglichen Informationen, die freiwillig in solche Netzwerke eingestellt werden, bedienen und darauf zurückgreifen. Daher schlägt bei diesen Netzwerken die Interessenabwägung zu Gunsten der Arbeitgeber aus.

In der Praxis ist es ratsam, dass sich die Recruitingteams die Allgemeinen Geschäftsbedingungen der Netzwerke jeweils genau anschauen, da hierin oftmals leicht ersichtlich ist, welchem Zweck diese Plattform dient und ob die private oder berufliche Nutzung im Vordergrund steht.

4.2 Auslagerung des Recruiting neuer Mitarbeiter

Gerade kleinere und mittelständische Unternehmen bedienen sich im Bewerbungsverfahren gerne der Unterstützung Dritter, wie beispielsweise von Personaldienstleistern oder der Arbeitsagentur. Die Auslagerung der Personalsuche auf Dritte ist aber nicht völlig risikofrei und sollte daher gut überlegt werden.

Das Unternehmen, das sich einer dritten Stelle bedient, ist verpflichtet, das Verhalten des Dritten hinsichtlich der Vereinbarkeit mit den AGG-Grundsätzen zu überwachen.[24] Verstößt der dazwischengeschaltete Dritte gegen das Diskriminierungsverbot, ist dies dem Unternehmen zuzurechnen und der Bewerber kann einen Entschädigungsanspruch gegen dieses richten. Aufgrund der möglichen Zurechnung eines Verstoßes ist bei der Auslagerung des Recruitings daher Vorsicht geboten.

4.3 Aufbewahrung bzw. Speicherung geeigneter Profile

Trotz ausreichender Qualifikationen kommt es oftmals vor, dass Unternehmen aussichtsreiche Bewerber derzeit aus den unterschiedlichsten Gründen nicht einstellen können. Es besteht aber oftmals ein großes Interesse seitens des Arbeitgebers, das zunächst abgelehnte Profil eines Bewerbers in einem so genannten „Talentpool" zu speichern, um auf dieses Profil bei späterem Bedarf aktiv nochmal zurückzugreifen zu können.

Hier kommt das Datenschutzrecht zum Tragen. Auf der Webseite des Bundesbeauftragten für Datenschutz und Informationsfreiheit findet man folgende Information: „*... Bewerbungsunterlagen sind bei einer ablehnenden Bewerbung nach zwei Monaten ab Zugang der Ablehnung an den Bewerber zurückzugeben oder zu vernichten*".[25]

---

[24] OLG Karlsruhe, Urteil vom 13.09.2011 – 17 U 99/10 = NJW-RR 2011, S. 632, 632.
[25] https://kurzlinks.de/bc-b-wauf (Stand: 01.05.2019).

Möchte das Unternehmen das Profil des abgelehnten Bewerbers länger speichern, um gegebenenfalls bei späterem Bedarf aktiv nochmals auf den Bewerber zugehen zu können, ist eine Einwilligung des Bewerbers erforderlich, die freiwillig, d.h. ohne das Erzeugen einer Drucksituation erfolgen muss und zudem jederzeit widerrufbar sein muss.[26]

Von einer Freiwilligkeit ist in der Regel dann nicht auszugehen, wenn die Einwilligung bereits direkt im Bewerbungsprozess selbst eingeholt wird, da der Bewerber dem potenziellen zukünftigen Arbeitgeber gefallen will und daher die Einwilligung tendenziell eher erteilt. Ratsam ist daher, dass eine solche Einwilligung zur Speicherung der Daten nach einer ablehnenden Entscheidung beim jeweiligen Bewerber eingeholt wird. Die Aufbewahrung und spätere Nutzung von Daten eines abgelehnten Bewerbers ist zulässig, wenn Rechtsstreitigkeiten mit dem Bewerber, insbesondere wegen Diskriminierungen nach dem AGG drohen, da in diesen Fällen ein berechtigtes Interesse des Arbeitgebers an der Speicherung der Daten besteht.[27]

5. Das Vorstellungsgespräch

Das Interesse des Arbeitgebers an der wahrheitsgemäßen Beantwortung der gestellten Fragen muss das bestehende Interesse des Bewerbers an seinem allgemeinen Persönlichkeitsrecht und der Geheimhaltung seiner persönlichen Lebensumstände überwiegen.[28] Entscheidend in diesem Zusammenhang ist insbesondere die Relevanz der Beantwortung dieser gestellten Fragen für die konkrete Beschäftigung und den Tätigkeitsbereich, in welchem der Bewerber eingesetzt werden soll.[29] So sind Fragen des Arbeitgebers zulässig, an deren Beantwortung ein berechtigtes und schutzwürdiges Interesse des Arbeitgebers klar ersichtlich zu Tage tritt, da ein sachlicher Zusammenhang zur konkreten Beschäftigung deutlich erkennbar ist.[30] Der Arbeitgeber hat grundsätzlich ein Recht auf Fragen zu fachlichen Qualifikationen sowie zum beruflichen Werdegang des Bewerbers. Dieses Wissen ist erforderlich um beurteilen zu können, ob der Bewerber für die Stelle geeignet ist. Je mehr die Frage des Arbeitgebers jedoch die Person des Bewerbers persönlich betrifft und weniger die zu besetzende Stelle, desto eher ist die gestellte Frage als unzulässig zu bewerten.[31]

---

[26] Tausch, K/Tausch, S, BC 2019, S: 32, 34.
[27] Kainer, F./Weber, C., BB 2017, S. 2740, 2745.
[28] Künzl, R., ArbRAktuell 2012, S. 235, 235.
[29] Kainer, F./Weber, C., BB 2017, S. 2740, 2742.
[30] Kania, T./Sasone, P., NZA 2012, S. 360, 361; Hohenstatt, K.-S./Stamer, K./Hinrichs, L., NZA 2006, S. 1065, 1066.
[31] Kainer, F./Weber, C., BB 2017, S. 2740, 2742.

Im Vorstellungsgespräch sind Fragen zu vermeiden, die Rückschlüsse auf Diskriminierungsmerkmale zulassen, d.h. der Arbeitgeber darf keine Fragen stellen, die Merkmale aus § 1 AGG betreffen. Wären solche Fragen letztlich zulässig, würde der Schutz des Bewerbers ausgehöhlt werden.

Fragen nach dem konkreten Alter des Bewerbers sowie dessen familiäre Situation sind unzulässig, da sie das Persönlichkeitsrecht des Bewerbers tangieren. Insbesondere die familiäre Zukunftsplanung des Bewerbers interessiert oftmals den Arbeitgeber, um so langfristig planen zu können. Da die Familie aber nach Art. 6 GG geschützt ist, sind Fragen zum Familienstand oder zu einem eventuell bestehenden Kinderwunsch unzulässig.[32] In diesem Zusammenhang darf auch nicht nach der sexuellen Ausrichtung des Bewerbers gefragt werden.[33]

Allgemein bekannt sein dürfte zwecks ständiger höchstrichterlicher Rechtsprechung, dass eine Frage zu einer bestehenden Schwangerschaft unzulässig ist.[34]

Fragen zum Gesundheitszustand des Bewerbers sind zulässig, wenn die körperliche Konstitution des Bewerbers für die ausgeschrieben Stelle von Bedeutung ist und damit wichtig für die Ausübung der Tätigkeit selbst. Die Frage nach gesundheitlichen Einschränkungen muss also einen konkreten Bezug zum Arbeitsplatz aufweisen.[35] Zulässig ist auch die Frage nach ansteckenden Krankheiten, wenn eine besondere Gefahr der Ansteckung für Kollegen/innen besteht.[36]

Religiöse oder weltanschauliche Ansichten dürfen ebenfalls grundsätzlich nicht erfragt werden. Eine Ausnahme gilt nur bei einer Tätigkeit im Rahmen eines so genannten Tendenzbetriebes. Zu solchen Tendenzbetrieben gehören etwa kirchliche Vereinigungen oder politische Parteien. Wegen der Glaubwürdigkeit der eigenen Institution ist hier eine Frage nach der religiösen bzw. weltanschaulicher Gesinnung ausnahmsweise zulässig.[37]

Gerne wird bei einem Vorstellungsgespräch auch nach dem früheren Verdienst des Arbeitnehmers gefragt. Streng betrachtet hat der frühere Verdienst keinerlei Bedeutung für die neue Stelle. Anders ist dies nur, wenn der Bewerber die frühere Vergütung als Mindestgehalt verlangt. Die Frage nach dem früheren Verdienst kann daher unbeantwortet bleiben. In diesem Zusammenhang sei auch erwähnt, dass nach den Vermögensverhältnissen des Arbeitnehmers in der Regel nicht gefragt werden darf. Anders ist dies nur bei einer Stelle in einer leiten-

---

[32] Wisskirchen, G./Bissels, A., NZA 2007, S. 169, 173.
[33] Wisskirchen, G./Bissels, A., NZA 2007, S. 169, 172.
[34] BAG, Urteil vom 06.02.2003 – 2 AZR 621/01.
[35] Hohenstatt, K.-S./Stamer, K./Hinrichs, L., NZA 2006, S. 1065, 1066.
[36] Kania, T./Sasone, P., NZA 2012, S. 360, 362.
[37] Künzl, R., ArbRAktuell 2012, S. 235, 235.

den Position, in der eine wirtschaftlich exponierte Stellung der Arbeitnehmer innehat.[38]

Die Erfragung von bestehenden Vorstrafen oder laufende Ermittlungen ist nur zulässig, wenn es sich um objektiv einschlägige Vorstrafen bzw. relevante Ermittlungsverfahren handelt. Die Vorstrafen nach denen gefragt wird, müssen daher nach objektiven Kriterien für den zu vergebenen Arbeitsplatz Relevanz aufweisen.[39] Ein bekanntes Beispiel ist in diesem Zusammenhang die Befragung eines Kraftfahrers nach begangenen Straßenverkehrsdelikten oder nach begangenen Vermögensdelikten bei Buchhaltern oder Kassierern, da diese in einem unmittelbaren Zusammenhang zu der konkreten Beschäftigung stehen.[40]

Eine ungefragte Offenbarungsverpflichtung trifft den Bewerber gegenüber dem potenziellen Arbeitgeber nur in eng begrenzten Ausnahmefällen, wenn eine arbeitsvertragliche Leistungsverpflichtung unmöglich ist, beispielsweise der Antritt einer Haftstrafe.[41]

Gerne verlangen Arbeitgeber auch die Vorlage eines Führungszeugnisses durch den Bewerber. Hierzu besteht grundsätzlich kein Recht.[42] Dies folgt daraus, dass das Führungszeugnis auch Strafen enthalten kann, die nicht relevant für das Arbeitsverhältnis sind und damit nicht offenbart werden müssen, sich aber aus dem vorgelegten Führungszeugnis entnehmen lassen und damit sichtbar werden und den Entscheidungsprozess der Einstellung beeinflussen können.[43] Die Vorlage eines Führungszeugnisses kann nur verlangt werden, wenn es um die Stelle einer Führungsperson geht, bei der Vorstrafen jeglicher Art von Bedeutung sein können, sowie bei Compliance-Officern und Datenschutzbeauftragten.[44]

Werden im Rahmen eines Gesprächs unzulässige Fragen durch den Arbeitgeber gestellt, müssen diese durch den Bewerber nicht beantwortet werden. Er kann schweigen oder sogar eine falsche Antwort geben, d. h. dem Bewerber steht in diesen Fällen ein Recht zur Lüge zu, um sich durch die Beantwortung einer unzulässigen Frage nicht die Chance auf eine Einstellung zu verbauen.[45] Aus einer bewusst falschen Antwort auf eine unzulässige Frage darf dem Bewerber kein Nachteil entstehen. Nur dadurch kann der Bewerber ausreichend geschützt werden.

---

[38] Künzl, R., ArbRAktuell 2012, S. 235, 238.
[39] Hohenstatt, K.-S./Stamer, K./Hinrichs, L., NZA 2006, S. 1065, 1067.
[40] Künzl, R., ArbRAktuell 2012, S. 235, 238.
[41] BAG, Urteil vom 18.09.1987 – 7 AZR 505/86.
[42] Künzl, R., ArbRAktuell 2012, S. 235, 238.
[43] Kania, T./Sasone, P., NZA 2012, S. 360, 362.
[44] Künzl, R., ArbRAktuell 2012, S. 235, 238; Kania, T./Sasone, P., NZA 2012, S. 360, 362.
[45] Kainer, F./Weber, C., BB 2017, S. 2740, 2742; Kania, T./Sasone, P., NZA 2012, S. 360, 361.

Viele größere Firmen, insbesondere bei der Besetzung von Führungspositionen, setzen ein sog. Assessment Center ein. Durch Assessment Center sollen Kompetenzen für eine konkrete Stelle oder für Entwicklungsmöglichkeiten innerhalb des Unternehmens ermittelt werden, wobei regelmäßig Arbeitsproben und Aufgabensimulationen, Gruppendiskussionen, Vorträge und Präsentationen, Rollenspiele, Fähigkeits- und Leistungstests, Persönlichkeits- und Interessentests eingefordert werden.[46] Es stellt sich die Frage, ob der Einsatz solcher Assessment Center einen Verstoß gegen das AGG darstellt. Hiermit hatte sich das Arbeitsgericht Düsseldorf[47] zu beschäftigen. Ein Stellenbewerber, der sich wegen seiner Behinderung nicht in der Lage fühlte, ein ganztägiges Assessment Center zu absolvieren, hatte Klage erhoben. Das Gericht lehnte jedoch einen Anspruch auf Schadensersatz des Bewerbers ab. Der Anwendungsbereich des § 3 AGG sei nicht eröffnet, da die Durchführung von Assessment Center dem potenziellen Arbeitgeber dazu diene, die Belastbarkeit der Bewerber, die Interaktion untereinander und die Kommunikationsfähigkeiten zu testen und zu ermitteln, um so Rückschlüsse auf die in der Stellenausschreibung geforderten Führungsfähigkeiten zu ziehen.[48] Das Assessment Center stellt daher ein verhältnismäßiges Mittel dar, um die Eignung der potenziellen Bewerber für die ausgeschriebene Stelle zu testen.

6. Ersatzfähige Bewerbungskosten

Nach §§ 670, 662 BGB hat der Bewerber, der zu einem Vorstellungsgespräch eingeladen worden ist, einen Anspruch auf Ersatz der ihm entstandenen erforderlichen Vorstellungskosten, unabhängig davon, ob ein Arbeitsverhältnis zustande kommt oder nicht.[49] Erstattungsfähig sind die Fahrkosten, die dem Bewerber für die Fahrt von seinem Wohnort zu dem Arbeitgeber entstanden sind. Übernachtungskosten sind nur dann ersatzfähig wenn aufgrund der großen Distanz eine An- und Abreise am gleichen Tag wegen der Entfernung und/oder wegen der zeitlichen Lage des Vorstellungstermins schlicht und ergreifend nicht möglich ist. Der Erstattungsanspruch unterliegt den normalen Verjährungsregeln gem. § 195 BGB und ist daher innerhalb von drei Jahren geltend zu machen.[50]

Will der Arbeitgeber die Kosten für das Vorstellungsgespräch nicht erstatten, muss dies unmissverständlich vor der Einladung zum Gespräch deutlich zum

---

[46] Carpenter, D., NZA 2015, S. 466, 466.
[47] ArbG Düsseldorf, Urteil vom 23.04.2020 – 10 Ca 7038/09.
[48] ArbG Düsseldorf, Urteil vom 23.04.2020 – 10 Ca 7038/09.
[49] Henssler, in: MüKo- BGB, 7. Auflage, § 629 Rn. 26.
[50] Roepert, J.-W-, NJW 2017, S. 2076, 2097.

Ausdruck gebracht werden.[51] Entgegen landläufiger Meinung ist es also möglich, dass die Übernahme der Reisekosten für das Vorstellungsgespräch abbedungen sind, wenn dies dem Bewerber deutlich vor der Anreise kommuniziert worden ist.

Vorsorglich wird an dieser Stelle noch angemerkt, dass nur diejenigen Kosten zu den Bewerbungskosten zählen, die für die Vorstellung zu einem persönlichen Gespräch auf Einladung des Arbeitgebers hin anfallen aber nicht solche Kosten erfasst werden, die für die Erstellung der Bewerbungsunterlagen, wie beispielsweise das Erstellen von Passfotos, Druckkosten oder Porto- und Versandkosten für die Übersendung der Bewerbungsunterlagen anfallen.[52] Ebenfalls nicht erstattungsfähig ist ein etwaiger entgangener Verdienst oder der anfallende Zeitaufwand, der mit einem Vorstellungsgespräch stets verbunden ist.[53] Dies ist letztlich auch konsequent, da der Verdienstausfall keine notwendige Aufwendung nach § 670 BGB darstellt.

Immer mehr Unternehmen greifen für Bewerbungsgespräche auf Videotechnik zurück, um sich so einen ersten Eindruck von den Bewerbern zu verschaffen. Dadurch können Reisekosten gespart werden und Organisationsaufwand vermieden werden. Fraglich ist jedoch vor dem Hintergrund des § 26 BDSG, ob diese Art von Interviews zulässig sind. § 26 BDSG regelt, dass Daten von Bewerbern nur dann erhoben werden dürfen, wenn diese Datenerhebung für die Entscheidung über eine Einstellung des Bewerbers „erforderlich" sind. Ob der Einsatz einer Videosoftware im Rahmen von Bewerbungsgesprächen aus rechtlicher Sicht statthaft ist, ist derzeit umstritten.

Die NRW-Landesdatenschutzbeauftragte hatte bereits im Jahr 2017 das Vorgehen einer Kommune als unzulässig bewertet, eine Vielzahl von Bewerbern zunächst per Video mit eingeblendeten Fragen zu interviewen und diese Antworten zur späteren Bewertung durch Vertreter der Behörde aufzuzeichnen.[54] Nach Auffassung der Datenschutzbehörden NRW und auch Berlin sind Bewerber-Interviews per Skype oder zeitversetzte Video-Interviews nicht erforderlich und auch nicht „objektiv geboten", um Stellen zu besetzen.[55] Die zusätzliche Erhebung von Bild- und Tonaufnahmen stelle einen wesentlich intensiveren Eingriff in das Recht auf informationelle Selbstbestimmung der Bewerber dar, als die übliche Beantwortung von Fragen, da durch die Aufzeichnung es ermöglicht

---

[51] Henssler, in: MüKo- BGB, 7. Auflage, § 629 Rn. 26; Roesner, O., BC 2012, S. 241, 217.
[52] Preis: in Staudinger-BGB, § 629 Rn. 26.
[53] Roesner, O., BC 2012, S. 241, 217; LAG Düsseldorf BB 1957, S. 817.
[54] https://www.lto.de/recht/hintergruende/h/datenschutz-bewerbung-video-skype-verfahren-behoerde-auswahl-kritik, 15.05.2017.
[55] https://www.personalwirtschaft.de/recruiting/mobile-recruiting/artikel/video-interviews-erlaubt-oder-unzulaessig.html, 06.05.2018.

werde Mimik und Gestik eingehender zu studieren, als es bei einem flüchtigen Augenblick im Falle eines Gesprächs möglich sei.[56]

Um trotz dieser rechtlichen Unsicherheiten, die Vorteile und Mehrwerte von Video-Bewerbungsinterviews nutzen zu können, empfiehlt sich folgende Punkte zu beachten:

– Einwilligung zur Speicherung von Daten im Rahmen der Videobewerbung schriftlich vom Bewerber einholen
– Information über Vorgehensweise und Ablauf des Interviews sowie die Speicherung der personenbezogenen Daten dem Bewerber vorab zur Verfügung stellen
– gesonderte Hinweiserteilung gegenüber dem Bewerber bei Videosystemen, die die Daten im Ausland speichert, wie beispielsweise Skype
– Alternativen zum Video-Bewerbungsgespräch anbieten
– bestenfalls Applikation verwenden, die alle Daten datenschutzrechtlich einwandfrei verschlüsselt und diese ausschließlich auf Servern in Deutschland speichert[57]

7. Absagen eines Bewerbers

Sollte der Arbeitgeber im Rahmen des Bewerbungsverfahren zu dem Schluss kommen, dass er sich eine Zusammenarbeit mit dem Bewerber nicht vorstellen kann, muss er bei der Absage darauf achten dem abgelehnten Bewerber, keine Angriffspunkte für eine Klage wegen Diskriminierung zu bieten.

Zunächst einmal hat der abgelehnte Bewerber grundsätzlich keinen Auskunftsanspruch bezüglich der Ablehnungsgründe.[58] Daher ist es ratsam in der Praxis das Absageschreiben sehr generell zu halten und nicht auf die konkreten Gründe einzugehen, um keine Angriffsfläche für eine potenzielle Diskriminierung zu bieten. Das Absageschreiben sollte sich auf die Feststellung beschränken, dass die Bewerbung keinen Erfolg hatte und man sich über das Interesse des Bewerbers gefreut hat und man ihm alles Gute für seinen weiteren beruflichen Werdegang wünscht. Auf eine Begründung sollte möglichst verzichtet werden, da dies oftmals Nachfragen provoziert und eine Diskriminierungsdebatte auslösen kann.[59]

---

[56] https://www.tagesspiegel.de/wirtschaft/arbeitsrecht-ein-video-vom-bewerber/19970840.html, 26.06.2017.
[57] https://www.personalwissen.de/video-interviews-bewerbungsprozess, 13.05.2019.
[58] EuGH, EuZW 2012, S. 462.
[59] Ohlendorf, B./Schreier M., BB 2008, S. 2458, 2460.

Im Rahmen des Absageschreibens ist abermals penibel auf die Geschlechterneutralität zu achten. Allzu oft unterläuft hier Unternehmen der Fehler, dass einem männlichen Bewerber beispielsweise mitgeteilt wird „*Wir haben uns für eine andere Bewerberin auf die Stelle als Sekretärin entschieden*". Die Diskriminierung aufgrund des Geschlechts ist hier immanent.

Interessanterweise hat das Arbeitsgericht Düsseldorf die falsche Anrede in einem Absageschreiben nicht ausreichen lassen für die Annahme einer Benachteiligung infolge einer Diskriminierung.[60] Eine Frau hatte geklagt, die in dem Absageschreiben fälschlicherweise mit „*Sehr geehrter Herr...*" angeschrieben worden war.

Wie bereits dargestellt wurde, besteht keine Begründungspflicht des Arbeitgebers, warum die Bewerbung letztlich nicht erfolgreich gewesen ist. Jegliche Verweigerung der Darlegung der Gründe für die Nichteinstellung gegenüber dem nachfragenden Bewerber kann jedoch als Indiz für eine Benachteiligung gewertet werden.[61]

8. Fazit

Die obigen Ausführungen haben gezeigt, dass von der Stellenausschreibung bis hin zur Einstellung des passenden Mitarbeiters eine Vielzahl compliance-rechtlicher Fragestellungen und Fallstricke zu beachten sind. Gerade bei der Stellenausschreibung ist zwingend die aktuelle Rechtsprechung im Blick zu behalten, um AGG-Hoppern keine Chance auf den Erhalt einer hohen Entschädigung wegen einer diskriminierenden Stellenausschreibung zu bieten. Im Hinblick auf die Rekruitierung neuer geeigneter Mitarbeiter müssen ebenfalls gewisse Regeln eingehalten werden. Bei dem Vorstellungsgespräch ist darauf zu achten, dass nur zulässige Fragen an den Bewerber gestellt werden, da unzulässige Fragen den Arbeitgeber inkompetent wirken lassen und durch das bestehende Recht zur Lüge seitens des Bewerbers auf solche Fragen sogar ein falsches Bild des Bewerbers erzeugt werden kann. Insbesondere das Arbeitsrecht ist stark von der ständigen Rechtsprechung geprägt, weswegen es zwingend erforderlich ist sich stets einen Überblick über die aktuelle Entwicklung der Rechtsprechung zu verschaffen, um entsprechend agieren zu können.

---

[60] ArbG Düsseldorf, Urteil vom 09.03.2011 – 14 Ca 308/11.
[61] Hoppe, C./Fuhlrott, M., ArbRAktuell 2013, S. 91, 94.

Rechtssichere Beauftragung von Werk-/Dienstverträgen aus Kunden- und Dienstleistersicht sowie alternative Gestaltungsmodelle des Fremdpersonaleinsatzes

Johannes Simon

Literatur

Beck OK Arbeitsrecht, 51. Edition (Stand 01.03.2019); Brüggemann/Vogel, Wett-bewerbsregister und Selbstreinigung im Spannungsfeld zwischen Arbeits- und Vergaberecht – Risiko Fremdpersonaleinsatz, NZBau 2018, S. 263 ff.; Erfurter Kommentar zum Arbeitsrecht, 19. Auflage 2019; Happ/Gliewe, Die Festhaltenserklärung des Leiharbeitnehmers als Compliance-Risiko, CCZ 2018, S. 21 ff.; Henssler/Grau (Hrsg.), Arbeitnehmerüberlassung und Werkverträge – Gesetzliche Neuregelung und Auswirkung für die Praxis, 1. Auflage 2017; Karlsruher Kommentar zum OWiG, 5. Auflage 2018; Klösel/Klötzer-Assion/Mahnhold/Matz, Contractor Compliance, 1. Auflage 2016; Kuhlen, Zum Verhältnis von strafrechtlicher und zivilrechtlicher Haftung für Compliance-Mängel, Teil 1, NZWiSt 2015, S. 121 ff.; Niklas/Schauß, Die Arbeitnehmerüberlassung ist endlich – was kommt dann?, BB 2014, S. 2805 ff.; Rönnau/Becker, Vorsatzvermeidung durch Unternehmensleiter bei betriebsbezogenen Straftaten, NStZ 2016, S. 569 ff.; Schmid/Topoglu, Gemeinschaftsbetrieb als Gestaltungsinstrument des konzerninternen Fremdpersonaleinsatzes – eine Alternative zur Arbeitnehmerüberlassung (Teil 2), ArbRAktuell 2014, S. 40 ff.; Schüren/Fassholz, Inhouse Outsourcing im Konzernverbund, DB 2016, S. 1375 ff.; Seel, Neue Risiken bei der Arbeitnehmerüberlassung – „Gemeinschaftsbetrieb" als Alternative?, öAT 2017, S. 48; Simon, Compliance-Risiko Fremdpersonaleinsatz: Der „Risiko-Parcours" bei der verdeckten Arbeitnehmerüberlassung, Beck SPA Nr. 5/2019, S. 33 ff.; Simon, Neue Risiken durch die AÜG Reform – Alternative Gestaltungsmodelle des Fremdpersonaleinsatzes im Compliance-Check, CB 2017, S. 371 ff.; Vogel/Simon, Fremdpersonal-Compliance: Strafbarkeit vermeiden, CB 2017, S. 193 ff.; Zieglmeier, Beitragshaftung bei Fremdpersonaleinsatz im Lichte des AÜG 2017, NZS 2017, S. 321 ff.

1. Einleitung

Mit Wirkung zum 1. April 2017 ist das Gesetz zur Reform des Arbeitnehmerüberlassungsgesetzes (AÜG) und verschiedener Nebengesetze in Kraft getreten. Der in den §§ 16 ff. AÜG enthaltene Sanktionskatalog wurde dabei erheblich verschärft. Insbesondere im Falle einer verdeckten Arbeitnehmerüberlassung – also einem Werk-/Dienstvertrag, der sich aufgrund fehlerhafter Abgrenzung (z.B. durch Erteilung tätigkeitsbezogener Weisungen) gegenüber Fremdfirmenmitarbeitern und/oder deren Integration – als Arbeitnehmerüberlassung herausstellt, drohen neben diesen ordnungsrechtlichen Risiken auch noch beitragsrechtliche, steuerliche, zivilrechtliche oder strafrechtliche Risiken. Daneben drohen Unternehmen auch vergaberechtliche Risiken in Form des Ausschlusses von öffentlichen Aufträgen. Wesentliches Motiv für die Implementierung einer Fremdpersonal-Compliance ist also insbesondere die Haftungsprävention. Weitere Motive sind die Vermeidung von Imageschäden für das Unternehmen sowie die Vermeidung wettbewerbs- und vergaberechtlicher Konsequenzen (Vermeidung des sog. „Blacklisting"). Nachfolgend sollen die Risiken des fehlerhaften Fremdpersonaleinsatzes, die Maßnahmen zur Errichtung einer Fremdpersonal-Compliance sowie besondere Gestaltungsmodelle für einen rechtssicheren Fremdpersonaleinsatz betrachtet werden.

2. Risiken des fehlerhaften Fremdpersonaleinsatzes

Die Haftungsrisiken[1] für den fehlerhaften Fremdpersonaleinsatz sind seit dem Inkrafttreten des neuen AÜG zum 1. April 2017 sowohl für Kundenunternehmen als auch Dienstleister erheblich verschärft worden.

2.1 Ordnungswidrigkeitenrechtliche Risiken

Vor dem in Krafttreten des neuen AÜG zum 1. April 2017 war lediglich die sog. „illegale" verdeckte Arbeitnehmerüberlassung ordnungsgeld-bewehrt, d.h. eine verdeckte Arbeitnehmerüberlassung ohne gültige Arbeitnehmerüberlassungserlaubnis. Die Arbeitnehmerüberlassung ohne gültige Überlassungserlaubnis wird für die Kunden- und Dienstleisterseite nach §§ 16 Abs. 1 Nr. 1, 1a AÜG weiterhin mit einem Ordnungsgeld bis zur 30.000 Euro geahndet. Allerdings stellt nunmehr auch eine verdeckte Arbeitnehmerüberlassung mit gültiger Erlaubnis eine Ordnungswidrigkeit dar. Grund hierfür ist die Einführung der §§ 1 Abs. 1 S. 5, S. 6 AÜG, das sogenannte Kennzeichnungs- und Konkretisierungsgebot. Danach ist eine Arbeitnehmerüberlassung *vor* Vertragsbeginn ausdrücklich als Arbeitnehmerüberlassung zu bezeichnen und die Person des zu überlassenden Leiharbeitnehmers namentlich zu konkretisieren. Ein Verstoß gegen das Kennzeichnungs- und Konkretisierungsgebot wird nach §§ 16 Abs. 1 Nr. 1c, 1d AÜG sowohl für die Kunden- als auch die Dienstleisterseite nunmehr ebenfalls mit einem Bußgeld bis zu 30.000 Euro geahndet.

Praxistipp

Nach der bis zum 31. März 2017 geltenden Rechtslage war es für das Dienstleistungs- und das Kundenunternehmen nach Vertragsschluss mög-

---

[1] Vgl. hierzu auch Simon, Beck SPA Nr. 5/2019, 33 ff.

lich, sich beim Vorliegen eines Scheinwerk-/Dienstvertrags darauf zu berufen, dass eigentlich eine Arbeitnehmerüberlassung vorliegt, solange der Dienstleister Inhaber einer gültigen Arbeitnehmerüberlassungserlaubnis war. Dieses Vorgehen wurde auch häufig als „Vorratserlaubnis" oder „Fallschirmlösung" bezeichnet. Durch das Kennzeichnungs- und Konkretisierungsgebot kommt es auf das Vorliegen einer gültigen Überlassungserlaubnis jedoch nicht mehr an. Die Parteien müssen sich vor Vertragsbeginn schriftlich festlegen, ob ein Werk-/Dienstvertrag oder aber eine (offene) Arbeitnehmerüberlassung durchgeführt werden soll.

Ein weiterer Rechtsverstoß bei einer verdeckten Arbeitnehmerüberlassung kann darin liegen, dass die Überlassungshöchstdauer von 18 Monaten überschritten wird. Auch dies könnte nach § 16 Abs. 1 Nr. 1e AÜG mit einem weiteren Bußgeld von bis zur 30.000 Euro geahndet werden. Zudem hätte ein Verstoß gegen die Kennzeichnungs- und Konkretisierungspflicht sowie die Höchstüberlassungsdauer die Fiktion eines Arbeitsverhältnisses mit dem Kundenunternehmen zur Folge, vgl. §§ 9 Abs. 1 Nr. 1a, Nr. 1b, 10 Abs. 1 S. 1 AÜG. Schließlich verpflichtet § 8 AÜG das Verleihunternehmen zur Gewährung von equal pay/equal treatment. Hier kann im Falle einer verdeckten Arbeitnehmerüberlassung ebenfalls ein Verstoß vorliegen, welcher für das Dienstleistungs-/Verleihunternehmen nach §§ 16 Abs. 1 Nr. 7a, 7b, Abs. 2 AÜG mit einem Bußgeld von bis zur 500.000 Euro geahndet werden kann.

2.2 Sozialversicherungsrechtliche und steuerliche Risiken

Die Fiktion eines Arbeitsverhältnisses mit dem Kundenunternehmen hat zur Folge, dass dieses als Gesamtschuldner beitragspflichtig für Sozialversicherungsbeiträge gemäß § 28e Abs. 2 S. 4 SGB IV ist. Die Beitragshaftung beschränkt sich dabei grundsätzlich auf den Entleihzeitraum.[2] Zudem könnten sich Beitragsrisiken aus dem Grundsatz von equal pay/equal treatment ergeben. Denn diese Regelungen finden im Falle der verdeckten Arbeitnehmerüberlassung ebenfalls Anwendung. Soweit die übliche Vergütung höher als im Arbeitsverhältnis mit dem verdeckten Verleiher ist, kann sich ein zusätzlicher Vergütungsanspruch des eingesetzten Leiharbeitnehmers aus § 8 AÜG ergeben. Für das Entstehen der Beitragspflicht ist dabei unerheblich, ob equal pay/equal treatment tatsächlich gezahlt wurde oder nicht bzw. ob die eingesetzten Leiharbeitnehmer einen solchen Anspruch geltend gemacht haben. Denn im Sozialrecht gilt nach § 22 Abs. 1 SGB IV das sogenannte Entstehungsprinzip. Maß-

---

[2] Zieglmeier, NZS 2017, 321 (325).

geblich für die Beitragspflicht ist damit nur das Entstehen eines entsprechenden Anspruchs.

In steuerlicher Hinsicht ist der Verleiher bei einer illegalen Arbeitnehmerüberlassung Arbeitgeber im Sinne von § 38 EStG. Die arbeitsrechtliche Fiktion gilt also nicht für das Steuerrecht.[3] Daher scheidet eine Haftung des Entleihers nach § 42d Abs. 1 EStG aus. Zur Schließung dieser Haftungslücke bestimmt § 42d Abs. 6 EStG eine zusätzliche Haftung des Entleihers neben dem Verleiher als Arbeitgeber.[4]

2.3 Strafrechtliche Risiken

Aus den vorgenannten sozialversicherungsrechtlichen und steuerlichen Haftungsrisiken folgen strafrechtliche Risiken für Verleiher und Entleiher. § 266a StGB stellt das Nichtabführen von Sozialversicherungsbeiträgen unter Strafe. § 266a StGB stellt ein Sonderdelikt dar, denn die Verpflichtung richtet sich an den Arbeitgeber. Tauglicher Täter ist damit nur, wer Arbeitgeber bzw. dessen gesetzlicher Vertreter (z.B. Geschäftsführer einer GmbH) ist.[5] Arbeitgeber können bei der verdeckten Arbeitnehmerüberlassung sowohl der Verleiher, als auch der Entleiher sein. Denn nach § 28e Abs. 2 S. 4 SGB IV gelten beide als Arbeitgeber.[6]

In steuerstrafrechtlicher Hinsicht kann das Nichtabführen von Lohnsteuer für Entleiher und Verleiher zu einer Strafbarkeit nach §§ 370, 378 AO führen.

> **Praxistipp**
> Soweit gegen ein Unternehmensorgan eine Freiheitsstrafe von mindestens einem Jahr verhängt wird, so verliert die betroffene Person die Fähigkeit, GmbH-Geschäftsführer bzw. Vorstand einer Aktiengesellschaft zu sein (vgl. § 6 Abs. 2 S. 2 Nr. 3e GmbHG bzw. § 76 Abs. 3 S. 2 Nr. 3e AktG).[7]

2.4 Wettbewerbs- und vergaberechtliche Risiken

Schließlich kann sich ein fehlerhafter Fremdpersonaleinsatz auch in wettbewerbs- und vergaberechtlicher Hinsicht negativ für ein Unternehmen auswirken. Denn dem Unternehmen droht in solchen Fällen der Ausschluss von öffentlichen Ausschreibungen. Durch die Vergaberechtsreform im Jahr 2016

---

[3] BFH, Urteil vom 18.01.1991 – VI R 122/87.
[4] Zieglmeier, NZS 2017, 321 (326).
[5] Vogel/Simon, CB 2017, 192 (195).
[6] Simon, Beck SPA Nr. 5/2019, 33 (34).
[7] Happ/Gliewe, CCZ 2018, 21 (25).

wurde mit § 123 Abs. 4 GWB ein weiterer absoluter Ausschlussgrund aufgenommen. Danach sind Unternehmen zwingend von der Teilnahme am Vergabeprozess auszuschließen, wenn sie ihren Verpflichtungen zur Zahlung von Steuern, Abgaben oder Beiträgen zur Sozialversicherung nicht nachgekommen sind.[8] Nach der Gesetzesbegründung betrifft dies insbesondere Verurteilungen wegen Steuerhinterziehung nach § 370 AO und wegen Vorenthalten von Sozialversicherungsbeiträgen nach § 266a StGB.[9] Daneben enthält § 124 Abs. 1 Nr. 1 GWB einen neuen fakultativen Ausschlussgrund. Unternehmen können von einem Vergabeverfahren ausgeschlossen werden, wenn sie bei der Ausführung öffentlicher Aufträge nachweislich gegen sozial- und arbeitsrechtliche Verpflichtungen verstoßen haben.

Praxistipp
Unternehmen können durch die Einführung einer Fremdpersonal-Compliance sowie einer sog. „Selbstreinigung" ggf. einer Vergabesperre entgehen. Gemäß § 123 Abs. 4 S. 2 GWB kann vom Ausschluss vom Vergabeverfahren abgesehen werden, wenn das Unternehmen seiner beitrags- und/oder steuerlichen Zahlungsverpflichtung durch Vornahme der entsprechenden Zahlungen nachgekommen ist oder sich hierzu zumindest bereits verpflichtet hat.[10]

2.5 Zwischenfazit

Mit einem fehlerhaften Fremdpersonaleinsatz gehen also erhebliche Haftungsrisiken einher. Insoweit sollten Unternehmen im Rahmen der Compliance auch einen rechtssicheren Fremdpersonaleinsatz gewährleisten. Die entsprechenden Maßnahmen einer solchen Fremdpersonal-Compliance sollen im Folgenden näher beleuchtet werden.

3. Maßnahmen der Fremdpersonal-Compliance

3.1 Bestandsaufnahme

Im Rahmen der Einführung einer Fremdpersonal-Compliance ist zunächst eine Risikoanalyse anhand der Ermittlung des Status quo durchzuführen.[11] Im Rah-

---

[8] Brüggemann/Vogel, NZBau 2018, 263 (264).
[9] BT-DRS 18/6281, 104.
[10] Brüggemann/Vogel, NZBau 2018, 263 (267).
[11] Klösel/Klötzer-Assion/Mahnhold/Matz, Contractor Compliance, 5. Teil, 1. Kapitel, Rdnr. 33; Vogel/Simon, CB 2017, 193 (196).

men dieser Risikoanalyse sind zunächst diejenigen Personen im Unternehmen zu identifizieren, die regelmäßig Fremdpersonal beauftragen. Dies sind in der Regel die Fachabteilungen eines Unternehmens, wie z. B. IT, Logistik oder technischer Service. Der Abschluss der Verträge erfolgt in der Regel über den Einkauf, ggf. unter Einbindung der Rechtsabteilungen, die die entsprechenden Musterverträge erstellen.[12]

3.2 Schulungen und Aufklärung der Betroffenen

Der zweite notwendige Schritt im Rahmen der Einführung einer Fremdpersonal-Compliance ist die Sensibilisierung und Schulung derjenigen im Unternehmen, die schwerpunktmäßig mit Fremdpersonal in Berührung kommen. Dies sind üblicherweise die leitenden und koordinierenden Funktionen in den Fachabteilungen, die Mitarbeiter des Einkaufs sowie die Mitarbeiter aus den Rechts- und Personalabteilungen. Schulungsinhalt sollten zum einen die rechtlichen Risiken eines fehlerhaften Fremdpersonaleinsatzes sowie die Abgrenzungskriterien zwischen Selbstständigen und Arbeitnehmern bzw. Werk-/Dienstvertrag und Arbeitnehmerüberlassung und zum anderen die Verhaltensregeln für den rechtskonformen Fremdpersonaleinsatz sein.[13] Die Schulungen sollten regelmäßig wiederholt werden, sodass Neueinstellungen, Versetzungen und andere Veränderungen im Unternehmen erfasst werden (sog. „Joiner/Leaver Prozess") und zudem neue Erkenntnisse aus neuer Rechtsprechungs- und/oder Gesetzesänderungen vermittelt werden.[14] Schließlich sollten die Schulungen durch die Ausgabe von Prüfhilfen, wie z. B. Checklisten für den Fremdpersonaleinsatz, Musterverträge und Beauftragungsvorlagen, begleitet werden.[15]

3.3 Unternehmensregeln für den Einsatz von Fremdpersonal

Der nächste Schritt im Rahmen der Errichtung einer Fremdpersonal-Compliance ist die Einführung eines Regelwerks (Richtlinie) für den Einsatz von Fremdpersonal. Kerninhalt einer solchen Richtlinie sind Verhaltensregeln zum Umgang mit Fremdpersonal (z. B. keine Erteilung von Weisungen im Hinblick auf Art und Weise der Ausführung der Tätigkeit, Arbeitszeit sowie Pausen und Urlaub), die einzuhaltenden Kommunikationswege (z. B. Brückenkopfmodelle,

---

[12] Klösel/Klötzer-Assion/Mahnhold/Matz, Contractor Compliance, 5. Teil, 1. Kapitel, Rdnr. 38.
[13] Klösel/Klötzer-Assion/Mahnhold/Matz, Contractor Compliance, 5. Teil, 1. Kapitel, Rdnr. 53; Vogel/Simon, CB 2017, 193 (196).
[14] Klösel/Klötzer-Assion/Mahnhold/Matz, Contractor Compliance, 5. Teil, 1. Kapitel, Rdnr. 54.
[15] Vogel/Simon, CB 2017, 193 (196).

Ticketsysteme), die Ansprechpartner für Fragen im Zusammenhang mit Fremdpersonaleinsätzen sowie die Sanktionen bei etwaigem Fehlverhalten.[16]

3.4 Überwachung der Einhaltung der Fremdpersonal-Compliance

Der Fremdpersonal-Compliance-Prozess ist im Hinblick auf seine Wirksamkeit zu überwachen. Dabei sollten neben anlassbezogenen Maßnahmen auch turnusmäßige Prüfungen ohne konkreten Anlass durchgeführt werden. Neben den Compliance-Verantwortlichen im Unternehmen und den jeweiligen Fachabteilungen sollte auch eine prozessunabhängige Stelle in die Überwachung eingebunden werden. Dies ist üblicherweise[17] die unternehmensinterne Revision. Inhalt der Revisionierung sollten die einzelnen Bestandteile des Fremdpersonal-Compliance-Systems sein. Dabei sollte neben der Überprüfung der „Aktenlage" (z. B. Vertragsdokumente) auch stets eine Überprüfung des tatsächlichen Verhaltens beim Einsatz des Fremdpersonals „vor Ort" erfolgen (Einhaltung der Koordination über Brückenköpfe bzw. Tickets, räumliche Abgrenzung etc.).[18] Die Ergebnisse einer Kontrolle sind entsprechend zu dokumentieren.

3.5 Umgang mit Bestandsfällen

Die Einführung eines Compliance-Prozesses kann dazu führen, dass die für Fremdpersonalbeauftragungen verantwortlichen Personen erkennen, dass aktuell laufende Beauftragungen (sog. Bestandsfälle) in ihrer Durchführung nicht rechtskonform sind. Dieser Erkenntnis nicht nachzugehen, indem diese Bestandsfälle unverändert fortgeführt werden, kann ggf. sogar ein Strafbarkeitsrisiko für die verantwortlichen Unternehmensorgane bedeuten.[19] Dementsprechend müssen nicht rechtskonforme Beauftragungen gestoppt bzw. umgestellt werden.[20] Für besonders wichtige Funktionen im Unternehmen (z. B. IT) könnte dies zu kaum kompensierbaren Funktionsstörungen führen. Daher kann es zu empfehlen sein, die Ermittlungen im Hinblick auf risikogeneigte Bestandsfälle durch einen externen Prüfer durchführen zu lassen. Denn dies hat zur Folge, dass aus der Ermittlung gewonnene Erkenntnisse den Unternehmensorganen

---

[16] Klösel/Klötzer-Assion/Mahnhold/Matz, Contractor Compliance, 5. Teil, 1. Kapitel, Rndr. 48.
[17] Klösel/Klötzer-Assion/Mahnhold/Matz, Contractor Compliance, 5. Teil, 1. Kapitel, Rndr. 61.
[18] Klösel/Klötzer-Assion/Mahnhold/Matz, Contractor Compliance, 5. Teil, 1. Kapitel, Rndr. 61.
[19] Vogel/Simon, CB 2017, 193 (197).
[20] Vogel/Simon, CB 2017, 193 (197).

nicht unmittelbar zugerechnet werden und führt daher zu einem längeren Zeitfenster für eine operativ schonende Umstellungsphase.[21]

> **Praxistipp**
>
> Bei der Vertragsumstellung und/oder Beendigung ist darauf zu achten, dass gegenüber den Dienstleistungsunternehmen für eine Vertragsbeendigung oder Umstellung keine Zahlungen geleistet werden, für die kein Rechtsgrund ersichtlich ist. So kann z. B. die Zahlung einer Abfindung an einen Dienstleister, bei welcher der Abfindungsbetrag den Wert der Restlaufzeit des Vertrages erheblich übersteigt, bereits als starkes Indiz für eine Scheinselbstständigkeit oder verdeckte Arbeitnehmerüberlassung gewertet werden.

3.6 Umgang mit sozialversicherungsrechtlichen Beitragsrisiken und Steuerrisiken

Für ermittelte kritische Bestandsfälle stellt sich die Frage, in welcher Höhe für den bereits abgelaufenen Beauftragungszeitraum ggf. Beitragsnachzahlungen zur Sozialversicherung zu leisten sind und welche umsatz-/lohnsteuerrechtlichen Folgen mit der Identifikation einer zu korrigierenden Fehlabgrenzung verbunden sind.[22] Die gleiche Frage stellt sich für Beauftragungen, die zwar schon abgeschlossen sind, die aber im Hinblick auf Sozialversicherungsbeiträge in den verjährungsrelevanten Zeitraum[23] fallen. Im Hinblick auf diese nicht verjährten sozialversicherungsrechtlichen Beitrags- sowie Lohn-/Umsatzsteuerrisiken kann eine (vorsorgliche) und ggf. strafbefreiende Selbstanzeige gemäß § 266a Abs. 6 StGB bzw. § 371 AO denkbar sein.[24] Sobald erste Anhaltspunkte für Beitrags- bzw. steuerliche Risiken für Bestandsfälle sowie im verjährungsrelevanten Zeitraum liegende Altfälle erkennbar sind, sollte umgehend eine Verständigung mit den zuständigen Behörden (Deutsche Rentenversicherung, Finanzämter sowie ggf. Hauptzollämter und Staatsanwaltschaft) erfolgen.

---

[21] Vogel/Simon, CB 2017, 193 (197).
[22] Vogel/Simon, CB 2017, 193 (197).
[23] Beitragsansprüche verjähren regelmäßig nach Ablauf von vier Jahren. Ansprüche auf vorsätzlich vorenthaltene Beiträge verjähren hingegen erst nach 30 Jahren. Vorsatz liegt nach der Rechtsprechung des Bundessozialgerichts dann vor, wenn der Beitragsschuldner eine Beitragspflicht für möglich hält, das Nicht-Abführen der Beiträge aber billigend in Kauf nimmt, vgl. BSG, Urteil vom 30.03.2000 – B 12 KR 14/99 R, BeckRS 1998, 30010878.
[24] Klösel/Klötzer-Assion/Mahnhold/Matz, Contractor Compliance, 5. Teil, 1. Kapitel, Rndr. 70.

> **Praxistipp**
>
> Die Erfahrung der Praxis hat gezeigt, dass die zuständigen Behörden in der Regel verständigungsbereit sind, solange kein vorsätzliches Handeln im Raum steht.[25]

3.7 Übertragung von Unternehmerpflichten

Die aus einem fehlerhaften Fremdpersonaleinsatz resultierenden etwaigen strafrechtlichen Folgen treffen nach § 14 Abs. 1 Nr. 1 StGB primär die vertretungsberechtigten Organe eines Unternehmens. Dies gilt bereits dann, wenn das jeweilige Organ billigend in Kauf nehmend seinen Organisationspflichten in Bezug auf den rechtskonformen Einsatz von Fremdpersonal nicht hinreichend nachgekommen ist.[26] Dieses strafrechtliche Haftungsrisiko kann dadurch abgemildert werden, dass die Pflichten durch eine sog. Übertragung von Unternehmerpflichten auf die im Unternehmen operativ verantwortlichen Personen übertragen werden. Das jeweilige Organ müsste sich dann nur noch durch stichprobenhafte Überprüfung revisionsfest vergewissern, ob auf operativer Ebene die definierten Prozesse und Kriterien eingehalten werden (sog. Organisations- und Überwachungspflicht).[27]

3.8 Umgang mit (Personal-)Dienstleistern

Die Einführung einer Fremdpersonal-Compliance kann schließlich auch Maßnahmen „nach außen" im Umgang mit den eingesetzten (Personal-)Dienstleistern führen. Die zu treffenden Maßnahmen hängen zunächst von der jeweiligen „Risikotypisierung" des Fremdpersonaleinsatzes ab, ob z.B. ein Unternehmen beauftragt wird, welches eigene dort angestellte Mitarbeiter einsetzt, ein Unternehmen welches sich eines Subunternehmers als Erfüllungsgehilfen bedient oder ein Solo-Selbstständiger (Freelancer). Mögliche Maßnahmen sind z.B. dienstleisterbezogene Checklisten, Rahmenvorgaben für den Einsatz von Subunternehmern[28] oder aber die Vorgabe für die zu verwendenden Vertragsmuster sowie Auferlegung von Dokumentations- und Auskunftspflichten.[29]

---

[25] Vogel/Simon, CB 2017, 193 (197).
[26] Vogel/Simon, CB 2017, 193 (196).
[27] Vgl. BGH, Urteil vom 20.10.2011 – 4 StR 71/11, NStZ 2012, 142.
[28] Hierbei ist darauf zu achten, dass den beauftragten Dienstleistern keine zu engmaschigen Vorgaben gemacht werden, um nicht zu stark in deren Personalhoheit einzugreifen.
[29] Klösel/Klötzer-Assion/Mahnhold/Matz, Contractor Compliance, 5. Teil, 1. Kapitel, Rndr. 72 ff.

> **Praxistipp**
>
> Bei der Beauftragung von Solo-Selbstständigen als direkter Vertragspartner oder Subunternehmer haben sich sog. Freelancer-Fragebögen etabliert, in denen unter anderem abgefragt wird, ob der Selbstständige ein Gewerbe eingetragen hat, über eigene Büroräumlichkeiten und/oder Betriebsmittel verfügt, ob dieser über weitere Auftraggeber verfügt und ob es bereits Statusentscheidungen aus der Vergangenheit gibt.[30]

4. Offene Arbeitnehmerüberlassung als Gestaltungsmodell

Während Dienstleistungsunternehmen, die überwiegend im Wege des Werk-/Dienstvertrages beauftragt wurden, nach der bis zum 31. März 2017 geltenden Rechtslage eine bestehende Arbeitnehmerüberlassungserlaubnis häufig nur als Absicherung („Fallschirm") verwendet haben, hat die Arbeitnehmerüberlassung nunmehr auch für diese Unternehmen an Praxisrelevanz gewonnen. Denn aufgrund des Wegfalles der Absicherungsmöglichkeit von „riskanten" Werk-/Dienstverträgen durch eine Arbeitnehmerüberlassungserlaubnis verlangen Kundenunternehmen vermehrt die Überlassung von Fremdpersonal im Wege der offenen Arbeitnehmerüberlassung nach dem AÜG. Dabei sind die z.T. sehr formalen Vorgaben des AÜG zu beachten.

4.1 Höchstüberlassungsdauer

Nach § 1 Abs. 1b AÜG gilt eine Höchstüberlassungsdauer von 18 Monaten. Diese Höchstüberlassungsdauer berechnet sich arbeitnehmerbezogen, nicht arbeitsplatzbezogen. Ein für das Kundenunternehmen qua Tarifbindung geltender Tarifvertrag kann eine abweichende – d.h. kürzere oder längere – Höchstüberlassungsdauer vorsehen bzw. über eine entsprechende Öffnungsklausel eine abweichende Höchstüberlassungsdauer durch Betriebsvereinbarung zulassen.[31] Die Regelungsbefugnis der Tarifvertragsparteien im Hinblick auf die Höchstüberlassungsdauer ist nach dem Gesetzeswortlaut nicht weiter eingeschränkt. Den Gesetzesmaterialien ist allerdings zu entnehmen, dass irgendeine zeitlich bestimmte Obergrenze sicherzustellen ist.[32]

---

[30] Klösel/Klötzer-Assion/Mahnhold/Matz, Contractor Compliance, 5. Teil, 1. Kapitel, Rndr. 74.
[31] Die Abweichung von der Höchstüberlassungsdauer durch Tarifvertrag setzt lediglich die Tarifbindung des Entleihers voraus. Insoweit dürfte es sich um eine Betriebsnorm nach §§ 3 Abs. 2, 4 Abs. 1 S. 2 TVG handeln, sodass es auf die Tarifbindung des jeweiligen Leiharbeitnehmers nicht ankommt (vgl. dazu Mehrens in: Henssler/Grau (Herausgeber, Arbeitnehmerüberlassung und Werkverträge, Seite 217).
[32] Vgl. BT-DRS. 18/9232, Seite 20.

Bei Nichteinhaltung der Höchstüberlassungsdauer drohen jedoch in mehrfacher Hinsicht Sanktionen. Die Überschreitung stellt für das Personaldienstleistungsunternehmen eine Ordnungswidrigkeit nach §§ 16 Abs. 1 Nr. 1e, 2 AÜG dar, die mit einer Geldbuße bis zu 30.000 Euro je Einzelfall geahndet werden kann. Überdies droht dem Personaldienstleistungsunternehmen der Entzug der Erlaubnis im Rahmen der Zuverlässigkeitsprüfung durch die Bundesagentur für Arbeit als Aufsichtsbehörde (vgl. § 3 Abs. 1 Nr. 1 AÜG). Schließlich führt das Überschreiten der Höchstüberlassungsdauer zur Unwirksamkeit des Arbeitsverhältnisses zwischen Personaldienstleistungsunternehmen und dem eingesetzten Leiharbeitnehmer, was zur Fiktion eines Arbeitsverhältnisses zwischen diesem und dem Kundenunternehmen führt, vgl. §§ 9 Abs. 1 Nr. 1b, 10 Abs. 1 S. 1 AÜG.

4.2 Equal pay/equal treatment

Nach § 8 Abs. 1 S. 1 AÜG haben Leiharbeitnehmer für die Zeit der Überlassung an einen Entleiher ab dem ersten Tag der Überlassung grundsätzlich Anspruch auf die im Betrieb des Entleihers geltenden wesentlichen Arbeitsbedingungen eines vergleichbaren Stammarbeitnehmers des Entleihers. Die wesentlichen Arbeitsbedingungen sind insbesondere Arbeitsentgelt und Arbeitszeit, einschließlich Überstunden, Pausen, Ruhezeiten, Nachtarbeit, Urlaub sowie arbeitsfreie Tage.[33] Von diesem Gleichstellungs- oder Equal-Treatment-Grundsatz kann durch verleiherseitige Zeitarbeitstarifverträge im Sinne von § 8 Abs. 2 AÜG für die ersten 9 Monate einer Überlassung abgewichen werden. Auch bei Anwendung eines Tarifvertrages im Sinne des § 8 Abs. 2 AÜG ist allerdings nach Ablauf von 9 Monaten der eingesetzte Leiharbeitnehmer hinsichtlich des Arbeitsentgelts mit einem vergleichbaren Stammarbeitnehmer des Entleihers gleichzustellen, sog. Equal-Pay-Grundsatz. Eine über 9 Monate Einsatzdauer hinausgehende Abweichung vom gesetzlichen Equal-Pay-Grundsatz ist nur zulässig, wenn für das Arbeitsverhältnis ein Branchenzuschlagstarifvertrag gilt, der den Anforderungen des § 8 Abs. 4 S. 2 AÜG entspricht.[34] Verstöße gegen den Gleichstellungsgrundsatz werden gegenüber dem Personaldienstleistungsunternehmen mit einem Bußgeld bis zu 500.000 Euro je Einzelfall sowie dem Entzug der Verleiherlaubnis sanktioniert.[35]

---

[33] Vgl. fachliche Weisungen der Bundesagentur für Arbeit zum AÜG („**FA**"), Stand 01.08.2019, Ziff. 8.1, Abs. 2.
[34] Vgl. FA, Stand 01.08.2019, Ziff. 8.4, Abs. 3.
[35] Nach § 3 Abs. 1 Nr. 3 AÜG ist die Erlaubnis im Falle eines Verstoßes gegen den Gleichstellungsgrundsatz zu versagen bzw. zu entziehen.

> **Praxistipp**
>
> Um Zeitarbeitstarifverträge[36] anwenden zu können, muss das jeweilige Dienstleistungsunternehmen nicht zwingend einem Arbeitgeberverband der Zeitarbeitsbranche angehören bzw. diesem beitreten. Eine Anwendung ist auch im Wege der einzelvertraglichen Inbezugnahme möglich.[37]
>
> Eine solche Inbezugnahme ist nach Ansicht der Bundesagentur für Arbeit auch möglich, wenn das Unternehmen nicht überwiegend auf Arbeitnehmerüberlassung ausgerichtet ist, sondern unterschiedliche Betriebszwecke hat (sog. Mischbetriebe).[38] Für den zwischen der DGB-Tarifgemeinschaft und dem Bundesarbeitgeberverband der Personaldienstleister (BAP) abgeschlossenen Manteltarifvertrag hat das Bundessozialgericht dies ausdrücklich bestätigt.[39] Insoweit können also z.B. auch Logistik- oder IT-Unternehmen, bei denen die Arbeitnehmerüberlassung nur ein „Nebengeschäft" ist, Zeitarbeitstarifverträge wirksam in Bezug nehmen.

4.3 Kennzeichnungs- und Konkretisierungsgebot sowie Unterrichtungspflicht

Ein wirksamer Arbeitnehmerüberlassungsvertrag setzt voraus, dass die Überlassung des einzusetzenden Arbeitnehmers an den Kunden auch ausdrücklich als Arbeitnehmerüberlassung bezeichnet wird, vgl. § 1 Abs. 1 S. 5 AÜG. Zudem ist die konkrete Person des einzusetzenden Arbeitnehmers vor der jeweiligen Überlassung namentlich zu konkretisieren, vgl. § 1 Abs. 5 S. 6 AÜG.[40] Schließlich ist der einzusetzende Arbeitnehmer vor jedem Einsatz darüber zu informieren, dass es bei dem jeweiligen Kunden als Leiharbeitnehmer tätig wird.[41]

---

[36] Dies sind insbesondere die zwischen der DGB-Tarifgemeinschaft und dem Bundesarbeitgeberverband der Personaldienstleister (BAP) sowie zwischen der DGB-Tarifgemeinschaft und dem Interessenverband deutscher Zeitarbeitsunternehmen (iGZ) abgeschlossenen Tarifverträge.
[37] Vgl. FA, Stand 30.03.2017, Ziff. 8.5., Abs. 2.
[38] Vgl. FA, Stand 20.03.2017, Ziff. 8.5., Abs. 5.
[39] Vgl. BSG, Urteil vom 12.10.2016 – B 11 AL 6/15 R.
[40] Zu den ordnungsrechtlichen Folgen im Falle eines Verstoßes gegen das Bezeichnungs- und Konkretisierungsgebotes vgl. oben Ziff. 2.1.
[41] Vgl. § 11 Abs. 2 S. 4 AÜG.

5. Alternative Gestaltungsmodelle zum Werk-/Dienstvertrag

Soweit im Rahmen von Projekten längerfristig, zeitlich nicht absehbar und/oder stark integriert unter der Mitwirkung von Fremdpersonal gearbeitet wird, sind sowohl die Arbeitnehmerüberlassung nach dem AÜG als auch Werk-/Dienstverträge als Umsetzungsmaßnahmen für derartige Projekte nicht geeignet.[42] Insoweit ist auf anderweitige Gestaltungsmittel des Fremdpersonaleinsatzes zurückzugreifen, welche im Folgenden vorgestellt werden sollen.

5.1 Anwendung des Konzernprivilegs

Für unternehmensübergreifende Personaleinsätze innerhalb eines Konzerns gelten grundsätzlich die gleichen rechtlichen Anforderungen, wie bei Fremdpersonaleinsätzen konzernfremder Unternehmen. Dies hat zur Folge, dass sowohl eine offene Arbeitnehmerüberlassung nach AÜG als auch konzerninterne Werk-/Dienstverträge grundsätzlich den gleichen rechtlichen Spielregeln wie bei einem Fremdpersonaleinsatz mit konzernfremden Mitarbeitern gelten.

Nach § 1 Abs. 3 Nr. 2 AÜG ist das AÜG allerdings nicht auf die Gestellung von Fremdpersonal zwischen Konzernunternehmen anzuwenden, wenn der betreffende Arbeitnehmer nicht zum Zweck der Überlassung eingestellt und beschäftigt wird. In diesem Fall gelten die formalen Erfordernisse des AÜG, wie zum Beispiel die gültige Arbeitnehmerüberlassungserlaubnis, die Höchstüberlassungsdauer oder der Grundsatz von equal pay/equal treatment nicht.[43] Die Vorschrift soll einen vorübergehenden Einsatz von Arbeitnehmern bei einer anderen Konzerngesellschaft ohne formale Hindernisse ermöglichen.[44] Allerdings fallen reine Verleihunternehmen innerhalb eines Konzerns nicht unter diese Ausnahmevorschrift.[45] Hintergrund ist, dass der zu überlassende Arbeitnehmer einen festen Stammarbeitsplatz im verleihenden Konzernunternehmen innehaben soll, auf welchem der Schwerpunkt der Anstellung im Konzern liegt. Daher sollten Verträge über den Einsatz bei einem anderen Konzernunternehmen zeitlich befristet werden. So kann ein plausibles Rückkehrszenario dokumentiert werden.[46]

Das Konzernprivileg ermöglicht einen unternehmensübergreifenden Einsatz innerhalb eines Konzerns ohne die sich aus dem AÜG ergebenden formalen Ein-

---

[42] Simon, CB 2017, 371 (372).
[43] Kock in: Beck OK Arbeitsrecht, 51. Edition (Stand: 01.03.2019), § 1 AÜG, Rdnr. 200.
[44] Kock in: Beck OK Arbeitsrecht, 51. Edition (Stand: 01.03.2019), § 1 AÜG; Rdnr. 217; Simon, CB 2017, 371 (373).
[45] BT-DRS. 17/4804, 8; FA, Stand 01.08.2019, Ziff. 1.4.2 Abs. 8.
[46] Simon, CB 2017, 371 (373).

schränkungen. Dennoch kann der betreffende Arbeitnehmer bei dem entleihenden Konzernunternehmen weisungsabhängig und/oder integriert eingesetzt werden. Wesentliches Merkmal des Konzernprivilegs ist aber, dass es sich stets um eine zeitlich befristete Ausnahmeregelung handelt. Ein dauerhafter, zeitlich unbefristeter Einsatz bei einem anderen Konzernunternehmen dürfte unzulässig sein.[47]

Praxistipp

Die Rechtsprechung gibt – soweit ersichtlich – bisher keine konkrete Grenze vor, wie groß der Anteil der Überlassungszeiträume an andere Konzernunternehmen gegenüber der Tätigkeit im Stammarbeitsverhältnis im Rahmen einer Gesamtbetrachtung sein darf.[48] Nach dem BAG setzt die vorübergehende Überlassung im Konzern voraus, dass der Arbeitnehmer seine Arbeitsleistung „normalerweise" im Stammarbeitsverhältnis erbringt.[49] In der Literatur wird z.B. vertreten, dass Einsätze bei anderen Konzernunternehmen nicht mehr als die Hälfte der Gesamtarbeitszeit ausmachen dürfen.[50] Hier sollte noch ein „Sicherheitsabschlag" vorgenommen werden, sodass die zulässige Grenze im Bereich zwischen 25 bis 50 % liegen dürfte.[51]

5.2 Ruhendes Arbeitsverhältnis und Neuabschluss befristetes Arbeitsverhältnis (Befristungsmodell)

Neben der Arbeitnehmerüberlassung und dem Abschluss von Werk-/Dienstverträgen besteht auch die Möglichkeit der befristeten Einstellung eines Fremdfirmenmitarbeiters. Dies geschieht häufig dergestalt, dass der Personaldienstleister und das Kundenunternehmen in einen Personalvermittlungsvertrag über die zeitlich befristete Vermittlung eines beim Personaldienstleister beschäftigten Arbeitnehmers in ein befristetes Arbeitsverhältnis mit dem Kunden abschließen. Das Stammarbeitsverhältnis mit dem Personaldienstleister wird für die Dauer der Befristung ruhend gestellt und es wird ein Wiederaufleben nach Ablauf der Befristung vereinbart. Das Teilzeit- und Befristungsgesetz (TzBfG) sieht dabei die Möglichkeit der Sachgrundbefristung nach § 14 Abs. 1 TzBfG und die Mög-

---

[47] LAG Baden-Württemberg, Beschluss vom 11.02.2016 – 3 TABV 2/14, Beck RS 2016, 67031; Schüren/Fassholz, DB 2016, 1375 (1376).
[48] Vgl. Schüren/Fassholz, DB 2016, 1375 (1378).
[49] Vgl. BAG, Urteil vom 18.07.2012 – 7 AZR 451/11, DB 2012, 2584.
[50] Vgl. Schüren/Fassholz, DB 2016, 1375 (1378).
[51] Vgl. Schüren/Fassholz, DB 2016, 1375 (1378); Simon, CB 2017, 371 (373).

lichkeit der sachgrundlosen Befristung nach § 14 Abs. 2 TzBfG vor. Die sachgrundlose Befristung ist derzeit noch bis zu einer Dauer von zwei Jahren zulässig.[52] Einer Begründung für die Befristung bedarf es bei der sachgrundlosen Befristung nicht. Eine über die vorgenannte Dauer von derzeit noch zwei Jahren hinausgehende Befristung ist nur im Wege der Sachgrundbefristung nach § 14 Abs. 1 TzBfG möglich. Als Sachgrund könnte hier insbesondere der vorübergehende Bedarf an der Arbeitsleistung aufgrund eines zeitlich abgrenzbaren Projektes in Betracht kommen.[53]

5.3 Gemeinschaftsbetrieb

Der Gemeinschaftsbetrieb und die Arbeitnehmerüberlassung schließen sich nach ständiger Rechtsprechung des Bundesarbeitsgerichts aus.[54] Denn bei der Arbeitnehmerüberlassung wird der Arbeitnehmer vollständig in den fremden Betrieb eines dritten eingegliedert und dort innerhalb der fremden Betriebsorganisation zur Förderung eines fremden Betriebszwecks des Entleihers eingesetzt. Im Gemeinschaftsbetrieb erfolgt die Eingliederung hingegen in eine gemeinsame Betriebsorganisation zur Förderung dieses gemeinsamen Zwecks.[55] Überdies werden Weisungen durch eine einheitliche Leitungsfunktion in Personalangelegenheiten und nicht durch den Verleiher als dritten ausgeübt. Der Gemeinschaftsbetrieb ist nicht legal definiert, wird aber durch die Vermutungsregelung in § 1 Abs. 1 S. 2, Abs. 2 BetrVG vorausgesetzt.[56] Voraussetzung für den Gemeinschaftsbetrieb ist, dass die in einem Betrieb vorhandenen materiellen und immateriellen Betriebsmittel zweier oder mehrerer Unternehmen von einem einheitlichen arbeitstechnischen Zweck zusammengefasst, geordnet und gezielt eingesetzt werden und der Einsatz der menschlichen Arbeitskraft von einem einheitlichen Leitungsapparat koordiniert wird.[57] Für das Vorliegen eines Gemeinschaftsbetriebs sind drei Hauptmerkmale maßgeblich. Zunächst ist eine sogenannte Führungsvereinbarung, also eine Vereinbarung über die einheitliche Leitung durch die beteiligten Unternehmen, abzuschließen. Dies kann sowohl

---

[52] Der Koalitionsvertrag vom 12.03.2018 sieht eine Einschränkung der sachgrundlosen Befristung gegenüber der bisherigen gesetzlichen Regelung vor. So soll die Gesamtdauer für die sachgrundlose Befristung auf 18 statt bislang 24 Monate begrenzt werden und bis zu dieser Gesamtdauer auch nur noch eine einmalige statt einer dreimaligen Verlängerung möglich sein, vgl. Koalitionsvertrag vom 12.03.2018, Zeile 2342 bis 2345.
[53] Müller-Glöge in: ERFK, 19. Auflage 2019, 14 TZBFG, Rdnr. 23b.
[54] BAG, Urteil vom 23.09.2010 – AZR 567/09, Beck RS 2010, 76066; BAG, Beschluss vom 16.04.2008 – 7 ABR 4/07, NZA–RR 2008, 583; BAG, Urteil vom 25.10.2000 – 7 AZR 487/99, NJW 2001, 1516; BAG, Urteil vom 03.12.1997 – 7 AZR 764/96, NJW 1998, 3374.
[55] Simon, CB 2017, 371 (375).
[56] Seel, öAT 2017, 48 (49); Simon, CB 2017, 371 (375).
[57] BAG, Urteil vom 11.12.2007 – 1 AZR 824/06, NZR-RR 2008, 298.

ausdrücklich schriftlich, aber auch stillschweigend (konkludent) geschehen.[58] Daneben bedarf es eines einheitlichen Leitungsapparates. Dies setzt voraus, dass die wesentlichen Funktionen des Arbeitgebers in personellen und sozialen Angelegenheiten einheitlich wahrgenommen werden.[59] Wesentliche Funktionen in personellen und sozialen Angelegenheiten sind insbesondere das Führen von Personalakten, dass Erstellen wesentlicher arbeitsrechtlicher Dokumente (z. B. Arbeitsverträge), die Einstellung und Versetzung von Arbeitnehmern sowie die Gewährung von Urlaub.[60] Schließlich müssen die am Gemeinschaftsbetrieb beteiligten Unternehmen sowohl einen einheitlichen als auch einen eigenen arbeitstechnischen Zweck verfolgen. Hierzu müssen die im Gemeinschaftsbetrieb vorhandenen Betriebsmittel gemeinsam genutzt werden.

Praxistipp

Soweit der Gemeinschaftsbetrieb als Gestaltungsoption in Betracht kommt, sollten die Voraussetzungen möglichst nach außen hin dokumentiert werden.[61] Die Führungsvereinbarung sollte daher schriftlich abgeschlossen werden. Darüber hinaus sollte eine jedenfalls teilweise Personenidentität in der Geschäftsführung der beteiligten Unternehmen hergestellt werden.[62] Daneben ist eine einheitliche für die wesentlichen Arbeitgeberfunktionen zuständige Personalabteilung zu bilden. Schließlich sollte nicht nur der jeweils eigene Geschäftszweck, sondern auch der gemeinsame Betriebszweck jeweils in der Satzung der beteiligten Unternehmen festgeschrieben werden.[63]

Vorteil des Gemeinschaftsbetriebs ist es, dass dieser die Anwendung des AÜG dauerhaft ausschließt. Damit ist ein dauerhafter unternehmensübergreifender Personaleinsatz möglich, bei welchem die Arbeitnehmer weisungsabhängig und/oder integriert tätig sind, solange der Gemeinschaftsbetrieb besteht. Insbesondere findet auch der Grundsatz von equal pay/equal treatment keine Anwendung. Das BAG hat ausdrücklich klargestellt, dass die am Gemeinschaftsbetrieb beteiligten Unternehmen im Verhältnis zu ihren Arbeitnehmern unterschiedliche Vergütungsordnungen anwenden können.[64] Als Argument hierfür führt das BAG

---

[58] Schmid/Topoglu, ArbRAktuell 2014, 40 (41).
[59] BAG, Urteil vom 23.09.2010 – 8 AZR 567/09, Beck RS 2010, 76066.
[60] Vgl. Simon, CB 2017, 371 (375).
[61] Schmid/Topoglu, ArbRAktuell 2014, 40 (42); Simon, CB 2017, 371 (376).
[62] Simon, CB 2017, 371 (376).
[63] Vgl. LAG München, Urteil vom 02.12.1998 – 7 Sa 127/98, Beck RS 1998, 30463958; Schmid/Topoglu, ArbGAktuell 2014, 40 (42).
[64] BAG, Beschluss vom 12.12.2006 – 1 ABR 38/05, BeckRS 2007, 41934.

an, dass die betriebliche Vergütungsordnung stets nur die Leistungsbeziehung zwischen Arbeitgeber und Arbeitnehmer aus dem Arbeitsverhältnis betrifft.[65]

Die Errichtung eines Gemeinschaftsbetriebs hat in rechtlicher Hinsicht allerdings auch eine Kehrseite. Zum einen hat die Errichtung eines Gemeinschafsbetriebs eine Ausweitung des Kündigungsschutzes zur Folge. So erfolgt die Sozialauswahl im Rahmen einer betriebsbedingten Kündigung im Hinblick auf alle in dem Gemeinschaftsbetrieb beschäftigten Arbeitnehmer, d. h. unternehmensübergreifend.[66] Überdies wäre ein Betriebsrat unternehmensübergreifend für alle Arbeitnehmer im Gemeinschaftsbetrieb zuständig.[67] Schließlich wird in der Instanzenrechtsprechung vertreten, die im Gemeinschaftsbetrieb beschäftigten Arbeitnehmer wären den beteiligten Unternehmen über die besonderen Zurechnungsregeln aus § 5 Mitbestimmungsgesetz bzw. § 2 Abs. 2 DrittelbG wechselseitig zuzurechnen und zwar unabhängig davon, ob das einzelne beteiligte Unternehmen selbst die für eine Unternehmensmitbestimmung maßgeblichen Schwellenwerte überschreitet.[68]

Praxistipp

Der Gemeinschaftsbetrieb dürfte daher nur bei längerfristigen Projekten, bei denen eine größere Zahl von Mitarbeitern unternehmensübergreifend eingesetzt werden soll, in Betracht kommen. Dies dürfte insbesondere bei einer unternehmensübergreifenden Zusammenarbeit zwischen Konzernunternehmen der Fall sein.[69]

6. Fazit

Im Zusammenhang mit dem Einsatz von Fremdpersonal bestehen erhebliche (Haftungs-)Risiken. Eine funktionierende Fremdpersonal-Compliance kann im Falle des § 13, OWiG als „gebotene Compliance-Norm" bereits zu einem Ausschluss des objektiven Tatbestandes führen.[70] Zudem spricht ein Fremdpersonal-Compliance-System jedenfalls gegen das Vorliegen der subjektiven Voraus-

---

[65] BAG, Beschluss vom 12.12.2006 – 1 ABR 38/05, BeckRS 2007, 41934.
[66] BAG, Urteil vom 24.02.2005 – 2 AZR 214/04, BeckRS 2005, 41739.
[67] Seel, öAT 2017, 48 (51).
[68] LG Hamburg, Beschluss vom 21.10.2008 – 417 O171/07, Beck RS 2009, 07094; dagegen: LG Hannover, Beschluss vom 14.05.2012 – 25 O 65/11, Beck RS 2013, 12440; das BAG hat dies – soweit ersichtlich – bisher offengelassen (BAG, Beschluss vom 13.03.2013 – 7 ABR 47/11, ab hier Nr. 1 zu § 5 DrittelbG).
[69] Klösel/Klötzer-Assion/Mahnold/Matz, Contractor Compliance, 5. Teil, 1. Kapitel, Rndr. 105; Niklas/Schauß, BB 2014, 2805 (2809 f.).
[70] Rogal in: Karlsruher Kommentar zum OWiG, 5. Auflage 2018, § 130 Rndr. 58.

setzungen bei den Unternehmensorganen im Hinblick auf die Verwirklichung des entsprechenden Tatbestandes. Denn die Einführung einer Fremdpersonal-Compliance verdeutlicht, dass die Unternehmensorgane gerade nicht die Begehung von entsprechenden Verstößen billigt und damit nicht vorsätzlich handelt.[71] Auch für einen Fahrlässigkeitsvorwurf dürfte kein Anknüpfungspunkt bestehen, da eine funktionsfähige Fremdpersonal-Compliance die im Verkehr erforderliche Sorgfalt wahrt. Die jedenfalls deutliche Abmilderung strafrechtlicher Risiken verdeutlicht auch die neue Rechtsprechung des BGH zu § 266a StGB. Der BGH deutet in einem Obiter Dictum in Anlehnung an die Rechtsprechung zu § 370 AO an, auch bei § 266a StGB einen Vorsatz und damit strafausschließenden Tatbestandsirrtum zulassen zu wollen.[72] Damit könnten selbst Fehlabgrenzungen die auf Basis einer vertretbaren Argumentation durchgeführt wurden als Tatbestandsirrtum gewertet werden und zumindest eine strafrechtliche Verantwortlichkeit der betroffenen Unternehmensorgane ausschließen.[73]

---

[71] Rönau/Becker, NStZ 2016, 569 (574); Kuhlen, NZWiSt 2015, 121 (126).
[72] Vgl. BGH vom 24.01.2018 – 1 STR 331/17.
[73] Vgl. auch Simon, Beck SPA Nr. 5/2019, 33 (35).

Entgeltgerechtigkeit und Recht rund ums Entgelt – Was wird unter einem gerechten Entgelt verstanden und (was) hat das mit Recht tun?

Daniela Eisele-Wijnbergen

Literatur

Bahnmüller, Reinhard, Stabilität und Wandel der Entlohnungsformen, 2001; Eisele, Daniela: Arbeitsbewertung, in: Scholz, Christian (Hrsg.), Vahlens Großes Personallexikon, 2010, S. 38–40; Eisele-Wijnbergen, Daniela & Wilpers, Susanne, Der Gender Pay Gap und die Entgelttransparenz, HR Roundtable News,08/2018, S. 33–35; Fabig-Grychtol, Nicole, Gehaltsvergleich im Umbruch, Personalmagazin, 07/2017, S. 48–51; Franke, Sven; Hornung, Stefanie & Nobile, Nadine, New Work = New Pay? Personalmagazin, 07/2018, S 60–62; Fuhlrott, Michael & Oltmanns, Sönke, Was ist Arbeitszeit? Arbeit und Arbeitsrecht, 01/2019, S. 20–23; Gruhle, Thomas, Compensation and Benefits: Essentials of Benchmarking, Zeuch, Matthias (Hrsg.), Handbook of Human Resources Management, 2016, S. 842–856; Haussmann, Thomas, Wie komme ich zu meinen Punkten? COMP & BEN, 01/2015, S. 11–12; Hromadka, Wolfgang & Maschmann, Frank Arbeitsrecht Band 2, Kollektivarbeitsrecht und Arbeitsstreitigkeiten, 6. Aufl. 2014; Hösl, Nicola, Mindestlohn: Sonn- und Feiertagszuschläge, AuA, 01/2019, S. 56; Kosiol, Ernst, Leistungsgerechte Entlohnung. 2. Auflage, 1969; Kramer, Nadine, Lang, Silvia & Neugeboren, Marco, Die Institutsvergütungsverordnung – was sind die (neuen) rechtlichen Heraus- forderungen für Institute? Compliance-Berater, 11/2017, S. 425–430; Mattioli, Maria & Eyer, Eckhard, Betriebliche Entgeltgestaltung, AuA, 02/2008 S. 102–104; Redmann, Britte, Agiles Arbeiten in Unternehmen: Rechtliche Rahmenbedingungen und gesetzliche Verordnungen, 2017; Schuster, Thomas, Mindestlohn: Beschäftigungsrisiken höher als behauptet. IW-Policy Paper Nr. 19. 2019, S. 9

1. Einleitung

Durch einen Dienstvertrag wird nach § 611 Abs. 1 Bürgerliches Gesetzbuch (BGB) derjenige, welcher Dienste zusagt, zur Leistung der versprochenen Dienste, der andere Teil zur Gewährung der vereinbarten Vergütung verpflichtet. Arbeitsleistung und deren Vergütung stehen in dem synallagmatischen Gegenseitigkeitsverhältnis des Arbeitsvertrages. Der Arbeitgeber hat, als Schuldner der Arbeitsvergütung, diese dem Arbeitnehmer, als Gläubiger, in zutreffender Höhe, am richtigen Ort und zur richtigen Zeit zu leisten. Da die Vergütung Hauptpflicht des Arbeitgebers ist, ist eine Inhaltskontrolle der arbeitsvertraglichen Vereinbarung gem. § 307 Abs. 3 BGB i. V. m. § 307 Abs. 3 Satz 1 BGB ausgeschlossen. Es gelten vielmehr die Grundsätze über die freie Entgeltvereinbarung (BAG, 12.12.2007, 10 AZR 97/07).

Nach § 307 Abs. 3 Satz 2 BGB findet jedoch eine Transparenzkontrolle statt. Entgeltvereinbarungen in Arbeitsverträgen müssen klar und verständlich formuliert sein, sodass für den Arbeitgeber keine ungerechtfertigten Beurteilungsspielräume entstehen.

Zur inhaltlichen Ausgestaltung von Entgeltstrukturen und (Ermittlung der) Höhe von Vergütungen gibt es auf individueller Ebene kaum spezifische Gesetze, die zu beachten sind. Lange waren in Deutschland lediglich über Sittenwidrigkeit und Gleichbehandlung Grenzen gesetzt. Erst seit 2015 ist das Mindestlohngesetz und seit 2018 ist das Entgelttransparenzgesetz zu beachten. Sie werden als konkrete Ausprägungsformen von Sittenwidrigkeit und Gleichbehandlung im vorliegenden Beitrag aufgegriffen und in Grundzügen betrachtet.

Zunächst werden jedoch Grundlagen zur Festlegung von Entgeltstrukturen und -höhen aufgezeigt, die sich die letzten Jahrzehnte (nicht nur in Deutschland) durchgesetzt haben. Sowohl bei Tarifmitarbeitern wie auch bei Arbeitnehmern in über- und außertariflichen Bereichen oder Organisationen ohne Tarifbindung basieren Entgeltstrukturen und Festlegung der Höhe von Vergütungen auf ähnlichen Annahmen und Vorgehensweisen. Deren Vorstellung sowie zentrale Regelungskomponenten folgen im zweiten Kapitel.

Operativ wichtig, in diesem Beitrag jedoch weitgehend außen vor, bleiben sowohl sozialversicherungs- sowie steuerrechtlich Aspekte als auch weitere Fragen rund um Abrechnung und Zahlung, wie Entgeltfortzahlung oder Ausschluss- und Verjährungsfristen.

2. Entgeltgerechtigkeit

Entgelt- bzw. Vergütungsgerechtigkeit unter einer betriebswirtschaftlichen Perspektive umfasst neben der Marktgerechtigkeit folgende Aspekte:[1]

– Anforderungsgerechtigkeit

– Leistungs- und Ergebnisgerechtigkeit (Erfolgsgerechtigkeit)

– Soziale Gerechtigkeit (und/oder andere Aspekte, wie Betriebstreue oder Gesundheitsförderung)

Diese Anforderungen spiegeln sich in der Vergütung sowohl strukturell als auch der Höhe nach meist direkt wieder, wie in nachfolgender Tabelle zusammengefasst. Die genannten Aspekte werden in dieser Reihenfolge in den folgenden Unterkapiteln aufgegriffen. Dabei ist anzumerken, dass diese etablierten Ansätze in zunehmend volatilem Umfeld und agilen Strukturen angepasst, wenn nicht sogar komplett neugestaltet werden müssen. Diese Herausforderung soll

---

[1] Ursprünglich Kosiol, Ernst, 1962.

vorliegend zumindest angerissen werden, wenn auch noch wenig erprobte Konzepte vorliegen. Rechtlich ist in der Gestaltung in Folge der wenigen gesetzlichen Rahmenvorgaben nicht nur viel denk- sondern auch machbar. In mitbestimmten Organisationen dagegen ist diese Anpassungsfähigkeit (in großen Teilen) nur zusammen mit den Sozialpartnern auf tariflicher und betrieblicher Ebene machbar.[2]

Gerechtigkeit mit Blick auf ...		Vergütungsbestandteil	Grundlage der Ermittlung
Markt	Anforderungen der Arbeit	Grund-/bzw. Zielvergütung	Arbeitswert
	Leistung/sverhalten und **Ergebnisse** (ggf. **Kapital**)	Variable Vergütung und Erfolgsbeteiligung (Mitarbeiterkapitalbeteiligung)	Beurteilung von Leistungsverhalten/-ergebnis/Erfolg (Kapitalanteile)
	Andere Aspekte, wie soziale und nachhaltige Erwägungen	Zusatzleistungen, z. B. Familienzulage oder zusätzliche Urlaubstage für Betriebstreue	In Abhängigkeit von der Strategie bspw. Familienstand oder Dienstalter

Betriebswirtschaftliche Entgeltgerechtigkeit und Vergütungsbestanteile

2.1. Anforderungsgerechtigkeit von Grund- bzw. Zielvergütung im Tarif und außertariflich

Ausgehend von Stellenbeschreibungen und Anforderungsprofilen werden die Anforderungen einer Position und deren Wertigkeit fürs Unternehmen eingeschätzt. Der Arbeitswert ist Grundlage für eine ursächliche bzw. inputorientierte Entgeltfindung. Arbeitsinhalte und daraus resultierende Anforderungen an den Arbeitnehmer stehen im Fokus. Vielfältige Anforderungen und Wichtigkeit einer Position für den Unternehmenserfolg resultieren in einem höheren Arbeitswert und dies in einem höheren Entgelt.[3]

Die Arbeitsbewertung kann summarisch erfolgen, die Stelle wird als Ganzes betrachtet, oder analytisch, einzelne Anforderungskriterien werden getrennt betrachtet und eingeschätzt, bevor sie wieder zusammenaddiert werden. Im Management findet sich häufiger das analytische Vorgehen, im Tarifbereich häufigerer ein summarisches Vorgehen.

So sind bspw. im differenzierten Punktesystem der Hay Guide Charts der gleichnamigen Unternehmensberatung folgende Bewertungsdimensionen zu finden:[4]

---

[2] Redmann, Britta, 2017 S. 149–152.
[3] Eisele, Daniela, 2010, S. 38–40.
[4] Haussmann, Thomas, 01/2015, S. 11–12.

- *Wissen/Know-how: Erfahrungen & Fachkenntnisse, Planung & Organisation, Kommunikation & Beeinflussung*
- *Denkleistung/Problem Solving: Denkrahmen – Denkfreiheit und Denkanforderungen – Problemkomplexität*
- *Verantwortung/Accountability: Handlungsfreiheit, Größenordnung, Art des Einflusses*

Als Beispiele für summarische Systeme kann der Manteltarifvertrag für das private Versicherungsgewerbe dienen.[5] § 3 regelt das Arbeitsentgelt und unter Abs. 1 wird darauf verwiesen, dass „das Arbeitsentgelt ... sich nach der Art der Tätigkeit" richtet. § 4 umfasst die Gehaltsgruppenmerkmale und Eingruppierung. Bsph. für die Gehaltsgruppe III (übliche Einstiegsposition nach einer Ausbildung): *„Tätigkeiten, die Fachkenntnisse voraussetzen, wie sie im Allgemeinen durch eine abgeschlossene Berufsausbildung oder durch einschlägige Erfahrung erworben werden."*

Entscheidenden Einfluss hat zudem die Gewichtung der Merkmale untereinander. Meist wird Können (überwiegend abgebildet über erforderliche Qualifikationen) die höchste Punktzahl bzw. Gewichtung zugemessen, Bedingungen dagegen eine relativ geringe.[6]

Ein weiteres wichtiges Element ist die Anzahl der Entgeltgruppen. Diese können auf nur wenige beschränkt oder viele sein. Ein Beispiel für Letztes ist der (ERA) Entgeltrahmentarifvertrag Südwestmetall mit insgesamt 17 Entgeltgruppen.

Die Einstufung oder Eingruppierung ist im Fall der Tarifgebundenheit analog dem jeweils gültigen Entgelt-/Rahmentarifvertrags, manchmal auch Teil eines Manteltarifvertrags, vorzunehmen. Die entsprechende Entgelthöhe ergibt sich aus dem meist zeitlich eng begrenzten Entgelttarifertrag, wie unten stehend ausschnittsweise ebenfalls am Beispiel des privaten Versicherungsgewerbes dargestellt:

---

[5] AGV Versicherung (Hrsg.), unter: https://www.agv-vers.de/fileadmin/doc/tarifvertraege_downloads/manteltarifvertrag_einschl_arbeitszeitkorridor_ab_01_01_2018.pdf.
[6] Mattioli, Maria & Eyer, Eckhar, 02/2008 S. 102 f.

Berufsjahr	Gehaltsgruppen und Monatsbezüge (Auszug, in €)						
	I	II	III	IV	V	VI	...
im 1.	2.595	2.621	2.701	2.765			
im 2. und 3.		2.766	2.776	2.881			
im 4. und 5.			2.929	2.993	3.171		
im 6. und 7.			3.085	3.104	3.285	3.464	
im 8. und 9.				3.213	3.423	3.644	
im 10. und 11.				3.324	3.574	3.829	
im 12. und 13.				3.433	3.725	4.015	
vom 14. an					3.880	4.203	

Tabelle (ab 01.01.2018) im Gehaltstarifvertrag (Auszug, in €)

Da das Arbeitssystem (idealtypisch) unabhängig vom jeweiligen Ausführenden bewertet wird, finden interindividuelle Unterschiede vorerst keinen Eingang. Implizit vorausgesetzt wird, dass alle mit Normalleistung arbeiten. Unterschiede in Leistungen und Ergebnissen können ggf. durch Stufen, die anders als im Beispiel nicht (nur) an die Berufsjahre geknüpft sind, oder mit Bewegungen in breiteren Bändern in den Entgeltgruppen berücksichtig werden. Eine weitere Möglichkeit, unterschiedliche Leistungen und Ergebnisse zu honorieren, bieten variable Vergütungsbestandteile. Auf diese wird im nächsten Unterkapitel eingegangen.

Anders als die obige Gehaltserhöhung nach Berufsjahren im Beispiel verstößt eine rein altersabhängige Gehaltssteigerung gegen das Allgemeine Gleichbehandlungsgesetz, kurz AGG, und stellt eine unmittelbare Diskriminierung dar (ArbG Berlin, 22.08.2007 – 86 Ca 1696/07, LAG Berlin-Brandenburg, 11.09.2008 – 20 Sa 2244/07, BAG, 10.11.2011 – 6 AZR 148/09, EuGH, 08.09.2011, C-298/10 (Mai)).

Bis zu der Einführung des AGG 2006 bzw. der nachfolgenden Umsetzung war eine so genannte Senioritätsregel bspw. im Tarifvertrag des öffentlichen Dienstes (TVöD), ehemals Bundesangestelltentarifvertrag (BAV), zu finden.

Neben der individuellen Gehaltserhöhung gewähren die meisten Betriebe (ggf. tariflich oder betrieblich mitbestimmt) regelmäßig kollektiv eine Erhöhung für Inflations- und Produktivitätsausgleich. Anders als in anderen Ländern, wie mit der Indextranche in Luxemburg, gibt es in Deutschland hierzu keine gesetzliche Vorgaben.

Der analytische Ansatz der Arbeitsbewertung bringt besser nachvollziehbare Ergebnisse, ist aber auch aufwendiger. Zunehmend setzen sich daher (außerhalb des tariflichen Bereichs) Mischformen durch. Auch mit Blick auf sich ändernde Arbeitsstrukturen werden flexiblere Vorgehensweisen der Arbeitsbewertung gefordert. Allerdings ändern sich die tatsächlichen Strukturen (bisher) langsam. Bahnmüller führte dies schon 2001 darauf zurück, dass zum einen die Innovationen in der Arbeitsgestaltung überschätzt werden, dass Änderungen von existierenden Systemen einen sehr hohen Aufwand fordern und zudem Verteilungskonflikte vorprogrammiert sind. Nicht zuletzt bieten auch traditionelle Systeme Flexibilitätsspielräume in der Umsetzung und Anwendung, die zuerst genutzt werden:[7]

So werden bspw. heute öfters Schlüsselpositionen analytisch bewertet. Darauf aufbauend wird ein Vergütungssystem mit wenigen Entgeltstufen entwickelt. Diesen Stufen werden die weiteren Positionen summarisch zugeordnet. Anders als in den genannten tariflichen Beispielen wird dann nicht ein bestimmter Euro-Betrag für jede Entgeltstufe festgesetzt (bzw. mehrere Euro-Beträge in Abhängigkeit vom Dienstalter). Stattdessen wird eine Spanne festgehalten, die dann bspw. unterhalb des marktüblichen Entgelts startet und bis über das marktübliche Entgelt hinausgeht. Die Mitte des Bandes entspricht bspw. dem Medianwert des Markts (oder liegt etwas darunter oder darüber). Die Vergütungsbandbreiten der Vergütungsgruppen bzw. -level überschneiden sich dabei, wie aus der umseitigen Abbildung ersichtlich wird. Bei diesem Vorgehen wird auch von Broad Banding gesprochen. Mitarbeiter, die neu in einer Position eines Vergütungslevels sind, werden zunächst relativ weit links im jeweiligen Band „einsteigen" und können sich bei guter Leistung mit der Zeit im Band weiterentwickeln. Ein anderes Level (mit einem anderen Band) dagegen ist auch hier mit einem Wechsel der Position verbunden.[8]

Dieses Vorgehen bietet eine höhere Flexibilität. In agilen Settings können darüber hinaus bei der Übernahme bestimmter Aufgaben und Verantwortlichkeiten, traditionell als Funktionszulagen bereits bekannt, hier dann Rollenzulagen zeitweise offeriert werden.[9]

Wie bereits erwähnt wurde, sind Vergütungsstrukturen und Entgelthöhen regelmäßig tariflich geregelt. Dabei wird in Mantel- bzw. Rahmentarifverträgen die Beschreibung und Einteilung der unterschiedlichen Tätigkeiten in bestimmte Entgeltgruppen vorgenommen, während das tatsächliche Entgelt durch den Entgelttarifvertrag festgesetzt wird. Da die Lohngruppeneinteilung nur abstrakt ist, er-

---

[7] Bahnmüller, Reinhard, 2001, S. 134 ff.
[8] Gruhle, Thomas, 2016, S. 842–856.
[9] Hromadka, Wolfgang & Maschmann, Frank, 2014, S. 234, 366 ff.

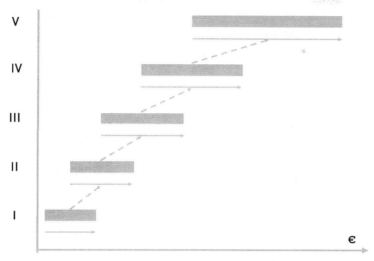

Beispiel Broad-Banding (eigene Darstellung)

öffnet die Zuordnung der konkreten Tätigkeit zu einer Entgeltgruppe, die so genannte Eingruppierung, regelmäßig Umsetzungsspielräume. Diese Eingruppierung ist dem Arbeitgeber vorbehalten. Allerdings hat ein Betriebsrat, falls vorhanden, zur Klarstellung der tariflichen Vorgaben ein Mitbestimmungsrecht nach § 99 BetrVG. Häufig enthalten die meist lange Jahre unverändert geltende Rahmentarifverträge zudem Vorschriften über Entgeltfindungsmethoden und die Abrechnung.

In Entgelttarifverträgen dagegen wird die Vergütungshöhe für die einzelnen Entgeltgruppen festgesetzt. Infolge der nicht vorhersehbaren wirtschaftlichen Entwicklungen und möglicher schwankender Inflationsraten sind die Laufzeiten meist nur ein bis drei Jahr/e.

Zur betrieblichen Entgeltgestaltung, die gemäß BetrVG 87 Abs. 1 Nr. 10, mitbestimmungspflichtig ist, gehören kollektive Entlohnungsgrundsätze ebenso wie alle Formen der Arbeitsentgelte.

Entlohnungsgrundsätze sind die generellen Regeln, nach denen die gesamte Entlohnung geordnet wird (nicht jedoch die absolute Höhe der Entgelte). Der Betriebsrat hat ein Mitbestimmungsrecht bei der Frage, ob Zeitlohn oder Leistungs-, Akkord-, Prämienlohn, Leistungszulagen oder Provisionen gezahlt werden, sofern dies nicht bereits tariflich festgelegt ist. Betriebsvereinbarungen, die die Höhe des Arbeitsentgelts regeln, sind wegen der Regelungssperre des § 77 Abs. 3 BetrVG für tariffähige Arbeitsbedingungen selten (wirksam). Ausgenommen sind Wirtschaftszweige, für die keine tariffähigen Regelungen über die Höhe des Arbeitsentgelts bestehen, z. B. für Unternehmensberatungen.

Zu den Entlohnungsgrundsätzen gehören auch die Grundsätze über zusätzliche Entgelte, wie Aktienoptionen, variable Vergütung, Weihnachtsgratifikationen, Arbeitgeberdarlehen etc. Der Betriebsrat hat sowohl bei der Aufstellung als auch bei der Änderung der Entlohnungsgrundsätze mitzubestimmen. Lediglich bei freiwilligen Leistungen des Arbeitgebers ist das Mitbestimmungsrecht eingeschränkt.

Diese Beteiligungsrechte sollen Arbeitnehmer vor einer einseitig an den Interessen des Arbeitgebers orientierten Entgeltgestaltung schützen und soll zur Wahrung der innerbetrieblichen Entgeltgerechtigkeit sowie zur Sicherung der Angemessenheit und Durchsichtigkeit des Entgeltgefüges beitragen, wie vom BAG (23.10.2010 – 1 ABR 82/08) festgehalten.

2.2. Leistungs- und Erfolgsgerechtigkeit in (nicht) mitbestimmten Betrieben und Institutionen der Finanzbranche

Als Oberbegriff für leistungs-, ergebnis- und darüber hinaus erfolgsabhängige Entgeltbestandteile wird hier variable Vergütung benutzt. Diese können eher kurzfristiger oder längerfristiger Natur sein und werden dann im internationalen Umfeld auch STI (Short Term Incentives) und LTI (Long Term Incentives) genannt. Zentrale Funktionen variabler Vergütung sind neben der Fairness im Sinne von Entgeltgerechtigkeit, wie oben beschrieben, Attraktion, Selektion, Motivation, Zielorientierung, Anerkennung sowie Kostenvariabilisierung. Mit letztgenanntem geht ergebnis- bzw. erfolgsabhängig die Möglichkeit einher, höhere Vergütungen (als im Marktvergleich) zu bezahlen.

Ausgehend von nicht rein diskretionären (ermessensabhängigen) variablen Bestandteilen sind zur Gestaltung variabler Vergütungsbestandteile folgende zentrale Bestandteile/Komponenten vorher festzulegen:

1. Bestimmung der Mitarbeitergruppe nach Hierarchie, Berufsgruppe oder Bereich (z. B. Top-Manager und Vertrieb)
2. Anteil des variablen Entgelts in % des Grund-/Zielentgelts oder Beträge
3. Wahl der Methoden, Bezugsgröße und -ebene (z. B. Leistungsbeurteilung, Zielerreichung und/oder Kennzahlen auf individueller, Team- und/oder Unternehmensebene im Vergleich zur Vergangenheit, Sollwert oder/und im Wettbewerb)
4. Festlegung der Entgeltkurve in lineare, pro-/degressive, stufenförmige oder gemischte Verläufe
5. Wahl der Verknüpfung wenn es mehrere Bezugsgrößen und -ebenen gibt: additiv und multiplikativ oder Budgetmodell
6. Festlegung von Zeitraum oder -punkt der Messung und Auszahlung

7. Definition der Prozesse, wie Verantwortlichkeiten, Schritte und Workflow sowie unterstützende Systeme, Formulare etc.

Dabei können tarifliche Regelungen vereinbart sein, wie im ERA Südwestmetall, die entsprechend anzuwenden und auf betrieblicher Ebene lediglich auszugestalten sind. Ansonsten sind Entscheidungen über das ob, für welchen Personenkreis, den Zweck und über den Dotierungsrahmen unternehmerische Entscheidungen (BAG, 13.12.2011, 1 AZR 508/10). Wurden diese einmal getroffen, unterliegt die weitere Ausgestaltung gemäß § 87 Abs. 1 Nr. 10 BetrVG jedoch wiederum der vollen Mitbestimmung. Gleiches gilt nach Nr. 11 für Festsetzung von Akkord- oder Prämiensätzen.

Die Novelle der Institutsvergütungsverordnung, kurz InstitutsVergV, beschränkt Institutionen des Finanzsektors zudem hinsichtlich einiger der genannten Stellhebel. Mit der Verordnung setzt die Bundesanstalt für Finanzdienstleistungsaufsicht, kurz BaFin, die Leitlinien für eine solide Vergütungspolitik der European Banking Authority, „EBA" auf nationaler Ebene um. Mit den Vorgaben soll als eine Folge der Finanzkrise 2008/09 dafür gesorgt werden, dass Finanzinstitute keine schädlichen Anreize zum Eingehen unverhältnismäßig hoher Risiken schaffen.

So wird zunächst festgehalten, dass alles, was nicht per Definition der fixen Vergütung zugerechnet werden kann, als variable Vergütung zählt und damit entsprechenden Regelungen unterfällt. Dazu gehört dann der so genannte Bonus-Cap: Die variable Vergütung eines Mitarbeiters darf regelmäßig nicht höher als 100% des fixen Gehalts sein. Nur mit besonderer Begründung können die Anteilseigner, Eigentümer oder Träger eine variable Vergütung von bis zu 200% des Fixgehalts beschließen, vgl. § 25a Abs. (5) Kreditwesengesetz, KWG.

Weitergehenden Anforderungen müssen die Vergütungssysteme von Risikoträgern entsprechen. Dazu gehört eine ex-ante Risikoadjustierung, auf deren Basis neben individuellen auch institutionelle Leistungen bzw. Ergebnisse in die Ermittlung der variablen Vergütung einzubeziehen sind. Bei der ex-post Risikoadjustierung sind die Zurückbehaltung, genannt Deferrals, und sogar Rückforderungen, Clawbacks, vorgesehen. Während im ersten Fall ab gewissen Summen die Auszahlung über mehrere Jahre zu erfolgen hat, kann im zweiten Fall bei negativen Entwicklungen sogar eine Rückzahlung (Verrechnung) fällig werden.[10]

Die systematische und vertraglich korrekte Umsetzung und Durchsetzung dieser Vorgaben ist komplex. Noch schwerer zu durchschauen sind die wohl vielfältigen weiteren Auswirkungen auf die genannten Funktionen variabler Vergütung. Ziel war es negative Effekte einzuschränken, die variable Vergütungsbestandteile mit sich bringen können:

---

[10] Kramer, Nadine, Lang, Silvia & Neugeboren, Marco, 11/2017, S. 425–430.

1. Tunnelblick, d.h. es erfolgt nicht nur die gewünschte Konzentration auf die vereinbarten Ziele – sondern alles andere wird ignoriert.
2. Fehlsteuerung, dadurch dass das Ziel bzw. die Beurteilungskriterien/-kennzahlen nur begrenzt (oder gar nicht) das abbilden, was eigentlich erreicht bzw. gemessen werden sollte.
3. Söldner-Effekt, d.h. Mitarbeiter, die wegen Geld kommen, gehen für (noch mehr) Geld auch wieder.
4. Mögliche Crowding-out Effekte, intrinsische Motivation kann durch extrinsische Anreiz verdrängt werden, wenn diese nicht motivkongruent sind.

2.3. Mögliche weitere Aspekte einer gerechten Entgeltfindung

Zusatzleistungen oder Benefits werden, neben gesetzlich vorgeschriebenen Leistungen, wie Beiträge zu den Sozialversicherungen, aus vielen Gründen offeriert.

Historisch bedingt meist aus sozialen Gründen, was in Weihnachts- und Urlaubsgeld sowie Familienzuschläge mündete. Heute sind Mitarbeiterbindung und damit verbunden bspw. stichtagsabhängige Sonderzahlungen, Jubiläumszahlungen oder Angebote der betrieblichen Altersversorgung (BAV), oder gesundheitspolitische Überlegungen, wie verbilligte Beiträge zum Fitnessstudio oder Gesundheitschecks, und viele weitere gang und gäbe. Einen Überblick über verbreitete Benefits gibt das folgende Balkendiagramm.

Ein Anspruch auf solche zusätzlichen Leistungen besteht i.d.R. nur, wenn dies durch Tarifvertrag, Betriebsvereinbarung oder individualvertraglich vereinbart wurde.

Allerdings kann es auch im Zusammenhang mit freiwilligen Zusatzleistungen zu Wiederholung einer bestimmten Verhaltensweise des Arbeitgebers kommen, aus der Arbeitnehmer schließen können, ihnen solle diese Leistung auf Dauer gewährt werden (BAG v. 14.09.2011, 10 AZR 526/10, NZA 2012, 81). Ein typisches praktisches Beispiel ist die dreimalige Gewährung von Weihnachtsgeld in gleicher Höhe an Teile der oder an die gesamte Belegschaft. Wenn die jeweilige Leistung ohne jede Erklärung des Arbeitgebers über etwaige zukünftige weitere Leistungen erfolgt, kann aus der gleichförmigen wiederholenden Verhaltensweise des Arbeitgebers ein Anspruch entstehen Wenn es an einem kollektiven Element fehlt, kommt anstelle einer betrieblichen Übung eine konkludente Vereinbarung in Betracht, (BAG, 17.04.2013, 10 AZR 251/12).

Beim Angebot von Zusatzleistungen sollte neben den rechtlichen Ansprüchen insbesondere die Entwicklung einer faktischen Anspruchshaltung der Mitarbeiter bedacht werden. Eine Leistung mag gar nicht besonders hoch geschätzt sein, wird sie wieder entzogen, wird dies dennoch negativ auffallen.

Entgeltgerechtigkeit und Recht rund ums Entgelt

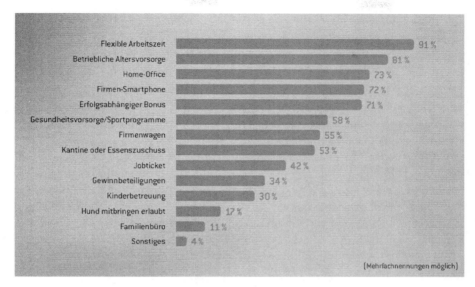

Welche Benefits bieten Sie an?[11]

Während die Leistungen freiwillig sind, gehen mit deren Offerieren meist mehr oder weniger zahlreiche Regelungen einher. Bspw. ist bei anlassbezogenen Einmalzahlungen sorgfältig zu differenzieren, ob es sich um Arbeitsvergütung handelt, die – lediglich in unratierlicher Zahlungsweise – Bestandteil der im Gegenseitigkeitsverhältnis zur Arbeitsleistung stehenden Grundvergütung steht, oder aber ein von der Arbeitsleistung zu unterscheidender Gratifikationscharakter, etwa zur Honorierung von Betriebstreue, bezweckt ist: Bedeutung hat diese Unterscheidung u. a., da im Falle von Leistungsstörungen bezogen auf die Erbringung der Arbeitsleistung allein an Betriebstreue knüpfende Zahlungen gleichwohl zu gewähren sind, während echtes Arbeitsentgelt das Schicksal des synallagmatischen Austauschverhältnisses teilt (vgl. BAG v. 18.01.2012, 10 AZR 667/10). Bei Betriebstreueleistungen ist zudem danach zu differenzieren, ob vergangene oder zukünftige Betriebstreue honoriert werden soll (vgl. BAG v. 18.01.2012, 10 AZR 612/10, NZA 2012, 561, 562).

Nicht zuletzt mit Blick auf das Steuerrecht und dadurch begünstigte Leistungen ist meist eine sehr konkrete Abgrenzung derer erforderlich.

---

[11] Staufenbiel Institut GmbH & Kienbaum Consultants International RecuritingTrends 2017, Was HR-Verantwortliche wissen müssen, unter http://assets.kienbaum.com/downloads/RecruitingTrends_2017_Kienbaum-Staufenbiel_Studie.pdf?mtime=20170201122500.

2.4. Marktgerechtigkeit der Vergütung im Tarif und außertariflich

Ist ein Unternehmen tarifgebunden, ist auf tariflicher Ebene die Marktgerechtigkeit mit den Verhandlungen auf kollektiver Ebene abgedeckt. Rund 70 Prozent (Ost) bzw. 80 Prozent (West) aller Arbeitsverhältnisse in Deutschland unterliegen direkt oder indirekt Tarifverträgen. Eine direkte Bindung ergibt sich aus einer Zugehörigkeit des Arbeitgebers zu einem Arbeitgeberverband oder einem direkten Tarifabschluss mit der zuständigen Gewerkschaft und einer entsprechenden Gewerkschaftsmitgliedschaft des Mitarbeiters. Eine indirekte Gültigkeit ergibt sich in den meisten Fällen durch so genannte Bezugnahmeklausel, mit der ein Arbeitgeber den geltenden Tarifvertrag für alle Beschäftigten arbeitsvertraglich anwendet. Zahlreiche Themen der (nicht) dynamischen Bezugnahme und Nachwirkungen sind damit verbunden, die hier nicht vertieft werden.[12] Auch nicht tarifgebundene Unternehmen verwenden manchmal Bezugnahmeklauseln oder müssen in wenigen Fällen Branchentarifverträge nach einer Allgemeinverbindlichkeitserklärung anwenden.[13]

Ist ein Unternehmen nicht tarifgebunden oder handelt es sich um über- und außertariflich Beschäftigte sowie Leitende Angestellte, gibt es mehrere Wege des Marktvergleichs: Die reine Angebots- und Nachfragesteuerung ist dabei nicht zu empfehlen. In diesem Fall wird (bspw. im Rahmen der Personalgewinnung) versucht, herauszufinden, zu welchem Zeitpunkt geeignete Kandidaten abspringen. Es wird angenommen, dass das die Marktuntergrenze darstellt. Ein solches Vorgehen ist allenfalls leidlich praktikabel und nicht nachhaltig. Die Kandidatenlage und auch die Annahme oder Ablehnung eines Angebots wird von aktuellen und vielen individuellen Faktoren beeinflusst. Nicht zuletzt gibt es starke Abweichungen im Markt und wenn das Unternehmen auf zwei bislang überbezahlte Bewerber trifft, von denen einer die Chance ergreift, zahlt das Unternehmen ggf. weit über Markt. Skaliert man dies auf viele oder gar alle Stellen im Unternehmen, ist das Geschäftsmodell langfristig nicht tragfähig. Je nach Marktlage und Hintergrund wird es zudem zu mehr oder weniger großen Verschiebungen im Unternehmen kommen, was zu Unzufriedenheiten führt. Dies zumal Verschwiegenheitsklauseln diesbezüglich und eine Verschwiegenheitspflicht resultierend aus § 17 UWG, Gesetz gegen den unlauteren Wettbewerb, und § 242 BGB, Bürgerliches Gesetzbuch, in den meisten Fällen innerbetrieblich auch nicht greifen wird (LAG Mecklenburg-Vorpommern v. 21.10.2009, Az 2 Sa 237/09) und eine gewissen Transparenz langfristig kaum zu vermeiden sein wird.

---

[12] Hromadka, Wolfgang & Maschmann, Frank, 2014, S. 118 ff.
[13] Hans-Böckler Stiftung (Hrsg.): Tarifbindung 2016, In: WSI-Tarifarchiv unter www.boeckler.de/wsi-tarifarchiv_2257.htm 2017.

Eine bessere Möglichkeit bieten Marktdaten (Scheepers, 2006, S. 38 ff.). Die Gewinnung von Marktdaten erfolgt über Vergütungsstudien (auch: Club Surveys).[14] Vergütungsstudien können in Eigenregie von mehreren Arbeitgebern zusammen initiiert und durchgeführt werden, meist werden sie jedoch von Unternehmensberatungen angeboten oder zumindest begleitet. Vergütungsdaten können auch direkt bei spezialisierten Beratungen einzeln erworben werden, die diese wiederum bei Unternehmen erhoben haben (z. B. über das Compensation Portal der auf Personal spezialisierten Unternehmensberatung Kienbaum) oder über den Abruf von Daten bei Anbietern, die sich auf die Erhebung dieser bei den Arbeitnehmern spezialisiert haben (z. B. unter gehalt.de). Während im letzten Fall meist weniger oder gar keine Kosten anfallen, ist auch die Datenqualität fraglich. So werden Gehälter anhand der Jobtitel (ohne Stellenbewertung) und teilweise sogar ohne Abfrage der geleisteten Stundenzahl in einen Vergleich eingebunden, dessen Aussagekraft damit gegen null geht.

Rechtliche Relevanz hat ein Marktvergleich nur, wenn keine Vergütung vereinbart wurde oder die vereinbarte Vergütung als sittenwidrig angezeigt wird.

2.5. Exkurs: Andere Herangehensweisen

Während obige Strukturen und Grundlagen die heute und hierzulande flächig akzeptierten sind, gibt es auch andere Herangehensweisen.

Dabei zählt die reine Verhandlung (ohne jeglich Basis) zu einem durchaus gängigen Vorgehen bei Start-ups und kleinen Unternehmen sowie für spezifische Arbeitnehmergruppen. Man kann das als *„Recht des Stärkeren"* interpretieren. Neben den nachher noch näher erläuterten Mindestlohngesetz und allgemeiner sowie spezifischer Gleichbehandlungsgrundsätze, ggf. präzisiert durch das Entgelttransparenzgesetz sind hier nur wenige rechtliche Grenzen gesetzt. Dass ein solches Vorgehen aber jeglicher Nachhaltigkeit entbehrt, wurde bereits im vorangegangenen Abschnitt kurz erläutert.

Piloten zur freien Entgeltwahl, demokratischen Entgeltfindung oder einem Einheitsgehalt haben bislang wenig Nachahmer gefunden.[15] Rechtlich sind sie zwar nicht direkt ausgeschlossen, indirekt sind jedoch vielfältige Regelungen zu beachten. Rechtssicherheit und nachhaltige Umsetzung scheinen daher zumindest fraglich. Sofern vorhanden, ist zudem der Betriebsrat entsprechend der bereits in den vorangegangenen Kapiteln erwähnten Rahmenvorgaben einzubinden.

---

[14] Fabig-Grychtol, Nicole, 07/2017, S. 48–51.
[15] Franke, Sven; Hornung, Stefanie & Nobile, Nadine, 07/2018, S 60–62.

3. Transparenz und das Entgelttransparenzgesetz

Ist ein Unternehmen tarifgebunden, liegen sowohl die Vergütungssystematik als auch die Vergütungstabellen und damit zumindest eine generelle Transparenz vor. Nur in Ausnahmefällen dagegen werden nicht tarifliche Systeme frei zugänglich gemacht, z. B. wie bei Einhorn (https://einhorn.my/das-gehalt-bei-einhorn/). Auch über die Höhe individueller Gehälter wird, trotz oben bereits erwähntem Landesarbeitsgerichtsentscheid, hierzulande nach wie vor noch selten gesprochen.

Während Entgeltunterschiede in vielen Systemen der Marktwirtschaft grundsätzlich akzeptiert sind, werden kollektive Unterschiede für bestimmte Merkmale (Stichwort AGG) durchaus kritisch gesehen, so das Gehaltsgefälle zwischen den Geschlechtern. Dabei gilt dies weniger für den unbereinigten Gender Pay Gap (GPG), der überwiegend gesellschaftliche Fragen aufwirft, sondern insbesondere für den bereinigten GPG. Beim unbereinigten GPG werden die Brutto-Stundenverdienste aller (auch geringfügig und in Teilzeit) Beschäftigten einander nach Geschlecht gegenübergestellt werden. Er wird für Deutschland mit über 20 Prozent ausgewiesen. Beim bereinigten GPG dagegen wird herausgerechnet, dass ein (großer) Teil der Lücke durch strukturelle Unterschiede in Folge von Berufswahl, Beschäftigungsumfang, Bildungsstand, Berufserfahrung und geringerem Anteil von Frauen in Führungspositionen verursacht ist. Rein rechnerisch dient der unbereinigte GPG meist als Grundlage, auf die geringere Prozentzahl (von rund 6 %) kommt man durch einen Korrekturfaktor, der wiederum unterschiedlich begründet und errechnet wird.

Vor diesem Hintergrund wurde das Entgelttransparenzgesetz, EntgTranspG, 2017 eingeführt. Schon davor war die Privatautonomie des Arbeitgebers begrenzt durch spezifische arbeitsrechtliche Gleichbehandlungspflichten. So gebietet Artikel 157 AEUV den Grundsatz der Entgeltgleichheit zwischen Männern und Frauen. Und das AGG verbietet ungerechtfertigte Differenzierungen wegen des Alters, in Folge von Rasse, ethnischer Herkunft, Geschlecht, Religion oder Weltanschauung, Behinderung, und sexueller Identität.

Das EntgTranspG zielt auf einen Informationsanspruch bei „gleichwertiger Arbeit" und zwar auf Ebene einzelner Betriebe und damit in derselben Branche und in derselben Region. Gleichwertige Arbeit wird über den in Kapitel 2.1 beschriebenen, wie auch immer genau ermittelten Arbeitswert festgemacht. Der Informationsanspruch eröffnet die Anfrage eines Mitarbeiters oder einer Mitarbeiterin, der dann (laut § 11 Abs. 3 EntgTranspG) vom Arbeitgeber mit dem Median des durchschnittlichen monatlichen Bruttoentgeltes sowie maximal zweier weiterer Entgeltbestandteile bezogen auf ein Kalenderjahr in Vollzeitäquivalenten für eine Vergleichsgruppe anzugeben ist. Diese Vergleichsgruppe muss zudem mindestens sechs Personen des jeweils anderen Geschlechts umfassen. Herausgehobene Positionen mit (zu) kleinen Vergleichsgruppen, fallen damit faktisch aus dem Geltungsbereich heraus. Gerade hier ist aber die Entgeltspreizung am höchsten. Formal aus dem Geltungsbereich fallen zudem Betriebe mit weniger als 200 Mitarbeitern und damit eine Gruppe an Betrieben mit geringer Tarifbindung und weniger Entgeltstrukturen und damit angenommen ebenfalls höheren Spreizungen. Ein Prüfverfahren gem. § 17 EntGTranspG ist nur Sollvorschrift und die Berichtspflicht für (lageberichtspflichtige) Unternehmen mit mehr als 500 Mitarbeitern enthält kaum Vorgaben. Werden keine Maßnahmen zur Förderung der Geschlechtergleichheit (generell und mit Blick auf das Entgelt) durchgeführt bzw. angegeben, ist dies wie auch immer zu begründen. Vorgeschrieben sind lediglich Zahlen zur Geschlechterverteilung und zu Voll- und Teilzeit. Rechtsfolgen sind im Gesetz selbst keine vorgesehen.[16] In den Medien wird das EntGTranspG dann auch häufiger als zahnloser Tiger bezeichnet, so unter https://www.duz.de/beitrag/!/id/605/zahnloser-tiger und https://www.deutschlandfunk.de/entgelttransparenzgesetz-was-der-kollege-wirklich-verdient.766.de.html?dram:article_id=418071

4. Der Mindestlohn: Die Untergrenze

Im Jahr 2015 wurde in Deutschland das Mindestlohngesetz (MiLoG) eingeführt. Davor ergab sich eine rechtliche Untergrenze allenfalls aus der Sittenwidrigkeit gem. § 138 BGB. Als Maßstab wurden insbesondere der Wucher oder das wucherähnliche Rechtsgeschäft herangezogen. Beide Tatbestände erfordern ein auffälliges Missverhältnis zwischen Leistung und Gegenleistung. Richtwert für ein auffälliges Missverhältnis zwischen Leistung und Gegenleistung im Arbeitsverhältnis ist nach der Rechtsprechung des BAG eine Grenze von zwei Dritteln des üblichen Entgelt, welches sich insbesondere nach inhaltlich anwendbaren Tarifverträgen richtet (BAG vom 22.04.2009 – 5 AZR 436/08, NZA 2009, 837, 838).

20 weitere Mitglieder der Europäischen Union (EU) hatten bereits vorher einen gesetzlichen Mindestlohn, wenn auch in der Höhe sehr unterschiedlich. So lag der Mindestlohn pro Stunde 2013 in Rumänien bei unter einem Euro, während er in Luxemburg zweistellig war.[17] In Deutschland liegt er seit 01. Januar 2020 bei 9,35 Euro.

Grundsätzlich gilt der Mindestlohn für alle Arbeitnehmer. Auszubildende und Ehrenamtliche sind vom Anwendungsbereich nicht erfasst, § 22 Abs. MiLoG. Mit Blick auf die Auszubildendenvergütung wurde allerdings ein entsprechen-

---

[16] Eisele-Wijnbergen, Daniela; Wilpers, Susanne, 08/2018, S. 33–35.
[17] Schuster, Thomas, 2019, S. 9.

der Gesetzesentwurf im Mai 2019 vom Bundeskabinett gebilligt, der damit für Verträge ab dem 01.01.2020 gelten wird. Vom Mindestlohngesetz selbst dagegen sind unter 18-Jährige ohne abgeschlossene Berufsausbildung ausgenommen, um den ungelernten Berufseinstieg nicht zu attraktiv zu machen. Mit weiteren Tatbeständen und Ausnahmen ergeben sich hier übliche Abgrenzungsfragen, zur Scheinselbständigkeit, bei Praktika etc.

Fraglich war und ist zudem immer wieder, welche Zahlungen auf den Mindestlohn anrechenbar sind.[18] Das Bundesarbeitsgericht hat hierzu bereits mehrmals entschieden, z.B. im Sinne der nicht Anrechenbarkeit BAG, Urteil vom 25.05.2016 – 5 AZR 135/16 oder im Sinne der Anrechenbarkeit BAG, Urteil vom 17.01.2018 – 5 AZR 69/17. Entscheidend für die Beurteilung ist die Zweckbestimmung der Zahlung: Nicht mindestlohnwirksam sind Zahlungen, die der Arbeitgeber ohne Rücksicht auf eine tatsächliche Arbeitsleistung des Arbeitnehmers erbringt oder die auf einer besonderen gesetzlichen Zweckbestimmung beruhen. So sind Zuschläge für Sonn- und Feiertagsarbeit anrechenbar. Dagegen beruhen Nachtarbeitszuschläge auf einer besonderen gesetzlichen Zweckbestimmung (§ 6 Abs. 5 ArbZG) und sind damit nicht anrechenbar (BAG, Urteil vom 25.05.2016 – 5 AZR 135/16). Beim Urlaubsgeld kann es entscheidend sein, ob es bloß eine saisonale Sonderleistung darstellt und damit anrechnungsfähig oder von den Regelungen zum Urlaub abhängig ist (BAG, Urteil vom 12.10.2010 – 9 AZR 522/09, Rdnr. 24) und damit nicht anrechnungsfähig. Denn nicht anrechenbar sind Leistungen ohne Entgeltcharakter, wie Einmalzahlungen, die die Betriebstreue belohnen sollen. Da von diesem Charakter auch noch andere Aspekte, wie deren anteilige Kürzung oder Stichtags- und Rückzahlungsklauseln abhängig sind, kann es vorteilhaft sein, ausdrücklich auf diesen hinzuweisen. Zudem ist die Fälligkeit zu beachten. Das Entgelt ist am Monatsletzten zur Zahlung fällig, spätestens aber am Ende des auf die Arbeitsleistung folgenden Monats. D.h. Einmalzahlungen werden nur für den Monat in dem sie gezahlt werden und allenfalls den vorangegangenen Monat einbezogen.

Weitere Beispiele für nicht anrechnungsfähige Leistungen sind vermögenswirksame Leistungen und Beiträge zur betrieblichen Altersversorgung, sie dienen der Zwecksetzung der Versorgung, bei echtem Aufwandsersatz, z.B. Reisekosten sofern diese tatsächlich angefallen sind, oder auch bei Trinkgeldern, sofern keine vertraglichen Regelungen hierzu vorliegen. Ebenso sind Sachleistungen, wie Essensgutscheine oder Mitarbeiterdeputate, nicht anrechenbar

Neben dem Eurobetrag können auf der anderen Seite die geleisteten Stunden fraglich sein. Dabei kommt es auf tatsächlich geleistete Stunden an, was in bestimmten Fällen, wie Umkleide-, Reise- oder auch Wegezeiten, strittig sein

---

[18] Hösl, Nicola, AuA, 01/2019, S. 56.

kann.[19] Mit dem Urteil vom 14. Mai 2019 (C-55/18) des Europäische Gerichtshof, EuGH, dürfte die Aufzeichnungspflicht generell und nicht mehr nur zur Kontrolle des Mindestlohns dagegen unstrittig sein. Die nationale Umsetzung der Vorgabe zur Erfassung der täglichen Arbeitszeit generell steht allerdings noch aus.

Zu beachten ist, dass bei Überstunden der generell rechtliche Anspruch auf deren Vergütung neben deren Leistung voraussetzt, dass die Überstunden vom Arbeitgeber angeordnet, gebilligt, geduldet oder jedenfalls zur Erledigung der geschuldeten Arbeit notwendig gewesen sind. Die Darlegungs- und Beweislast hierfür trägt der Arbeitnehmer (BAG 10.04.2013 – 5 AZR 122/12).

Mindestlohnunterschreitende Vergütungsabreden sind unwirksam. Dies ergibt sich aus § 1 Abs. 1, 3 MiLoG in Verbindung mit § 134 BGB Rechtsfolge ist Anspruch auf den gesetzlichen Mindestlohn. Darüber hinaus können bestimmte Verstöße gegen des MiLoG, z. B. Verstoß gegen Aufzeichnungs- und Bereithaltungspflichten nach § 17 MiLoG (Nr. 7, Nr. 8), als Ordnungswidrigkeit bußgeldbewehrt sein.

5. Fazit

Während Entgeltgerechtigkeit aus betriebswirtschaftlicher Perspektive zumindest ein Stück weit anpassungsfähig ist und zunehmend sein muss, werden die rechtlichen Rahmenbedingungen was die Vergütung betrifft enger statt weiter. Die Mitbestimmung auf betrieblicher und tariflicher Ebene war in Vergütungsfragen bislang schon stark ausgeprägt. Gesetzliche Regelungen allerdings verkleinern diese tariflichen und betrieblichen Spielräume entgegen anderen Trends, wie Freelancing und Crowdworking, für abhängig Beschäftigte weiter. So wurde die Tariffreiheit durch die Einführung des Mindestlohnes 2015 erheblich eingeschränkt. Weitere Regelungen und Gesetze, wie die Institutsvergütungsverordnung oder AIFM-Richtlinien, die spezifische Institutionen und Personenkreise betreffen, kommen hinzu. Wenn man zudem bedenkt, wie lange Entwicklungen auf tariflicher Ebene oftmals brauchen, sind kurzfristige Umwälzungen kaum zu erwarten, sondern eher schleichende Systemänderungen mit Blick auf Bedingungen für neue Arbeitsverhältnisse.

---

[19] Fuhlrott, Michael & Oltmanns, Sönke, 01/2019, S. 20–23.

Klauseln zur Bindung von Mitarbeitern – Rückzahlungsvereinbarungen für Weiterbildungen und andere Tatbestände zur Förderung von Commitment

Yvonne Conzelmann und Daniela Eisele-Wijnbergen

Literatur

Allewell, Dorothea/Koller, Petra, Der Einsatz und die Bewertung von Rückzahlungsklauseln für Weiterbildungsmaßnahmen durch Unternehmen – Ergebnisse einer empirischen Untersuchung, Zeitschrift für Personalforschung, 01/2003, S. 58–86; Eisele, Daniela/Doye, Thomas, Praxisorientierte Einführung in die Personalwirtschaftslehre, 7. Auflage, 2010; Elking, Lennert, BAG: Transparenz einer Rückzahlungsklausel, BB, 04/2014, S. 192–192; Elking, Lennart, Wirksame Rückzahlungsklauseln, AuA, 11/2014, S. 645–657; Elking, Lennart, Rückzahlungsklauseln bei Fortbildungskosten – die aktuellen Anforderungen der Rechtsprechung, BB, 15/2014, S. 885–890; Felfe, Jörg/Six, Bernd/Schmook, Renate/Knorz, Carmen, Commitment Organisation, 1. Auflage 2014; Hoffmann, Michael, Rückzahlungsklauseln bei Fortbildungskosten – Anforderungen, Rechtsfolgenproblematik und Vertrauensschutz, NZA-RR 2015, S. 342–346; Jesgarzewski, Tim, AuA, Fallstricke bei der nachträglichen Beteiligung an Fortbildungskosten: Rückzahlungsvereinbarungen, 08/2015, S. 459–461; Kolb-Rust, Viktoria/Rosentreter, Gabriele, Ausbildungsverträge bei praxisintegrierten dualen Studiengängen. Aktuelle Praxisfragen unter besonderer Berücksichtigung von Bleibeverpflichtungen, NZA 2013, S. 879–884; Koch-Rust, Viktoria/Rosentreter, Gabriele, Rechtliche Gestaltung der Praxisphase bei dualen Studiengängen, NJW 2009, S. 3005–3010; Lakies, Thomas, Begrenzte Vertragsfreiheit bei der Gewährung von Sonderzahlungen DB, 12/2014, S. 659–662; Löw, Hans-Peter/Glück, Anja, Incentivepläne und ihre Terms & Conditions: AGB-Kontrolle bei Bonuszahlungen: Eine Bestandsaufnahme im Lichte der aktuellen Rechtsprechung, DB, 05/2014, S. 187–192; Salamon, Erwin, Mitarbeitersteuerung durch erfolgs- und bestandsabhängige Gestaltung von Vergütungsbestandteilen, NZA 2010, S. 314–319; Salamon, Erwin, Das Ende von Sonderzahlungen mit Mischcharakter?, NZA 2011, S. 1328–1331; Sasse, Stefan/Häcker, Franziska, Rückzahlung von Fortbildungskosten DB, 11/2014, S. 600–604; Schmidt, Constanze/Rademacher, Lukas, Rückzahlung von arbeitgeberseitig verauslagten Fortbildungskosten MDR, 06/2014, S. 316–320; Schönhöft, Andreas, Rückzahlungsverpflichtungen in Fortbildungsvereinbarungen, NZA, 2009, S. 625–631; Stück, Volker, Rückzahlung von Ausbildungskosten, AuA, 06/2012, S. 377; Strybny, Derk, Baugewerbe, S. 44; Waltermann, Raimund, Arbeitsrecht, 19. Auflage 2018

1. Einleitung

In der betrieblichen Praxis gibt es immer wieder Auseinandersetzungen darüber, ob eine bereits gezahlte Weiterbildung oder Gratifikation bei Ausscheiden des Arbeitnehmers durch den Arbeitgeber zurückgefordert werden kann. Bezüglich derlei Rückzahlungsklauseln gibt es zahlreiche widerstreitende Urteile (mit Blick auf Weiterbildung und im Sinne der Wirksamkeit beispielsweise das LAG Düsseldorf[1] oder im Sinne der Unwirksamkeit beispielsweise das LAG Reinland-Pfalz[2]) und eine große Rechtsunsicherheit.

Investiert ein Unternehmen in seine Mitarbeiter, z. B. in Form von Fort- und Weiterbildung, erwartet es im Gegenzug einen Return.[3] Ungern möchte der Arbeitgeber den Mitarbeiter, dem er gerade erst eine teure Weiterbildung ermöglicht hat, direkt danach an die Konkurrenz verlieren. Dies zumal kein allgemeiner Anspruch besteht, dass der Arbeitgeber die Weiterbildung seiner Mitarbeiter fördert, also Lehrgänge finanziert und Arbeitnehmer zu diesem Zweck von der Arbeit freigestellt werden. Unabhängig davon, ob Teile der Investition bereits während der Weiterbildungsmaßnahme amortisiert werden, besteht i. d. R. ein Interesse des Arbeitgebers den Arbeitnehmer nach Beendigung der Maßnahme im Unternehmen zu halten und entsprechend seiner – neu erworbenen – Kenntnisse und Fähigkeiten einzusetzen.[4] In diesem Zuge werden Bleibeverpflichtungen bzw. Rückzahlungsvereinbarungen, auch Bindungsklauseln genannt, eingesetzt.[5] Gelingt es dem Arbeitgeber trotz Klausel nicht, den Arbeitnehmer zu halten, kann er zumindest einen Teil der Aufwendungen zurückerhalten. Ohne eine vorherige schriftliche Vereinbarung ist das ausgeschlossen.[6] Eine automatische Rückzahlungsverpflichtung dergestalt, dass der Arbeitnehmer bei seinem Ausscheiden Leistungen zurückerstatten muss, gibt es nicht.

Damit eine solche Rückzahlung seitens des Arbeitgebers verlangt werden kann, bedarf es einer ausdrücklichen Vereinbarung zwischen Arbeitgeber und Arbeitnehmer, an die hohe Anforderungen gestellt werden.

Im Rahmen dieses Beitrages geht es im ersten Abschnitt darum, welche Voraussetzungen nach vorherrschender Ansicht erfüllt sein müssen, dass solche Rückzahlungsvereinbarungen (mit Blick auf Fort- und Weiterbildungsmaßnahmen) wirksam sind und einer AGB-Kontrolle standhalten können. Neben Rückzahlungsklauseln für Fort- und Weiterbildung kommen solche bei Sonderzahlungen, bspw. Weihnachtsgeld, Tantiemen, Gratifikationen oder anderen variablen Vergütungsbestandteilen, in Form von ergebnis- bzw. leistungsabhängiger Vergütung, zum Einsatz. Hierauf wird im zweiten Abschnitt dieses Beitrages eingegangen. Im dritten Abschnitt wird auf die faktische Bindungswirkung von Rückzahlungsklauseln eingegangen bevor der Beitrag mit einem Fazit abgerundet wird.

---

[1] LAG Düsseldorf, Urteil vom 27.05.2013 – 9 Sa 108/13.
[2] LAG Reinland-Pfalz, Urteil vom 03.03.2015 – 8 Sa 561/14.
[3] Jesgarzewski, T., AuA, 08/2015, S. 459, 459.
[4] Elking, L., AuA, 11/2014, S. 645, 645.
[5] Kolb-Rust, V./Rosentreter, G., NZA 2013, S. 879, 879.
[6] Elking, L., AuA, 11/2014, S. 645, 654.

2. Rechtliche Wirksamkeit von Rückzahlungsklauseln

Die Wirksamkeit einer Rückzahlungsvereinbarung für Weiterbildungsmaßnahmen hängt, der Rechtsprechung folgend, insbesondere von folgenden drei plus drei Aspekten ab:[7]

- Vorliegen eines geldwerten Vorteils für den Arbeitnehmer.
- Interessenabwägung, darunter
  - angemessene Höhe des Rückzahlungsbetrags,
  - angemessene Bindungsdauer/-frist sowie
  - Zulässigkeit des vereinbarten Rückzahlungsereignisses.
- Verständlichkeit, also Transparenz, der Vereinbarung.

Dabei wird vorliegend von Individualabreden, die vom Arbeitgeber vorgegeben werden, ausgegangen.[8] Tatsächlich in allen Punkten individuell verhandelte Vereinbarungen oder auch Vereinbarungen auf kollektiver Ebene, z. B. im Rahmen eines Tarifvertrages, sind zwar denkbar, aber äußerst selten. Es wird daher nicht näher auf Besonderheiten in deren Prüfung eingegangen.

Solche vom Arbeitgeber formularmäßig vorgegebene Klauseln unterliegen seit der Schuldrechtsreform der so genannten AGB-Kontrolle, da sie als Allgemeine Geschäftsbedingungen eingestuft werden.

Wesentlich ist damit, dass eine als unangemessen einzustufende Klausel unwirksam ist, § 307 Abs. 1 Satz 1, §§ 308 und 309 Eingangssatz BGB. Eine geltungserhaltende Reduktion sieht das AGB-Recht nicht vor, § 306 Abs. 3 BGB[9]. Wird auch nur einer der Punkte als unwirksam eingestuft, ist die ganze Vereinbarung hinfällig. Entsprechend hoch sind die Ansprüche an eine saubere Vereinbarung und deren unstrittige Formulierung. Die AGB-Kontrolle umfasst neben der

- Inhaltskontrolle (oben über die Punkte des geldwerten Vorteils und der Interessenabwägung abgebildet) sowie der
- Transparenzkontrolle (oben als dritter Punkt abgebildet) zudem die
- Einbeziehungskontrolle.[10]

Hier muss die Frage, ob die Klausel überhaupt Vertragsbestandteil wurde beantwortet werden. Dazu ist diese zwingend schriftlich zu formulieren.

---

[7] Elking, L., AuA, 11/2014, S. 645 ff.; Koch-Rust, V./Rosentreter, G., NZA 2013, S. 879 ff.
[8] Elking, L., BB, 15/2014, S. 885, 885.
[9] Hoffmann, M., NZA-RR 2015, S. 342 ff.
[10] Waltermann, 2012, Arbeitsrecht, Rn. 102–114.

2.1 Vorliegen eines geldwerten Vorteils für den Arbeitnehmer

Ausschlaggebend für die Möglichkeit einer Rückzahlungsvereinbarung ist, dass die Weiterbildung die Arbeitsmarktchancen des Arbeitnehmers deutlich erhöht und damit einen geldwerter Vorteil birgt.[11] Im Zweifel hat der Arbeitgeber den geldwerten Vorteil darzulegen. Dabei ist auf den Zeitpunkt der Vereinbarung der Klausel abzustellen. Dem Arbeitnehmer obliegt es dann ggf. Umstände darzulegen und zu beweisen, die dies entkräften, so das BAG[12]. In der nachfolgenden Tabelle sind Beispiele des Bundesarbeitsgerichtes für (nicht) erstattungsfähige Fortbildungsmaßnahmen angeführt.

Erstattungsfähige Maßnahmen	Nicht erstattungsfähige Maßnahmen
Finanzierung eines Hochschulstudiums, BAG, Urteil vom 12.12.1979 – 5 AZR 1056/77	Auffrischungs- oder Vertiefungslehrgänge, BAG, Urteil vom 16.03.1994 – 5 AZR 339/92
Anerkannte berufliche Qualifikation, BAG, 16.03.1994 – 5 AZR 339/92	Arbeitsplatzeinarbeitung BAG, Urteil vom 15.05.1985 – 5 AZR 161/84
Sechsmonatiger Sprachaufenthalt unter Mitarbeit in einem ausländischen Unternehmen, BAG, Urteil vom 30.11.1994 – 5 AZR 715/93	Sprachkurs, wenn der Arbeitnehmer in einem anderen Land eingesetzt werden soll, BAG, Urteil vom 03.07.1985 – 5 AZR 573/84

Beispiele für (nicht) erstattungsfähige Fortbildungsmaßnahmen

Erwähnenswert ist an dieser Stelle, dass Auszubildende dem Ausbildungsbetrieb grundsätzlich keine Kosten für die Berufsausbildung zurückerstatten müssen. Zwar ist der Abschluss eines Ausbildungsvertrages aus Sicht des Unternehmens eine Investition, da regelmäßig zunächst Ressourcen in die Ausbildung investiert werden, bevor ein substantieller Leistungsbeitrag erwartet werden kann. Entsprechend ist es für Unternehmen ebenfalls unglücklich, wenn der Mitarbeiter nach erfolgreichem Abschluss der Ausbildung direkt zur Konkurrenz wechselt und die Investition für den eigenen Betrieb verloren ist. Eine Rückzahlungsklausel für die Berufsausbildung ist jedoch nicht möglich und nach § 12 Abs. S. 1 BBiG nichtig. Auch ist nach § 12 Abs. 2 Nr. 1 BBiG eine Vereinbarung nicht wirksam, die den Auszubildenden zur Zahlung einer Entschädigung für die Berufsausbildung verpflichtet. Anders kann sich dies bspw. für ein duales Studium darstellen, in dem die Studierenden je nach Studien- und Vertragsgestaltung lediglich arbeitnehmerähnlich einzustufen sind, nicht nach dem BBiG als Auszubildende.

---

[11] Schmidt, C./Rademacher, L., MDR, 06/2014, S. 316, 317 ff.
[12] BAG, Urteil vom 06.03.1994 – 5 AZR 339/92.

Ein Sonderfall ergibt sich mit der vorzeitigen Beendigung oder einem Abbruch einer Maßnahme. Dieser Tatbestand muss in der Klausel oder in einer separaten Klausel explizit vereinbart sein. Eine solche Vereinbarung scheitert nicht zwingend am fehlenden „geldwerten Vorteil" des erfolgreichen Abschlusses, da sich ein Vorteil auch bereits ohne einen offiziellen Abschluss eingestellt haben kann. Daher werden auch derlei Vereinbarungen vom Grundsatz her anerkannt. Eine Rückzahlung bei Erfolglosigkeit ist dennoch kaum denkbar, denn der Arbeitgeber kann sein Auswahlrisiko nicht auf den Arbeitnehmer abwälzen.[13] Der Umstand, dass ein Abbruch oder eine Erfolglosigkeit nicht am fehlenden Können, sondern am fehlenden Willen des Arbeitnehmers gelegen haben, dürfte auf Seiten des Arbeitgebers schwer nachzuweisen sein.

Vorliegend wird daher auf die Vereinbarung (anteiliger) Rückzahlungen nach dem erfolgreichen Abschluss einer Maßnahme abgestellt.

2.2 Interessenabwägung

Eine solche Klausel darf als AGB-Bestimmung gemäß § 307 Abs. 1 Satz 1 BGB, unter Berücksichtigung der Grundsätze von Treu und Glauben und dem grundgesetzlich verbrieften Recht auf freie Arbeitsplatzwahl nach Art. 12 GG den Arbeitnehmer nicht in unzulässiger Weise binden. Entgegen stehen dem (grundgesetzlich über die allgemeine Handlungsfreiheit gemäß Art. 2 Abs. 1 GG geschützten) begründete und billigenswerte Interessen des Arbeitgebers. Wesentliches Interesse liegt hier in einer möglichst langfristige Nutzung der erworbenen Qualifikation.[14] Diese Interessenabwägung ist in der Abbildung veranschaulicht[15]:

Diese Interessenabwägung wird anhand von Kriterien vorgenommen, die ähnlich bereits vor der Schuldrechtsmodernisierung angewendet und ständig weiter entwickelt wurden. Grundsätzlich ist gemäß dem BAG ein genereller, typisierender, vom Einzelfall losgelöster Maßstab anzulegen.[16] Allerdings sind die den Vertragsschluss begleitenden Umstände nach § 310 Abs. 3 Satz 3 BGB zu berücksichtigen. Dazu gehören vorrangig die Verhandlungsstärke des Vertragspartners, Besonderheiten der Situation des Vertragsabschlusses und typische Sonderinteressen der Vertragspartner.

---

[13] Schönhöft, A., NZA 2009, S. 625, 628.
[14] BAG, Urteil vom 24.06.2004 – 6 AZR 383/03; BAG, Urteil vom 08.08.2007 – 7 AZR 855/06, Rn. 16; BAG, Urteil vom 09.01.2011 – AZR 621/08, Rn. 156.
[15] Angelehnt an Strybny, D., Baugewerbe, S. 44; Stück, V., AuA, 06/2012, S. 377.
[16] BAG, Urteil vom 14.01.2009 – 3 AZR 900/07.

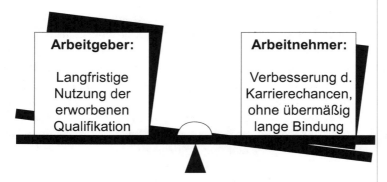

Interessenabwägung bei Rückzahlungsklauseln

In die Interessenabwägung einbezogen werden wiederum drei Unterpunkte:
1. Die **Höhe der Rückzahlung**,
2. die Dauer der **Bindung und Ratierlichkeit** sowie
3. das vereinbarte **Rückzahlungsereignis**.

Mit Blick auf die Wirksamkeit gilt ausschließlich die vertragliche Formulierung, nicht der Wille der Vertragsparteien.

Die **Höhe der Rückzahlung** ist begrenzt auf den vom Betrieb tatsächlich aufgewendeten Betrag.[17] Im Zweifel ist dieser dem Grunde und der Höhe nach detailliert darzulegen.[18] Der Arbeitnehmer kann seine Zahlungsverpflichtung nicht ausreichend abschätzen, wenn Art und Berechnungsgrundlage der (gegebenenfalls) zu erstattenden Kosten nicht angegeben werden. Zudem müssen die einzelnen Positionen abschließend aufgeführt werden. Die Klausel verletzt das Bestimmtheitsgebot, wenn sie vermeidbare Unklarheiten enthält und Auslegungsspielräume eröffnet. Geltungserhaltende Reduktion, ergänzende Vertragsauslegung wie auch schadensersatz- oder bereicherungsrechtliche Rückzahlungsansprüche kommen grundsätzlich nicht in Betracht.[19]

Eine Rückzahlungspauschale kann vereinbart werden, darf aber nur kleiner oder allenfalls gleich dem obigen Betrag sein. Zudem muss auch hier die Zusammensetzung offen gelegt werden.[20] Den Arbeitgeber trifft dabei die Darlegungslast. Eine Pauschale begrenzt den Anspruch dann der Höhe nach.

Angemessen und damit zulässig ist eine **Bindungsdauer/-frist**, wenn sie in einem angemessenen Verhältnis steht zu/r

---

[17] Schönhöft, A., NZA 2009, S. 625, 628.
[18] Elking, L., BB, 04/2014, S. 192, 192.
[19] BAG, Urteil vom 28.05.2013 – 3 AZR 103/12, Rn. 44 f.
[20] LAG Köln, Urteil vom 27.05.2010– 7 Sa 23/10.

- Dauer der Fortbildung und Zeiten der bezahlten Freistellung.
- Art und Qualität der Maßnahme.
- den Kosten der Fortbildung.
- den Vorteilen, die der Arbeitnehmer durch die Fortbildung erlangt.[21]

Weitere Aspekte können eine Rolle spielen, beispielsweise die Relation zum Arbeitsentgelt des Arbeitnehmers, das Amortisationsinteresse sowie die Finanzkraft des Arbeitgebers.[22]

Das Hauptaugenmerk liegt allerdings regelmäßig auf der Dauer. Dies nicht zuletzt, da eine (vermeintlich) objektive Einteilung einfach scheint, wie nachfolgende Tabelle verdeutlicht.[23]

Dauer der Maßnahme	Maximale Bindungsdauer	BAG
bis einschl. einem Monat	sechs Monate	Urteil vom 15.09.2009, Az.: 3 AZR 173/08
bis einschl. zwei Monaten	ein Jahr	Urteil vom 15.12.1993, Az.: 5 AZR 279/93
bis einschl. fünf Monaten	zwei Jahre	Urteil vom 21.07.2005, Az.: 6 AZR 452/04
bis einschl. 24 Monate	drei Jahre	Urteil vom 05.06.2007, Az.: 9 AZR 604/06
länger als zwei Jahre	fünf Jahre	Urteil vom 21.07.2005, Az.: 6 AZR 452/04

Richtwerte der Rechtsprechung zur Bindungsdauer

Zu beachten ist, dass sich die Angaben in der Tabelle auf Maßnahmen in Vollzeit beziehen.[24] Entsprechend zu kürzen sind daher die Zeiträume bei berufsbegleitenden Maßnahmen. Nicht nur daher sind diese Richtwerte, wie auch eine Höchstdauer, umstritten. Eine maximale Obergrenze von fünf Jahren dagegen ergibt sich alleine schon aus § 624 BGB. Im Einzelfall soll eine abwägende Einbindung der oben genannten weiteren Aspekte (wie das Arbeitsentgelt des Mitarbeiters) erfolgen. Für einen Arbeitgeber sind daher die richterrechtlichen Bindungsfristen allenfalls eine Orientierung bezüglich der maximalen Höhe. Nach dem Alles-oder-Nichts-Prinzip entsteht kein Rückzahlungsanspruch, wenn das Unternehmen die (jeweils als angemessen einzustufende) Bindungsfrist

---

[21] Schönhöft, A., NZA 2009, S. 628, 630 f.
[22] Hoffmann, M., NZA-RR 2015, S. 339.
[23] Angelehnt an Jesgarzewski, T., AuA 08/2015, S. 460; Elking, L., AuA 11/2014, S. 647.
[24] Jesgarzewski, T., AuA 08/2015, S. 460.

überschritten hat. Ist die Bindungsdauer zu lange vereinbart, ist eine geltungserhaltende Reduktion ausgeschlossen, § 306 BGB.[25] Allenfalls kommt eine ergänzende Vertragsauslegung in Betracht, wenn es für das Unternehmen schwierig war, die zulässige Bindungsdauer im Einzelfall zu bestimmen. Diese ergänzende Vertragsauslegung einer Rückzahlungsklausel kommt in Betracht, wenn der Wegfall der Klausel ohne Ersatz eine unzumutbare Härte darstellen würde. Angewendet wurde diese Argumentation – seit der Schuldrechtsreform – auf Landesarbeitsgerichtsebene allerdings erst einmal, LAG Hessen, Urteil vom 29.10.2010, Az.: 19 Sa 329/10[26].

Auch Vereinbarungen einer Verlängerung der Bindungsfrist in Folge von Abwesenheiten, wie Mutterschutz, Eltern- oder Pflegezeit, sind ausgeschlossen.

Eine weitere Bedingung ergibt sich mit der **Ratierlichkeit**. Der Rückzahlungsbetrag muss umso geringer werden, je länger der Arbeitgeber seine Bildungsinvestition nutzen kann bzw. konnte.[27] Die Staffelung des Rückzahlungsbetrages, also die anteilige Reduzierung in Abhängigkeit von der Länge des weiteren Bestehens des Arbeitsverhältnisses während der Bindungsdauer nach erfolgreichem Abschluss wird sachgerecht durch eine monatliche Quotelungen vorgenommen[28], d.h. bei einer Bindungsdauer von

- einem Jahr/12 Monaten,
  sinkt der Rückzahlungsbetrag monatlich um 1/12,
- zwei Jahren/24 Monaten,
  sinkt der Rückzahlungsbetrag monatlich um 1/24,
- drei Jahren/36 Monaten,
  sinkt der Rückzahlungsbetrag monatlich um 1/36.

Mit Blick auf die **Zulässigkeit des Rückzahlungsereignisses** muss dem Arbeitnehmer die Abgeltung durch eigene Betriebstreue möglich sein.[29] Der Arbeitgeber muss daher mindestens für den vereinbarten Zeitraum ein angemessenes Arbeitsverhältnis anbieten und zwar bereits zum Zeitpunkt des Abschlusses der

---

[25] ArbG Dessau, Urteil vom 25.01.2007 – 10 Ca 150/06; LG Sachsen-Anhalt, Urteil vom 06.09.2007, Az.: 10 Sa 142/07; BAG, Urteil vom 14.01.2009 – 3 AZR 900/07.
[26] Sasse, S./Häcker, F., DB, 11/2014, S. 600, 603.
[27] Sasse, S./Häcker, F., DB, 11/2014, S. 600, 603.
[28] LAG Reinland-Pfalz, Urteil vom 03.03.2015 – 8 Sa 561/14, Rn. 17, LAG Hamm, Urteil vom 09.03.2012 – 7 Sa 1500/11, Rn. 47–50; Koch-Rust, V./Rosentreter, G., NZA 2013, S. 879, 883.
[29] Sasse, S./Häcker, F., DB, 11/2014, S. 600, 601.

Bindungsklausel[30]. Dabei müssen zumindest folgende Rahmenbedingungen des Angebots bereits abgesteckt werden[31]:

- Beginn des Vertragsverhältnisses,
- Art und Umfang der Beschäftigung und
- Gehaltsfindung, beispielsweise durch Angabe der Tätigkeit (Berufsgruppe) sowie der maßgeblichen Tarifgruppe oder Vergütung.

Das ArbG Gießen sieht Angaben zum „Umfang" (in Vollzeit), „entsprechend der erworbenen Qualifikation" und „mit einer entsprechenden Vergütung" als hinreichend eingeschränkt und angemessen.[32] Das LAG Schleswig-Holstein dagegen erwähnt zudem Angaben zum Einsatzort als notwendige Rahmenbedingung, ohne dies jedoch näher zu konkretisieren.[33] Mit einem Blick ins Nachweisgesetz (NachWG) sollten Arbeitgeber auf der sicheren Seite sein, wenn folgende Aspekte gemäß § 2 Abs 1 Nr. 2–4 und 7 direkt aufnehmen: Zeitpunkt des Beginns, bei befristeten Arbeitsverhältnissen die vorhersehbare Dauer, den Arbeitsort oder einen Hinweis auf verschiedene Arbeitsorte sowie die Arbeitszeit. Mit Blick auf die Nummern 5 (Tätigkeit) und 6 (Vergütung) sollte eine rahmenmäßige Formulierung, wie „entsprechend der erworbenen Qualifikation" ausreichen.

Steht (schon vor der Vereinbarung der Klausel) fest, dass der Arbeitgeber die durch die bezahlte Fortbildung neu hinzugewonnene Qualifikation des Arbeitnehmers gar nicht nutzen kann, trägt das Investitionsrisiko der Arbeitgeber. Kündigt ein Arbeitnehmer aus diesem Grund oder tritt er eine nicht adäquate Stelle erst gar nicht an, ist dies durch den Arbeitgeber mit veranlasst.[34] Unzulässig ist eine Rückzahlung auch, wenn der Arbeitgeber erst nach (erfolgreichem) Abschluss erkennt, dass der Arbeitnehmer die Anforderungen nicht erfüllen kann. Auch dieses Investitionsrisiko ist dem Arbeitgeber zuzurechnen.[35]

Eine Kostenabwälzung ist generell unzulässig, wenn das Beschäftigungsverhältnis aus Gründen endet, die dem Risikobereich des Arbeitgebers zuzurechnen sind.[36] Dazu gehören die betriebsbedingte Kündigung sowie durch den Arbeitgeber ausgelöste Eigenkündigung.[37] Nicht zulässig ist es, die Rückzahlungs-

---

[30] BAG, Urteil vom 18.11.2008 – 3 AZR 192/07, Rn. 120, Koch-Rust, V./Rosentreter, G., NZA 2009, S. 3005, 3009.
[31] BAG, Urteil vom 18.03.2008 – 9 AZR 186/07; LAG Baden-Württemberg, Urteil vom 15.02.2007 – 3 SA 46/06, Rn. 32–37.
[32] ArbG Gießen, Urteil vom 03.02.2015 – 9 Ca 180/14, Rn. 51.
[33] LAG Schleswig-Holstein, Urteil vom 23.05.2007 – 3 Sa 28/07.
[34] BAG, Urteil vom 18.03.2014 – 9 AZR 545/12, Rn. 40 ff.
[35] BAG, Urteil vom 24.06.2004 – 6 AZR 320/03.
[36] Schönhöft, A.,NZA 2009, S. 625, 627.
[37] Sasse, S./Häcker, H., 11/2014, S. 600, 602 f.

pflicht generell an eine Eigenkündigung des Arbeitnehmers zu knüpfen.[38] Die Klausel muss hier explizit dem Grund nach differenziert werden.

Ob eine personenbedingte Kündigung die Rückzahlungspflicht auslösen kann, ist bislang noch nicht höchstrichterlich entschieden, allerdings wohl eher zu verneinen.[39] Allenfalls bei eigenem Verschulden (wie der Führerscheinentzug wegen Trunkenheit am Steuer und dessen Unabdingbarkeit im Arbeitsverhältnis) wäre dies denkbar. Wichtig ist daher, dass in der Formulierung nicht jede Eigenkündigung des Arbeitnehmers zur Rückzahlungspflicht führt, sondern nur dann, wenn der Grund dafür nicht in der Sphäre des Arbeitgebers liegt und außerdem durch das Verhalten des Arbeitnehmers bedingt ist.

Die Grundsätze finden auch für die Fälle Anwendung, in denen das Arbeitsverhältnis durch einen einvernehmlichen Aufhebungsvertrag beendet wird. Allerdings nur, wenn die Klausel auch diesen Fall umfasst. Die Gerichte sehen in dem Einverständnis des Arbeitgebers zum Abschluss und in seinem Mitwirken an einer Aufhebungsvereinbarung ansonsten einen Verzicht auf Rückzahlungen. Auch für diesen Fall ist nach Gründen und arbeitgeber- oder arbeitnehmerseitiger Initiative zu differenzieren.[40]

2.3 Transparenz der Vereinbarung

Eine grundlegende Bedingung ist, dass die Rückzahlungsvereinbarung verständlich und transparent sowie für den Arbeitnehmer überschaubar klar gestaltet ist. Vermeidbare Spielräume für den Arbeitgeber dürfen nicht entstehen.[41] Maßgeblicher Zeitpunkt für die Beurteilung der Transparenz ist der Zeitpunkt der Vereinbarung der Rückzahlungsklausel.[42] Eine Klausel, die den Verbraucher im Unklaren lässt, benachteiligt diesen gemäß § 307 Abs. 1 Satz 2 BGB unangemessen.[43] Der Verwender von AGB muss die Rechte und Pflichten seines Vertragspartners möglichst klar und durchschaubar darzustellen.[44] Eingeschlossen ist das Bestimmtheitsgebot. D. h. die tatbestandlichen Voraussetzungen und Rechtsfolgen sind so zu beschreiben, dass keine ungerechtfertigten Beurteilungsspielräume für den Verwender entstehen.[45] Die hier relevanten Punkte hin-

---

[38] BAG, Urteil vom 18.03.2014 – 9 AZR 545/12, Rn. 17; BAG, Urteil vom 28.05.2013 – 3 AZR 103/12, Rn. 49 f.
[39] Koch-Rust,V./Rosentreter,G., NZA 2013, S. 879, 883 f.
[40] Koch-Rust,V./Rosentreter, G., NZA 2013, S. 879, 884.
[41] Sasse,F/Häcker, G., DB, 11/2014, S. 600, 603.
[42] Koch-Rust, V./Rosentreter, G., NZA 2013, S. 879, 882.
[43] BAG, Urteil vom 18.03.2008 – 9 AZR 186/07, Rn. 36.
[44] Elking, L., BB, 15/2014, S. 890.
[45] BAG, Urteil vom 19.01.2011 – AZR 621/08, Rn. 153.

sichtlich Kosten und Rückzahlungsereignis wurden bereits im Rahmen der Interessenabwägung ausgeführt.

3. Rückzahlungsklauseln für weitere Tatbestände

Neben Weiterbildungen kommen Rückzahlungsklauseln bei Sonderzahlungen (wie Weihnachtsgeld, Tantiemen oder Gratifikationen) und variablen Vergütungsbestandteilen, wie ergebnis- bzw. leistungsabhängige Vergütung, zum Einsatz.[46]

Eine Vereinbarung, ob und in welcher Höhe zusätzliche Vergütungsbestandteile gewährt werden, unterliegt nicht der Inhaltskontrolle. Vertragsvereinbarungen, die diese (zusätzlichen Vergütungsbestandteile) einschränken, ausgestalten oder modifizieren, unterliegen aber der Angemessenheitskontrolle gemäß § 307 Abs. 1 Satz 1 BGB.[47] Neben Rückzahlungsklauseln gehören dazu Stichtagsklauseln.

Der Arbeitgeber darf dabei die Auszahlung einer ergebnis- bzw. leistungsorientierten variablen Vergütung nach § 611 Abs. 1 BGB nicht davon abhängig machen, dass das Arbeitsverhältnis zum Zeitpunkt der Auszahlung noch ungekündigt besteht. Die Auszahlung bereits erdienten Entgelts kann nicht von der Erfüllung weiterer Zwecke abhängig gemacht werden,[48] das gilt auch für Zahlungen mit Mischcharakter.[49] Entsprechende „Stichtagsklauseln" stellen eine unzulässige Entgeltkürzung und Beeinträchtigung der durch Art. 12 Abs. 1 GG geschützten Berufsfreiheit des Arbeitnehmers dar.[50]

Bei nicht personenbezogenen Sondervergütungen können „Stichtagsklauseln" dagegen zulässig sein, wenn sie nicht (auch nicht teilweise, LAG Hamm (Westfalen)[51], eine Belohnung für die im Gratifikationsjahr erbrachte Arbeit darstellen und lediglich gering ausfallen.[52] *„Sonderzuwendungen[53], die nicht der Vergütung erbrachter Arbeitsleistung dienen, sondern allein sonstige Zwecke verfolgen, können vom ungekündigten Bestehen des Arbeitsverhältnisses zum Auszahlungszeitpunkt abhängig gemacht werden,"* wenn sie die Kündigungsfreiheit des Arbeitnehmers nicht unzumutbar einschränken.

---

[46] Salamon, E., NZA 2010, S. 314.
[47] BAG, Urteil vom 13.11.2013 – 10 AZR 848/12.
[48] BAG, Urteil vom 12.04.2011 – 1 AZR 412/09, Rn. 21 und BAG, Urteil vom 18.01.2012 – 10 AZR 667/10, Rn. 9.
[49] BAG, Urteil vom 13.11.2013 – 10 AZR 848/12.
[50] Salamon, E., NZA 2011, S. 1328, Löw, H.-P./Glück, A., DB, 05/2014, S. 187, 187.
[51] LAG Hamm (Westfalen), Urteil vom 26.09.2013 – 15 Sa 795/13, Rn. 41.
[52] ArbG Frankfurt am Main, Urteil vom 31.03.1999 – 2 Ca 559/99.
[53] Löw, H.-P./Glück, A., DB, 05/2014, S. 187, 188.

Während früher eine Teilbarkeit einer solchen Klausel in un-/wirksame Teile angenommen wurde und damit einen „blue-pencil-test" ermöglichte, wird dies mittlerweile verneint.[54] D. h. ein unwirksamer Teil genügt, um die ganze Klausel hinfällig werden zu lassen.

Während es bei einer Stichtagsklausel gar nicht erst zu einer Auszahlung kommt, wird mit Rückzahlungsklauseln eine Rückzahlung von bereits geflossenen Beträgen vereinbart, wenn das Arbeitsverhältnis vor einem bestimmten Tag endet bzw. gekündigt wird.[55] Es wird auch von Treue- oder Halteprämien gesprochen.[56] Die anzulegenden Maßstäbe sind daher strenger als bei Stichtagsklauseln mit Bezug zum Bestand eines Arbeitsverhältnisses zu einem bestimmten Zeitpunkt.

Die Beurteilung von Stichtagsklauseln mit Bedingung des ungekündigten Bestands des Arbeitsverhältnisses richtet sich nach denselben Maßstäben wie Rückzahlungsklauseln.[57] Im Wesentlichen gelten dann die gemachten Ausführungen zur Prüfung von Rückzahlungsklauseln im Rahmen der Fort- und Weiterbildung analog. Allerdings wird (noch) die betriebsbedingte Beendigung des Arbeitsverhältnisses durch den Arbeitgeber als zulässiges Rückzahlungsereignis anerkannt.[58] Wesentlich ist ansonsten auch hier die Höhe des Betrags im Verhältnis zur Bindungsdauer.[59] Aus der Rechtsprechung ergibt sich, dass bis 100 bzw. 200 € keine wirksame Bindung vorgesehen werden kann. Die weitere Staffelung ist unten stehender Abbildung zu entnehmen, die an die Aussagen von Salamon[60] und Lakies[61] angelehnt ist. Summiert sich der Betrag dagegen auf mehr als 25 % des Gesamtentgelts, wird angenommen, dass es sich (auch) um Entgelt für erbrachte Leistung handelt[62] und damit keine weitere Bedingungen gestellt werden können.

---

[54] BAG, Urteil vom 13.11.2013 – 10 AZR 848/12, Rn. 25–27.
[55] Löw, H.-P./Glück, A., DB, 05/2014, S. 187, 189. Dabei bezieht sich die Rechtsprechung auf den Bestand bzw. die Beendigung des Arbeitsverhältnisses, nicht dessen ungekündigten Bestand bzw. die Kündigung.
[56] Lakies, T., DB, 12/2014, S. 661, 661.
[57] Salamon, E., NZA 2011, S. 1328.
[58] BAG, Urteil vom 18.01.2012 – 10 AZR 667/10.
[59] Löw, H.P./Glück, A., DB, 05/2014, S. 187, 190 f.
[60] Salamon, E., NZA 2010, S. 314 ff., Salamon, E., NZA 2011, S. 1328 f.
[61] Lakies, T., DB, 12/2014, S. 662.
[62] Salamon, E., NZA 2010, S. 314 ff.

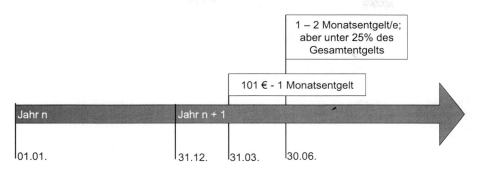

Bindungsdauern in Abhängigkeit von der Höhe der Sonderzahlung

Wie zu sehen ist, sind die Bindungsdauern damit sehr eingeschränkt und bleiben (weit) hinter den Möglichkeiten bei der Rückzahlungsvereinbarung mit Blick auf Weiterbildungsmaßnahmen zurück.

Immer wieder stellt sich hier seitens des Arbeitgebers zudem die Frage, ob Gratifikationen nach dem Motto *„ohne Arbeit kein Lohn"* wegen längeren (krankheitsbedingten) Fehlzeiten des Arbeitnehmers gekürzt werden dürfen. Kollektivrechtlich vereinbarte Jahressonderzahlungen können nur dann gekürzt werden, wenn sich dies aus der jeweiligen Betriebsvereinbarung oder dem entsprechenden Tarifvertrag ergibt. Gibt es keine spezielle Regelung, ist nach der Art der Gratifikation zu entscheiden. Eine (beschränkte) Kürzungsberechtigung steht dem Arbeitgeber dann nur zu, wenn die Gratifikation einen Entgeltcharakter aufweist. Wird mit der Gratifikation indes die Betriebstreue abgegolten, ist eine Kürzung dieser wegen Fehlzeiten unzulässig. Bei Mischformen ist eine entsprechende vorherige Vereinbarung Voraussetzung.

4. Faktische Bindungswirkung von Rückzahlungsklauseln

Rechtliche Wirksamkeit wird nur dann relevant, wenn eine Vertragspartei vor Gericht geht, d. h. nur wenn der Arbeitnehmer das Unternehmen verlassen muss oder möchte bzw. bereits verlassen hat.

Hat der Arbeitnehmer bei seinem Ausscheiden gegen den Arbeitgeber noch offene Entgeltansprüche, kann der Arbeitgeber diese unter Berücksichtigung der geltenden Bestimmungen, wie die Pfändungsfreigrenze gemäß § 394 BGB, mit dem Rückzahlungsanspruch aufrechnen.[63] Der Arbeitnehmer muss dann einen Anspruch geltend machen.

---

[63] BAG, Urteil vom 22.09.2015 – 9 AZR 143/14.

Hat der Arbeitnehmer dagegen bereits alle ihm zustehenden Leistungen erhalten, muss der Arbeitgeber seinen Rückzahlungsanspruch anmelden und den Arbeitnehmer darauf hinweisen, dass dieser zur Rückzahlung verpflichtet ist, bis wann und in welcher Höhe. Kommt der Arbeitnehmer dieser Rückzahlungspflicht, ggf. auch nach einer Mahnung, nicht (vollständig) nach, muss der Arbeitgeber seinen Anspruch vor dem Arbeitsgericht geltend machen. Letztendlich ist die Wirksamkeit der Rückzahlungsvereinbarung dann nur noch für die Rückforderung eines Teils des Investments ausschlaggebend. Rein ökonomisch betrachtet ist eine Rückzahlungsvereinbarung aus Arbeitgebersicht zur Absicherung von Investitionen gut erklärbar. Allerdings hat die Klausel in diesem Fall dann gerade keine faktische Bindungswirkung entfaltet.

Zu dieser tatsächlichen Bindungswirkung von Rückzahlungsklauseln liegen bislang kaum belastbare empirische Daten vor. Die generelle Verbreitung von Rückzahlungsklauseln in der Personalentwicklung wird in einer Studie mit 328 Unternehmen von Allewell und Koller mit fast ¾ angegeben.[64] D.h. bei rund drei von vier Unternehmen fanden Bindungsklauseln in der Fort- und Weiterbildung ihren Einsatz. Bei mittelgroßen Unternehmen nutzten fast alle befragten Organisationen dieses Instrument, bei kleinen und sehr großen Unternehmen dagegen waren die Anteile jeweils geringer. Zu beachten ist, dass weder die Häufigkeit der Verwendung im Unternehmen (wie viele Verträge gibt es im Unternehmen) noch spezifische Verwendungsfälle (für welche Maßnahmen wurden Klauseln formuliert) dargestellt werden. Lediglich die Abhängigkeit des Einsatzes von der Höhe der Investition wird angegeben. Als relevant für die Verwendung wurden zudem Einstellungsunterschiede gegenüber Rückzahlungsklauseln festgehalten. Verwender vermuten im Vergleich zu Nicht-Verwendern:

- Eine geringere Signalwirkung hinsichtlich einer geringeren Qualität der Personalpolitik.
- Ein geringeres Risiko des Verbleibs von unmotivierten Arbeitnehmern.
- Eine höhere Verbreitung von Rückzahlungsklauseln in ähnlichen Fällen.
- Eine bessere gerichtliche Durchsetzbarkeit.

Andersherum sind Gründe der Nicht-Verwendung von Rückzahlungsvereinbarungen für Weiterbildungsmaßnahmen, Befürchtungen/Annahmen, dass

- unmotivierte Arbeitnehmer nur deswegen bleiben.
- man damit als Einzelfall dasteht.
- rechtlich geringe Chancen auf deren Durchsetzbarkeit bestehen.

---

[64] Allewell, D./Koller, P., 01/2003, S. 58–86.

Zudem wird angeführt, dass genügend andere Maßnahmen des Personalmanagement zur Erhaltung und Erhöhung von Commitments zur Verfügung stehen und das Commitment mehr als der reine Verbleib in einem Unternehmen ist oder zumindest sein sollte.

Eine mehrdimensionale Betrachtung von Bindung erfolgt nachstehend auf Basis des Commitmentkonzepts von Meyer und Allen. Das dreidimensionale Commitmentkonzept ist populär, bindet unterschiedliche Aspekte mit ein und ist zudem durch empirische Studien relativ gut bestätigt.

Affektiv (OCA)	Normativ (OCN)	Kalkulatorisch (OCC)
Ich empfinde ein starkes Gefühl der Zugehörigkeit zu meiner Organisation. Ich bin stolz darauf, dieser Organisation anzugehören. Meine Wertvorstellungen passen gut zu denen meiner Organisation.	Viele Leute, die mir wichtig sind, würden es nicht verstehen, wenn ich diese Organisation jetzt verlassen würde. Es macht keinen guten Eindruck, häufiger zu wechseln. Selbst wenn es für mich vorteilhaft wäre, fände ich es nicht richtig, zu gehen.	Zu vieles in meinem Leben würde sich ändern, wenn ich gehe. Ich glaube, dass ich momentan zu wenig Chancen habe, für einen Wechsel. Ich habe zu viel Kraft hier reingesteckt, um an einen Wechsel zu denken.

Formen des Commitments und Beispielitems des COBB,
Commitment Organisation, Beruf und Beschäftigungsform[65]

Kalkulatorisches Commitment beruht auf einem rationalen Nutzenkalkül. Dabei werden die Vor- und Nachteile abgewogen, die der Verbleib im Unternehmen bringt. Mit Blick auf die reine Fluktuation kommt der kalkulatorischen Bindung anhand verschiedener Studienergebnisse eine Wirkung zu. Einschränkend ist zu sagen, es handelt sich nicht wirklich um Verbundenheit und Loyalität. Der Verbleib erfolgt, weil die subjektiv empfundenen „Austrittskosten" höher sind als der Nutzen. Alternativen können dieses Verhältnis jederzeit umdrehen, ein Austritt ist daher oft nur eine Frage der Zeit. Übermäßiges Engagement darf sich die Organisation von Mitarbeitern mit rein kalkulatorischem Commitment nur dann erhoffen, wenn es konkrete zusätzliche Anreize offeriert.

Normatives Commitment ist Ausdruck einer moralischen Verpflichtung. Es besteht zwar eine labile emotionale Bindung. Diese beruht jedoch ebenfalls darauf, dass empfangene und abgegebene Leistung als ausgeglichen empfunden werden. Anders als beim kalkulatorischen Commitment ist dies aber nicht rational nachvollziehbar, sondern subjektiv.

---

[65] In Anlehnung Felfe, J./Six, B./Schmook,R./Knorz, C., 2014, in: http://zis.gesis.org/pdf/ Dokumentation/Felfe+%20COBB.pdf.

Affektives Commitment beschreibt die emotionale Bindung an eine Organisation und ist die stärkste Form des Commitments. Diese Form richtet sich nicht nach (kurzfristigen) Nutzengesichtspunkten, sondern ist von einem ausgeprägtem Gefühl der Loyalität getragen. Wenn diese Form des Commitments besteht, wird sich der Mitarbeiter regelmäßig über das erwartete und vertraglich vereinbarte Maß hinaus in die Organisation einbringen. Gefördert werden kann das affektive Commitment durch Wertschätzung der Mitarbeiter, die auf vielfältige Weise Ausdruck findet. Dazu gehören eine starke Employer Brand, Möglichkeiten der Entwicklung genauso wie ein transformationaler Führungsstil, eine gute Work-Life-Balance, eine faire Vergütung und zahlreiche andere Aspekte zeitgemäßen Personalmanagements.[66]

Eine Organisation ist langfristig nur erfolgreich, wenn (auch) das affektive Commitment des überwiegenden Teils ihrer Mitglieder hoch ist. Hier liegt die Annahme zu Grunde, dass ein nachhaltiger Erfolg wesentlich dadurch beeinflusst wird, ob und wie sich Mitarbeiter über das vertraglich vereinbarte Maß für das Unternehmens einsetzen, ohne dass ein direkter Bezug zu zusätzlicher Belohnung besteht.

Rückzahlungsklauseln wirken vorrangig auf das kalkulatorische Commitment. Sie erhöhen die Austrittshürde. In geringerem Maß dürften Bindungsklauseln auf das normative Commitment wirken. Die moralische Hürde kann durch vertragliche Vereinbarungen wohl verstärkt werden. Da beide Arten des Commitment generell einen Zusammenhang zur Fluktuation aufweisen, ist ein entsprechender Effekt zu erwarten. Ein Zusammenhang mit dem affektiven Commitment dagegen ist nicht zu konstruieren. Das Gefühl der Verbundenheit wird durch Rückkzahlungsklauseln nicht gestärkt.

5. Fazit

Bei der Abfassung von Bindungsklauseln ist darauf zu achten, dass diese im Einklang mit der umfangreichen bestehenden Rechtsprechung stehen. Nur so kann eine Wirksamkeit erreicht werden. Eine unzulässige Rückzahlungsklausel kann nicht nur finanzielle Folgen für Arbeitgeber haben, wenn aufgrund der festgestellten Unwirksamkeit der Rückzahlungsklausel keinerlei Rückzahlung der Fort- und Weiterbildungskosten vom Arbeitnehmer verlangt werden kann. Darüber hinaus kann die Kredibilität des Arbeitgebers leiden.

Daher ist es ratsam besondere Achtsamkeit auf die Formulierung von solchen Klauseln zu legen und sich gegebenenfalls Rechtsrat einzuholen.

---

[66] Eisele, D./Doye, T., 2010.

Besonders zu achten ist darauf, dass der Arbeitnehmer vom Arbeitgeber vollständig über alle auf ihn zukommenden Kosten bei einer möglichen Rückzahlung aufgeklärt worden ist und hierzu klare vertragliche Regelungen bestehen. Bei der Formulierung der Klausel sind nur tatsächliche Kosten aufzunehmen, da ansonsten eine unzulässige Vertragsstrafe vorliegen würde. Um nicht in Beweisproblematiken zu geraten, ist es ratsam dies aktendkundig zu machen und dem Arbeitnehmer auch ausreichend Bedenkzeit einzuräumen, ob er die Maßnahme unter diesen Bedingungen antreten möchte. Ebenso wichtig ist es eine angemessene Bindungsdauer vorzusehen und zu unterscheiden, aus welcher Sphäre der Grund für die Beendigung des Arbeitsverhältnisses vor Ablauf der vereinbarten Bindungsfrist stammt. Eine Rückzahlung der Weiterbildungs-Fortbildungskosten kommt nur in Betracht, wenn der Grund für die Kündigung in der Sphäre des Arbeitnehmers liegt.

Zu bedenken ist nicht zuletzt, dass selbst wenn eine Klausel vor Gericht trägt, spätestens zu diesem Zeitpunkt die vorrangig intendierte Wirkung der Bindung, schief gegangen ist. Daher ist es umso mehr anzuraten ein breites Portfolio an rechtlichen und insbesondere personalpolitischen Maßnahmen zu schaffen, um das Commitment von Mitarbeitern nachhaltig zu fördern.

Strafbarkeitsrisiken bei der Vergütung von Betriebsräten und deren Eingrenzung durch Compliance

Jan-Patrick Vogel und Katja Schiffelholz

Literatur

Annuß, Das System der Betriebsratsvergütung, NZA 2018, Seite 13 ff.; Annuß, Der Durchschnitt für den Betriebsrat?, NZA 2018, Seite 976 ff.;Bayreuther, Die „betriebsübliche" Beförderung des freigestellten Betriebsratsmitglieds, NZA 2014, Seite 235 ff.; Beck OK Arbeitsrecht, 53. Edition (Stand: 01.09.2019); Beck OK EStG, 4. Edition (Stand 01.07.2019); Beck OK Sozialrecht, 53. Edition (Stand 01.06.2019); Bittmann/Mujan, Gehaltszulagen, Dienstwagen, Freistellung & Co. – Unzulässige Begünstigung von Betriebsratsmitgliedern, BB 2012, Seite 637 ff.; Blattner, Die Vergütung von Betriebsratsmitgliedern vor und nach der Betriebsratswahl, NZA 2018, Seite 129 ff.; Boecken/Düwell/Diller/Hanau (Hrsg.), Gesamtes Arbeitsrecht, 1. Aufl. 2016; Bonanni/Blattner, Die Vergütung von Betriebsratsmitgliedern – Ein kleiner Praxisleitfaden mit Beispielen, ArbRB 2015, Seite 115 ff.; Brand, Rechtswidrig erlangte Spenden in Partei-Rechenschaftsbericht – Kölner Parteispendenaffäre Anm. zu BGH v. 13.4. 2011 – 1 StR 94/10, NJW 2011, Seite 1747 (1751 f.); Bross, Handbuch Arbeitsstrafrecht, 1. Auflage 2017; Byers, Die Höhe der Betriebsratsvergütung – Eine kritische Auseinandersetzung mit der Rechtslage, NZA 2014, Seite 65 ff.; Däubler, Unabhängigkeit des Betriebsrats trotz Gegnerfinanzierung? – Probleme der Vergütung von Betriebsratsmitgliedern, SR 2017, Seite 85 ff.; Düwell (Hrsg.), Betriebsverfassungsgesetz, 5. Aufl. 2018; Esser/Rübenstahl/Saliger/Tsambikakis, Wirtschaftsstrafrecht, 1. Aufl. 2017; Farthmann/Hanau/Isenhardt/Preis, Arbeitsgesetzgebung und Arbeitsrechtsprechung: Festschrift zum 70. Geburtstag von Eugen Stahlhacke, 1995; Fischer, Das Ehrenamtsprinzip der Betriebsverfassung „post Hartzem" – revisited, NZA 2014, Seite 71 ff.; Fleischer/Götte, Münchener Kommentar zum GmbHG, Band 2, 3. Auflage, 2019; Spindler/Stilz, Kommentar zum Aktiengesetz, 3. Auflage 2015; Fitting et al. Handkommentar Betriebsverfassungsgesetz: BetrVG mit Wahlordnung, 29. Aufl. 2018; Gercke/Kraft/Richter, Arbeitsstrafrecht, 2. Auflage 2015; Grobys/Panzer-Heemeier, StichwortKommentar Arbeitsrecht, 3. Auflage Edition 9, 2019; Henssler/Willemsen/Kalb (Hrsg.), Arbeitsrechts Kommentar, 8. Aufl. 2018; Jacobs/Frieling, Betriebsratsvergütung, ZfA 2015, Seite 241 ff.; Jahn, Strafrecht BT: Pflichtverletzung bei Untreue, JuS 2011, Seite 1133 ff.; Joecks/Miebach (Hrsg.), Münchener Kommentar StGB, 2. Auflage 2015; Joussen, Die Vergütung freigestellter Betriebsratsmitglieder, RdA 2018, Seite 193 ff.; Krug/Pannenborg, Die straf- und ordnungswidrigkeitenrechtlichen Haftungsrisiken für den Arbeitgeber im sog. „Arbeitsstrafrecht" – Schutz des Arbeitnehmers und des Arbeitsmarktes, ArbR Aktuell 2019, Seite 269 ff.; Lipp, Honorierung und Tätigkeitsschutz von Betriebsratsmitgliedern, 1. Aufl. 2008; Moosmayer, Compliance Praxisleitfaden für Unternehmen, 3. Auflage 2015; Müller-Glöge/Preis/Schmidt (Hrsg.), Erfurter Kommentar zum Arbeitsrecht, 19. Aufl., 2019; Richardi (Hrsg.), Betriebsverfassungsgesetz mit Wahlordnung Kommentar, 16. Auflage 2018; Rieble, Die Betriebsratsvergütung, NZA 2008, Seite 276 ff.; Rieble/Klebeck, Strafrechtliche Risiken der Betriebsratsarbeit, NZA 2006, 758 ff.; Schlösser, Zur Strafbarkeit des Betriebsrates nach § 119 BetrVG – ein Fall straffreier notwendiger Teilnahme?, NStZ 2007, Seite 562 ff.; Schönhöft/Oelze, Zeitkonten und Vergütung freigestellter Betriebsratsmitglieder in flexiblen Arbeitszeitmodellen, NZA 2017, Seite 284 ff.; Schulze, Vermeidung von Haftung und Straftaten auf Führungsebene durch Delegation, NJW 2014, Seite 3484 ff.; Strauß, Untreuestrafrechtliche Implikationen der Betriebsratsvergütung, NZA 2018, Seite 1372 ff.; Uffmann, Vergütung der Aufsichtsräte und Betriebsräte, ZfA 2018, Seite 225 ff.; Wabnitz/Janovsky, Handbuch des Wirtschafts- und Steuerstrafrechts, 4. Aufl. 2014; Wiese et al., GK-BetrVG Gemeinschaftskommentar zum Betriebsverfassungsgesetz, 11. Auflage 2018

1. Strafbarkeitsrisiken bei der Betriebsratsvergütung

Die Compliance bei der Vergütung von Betriebsräten hat seit der Affäre um den Betriebsratsvorsitzenden von VW, Klaus Volkerts, im Jahr 2005 nicht an Aktualität verloren. Im Gegenteil: medienwirksame Durchsuchungen, Festnahmen und Anklagen wegen vermeintlich überhöhten Gehaltszahlungen an Mitglieder des Betriebsrates haben seither dem Image vieler Unternehmen nachhaltigen Schaden zugefügt. Aber auch unterhalb dieser medialen Wahrnehmungsschwelle sind Management und Betriebsratsmitglieder auch kleinerer Unternehmen Gegenstand von behördlichen Ermittlungsverfahren geworden.

Der nachfolgende Beitrag stellt die mit einer fehlerhaften Betriebsratsvergütung einhergehenden strafrechtlichen Risiken dar, erläutert anhand von Praxishinweisen und Beispielen den praktischen Umgang mit der rechtlichen Problemstellung und zeigt mögliche Risikominimierungsfaktoren durch Compliance-Maßnahmen auf.

1.1. Mögliche Delikte einer fehlerhaften Vergütung

1.1.1. Benachteiligung/Begünstigung von Arbeitnehmervertretern, § 119 Abs. 1 Nr. 3 BetrVG

1.1.1.1. Schutzgut und Deliktsnatur

Nach § 119 Abs. 1 Nr. 3 BetrVG kann mit Freiheitsstrafe bis zu einem Jahr oder mit Geldstrafe bestraft werden, wer die in der Norm enumerativ aufgezählten Organe der Betriebsverfassung – insbesondere die Mitglieder des Betriebsrats – um ihrer Tätigkeit willen *benachteiligt* oder *begünstigt*. Schutzgut von § 119 Abs. 1 Nr. 3 BetrVG ist die Ausübung der Tätigkeit der betriebsverfassungsrechtlichen Organe, die ihrerseits allein den Interessen der Belegschaft verpflichtet sind und die Beteiligungsrechte der Arbeitnehmer sicherstellen sollen.[1] Da § 119 BetrVG ein Erfolgsdelikt ist, ist die Androhung eines Nachteils oder das in Aussichtstellen eines Vorteils als Versuchshandlung nicht strafbar.[2]

---

[1] Vgl. Düwell/Zwiehoff in: BetrVG, 5. Auflage 2018, § 119, Rn. 1; Werner in: Beck OK Arbeitsrecht, 53. Edition (Stand: 01.09.2019), § 119 BetrVG, Rn. 1, 7.

[2] Vgl. Düwell/Zwiehoff in: BetrVG, 5. Auflage 2018, § 119, Rn. 4.

1.1.1.2. Objektiver Tatbestand

Der objektive Tatbestand von § 119 Abs. 1 Nr. 3 BetrVG ist denkbar weit. Erfasst ist jede Schlechterstellung (Benachteiligung) bzw. Besserstellung (Begünstigung) eines Mitglieds eines Organs der Betriebsverfassung in tatsächlicher, persönlicher oder wirtschaftlicher Hinsicht im Vergleich zu anderen Arbeitnehmern, die nicht auf sachlichen Erwägungen, sondern allein auf seiner Amtstätigkeit beruht.[3] Durch diese weite Definition wird das betriebsverfassungsrechtliche Begünstigungs- bzw. Benachteiligungsverbot nach § 78 Satz 2 BetrVG sowie das Entgeltausfallprinzip des § 37 Abs. 2 BetrVG in den Rang einer Strafnorm gehoben.[4] Betriebsratsvergütungen, die nicht dem Betriebsverfassungsgesetz entsprechen, werden somit kriminalisiert. Praktische Bedeutung erlangt dabei insbesondere die Begünstigung von Betriebsratsmitgliedern.

In den Medien wird die Begünstigung von Betriebsratsmitgliedern häufig als „Betriebsrätebestechung" bezeichnet.[5] Dies ist insoweit irreführend, weil der Straftatbestand des § 119 Abs. 1 Nr. 3 BetrVG anders als die klassischen Korruptionsdelikte keine Unrechtsvereinbarung zwischen Betriebsrat und Begünstigenden voraussetzt.[6] Erforderlich für die Strafbarkeit ist daher nicht die Vereinbarung von konkreten Gegenleistungen des Betriebsrates für die Gewährung von Begünstigungen, wie zum Beispiel die Unterstützung bestimmter unternehmerischer Entscheidungen. Auch ist die Strafandrohung nicht bloß auf sozial inadäquate Begünstigungen beschränkt.[7] Nach dem Wortlaut der Norm („um ihrer Tätigkeit willen") genügt, wenn ein ursächlicher Zusammenhang zwischen Amtstätigkeit und Begünstigung besteht.[8] Damit ist jede Leistung, die nach oben vom Entgeltausfallprinzip der Betriebsverfassung abweicht, eine potenziell strafbare Begünstigung nach § 119 Abs. 1 Nr. 3 BetrVG.[9] Ein Strafbarkeitsrisiko besteht daher bereits dann, wenn der Arbeitgeber mit der fehlerhaf-

---

[3] Vgl. Hohenstatt/Dzida in: Henssler/Willemsen/Kalb, Arbeitsrecht Kommentar, 8. Auflage 2018, § 119 BetrVG, Rn. 4; Joecks in: Münchener Kommentar StGB, 2. Auflage 2015, § 119 BetrVG, Rn. 29.

[4] Vgl. Richter in: Gercke/Kraft/Richter, Arbeitsstrafrecht, 2. Auflage 2015, S. 302, Rn. 1093.

[5] Vgl. https://www.faz.net/aktuell/wirtschaft/porsche-betriebsrat-wird-der-bestechlichkeit-beschuldigt-16081659.html, 10.03.2019.

[6] Vgl. Annuß in: Richardi, BetrVG, 16. Auflage 2018, § 119, Rn. 26.; kritisch dazu Joecks in: Münchener Kommentar StGB, 2. Auflage 2015, § 119 BetrVG, Rn. 31.

[7] Vgl. Annuß in: Richardi, BetrVG, 16. Auflage 2018, § 119, Rn. 26.; Joecks in: Münchener Kommentar StGB, 2. Auflage 2015, § 119 BetrVG, Rn. 30, 31; Werner in: Beck OK Arbeitsrecht, 53. Edition (Stand 01.09.2019), § 119 BetrVG, Rn. 8.

[8] Vgl. Joussen in: Bross, Handbuch Arbeitsstrafrecht, 1. Auflage 2017, S. 578, Rn. 41; Werner in: Beck OK Arbeitsrecht, 53. Edition (Stand: 01.09.2019), § 119 BetrVG, Rn. 8; aA Oetker in: GK-BetrVG, 11. Auflage 2018, § 119, Rn. 56, der für die Strafbarkeit auf subjektiver Ebene eine besondere Benachteiligungs- oder Begünstigungsabsicht fordert.

[9] Vgl. LG Braunschweig v. 25.01.2007 – 6 KLs 48/06; Strauß, NZA 2018, S. 1372, 1374.

ten Vergütung gar keine konkrete Gegenleistung des Betriebsrates verknüpft, sondern zum Beispiel „nur" die mit der Betriebstätigkeit einhergehende Arbeitsbelastung honorieren oder die unternehmensinterne Stellung des Amtsträgers aufwerten will.

1.1.1.3. Subjektiver Tatbestand

Auf subjektiver Ebene ist jedenfalls nach der herrschenden Meinung eine besondere Begünstigungsabsicht des Täters nicht erforderlich. Es genügt Eventualvorsatz. Danach muss der Täter lediglich billigend in Kauf nehmen, dass die Vergütung des Betriebsrates nicht den betriebsverfassungsrechtlichen Vorgaben entspricht.[10] Dadurch, dass auch die Benachteiligung eines Betriebsratsmitglieds unter Strafe gestellt wird, minimiert ein vorsorglicher Sicherheitsabschlag in der Betriebsratsvergütung das Strafbarkeitsrisiko nicht. Die Betriebsratsvergütung darf weder zu gering noch zu hoch bemessen sein, sondern sie muss exakt bestimmt werden. Der Toleranzraum für Fehler ist auf Tatbestandsebene daher denkbar gering.

1.1.1.4. Strafantragserfordernis

Die Strafnorm des § 119 Abs. 1 Nr. 3 BetrVG hat ungeachtet der momentanen medialen Präsenz der Betriebsrätevergütung keine nennenswerte forensische Bedeutung, was maßgeblich durch das absolute Antragserfordernis des Delikts begründet ist. Die Tat darf nur verfolgt werden, sofern die in § 119 Abs. 2 BetrVG abschließend genannten Antragsberechtigten (u. a. der Betriebsrat, der Wahlvorstand, der Unternehmer oder eine im Betrieb vertretene Gewerkschaft) innerhalb von drei Monaten nach Kenntnis der Umstände einen Strafantrag gestellt haben. Insbesondere im Falle der Betriebsratsbegünstigung haben die Antragsberechtigten jedoch kein gesteigertes Interesse an einer Strafverfolgung, so dass eine Verurteilung (nur) wegen § 119 Abs. 1 Nr. 3 BetrVG in der Regel am fehlenden Strafantrag scheitert.[11]

---

[10] Vgl. Joecks in: Münchener Kommentar StGB, 2. Auflage 2015, § 119 BetrVG Rn. 33, 34; Lunk in: Boecken/Düwell/Diller/Hanau, Gesamtes Arbeitsrecht, BetrVG, 1. Auflage 2016, § 119 BetrVG, Rn. 10; Richter in: Gercke/Kraft/Richter, Arbeitsstrafrecht, 2. Auflage 2015, S. 304, Rn. 1099.

[11] Kritisch hierzu Strauß, NZA 2018, S. 1372 ff.

1.1.2. Untreue, 266 StGB

Wegen dieser faktischen Strafbarkeitslücke für überhöhte Betriebsratsvergütungen erlangt der Untreuestraftatbestand gemäß § 266 StGB in der Praxis besondere Bedeutung. Anders als bei § 119 Abs. 1 Nr. 3 BetrVG ist ein Strafantrag für die Strafverfolgung wegen Untreue nicht erforderlich; die Staatsanwaltschaft kann von Amts wegen ermitteln. Ob eine fehlerhafte Betriebsratsvergütung überhaupt Untreue sein kann, ist jedoch unklar und Gegenstand kontroverser höchstrichterlicher Entscheidungen. Überblicksartig hat sich die Rechtsprechung wie folgt entwickelt.

1.1.2.1. Erster Schwenk des BGH: kompensationslose Zuwendung

In dem bereits erwähnten „Volkert-Fall" nahm der Bundesgerichtshof in Anlehnung an sein „Mannesmann-Urteil"[12] an, die rechtswidrige Begünstigung von Betriebsratsmitgliedern sei Untreue nach § 266 StGB.[13] Den rechtswidrigen Sonderbonuszahlungen des Arbeitgebers an die Betriebsratsmitglieder stünden, so der BGH, nämlich keine sie kompensierenden Vermögenszuflüsse an die Gesellschaft gegenüber.[14] In der Argumentation des Bundesgerichtshofs waren die Betriebsratsmitglieder bereits aus betriebsverfassungsrechtlichen Gründen zur vertrauensvollen Zusammenarbeit mit dem Arbeitgeber verpflichtet. Den Zuwendungen hätte es somit nicht bedurft, um das Wohlwollen des Betriebsrates zu gewährleisten. Der „Schmiergeldzahlung" – überspitzt formuliert – stand insofern kein Vorteil gegenüber, was nach Auffassung des Bundesgerichtshofes die Untreue begründe. Nachdem das Bundesverfassungsgericht die Fachgerichte anmahnte, den Untreuetatbestand mit Blick auf das strafrechtliche Bestimmtheitserfordernis zukünftig restriktiver auszulegen, änderte der Bundesgerichtshof seine Rechtsprechung zur Untreue auch hinsichtlich der Vergütung von Betriebsräten.[15]

1.1.2.2. Zweiter Schwenk des BGH: Vermögensschutz der verletzten Norm

In seinem „Siemens/AUB"-Urteil lehnte der Bundesgerichtshof eine Strafbarkeit wegen Untreue in einem Fall ab, in dem der Arbeitgeber in einer Betriebsratswahl eine Wahlvorschlagsliste durch die Zuwendung von Geldmitteln unterstützte.[16] Nach Auffassung des Bundesgerichtshofs erfordere der Tatbestand der

---

[12] Vgl. BGH v. 21.12.2005 – 3 StR 470/04.
[13] Vgl. BGH v. 17.09.2009 – 5 StR 521/08.
[14] Vgl. BGH v. 17.09.2009 – 5 StR 521/08.
[15] Vgl. BVerfG v. 23.06.2010 – 2 BvR 2559/08.
[16] Vgl. BGH v. 13.09.2010 – 1 StR 220/09.

Untreue, dass die Norm, gegen die verstoßen wurde, zumindest auch, und sei es nur mittelbar, vermögensschützenden Charakter habe.[17] Durch die Zuwendung von Geldmitteln habe der Arbeitgeber zwar gegen das Verbot der Beeinflussung von Betriebsratswahlen verstoßen (vgl. § 119 Abs. 1 Nr. 1 BetrVG). Die Norm bezwecke aber allein, die Wahl und die Funktionsfähigkeit der im Gesetz aufgeführten betriebsverfassungsrechtlichen Organe zu schützen und hat somit keine für eine Untreue erforderliche vermögensschützende Zweckbestimmung.[18] Die Entscheidung des Bundesgerichtshofs erging zwar explizit lediglich zum intendierten Vermögensschutz von § 119 Abs. 1 Nr. 1 BetrVG („*Beeinflussung einer Betriebsratswahl*"). Deren Wertungen dürften sich jedoch auch auf den vermögensschützenden Charakter des Verbotes der Betriebsratsbegünstigung in § 119 Abs. 1 Nr. 3 BetrVG übertragen lassen. Denn die Vorschrift bezweckt mit allen ihren Tatalternativen einheitlich den Schutz der betrieblichen Mitbestimmung.[19]

1.1.2.3. Dritter Schwenk des BGH: Vermögensschutz aus privatem Rechtsakt

In einer weiteren Änderung seiner Rechtsprechung verschärfte der Bundesgerichtshof seine Rechtsprechung wieder und bejahte Untreue in einem Fall, in dem entgegen § 25 PartG a.F. rechtswidrig erlangte Spenden in den Rechenschaftsbericht einer Partei aufgenommen wurden, obwohl die verletzte Norm – so wie § 119 BetrVG – nicht vermögensschützend sei, sondern die Sicherstellung und Transparenz der staatlichen Parteienfinanzierung schütze.[20] Der Bundesgerichtshof leitete den vermögensschützenden Charakter in diesem Fall aus der Satzung der Partei her. Dadurch, dass die Partei die Verpflichtung zur Einhaltung des Parteiengesetzes in ihre Satzung mitaufgenommen hatte, wurden diese in den Rang einer fremdnützigen, das Parteivermögen schützenden Hauptpflicht im Sinne von § 266 Abs. 1 StGB erhoben.[21] Diese Rechtsprechung – so angreifbar sie strafrechtsdogmatisch auch ist[22] – lässt sich von den Gerichten argumentativ auch auf die Vergütung von Betriebsratsmitgliedern übertragen. Die Pflicht für eine rechtmäßige Vergütung von Betriebsratsmitgliedern ließe sich je nach Einzelfall insbesondere in die Anstellungsverträge von HR- und/oder Compliance-Verantwortlichen hineinlesen. Überträgt man die Argumenta-

---

[17] Vgl. BGH v. 13.09.2010 – 1 StR 220/09.
[18] Vgl. BGH v. 13.09.2010 – 1 StR 220/09; kritisch zu dieser Rechtsprechung Byers, NZA 2014, S. 65 ff.
[19] Vgl. Oetker in: GK-BetrVG, 11. Auflage 2018, § 119, Rn. 14; Richter in: Gercke/Kraft/Richter, Arbeitsstrafrecht, 2. Auflage 2015, S. 308, Rn. 1113.
[20] Vgl. BGH v. 13.04.2011 – 1 StR 94/10.
[21] Vgl. BGH v. 13.04.2011 – 1 StR 94/10.
[22] Vgl. Brand, NJW 2011, S. 1747 ff.; Jahn, JuS 2011, S. 1133 ff.

tion des Bundesgerichtshofs auf die Vergütungsthematik, würde diese Pflicht dann zu einer das Vermögen des Arbeitgebers schützenden Hauptpflicht.[23] Eine überhöhte Vergütung eines Betriebsratsmitglieds würde dann konsequenterweise den Tatbestand des § 266 StGB erfüllen.[24]

> **Praxistipp**
> Bei der Gestaltung von Anstellungsverträgen und/oder Richtlinien sollte sorgsam erwogen werden, ob darin eine ausdrückliche Pflicht zur Sicherstellung einer rechtmäßigen Vergütung des Betriebsrates statuiert werden soll.

1.1.3. Steuerhinterziehung, § 370 Abs. 1 Nr. 1 AO

Eine weitere, vermehrt genutzte Möglichkeit der Strafverfolgungsbehörden, das Strafantragserfordernis auszuhebeln, bietet das Steuerstrafrecht, sofern der Arbeitgeber, wie regelmäßig, die nicht betriebsverfassungskonforme Betriebsratsvergütung als Betriebsausgabe von seiner Steuer absetzt. Gemäß § 4 Abs. 5 Nr. 10 EStG dürfen die Zuwendungen von Vorteilen nicht gewinnmindernd abgesetzt werden, wenn die Zuwendung der Vorteile eine rechtswidrige Handlung darstellt, die den Tatbestand eines Strafgesetzes verwirklicht. Zuwendungen an Betriebsräte, die über das Entgeltausfallprinzip hinausgehen, erfüllen objektiv den Straftatbestand des § 119 Abs. 1 Nr. 3 BetrVG und sind rechtswidrig.[25] Für das steuerrechtliche Abzugsverbot kommt es weder auf den subjektiven Tatbestand des § 119 Abs. 1 Nr. 3 BetrVG, noch auf das Strafantragserfordernis an.[26] Insofern macht derjenige Arbeitgeber, der rechtswidrige Betriebsratsvergütungen als Betriebsausgaben steuermindernd abzieht, den Finanzbehörden über steuerlich erhebliche Tatsachen unrichtige Angaben und sich selbst nach § 370 Abs. 1 Nr. 1 AO strafbar, sofern er einen auf diesen Tatbestand bezogenen Eventualvorsatz aufweist.[27]

---

[23] Vgl. Bittmann/Mujan, BB 2012, S. 637 ff.; Strauß, NZA 2018, S. 1372 ff.
[24] Nach der Praxis der meisten Staatsanwaltschaften wird die rechtswidrige Betriebsratsvergütung derzeit als Untreue verfolgt.
[25] Vgl. Meyer in: Beck OK EStG, 4. Edition (Stand 01.07.2019), § 4, Rn. 2823.4.
[26] Vgl. Rieble, NZA 2008, S. 276 ff.
[27] Vgl. BGH v. 08.09.2011 – 1 StR 38/11, NStZ 2012, S. 160 ff.; Gaede in Esser/Rübenstahl/Tsambikakis, Wirtschaftsstrafrecht, 1. Aufl. 2017, § 370 AO, Rn. 255; die aktuelle Einkommensteuer-Richtlinie (EStR 2012 v. 25.03.2013) verweist in H 4.14 nunmehr allgemein auf § 119 Abs. 1 BetrVG und nicht mehr nur auf § 119 Abs. 1 Nr. 1 BetrVG, so wie die vorherige Einkommensteuer-Richtlinie, so dass der Diskussion über die vorsatzausschließende Wirkung von unwirksamen Verwaltungsanweisungen nunmehr der Boden entzogen ist, vgl. hierzu Graf/Link, NJW 2009, S. 409 ff.

> **Praxistipp**
>
> Die Vergütung von Betriebsräten ist jüngst vermehrt Gegenstand von Außenprüfungen der Finanzämter geworden, so dass die Vergütung von Betriebsräten und deren Absetzbarkeit von der Steuer auch in einem Tax-Compliance-System hinreichend Berücksichtigung finden sollte.
>
> Sollte nachträglich festgestellt werden, dass die Vergütung des Betriebsrats in der Vergangenheit zu hoch war, muss die Steuererklärung unverzüglich berichtigt werden.

1.1.4. Beitragsvorenthaltung, § 266a StGB

Im Falle der Benachteiligung von Betriebsratsmitgliedern in Form einer zu niedrigen, nicht dem Entgeltausfallprinzip des Betriebsverfassungsrechts entsprechenden Vergütung, kommt auch eine Strafbarkeit des Arbeitgebers nach § 266a StGB („Vorenthaltung von Sozialversicherungsbeiträgen") in Betracht.

Im Sozialversicherungsrecht gilt das Entstehungsprinzip. Das heißt, der Arbeitgeber muss nicht, wie im Steuerrecht (Zuflussprinzip), auf die gezahlte Vergütung Sozialversicherungsbeiträge abführen, sondern auf diejenige, auf die der Arbeitnehmer einen Anspruch hat, unabhängig davon, ob diese geschuldete Vergütung auch tatsächlich gezahlt wird.[28] Eine das Betriebsratsmitglied benachteiligende Vergütungsabrede ist nach § 134 BGB nichtig.[29] Der (höhere) Vergütungsanspruch des benachteiligten Betriebsrates ergibt sich in diesem Fall aus § 37 Abs. 4 BetrVG. Auf die Differenz zwischen der gezahlten Vergütung auf Grundlage der unwirksamen Vergütungsabrede einerseits und der betriebsverfassungsrechtlich geschuldeten Vergütung andererseits hat der Arbeitgeber jedoch keine Sozialversicherungsbeiträge abgeführt. Weil aber die geschuldete Vergütung verbeitragt werden muss, ist der Tatbestand des § 266a StGB bezogen auf die beitragsfrei gebliebene Differenz erfüllt. Auch bei § 266a StGB ist kein Strafantrag erforderlich.

1.2. Täterkreis

Im Gegensatz zu der überwiegenden Anzahl der Delikte im Arbeitsstrafrecht, sind die im Zusammenhang mit der Betriebsrätevergütung stehenden Delikte, mit Ausnahme von § 266a StGB, keine Sonderdelikte, bei denen sich nur derje-

---

[28] Vgl. Wagner in: Beck OK Sozialrecht, 53. Edition (Stand 01.06.2019), § 22 SGB IV, Rn. 3–5b.
[29] Vgl. Thüsing in: Richardi, BetrVG, 16. Auflage 2018, § 78, Rn. 28.

nige strafbar machen kann, der das besondere persönliche Merkmal „Arbeitgeber" aufweist. Vielmehr können diese Delikte von jedermann oder im Falle von § 266 StGB von demjenigen, der eine Vermögensbetreuungspflicht trägt, begangen werden.[30]

1.2.1. Personal-/, Steuer-/ und Compliance-Abteilung

Im Unternehmen trifft daher nicht nur die Geschäftsleitung ein strafrechtliches Risiko, sondern grundsätzlich alle diejenigen, die mit Vergütungsentscheidungen in Bezug auf Betriebsratsmitglieder befasst sind, insbesondere leitende Mitarbeiter in der Personalabteilung. Auch Mitarbeiter der Steuerabteilung eines Unternehmens kämen als Täter in Betracht, sofern diese die Steuererklärung ohne hinreichende Prüfung des Betriebsausgabenabzugsverbots in Bezug auf die Betriebsratsvergütung einreichen. Durch die grundsätzliche Garantenstellung des Compliance-Officer, wäre auch dieser Anknüpfungspunkt für eine Strafbarkeit wegen Unterlassens, sofern dieser bei Kenntnis eine rechtswidrige Vergütung des Betriebsrates nicht verhindert oder zumindest zu verhindern versucht.[31]

1.2.2. Eigene Strafbarkeit des Betriebsrates

Das bloße Annehmen einer Begünstigung durch das Betriebsratsmitglied ist für es selbst nicht strafbar.[32] Es kann aber Beteiligter in Form der Anstiftung oder Beihilfe sein, sofern seine Handlung über das reine Annehmen der Begünstigung hinausgeht, zum Beispiel, wenn es diese zuvor eingefordert hat.[33] Das erfolglose Einfordern von Vergünstigungen durch das Betriebsratsmitglied vom Arbeitgeber ist mangels einer vorsätzlichen und rechtswidrigen Haupttat nicht strafbar.[34]

Eine Täterschaft des Betriebsratsmitglieds nach § 119 Abs. 1 Nr. 3 BetrVG ist außerdem durchaus denkbar, wenn das Betriebsratsmitglied zum Beispiel sei-

---

[30] Vgl. Joecks in: Münchener Kommentar StGB, 1. Auflage 2015, § 119 BetrVG, Rn. 37–40.
[31] Vgl. BGH v. 17.07.2009 – 5 StR 394/08, BKR 2009, S. 422 ff.; Mansdörfer, in Esser/Rübenstahl/Saliger/Tsambikakis, Wirtschaftsstrafrecht Kommentar, 1. Auflage 2017, Vor § 13 StGB, Rn. 94; Mengel, in Grobys/Panzer-Heemeier, Stichwortkommentar Arbeitsrecht, Compliance, 3. Auflage 2019, 9. Edition, Rn. 31.
[32] Mit ausführlicher Begründung vgl. Schlösser, NStZ 2007, S. 562 ff.
[33] Vgl. BGH v. 13.09.2010 – 1 StR 220/09; Joussen in: Bross, Handbuch Arbeitsstrafrecht, 1. Auflage 2017, S. 578, Rn. 43; Rieble/Klebeck, NZA 2006, S. 758 ff.; Zwiehoff, in Düwell, BetrVG, 5. Auflage 2018, § 119, Rn. 6.
[34] Krug/Pannenborg, ArbRAktuell 2019, S. 269, 272.

nerseits bereits korrumpiert, Vorteile an andere Organmitglieder gewährt, um diese zu einem gewissen Abstimmungsverhalten zu bewegen.[35] Insofern ist die teilweise vertretene Auffassung, der Betriebsrat könne sich nicht nach § 119 Abs. 1 Nr. 3 BetrVG strafbar machen, unpräzise.[36]

1.3. Zusammenfassung

Vor dem Hintergrund einer möglichen Strafbarkeit wegen fehlerhafter Betriebsratsvergütung, sollten daher nicht nur Personalabteilungen, die mit den rechtlichen Voraussetzungen einer betriebsverfassungskonformen Vergütung eines Betriebsrates ggf. eher vertraut sind, die Grundzüge einer solchen beherrschen, sondern auch Compliance- und Steuerabteilungen eines Unternehmens.

2. Die rechtmäßige Betriebsratsvergütung

Die betriebliche Mitbestimmung ist eines der Grundprinzipien des deutschen Arbeitsrechts. Betriebe sollen nach dem Willen des Gesetzgebers nicht allein vom Management bestimmt werden; vielmehr soll die Belegschaft vertreten durch den Betriebsrat durch Beratung, Mitbestimmung und die Einbringung eigener Vorschläge in die personelle, soziale, aber auch wirtschaftliche Organisation der Arbeit eingebunden werden. In der Praxis bedeutet dies, dass in den Betriebsrat gewählte Mitarbeiter, die teilweise eine völlig andere Ausbildung genossen haben, organisatorische und ökonomische Entscheidungen mitgestalten und erhebliche Verantwortung für die Belegschaft des Unternehmens übernehmen. Gerade in größeren Unternehmen hat dies zu einer Professionalisierung der Betriebsratsarbeit und zum Teil auch zu einer deutlich höheren zeitlichen Belastung der Betriebsratsmitglieder geführt. Man denke in diesem Zusammenhang nur an aufwendige Sozialplan- und Interessenausgleichsverhandlungen in Krisensituationen eines Unternehmens, an denen der Betriebsrat beteiligt ist und erhebliches Know-how mitbringen muss. Nach dem Betriebsverfassungsrecht ist das Betriebsratsamt aber nach wie vor als Ehrenamt konzipiert. Das heißt, es darf für die Amtstätigkeit keine Vergütung gezahlt werden und zwar ungeachtet dessen, wie groß die Verantwortung des Betriebsrates ist. Dies wird teilweise als nicht mehr zeitgemäß kritisiert. Insbesondere mit Blick auf die Strafandrohung wird zum Teil vertreten, das System der Betriebsratsvergütung bedürfe einer Überarbeitung.[37]

---

[35] Vgl. Annuß in: Richardi, BetrVG, 16. Auflage 2018, § 119, Rn. 27.
[36] Vgl. Richter/Gercke/Kraft/Richter, Arbeitsstrafrecht, 2. Auflage 2015, S. 298 f., Rn. 1074.
[37] Vgl. Koch in: ErfK, 19. Aufl. 2019, § 37 BetrVG, Rn. 1; Uffmann, ZfA 2018, S. 225 ff.

2.1. Grundsätze der Vergütungsfindung

Das Ehrenamtsprinzip wird vom sog. Entgeltausfallprinzip flankiert. Danach werden Betriebsratsmitglieder unter Fortzahlung des Arbeitsentgelts für ihre Betriebsratstätigkeit von der Arbeitsverpflichtung freigestellt, § 37 Abs. 3 Satz 1 BetrVG.[38] Sie werden also so vergütet, als hätten sie ihre nach dem Arbeitsvertrag geschuldete Arbeitsleistung erbracht, anstatt der Betriebsratstätigkeit nachzugehen.[39] Bei nicht vollständig freigestellten Betriebsratsmitgliedern bereitet die Vergütungsbestimmung nach dem Entgeltausfallprinzip in der Regel keine großen Schwierigkeiten, da bei ihnen nach wie vor ein Anknüpfungspunkt zu ihrer beruflichen Tätigkeit besteht. Bei Betriebsratsmitgliedern, die nach § 38 BetrVG vollständig von der Verpflichtung zur Arbeitsleistung freigestellt sind, fehlt dieser Anknüpfungspunkt jedoch völlig, so dass in der Praxis die Bestimmung der rechtmäßigen Vergütung jedenfalls ohne einen strukturierten Prozess erhebliche Schwierigkeiten bereitet. Die rechtlichen Grundprinzipien der Betriebsratsvergütung sollen daher im nachfolgenden geschildert werden.

2.1.1. Betroffene Gehaltsbestandteile

Vom Grundsatz des Ehrenamts- und Entgeltausfallprinzip betroffen sind alle Vergütungsbestandteile. Neben dem Grundgehalt zählen dazu auch alle sonstigen allgemeinen Zuwendungen und Leistungsentgelte, insbesondere also Anwesenheitsprämien, Zuschläge für Mehr-, Über-, Nacht-, Sonn- oder Feiertagsarbeit, Erschwernis-, Schicht- und Sozialzulagen sowie vermögenswirksame Leistungen, die alle grundsätzlich weitergezahlt werden müssen. Dies gilt selbst dann, wenn der Grund für die Zulage wegen der Betriebsratstätigkeit tatsächlich nicht mehr auftritt.[40] Leistet ein Betriebsratsmitglied z. B. deshalb keine Nachtschichten mehr, weil es für die Betriebsratstätigkeit gem. § 38 Abs. 1 BetrVG von der Erbringung der arbeitsvertraglich geschuldeten Leistung freigestellt ist, so ist die Nachtarbeitszulage unabhängig davon, ob das Betriebsratsmitglied die Betriebsratsarbeit tagsüber oder nachts erbringt, unverändert weiterzuzahlen.

Von diesem Grundsatz ist nur dann abzuweichen, wenn ein weiterer Grund für den Wegfall der Zulage hinzukommt. So gewährte das Bundesarbeitsgericht dem Betriebsratsmitglied, das mit dem Arbeitgeber aufgrund der Freistellung explizit vereinbart hatte, dass in Zukunft nur tagsüber gearbeitet werden sollte, keinen Anspruch auf Nachtarbeitszuschlag.[41] Ergeben sich dadurch Nachteile

---

[38] Vgl. BAG v. 05.05.2010 – 7 AZR 728/08.
[39] Vgl. Fischer, NZA 2014, S. 71 ff.
[40] Vgl. BAG v. 23.06.2004 – 7 AZR 514/03; Rieble, NZA 2008, S. 276 ff.
[41] Vgl. BAG v. 18.05.2016 – 7 AZR 401/14.

für das Betriebsratsmitglied, dass bestimmte steuerbegünstigte Zulagen nach Übernahme des Betriebsratsamtes nicht mehr steuerbegünstigt sind und der Nettolohn dementsprechend bei gleicher Bruttovergütung niedriger ist, so sind diese Nachteile nicht vom Arbeitgeber auszugleichen.[42] Dieser „Nachteil" wird nicht vom Arbeitgeber verursacht, sondern durch die Steuergesetzgebung. Vom Gesetzgeber selbst verursachte „Nachteile" verstoßen nicht gegen das Benachteiligungsverbot des § 78 S. 2 BetrVG, da es dem Gesetzgeber selbst freisteht, durch andere gesetzliche Regelungen von diesem Prinzip abzuweichen.

Nicht vom Ehrenamts- und Entgeltausfallprinzip betroffen sind hingegen Aufwandsentschädigungen, die einen konkreten, wegen der Betriebsratstätigkeit nicht mehr vorhandenen Mehraufwand abdecken.[43] Dies gilt insbesondere für eine Kfz-Pauschale, die einem Vertriebsmitarbeiter für die Nutzung seines privaten PKWs für betriebliche Zwecke gezahlt wurde, der nun aber aufgrund einer Freistellung gem. § 38 Abs. 1 BetrVG kaum mehr betriebliche Fahrten mit seinem Kfz durchführt.

Praxistipp

Abfindungen im Rahmen eines individuellen Aufhebungsvertrages stellen keine Gehaltsbestandteile dar, die einem Vergleichsgruppentest standhalten müssen. Da Betriebsratsmitglieder gem. § 15 KSchG und § 103 BetrVG einen besonderen Schutz vor Kündigungen genießen, entspricht es schlicht der tatsächlichen Verhandlungsmacht, wenn die Höhe der Abfindung diesem Umstand Rechnung trägt und entsprechend höher ausfällt.

2.1.2. Absicherung der Vergütung nach unten, § 37 Abs. 4 BetrVG

Die so ermittelten Vergütungsbestandteile der Betriebsratsmitglieder müssen nach dem Entgeltausfallprinzip weiterbezahlt werden. Da sich die Vergütungsstruktur in Unternehmen jedoch typischerweise weiterentwickelt und Arbeitnehmer mit längerer Betriebszugehörigkeit tendenziell immer mehr verdienen, hat der Gesetzgeber in § 37 Abs. 4 BetrVG eine Betrachtung anhand von Vergleichsgruppen als Untergrenze der Betriebsratsvergütung definiert: Die Vergütung von Betriebsratsmitgliedern darf nicht geringer bemessen werden als das Arbeitsentgelt vergleichbarer Arbeitnehmer mit betriebsüblicher Entwicklung.

---

[42] Vgl. BAG v. 29.07.1980 – 6 AZR 231/78; ausführlich Lipp, Honorierung und Tätigkeitsschutz von Betriebsratsmitgliedern, S. 90 ff. m. w. N.
[43] Vgl. Rieble, NZA 2008, S. 276, 276.

2.1.2.1. Vergleichsgruppenbildung

In zeitlicher Hinsicht ist für die Bestimmung der Vergleichsgruppe immer auf die erstmalige Wahl als Betriebsrat abzustellen, nicht auf den Zeitpunkt einer ggf. erst deutlich später eintretenden Freistellung von der Arbeitsleistung gem. § 38 Abs. 1 BetrVG.[44] Ab dem Zeitpunkt der erstmaligen Amtsübernahme hängt die Vergütung deshalb grundsätzlich nicht mehr von der individuellen Leistung des Betriebsratsmitglieds, sondern vielmehr von der abstrakten Betrachtung der Vergleichsgruppe ab. Nur so kann sichergestellt werden, dass Entscheidungen über das Entgelt des Betriebsratsmitglieds nicht von der Ausübung des Betriebsratsamtes abhängen.

> **Praxistipp**
>
> Die Festlegung der Vergleichsgruppe sollte möglichst sofort bei Amtsübernahme dokumentiert werden. Späteren Streitigkeiten mit dem Betriebsratsmitglied kann vorgebeugt werden, indem man ihm schon zu diesem Zeitpunkt die Möglichkeit zur Stellungnahme bietet und sich mit möglichen Einwänden auseinandersetzt.

Das Bundesarbeitsgericht definiert diejenigen Arbeitnehmer als vergleichbar mit den Betriebsratsmitgliedern, die zum Zeitpunkt der Amtsübernahme ähnliche, im Wesentlichen gleich qualifizierte Tätigkeiten ausgeführt haben wie der Amtsträger und dafür in gleicher Weise fachlich und persönlich qualifiziert waren.[45] Die Umsetzung dieser abstrakten Definition ist jedoch ein häufiger Streitpunkt zwischen Arbeitgeber und Amtsträger. In der Praxis muss vom Vergütungssystem des jeweiligen Unternehmens ausgegangen werden, denn die Faktoren, die im Unternehmen für die Vergütung erheblich sind, sind es auch für die Vergütung von Betriebsratsmitgliedern.[46]

In Unternehmen, deren Vergütungsstruktur auf tariflichen Vergütungsgruppen oder selbst bestimmten Vergütungsbändern beruht, sind diese auch für Betriebsratsmitglieder relevant. Die Vergleichsgruppe wird regelmäßig aus den Mitarbeitern bestehen, die eine vergleichbare Tätigkeit ausüben und sich (auch deshalb) in der gleichen Entgeltgruppe wie das Betriebsratsmitglied befinden. Zusätzlich können besondere Merkmale, wie z.B. Ausbildung, Kenntnisse, Fähigkeiten und Erfahrung berücksichtigt werden. Die Stufenzuordnung hat auf die Definition der Vergleichsgruppe in der Regel keine Auswirkung. Die Höherstufung erfolgt in den meisten Tarifverträgen allein aufgrund der Dauer, für die

---

[44] Vgl. Blattner, NZA 2018, S. 129, 131.
[45] BAG v. 19.01.2005 – 7 AZR 208/04.
[46] Vgl. Annuß, NZA 2018, S. 134, 135.

ein Mitarbeiter eine Tätigkeit ausübt, ist jedoch nicht an die tatsächliche Verbesserung der Arbeitsleistung des Mitarbeiters oder seine Fähigkeiten gebunden. Sie ist daher erst im zweiten Schritt, bei der Betriebsüblichkeit der Vergütung des Betriebsratsmitglieds zu berücksichtigen.

Bei Unternehmen, deren Vergütungsstruktur mehr auf individuellen Merkmalen beruht, sind diese auch für die Definition der Vergleichsgruppe erheblich. Klassische Merkmale, die häufig Ausschlag auf die Vergütung haben, sind Ausbildung, Kenntnisse, Fähigkeiten und Erfahrung. Überdurchschnittlich qualifizierte Betriebsratsmitglieder sind dabei auch nur mit solchen Arbeitnehmern vergleichbar, die ebenfalls eine vergleichbare überdurchschnittliche Befähigungen aufweisen.[47] Denkbar ist aber auch, dass gerade die Bedeutung der Arbeit für das Unternehmen, z.B. die Betreuung besonders kritischer Key Accounts oder auch sog. soft skills für die Vergütung ausschlaggebend sind. Ist dies der Fall, sollten die Gründe, weshalb von einer Vergleichbarkeit gerade mit den genannten Mitarbeitern auszugehen ist, besonders sorgfältig dokumentiert werden, um Beweisschwierigkeiten sowie den Eindruck einer nachträglichen Anpassung zu vermeiden.[48] Denkbar ist etwa eine Dokumentation des mit bestimmten Kunden generierten Umsatzes oder auch Bewertungen durch Vorgesetzte.

Praxistipp

Insbesondere in kleinen Betrieben oder auch bei besonders langer Freistellung eines Betriebsratsmitglieds tritt häufig das Problem auf, dass es nach einer gewissen Zeit der Freistellung schlicht keine Mitarbeiter mehr gibt, die zum Zeitpunkt der Übernahme des Betriebsratsamtes mit dem Betriebsratsmitglied vergleichbar waren und an die man sich zur Vergütungsbestimmung halten könnte.

Kommt es dazu, dass keine oder nicht mehr ausreichend Vergleichsmitarbeiter mehr im Unternehmen sind und ein Vergleich mit den vorhandenen Mitarbeitern nach Einschätzung der Unternehmensleitung tatsächlich sachfremd ist, kann ausnahmsweise auf eine hypothetische Betrachtung abgestellt werden.[49] Dem damit verbundenen rechtlichen Risiko sollte durch eine sorgfältige und ausführliche Dokumentation der Entscheidungsgrundlage begegnet werden.

---

[47] Vgl. Strauß, NZA 2018, S. 1372, 1373.
[48] Vgl. Jacobs/Frieling, ZfA 2015, S. 241, 265.
[49] Vgl. Bittmann/Mujan, BB 2012, S. 637, 638.

2.1.2.2. Nachzeichnen der betriebsüblichen Entwicklung der Vergleichsgruppe

Für die Entwicklung der Vergütung des Betriebsratsmitglieds sind ausschließlich die Entgeltanpassungen der Vergleichsgruppe erheblich, die betriebsüblich sind. Nach der Rechtsprechung entsteht die Betriebsüblichkeit aufgrund eines gleichförmigen Verhaltens des Arbeitgebers und einer bestimmten Regelmäßigkeit. Eine Gehaltsentwicklung ist dann betriebsüblich, wenn die Mehrheit der Vergleichsgruppe diese Entwicklung bei Berücksichtigung der normalen betrieblichen und personellen Entwicklung in beruflicher Hinsicht genommen hat.[50]

Hinter dem Merkmal der Betriebsüblichkeit steht, dass solche Mitarbeiter in der ursprünglich gebildeten Vergleichsgruppe außer Betracht bleiben sollen, deren Vergütungsentwicklung gerade nicht typisch für das Unternehmen ist. Zu denken ist an Mitarbeiter, die aufgrund besonderer Leistungen oder Entwicklungen einen unüblichen Karrieresprung erreichen und aus diesem Grund eine besondere Vergütungserhöhung erhalten. Eine für die Betriebsratsvergütung unbeachtliche Sonderkarriere liegt auch dann vor, wenn nur ein Mitarbeiter aus einer Gruppe befördert wird, weil es auch nur eine Beförderungsstelle gibt und es deshalb ausgeschlossen ist, dass die Mehrheit der Vergleichsgruppe befördert wird. Umgekehrt ist auch die Vergütungsentwicklung von denjenigen Mitarbeitern nicht zu berücksichtigen, die im weiteren Verlauf Vergütungseinbußen hinnehmen müssen, z. B., weil sie nach einer Änderungskündigung aus Performancegründen nun eine geringer vergütete Tätigkeit ausüben. Nicht für die Vergütung des Betriebsratsmitglieds erheblich sind außerdem Vergleichsmitarbeitern gezahlte Sozialleistungen, die wegen dessen individueller Situation gewährt werden.

Betriebsüblich sind dagegen solche Vergütungssteigerung, die der vom „durchschnittlichen Mitarbeiter" der Vergleichsgruppe erreicht. Dies ist insbesondere bei Stufenerhöhungen gemäß Tarifvertrag, allgemeinen Entgelterhöhungen oder Regelbeförderungen der Fall. Handhabt der Arbeitgeber Gehaltserhöhungen hingegen flexibel und fallen die Gehaltserhöhungen innerhalb der Vergleichsgruppe aus diesem Grund unterschiedlich aus, kommt es darauf an, ob die Gehälter der Mehrzahl der der Vergleichsgruppe angehörenden Arbeitnehmer angehoben werden.

---

[50] Vgl. BAG v. 19.01.2005 – 7 AZR 208/04.

2.1.2.3. Entwicklung und Anpassung der Vergütung von Betriebsratsmitgliedern

Liegt eine betriebsübliche Veränderung der Vergütung der Vergleichsgruppe vor, so ist auch das Entgelt des Betriebsratsmitglieds anzupassen. Nach der Auslegung des Bundesarbeitsgerichts garantiert § 37 Abs. 4 BetrVG den Betriebsratsmitgliedern jedoch nicht der Höhe nach die absolut gleiche Vergütung, welche die Vergleichsmitarbeiter erhalten, sondern setzt voraus, dass das Gehalt des Betriebsratsmitglieds entsprechend prozentual erhöht wird.[51] Die Anpassung ist so durchzuführen, dass sämtliche Vergütungsregelungen, etwa aufgrund von Tarifverträgen eingehalten werden.

Für tarifgebundene Unternehmen oder Unternehmen, die selbst definierte Vergütungsbänder anwenden, bedeutet das, dass ein Betriebsratsmitglied dann, wenn die Mehrzahl der Arbeitnehmer der Vergleichsgruppe höhergruppiert wird, ebenfalls höhergruppiert werden muss. Ist eine Mehrheit von Mitarbeitern nicht auszumachen, ist zu begründen, weshalb das Betriebsratsmitglied auf Grundlage einer hypothetischen Betrachtung höhergruppiert worden wäre oder nicht.[52] Tarifliche und übertarifliche Zulagen entwickeln sich entsprechend der Vergütungsregelungen; wird etwa eine übertarifliche Zulage durch eine Tariferhöhung abgeschmolzen, so ist die Abschmelzung auch beim Betriebsratsmitglied in der dort anwendbaren Höhe vorzunehmen.

In Unternehmen, die keine derart strukturierten Vergütungsregularien anwenden, ist die Vergütung des Betriebsratsmitglieds im selben prozentualen Verhältnis anzuheben wie die Vergütung der Mehrzahl der Mitarbeiter der Vergleichsgruppe. Kann eine Mehrheit von Mitarbeitern in der Vergleichsgruppe nicht festgestellt werden, weil die Vergütungserhöhungen völlig individuell ausgehandelt werden, ist ausnahmsweise eine durchschnittliche Erhöhung in der Vergleichsgruppe zu bilden und auf das Betriebsratsmitglied anzuwenden.[53]

Praxistipp

Vor der endgültigen Erhöhung kann ein Praxistest durchgeführt werden: Wäre es möglich, dass das Betriebsratsmitglied als regulärer Mitarbeiter tatsächlich genau diese Vergütungshöhe erreicht hätte?

---

[51] Vgl. BAG v. 21.02.2018 – 7 AZR 496/16.
[52] Vgl. BAG v. 21.02.2018 – 7 AR 208/04; BAG v. 18.01.2017 – 7 AZR 205/15; Annuß, NZA 2018, S. 976, 978.
[53] Vgl. Bonanni/Blattner, ArbRB 2015, S. 115, 117.

2.1.2.4. Anwendungszeitraum des Ehrenamts- und Entgeltausfallprinzip

Gemäß § 37 Abs. 4 S. 1 BetrVG darf das Arbeitsentgelt von Mitgliedern des Betriebsrats einschließlich eines Zeitraums von einem Jahr nach Beendigung der Amtszeit nicht geringer bemessen werden, als das Arbeitsentgelt vergleichbarer Arbeitnehmer mit betriebsüblicher beruflicher Entwicklung. Dieser Zeitraum verlängert sich für Mitglieder des Betriebsrats, die drei volle aufeinanderfolgende Amtszeiten freigestellt waren, auf zwei Jahre nach Ablauf der Amtszeit, § 38 Abs. 3 BetrVG. Da diese Regelung ein Mindestschutz der Vergütung des ehemaligen Betriebsratsmitglieds ist, ist es dann höher zu vergüten, wenn es eine neue Stelle übernommen hat, die eine höhere Vergütung nach sich zieht.

2.2. Korrektiv: Benachteiligungsverbot bei Einzelfallbeförderungen

Da im Rahmen des Ehrenamts-/ und Entgeltausfallprinzips gem. § 37 Abs. 4 S. 1 BetrVG nur betriebsübliche Entgeltentwicklungen anderer berücksichtigt werden können und das Betriebsratsmitglied dadurch zu seinen Lasten von Entgelterhöhungen, die auf individuellen Gründen beruhen, ausgenommen wird, wendet das Bundesarbeitsgericht das allgemeine Begünstigungs- und Benachteiligungsverbot des § 78 S. 2 BetrVG als Korrektiv an.[54] Dies entspricht der Systematik des Gesetzes, da § 37 Abs. 4 S. 1 BetrVG nur ein Minimalentgelt vorsieht, dessen Resultat durch das generellere Begünstigungs- und Benachteiligungsverbot des § 78 S. 2 BetrVG nach oben angepasst werden kann.

Kann der Betriebsrat Indizien dafür vorlegen und beweisen, dass es ohne die Übernahme des Amtes einen Aufstieg erreicht hätte, den der durchschnittliche Mitarbeiter der Vergleichsgruppe nicht erreicht, darf dem Betriebsratsmitglied die dementsprechend höhere Vergütung nicht verwehrt werden.[55]

Nach der Rechtsprechung ist das insbesondere dann der Fall, wenn gerade wegen der Betriebsratstätigkeit

– eine Bewerbung des Betriebsratsmitgliedes auf eine besser vergütete Stelle erfolglos blieb,

– eine Bewerbung des Betriebsratsmitgliedes auf eine besser vergütete Stelle unterlassen wurde, aber erfolgreich gewesen wäre, oder nach den betriebsüblichen Gepflogenheiten erfolgreich hätte sein müssen, oder

– die erforderlichen Kenntnisse und Fähigkeiten für eine besser vergütete Stelle gefehlt haben und eine Bewerbung des Betriebsratsmitgliedes auf diese Stelle deshalb erfolglos blieb bzw. unterlassen wurde.

---

[54] Vgl. Bayreuther, NZA 2014, S. 235, 236.
[55] Vgl. BAG v. 17.08.2005 – 7 AZR 528/04.

Nicht ausreichend ist es, wenn ein Betriebsratsmitglied geltend macht, dass ein oder mehrere Vergleichsmitarbeiter zwischenzeitlich beachtliche Karrieresprünge erreicht haben, wenn diese auf individuellen, nur auf diese bzw. diesen Arbeitnehmer persönlich zugeschnittenen Gründen beruht. Darzulegen ist vielmehr, weshalb gerade das Betriebsratsmitglied diesen Weg der Sonderkarriere genommen hätte, den die aufgelisteten Mitarbeiter genommen haben.[56]

> **Praxistipp**
> In der Praxis bewerben sich Betriebsratsmitglieder häufig auf im Unternehmen ausgeschriebene Stellen, auch wenn sie diese aufgrund des Betriebsratsamtes nie ausüben werden. Bei der Auswahlentscheidung für die Stelle müssen die Betriebsratsmitglieder so einbezogen werden, als ob sie für die Stelle zur Verfügung stünden.
>
> Falls es sich bei dem Betriebsratsmitglied um den geeignetsten Bewerber handelt, so ist das Betriebsratsmitglied so zu stellen, als hätte es die ausgeschriebene Stelle tatsächlich übernommen.

3. Regelungsmöglichkeiten zur Betriebsratsvergütung

In der Praxis sind häufig Vereinbarungen zur Betriebsratsvergütung anzutreffen. Dabei ist jedoch zu beachten, dass das Ehrenamts- und Entgeltausfallprinzip nicht dispositiv ist und eine Abweichung weder aufgrund Individualvereinbarung noch Betriebsvereinbarung oder Tarifvertrag möglich ist.[57] Vereinbarungen zur Vergütung müssen sich innerhalb der Grenzen der §§ 78 S. 2, 37 Abs. 3, 4 BetrVG halten[58] und sind ansonsten, unabhängig von einem bestehenden Begünstigungswillen, nach **§ 134 BGB nichtig**.[59] Nicht möglich ist es daher, ein Vergütungsmodell zu vereinbaren, das an die Tätigkeit als Betriebsratsmitglied anknüpft, sei es in Form der Bildung von Vergütungsgruppen für Betriebsratsämter, in Form der Angleichung der Vergütung an die des jeweiligen Ansprechpartners auf Arbeitgeberseite oder in der Zahlung von Sitzungsgeldern, Betriebsratszulagen und -boni.[60] Dies gilt selbst dann, wenn dem Be-

---

[56] Vgl. BAG v. 04.11.2011 – 7 AZR 972/13.
[57] Vgl. ArbG Bielefeld v. 11.05.2011 – 3 Ca 2633/10.
[58] Vgl. Festschrift Stahlhacke, S. 115, 122; Lipp, Honorierung und Tätigkeitsschutz von Betriebsratsmitgliedern, S. 4; Fitting, BetrVG, 29. Auflage 2018, § 37, Rn. 4.
[59] Vgl. Thüsing in: Richardi, BetrVG, 16. Auflage 2018, § 78, Rn. 28.
[60] Vgl. Bonanni/Blattner, ArbRB 2015, S. 115, 116.

triebsratsmitglied aufgrund eines „Co-Management-Ansatzes" freiwillig weitreichende Mitspracherechte übertragen werden.[61]

Gleichwohl können eine Vereinbarung mit dem Betriebsrat in Form einer Regelungsabrede oder eine Vereinbarung mit dem Betriebsratsmitglied sinnvoll sein, um Streitigkeiten in der Zukunft vorzubeugen. Zu denken ist dabei an eine Festlegung der Vergleichsgruppe, bei der die Parteien die oben erläuterten Voraussetzungen nach bestem Wissen und Gewissen anwenden. Erforderlich ist jedoch, dass auch bei einer bestehenden Vereinbarung bei jeder Entgelterhöhung geprüft wird, ob diese auch tatsächlich den gesetzlichen Vorgaben entspricht. Wird die Vergleichsgruppe aufgrund des Ausscheidens mehrerer Vergleichsmitarbeiter immer kleiner, so muss erwogen werden, ob es sich noch um eine repräsentative Gruppe handelt. Eine Erleichterung stellt dies insbesondere bei großen Unternehmen dar, bei denen die Vergleichsgruppe unübersichtlich ausfallen würde, weil es eine Vielzahl von Mitarbeitern gibt, die eine gleich qualifizierte oder sogar tatsächlich gleiche Tätigkeit ausüben. Durch eine Vereinbarung kann die Anzahl der Vergleichspersonen auf eine leichter handhabbare Größe reduziert werden. Zu klein sollte die Gruppe jedoch auch nicht gewählt werden, um auch beim Ausscheiden einiger Mitarbeiter noch weiterhin über Vergleichsmitarbeiter zu verfügen. Darüber hinaus bietet es sich an, eine ungerade Anzahl an Mitarbeitern als Vergleichsgruppe auszuwählen, um klar feststellen zu können, ob die Mehrheit der Gruppe eine Gehaltserhöhung erhalten hat.

Praxistipp
Nicht möglich ist die Vereinbarung einer Pauschale zur Überstundenabgeltung. Für den Ausgleich von Überstunden sieht das Gesetz in § 37 Abs. 3 BetrVG eine zwingende Regelung vor, die einer Pauschalierung nicht zugänglich ist.[62] Demnach sind Überstunden innerhalb eines Monats in Freizeit abzugelten; ein Ausgleich in Geld kommt nur dann in Betracht, wenn die Gewährung von Freizeitausgleich aus betriebsbedingten Gründen nicht möglich ist.

---

[61] Vgl. Byers, NZA 2014, S. 65, 65; Frieling/Jacobs, ZfA 2015, S. 241, 242; Joussen, RdA 2018, S. 193, 196; Rieble, NZA 2008, S. 276, 276.
[62] Vgl. Fitting, BetrVG, 29. Aufl. 2018, § 37, Rn. 106, Frieling/Jacobs, ZfA 2015, S. 241, 253; Schönhöft/Oelze, NZA 2017, S. 284.

4. Sicherstellung der rechtmäßigen Vergütung durch Compliance

Die unternehmensinterne Bestimmung der rechtmäßigen Betriebsratsvergütung ist in Ansehung der gesetzlichen Unschärfe massiv fehleranfällig. Die Unternehmensleitung muss jedoch im Rahmen ihrer allgemeinen Compliance-Pflicht das Unternehmen so organisieren und beaufsichtigen, dass auch auf nachgeordneter Ebene keine Gesetzesverstöße erfolgen.[63] Zur Erfüllung dieser Compliance-Pflicht muss ein System geschaffen werden, durch das rechtmäßiges Verhalten sichergestellt wird, wobei nicht erforderlich ist, jeden nur denkbaren Rechtsverstoß zu verhindern.[64] Hinsichtlich der konkreten Ausgestaltung eines Compliance-Systems besteht ein erheblicher Ermessensspielraum der Unternehmensleitung. Deshalb sollen an dieser Stelle auch lediglich Eckpunkte eines möglichen Compliance-Prozesses skizziert werden. Die konkrete Umsetzung des Prozesses muss unter Berücksichtigung der jeweiligen organisatorischen Besonderheiten des Unternehmens individuell erfolgen.

4.1. Zielsetzung eines Compliance-Prozesses

Die Zielsetzung des Compliance-Prozesses ist es, das mit einer Falschvergütung von Betriebsratsmitgliedern einhergehende Strafbarkeitsrisiko zu minimieren. Geringfügige Abweichungen von der betriebsverfassungsrechtlich geschuldeten Vergütung, die jedoch mangels Vorsatz kein Strafbarkeitsrisiko begründen, werden toleriert (keine hundertprozentige Abgrenzungsschärfe).

4.2. Übertragung und Definition von Verantwortlichkeiten

Zur strafrechtlichen Haftungsbeschränkung der jeweiligen Mitglieder der Geschäftsleitung ist eine Delegation sowie eine Abgrenzung von Verantwortlichkeiten in Bezug auf die Vergütung von Mitgliedern des Betriebsrates ratsam.

4.2.1. Horizontale Delegation

Aufgrund des Deliktscharakter als „Jedermann-Delikt" kann grundsätzlich jeder Arbeitnehmer im Unternehmen eine strafbare Betriebsratsbegünstigung nach § 119 Abs. 1 Nr. 3 StGB und/oder Steuerhinterziehung nach § 370 AO begehen. Für diejenigen Mitarbeiter, denen eine Vermögensbetreuungspflicht im Unternehmen zukommt, besteht jedenfalls nach der jüngsten Rechtsprechung des

---

[63] Vgl. LG München I v. 10.12.2013 – 5 HK O 1387/10; Fleischer/Spindler/Stilz, AktG, 3. Auflage 2015, § 91, Rn. 47.
[64] Vgl. Moosmayer/Moosmayer, Compliance, 3. Auflage 2015, Rn. 71.

Bundesgerichtshofs auch ein Strafbarkeitsrisiko nach § 266 StGB („Untreue"). Strafrechtlicher Anknüpfungspunkt für eine nicht rechtskonforme Vergütung von Mitgliedern des Betriebsrates kann jedoch wegen des Grundsatzes der Gesamtverantwortung – ein entsprechender Eventualvorsatz jeweils vorausgesetzt – bereits die Mitgliedschaft im Geschäftsleitungsorgan eines Unternehmens sein.[65]

Die individuelle Haftung des Geschäftsleitungsorgans kann und sollte jedoch durch eine entsprechende Ressortverteilung begrenzt werden. Eine primäre Handlungsverantwortung besteht dann nur noch bei dem Geschäftsleitungsmitglied, dem die jeweilige Aufgabe durch Satzung, Beschluss oder Geschäftsordnung zugewiesen wurde.[66] Bei den übrigen Mitgliedern des Geschäftsleitungsorgans wandelt sich die Handlungsverantwortung dann in eine sekundäre Überwachungsverantwortung.[67]

Aufgrund Sachnähe bietet sich als Ressortzuständiger für die Betriebsrätevergütung regelmäßig das für das Personal zuständige Geschäftsleitungsmitglied an. Häufig ist dieses aber auch gerade der Verhandlungspartner des Betriebsrates, so dass ggf. ein Interessenkonflikt bestehen könnte. Insofern wäre auch zu erwägen, die Zuständigkeit in das Steuerressort der Geschäftsleitung zu übertragen, weil dort aufgrund des Betriebsausgabenabzugsverbotes von nicht rechtmäßigen Vergütungen zwar eine hohe Haftungsexposition, nicht jedoch ein Interessenkonflikt wie bei der Personalabteilung besteht.

Welche formalen Anforderungen an eine Ressortverteilung zu stellen sind, ist vom Bundesgerichtshof noch nicht abschließend geklärt. Klar ist hingegen, dass eine bloß faktische Übernahme der Aufgaben nicht ausreichend ist.[68] Es empfiehlt sich daher dringend, die Ressortaufteilung in Bezug auf die Vergütung von Mitgliedern des Betriebsrates eindeutig und schriftlich in Satzung, Gesellschafterbeschluss oder Geschäftsordnung zu fassen.[69]

---

[65] Vgl. Raum in: Wabnitz/Janovsky, Hdb. Wirtschafts- und Steuerstrafrecht, 4. Auflage 2014, 4. Kapitel, Rn. 33.
[66] Vgl. Knierim in: Wabnitz/Janovsky, Hdb. Wirtschafts- und Steuerstrafrecht, 4. Auflage 2014, 5. Kapitel, Rn. 35.
[67] Knierim in: Wabnitz/Janovsky, Hdb. Wirtschafts- und Steuerstrafrecht, 4. Auflage 2014, 5. Kapitel, Rn. 39 f.
[68] Vgl. Fleischer in: MüKo, GmbHG, 3. Auflage 2019, § 43 GmbHG, Rn. 114 ff.
[69] Vgl. Fleischer in: MüKo, GmbHG, 3. Auflage 2019, § 43 GmbHG, Rn. 114 ff; zur Vermeidung einer steuerrechtlichen Verantwortung verlangt der BFH eine schriftliche Klarstellung der Ressortzuständigkeit, vgl. BFH v. 26.04.1984 – V R 128/79.

4.2.2. Vertikale Delegation

Insbesondere in Unternehmen mit einer großen Anzahl von freigestellten Betriebsratsmitgliedern wird das Mitglied der Geschäftsleitung, an das die Betriebsrätevergütung delegiert wurde, die Vergütungsentscheidungen nicht in jedem Einzelfall inhaltlich prüfen können. In der Regel ist Verhandlungspartner des Betriebsrates insbesondere in wirtschaftlich bedeutenden Themen, wie z. B. Unternehmensreorganisationen, der Vorstand bzw. die Geschäftsführung selbst. Strukturell betrachtet hat die Geschäftsleitung kein gesteigertes Interesse daran, Verhandlungen mit dem Betriebsrat mit der Durchsetzung von unliebsamen Vergütungsentscheidungen zu belasten. Den kapazitären Bedürfnissen und der Auflösung des Interessengegensatzes kann und sollte durch eine Delegation der Verantwortung für die Einhaltung einer rechtmäßigen Vergütung von Betriebsratsmitgliedern auf untere Betriebshierarchien begegnet werden. Durch eine Delegation dieser Unternehmerpflichten wird die Haftung der Geschäftsleitung insofern begrenzt, dass sie nicht mehr per se für jede Vergütungsentscheidung die haftungsrechtliche Primärverantwortung trägt, sondern sich die Verantwortung sekundär auf eine Aufsichts- und Kontrollfunktion beschränkt.[70]

An eine wirksame Delegation sind hohe Anforderungen zu stellen. Der Delegationsempfänger muss über hinreichende Kenntnisse hinsichtlich der Vergütung von Betriebsratsmitgliedern sowie über ausreichende Ressourcen für das Monitoring von Vergütungsentscheidungen verfügen.[71] Möglich ist, dass der Delegationsempfänger einzelne Aufgaben, die mit dem Monitoring der Vergütung verbunden sind, wiederum auf nachgeordnete Arbeitnehmer delegiert; die Verantwortung ist jedoch jenseits einer definierten Betriebshierarchie nicht mehr delegierbar. Zwingend ist zudem, dass der Delegationsempfänger mit ausreichender Kompetenz ausgestattet ist, die es ihm erlaubt, Entscheidungen über die Vergütung von Betriebsratsmitgliedern ggf. zu stoppen oder durchzusetzen.[72] Zur Vermeidung von Interessenkonflikten sollte der Delegationsempfänger auch nicht der regelmäßige Verhandlungspartner des Betriebsrates im Rahmen der betriebsverfassungsrechtlichen Mitbestimmung sein.

In formeller Hinsicht ist zwingend erforderlich, dass die jeweiligen Delegationsbeschlüsse eindeutig definieren, welche Pflichten und Verantwortlichkeiten delegiert werden.[73]

---

[70] Knierim in: Wabnitz/Janovsky, Hdb. Wirtschafts- und Steuerstrafrecht, 4. Auflage 2014, 5. Kapitel, Rn. 41, 43 ff.
[71] Vgl. Knierim in: Wabnitz/Janovsky, Hdb. Wirtschafts- und Steuerstrafrecht, 4. Auflage 2014, 5. Kapitel, Rn. 41; Schulze, NJW 2014, 3484, 3487.
[72] Vgl. Schulze, NJW 2014, 3484, 3487.
[73] Schulze, NJW 2014, 3484, 3485.

4.3. Prüf- und Freigabeprozess

Um eine ordnungsgemäße Compliance im Umgang mit der Vergütung der Mitglieder des Betriebsrates sicherzustellen, ist es erforderlich, die Vergütungsentscheidungen in einen strukturierten Prüf- und Freigabeprozess einzubetten, in dem diejenigen, an welche die Pflichten zu Sicherstellung einer rechtmäßigen Betriebsratsvergütung delegiert wurden, die zentrale Rolle spielen.

4.3.1. Absicherung des Entgelts nach unten

Zur Sicherstellung des Entgeltausfallprinzips muss der Delegationsempfänger oder ein von ihm bestimmter Arbeitnehmer in seinem Bereich zunächst im relevanten Zeitpunkt die Vergleichsgruppe bestimmen, deren Vergütungsniveau beurteilen und als Vergleichsmaßstab definieren. In zeitlich regelmäßigen Abständen sowie anlassbezogen muss mittels eines standardisierten Prozesses geprüft werden, ob die Vergütung des Betriebsratsmitgliedes entsprechend der Entwicklung der Vergleichsgruppe angepasst werden muss. Die Entscheidung die Vergütung anzuheben oder ggf. sogar abzusenken, muss auf einem „Fact-Sheet" dokumentiert und begründet werden. Vorgeschaltet zu der Vergütungsentscheidung sollte jedoch eine Art Anhörungsverfahren implementiert werden, in dem das Betriebsratsmitglied selbst eine Einschätzung zu der betriebsverfassungsrechtlich geschuldeten Vergütungshöhe übermitteln kann. Zur Sicherstellung eines Vier-Augen-Prinzips sollte die Vergütungsentscheidung des Delegationsempfängers von einem anderen Bereich im Unternehmen votiert werden. Diese andere Stelle kann zum Beispiel in der Personal- oder Rechtsabteilung angesiedelt sein. Auch die Einschaltung einer externen auf die arbeitsrechtliche Compliance spezialisierten Rechtsanwaltskanzlei kann zu Sicherstellung einer neutralen Vergütungsentscheidung ratsam sein. Erst nachdem die Vergütungsentscheidung ggf. nach einer entsprechenden Optimierung positiv votiert wurde, darf diese vollzogen werden. Im Sinne eines geordneten Rückkopplungsprozesses ist die auf dem Fact-Sheet dokumentierte Vergütungsentscheidung den anderen haftungsexponierten Stellen im Unternehmen, insbesondere der Steuerabteilung und der Geschäftsleitung zuzuleiten. Es ist auch möglich, gestufte Freigabeprozesse zu implementieren, wonach diesen Stellen die Vergütungsentscheidung nicht bloß zur Kenntnis zugeleitet wird, sondern von diesen auch freigegeben werden muss.

4.3.2. Absicherung des Entgelts nach oben

Im Gegensatz zur Vergütungsabsicherung nach unten geht bei der Absicherung des Entgelts nach oben der Impuls zur Veränderung der Vergütung nicht von der Vergütungsentwicklung einer Vergleichsgruppe, sondern meist von dem Betriebsratsmitglied selbst oder einer anderen Stelle im Unternehmen, welche die Vergütungserhöhung fordert, aus. Der Delegationsempfänger muss in diesen Fällen anlassbezogen prüfen und sicherstellen, ob die geforderte Vergütungserhöhung einer hypothetischen Entwicklung des Betriebsratsmitglieds entspricht. Die weiteren Prüf- und Dokumentationsschritte entsprechen denjenigen, die unter Ziffer 4.3.1 dargestellt sind.

4.3.3. Dokumentation der Vergütungsentscheidung

Ein wesentlicher und häufig nicht hinreichend beachteter Punkt ist, den Sachverhalt und die zur Vergütungsentscheidung führenden Erwägungen revisionsfest zu dokumentieren, um im Falle von behördlichen Ermittlungsverfahren darlegen zu können, dass eine ggf. fehlerhafte Vergütung jedenfalls nicht vorsätzlich erfolgte.

5. Flankierende Maßnahmen

Der Prüf- und Freigabeprozess sollte dadurch flankiert werden, dass den jeweiligen Prozessverantwortlichen Checklisten zur Verfügung gestellt werden, die es erleichtern, die rechtmäßige Vergütung des Betriebsrates zu prüfen. Der Prüf- und Freigabeprozess sollte ferner in einer Art Richtlinie definiert werden, die auch Vorgaben zur Revisionierung und zur Berichterstattung an den Vorstand definiert. Ein weiterer unverzichtbarer Punkt für die Implementierung eines Compliance-Management-Systems hinsichtlich der Vergütung von Organen der betrieblichen Mitbestimmung ist die revolvierende Schulung der Delegationsempfänger sowie weiterer Stakeholder im Prozess.

Strafbarkeitsrisiken wegen Vorenthalten und Veruntreuen von Arbeitsentgelt, § 266a StGB – Strafbarkeitsvoraussetzungen und Risikoreduzierung

David Albrecht

Literatur

Bross (Hrsg.), Handbuch Arbeitsstrafrecht, 2017; Brüssow/Petri, Arbeitsstrafrecht, 2. Aufl. 2016; Fischer, Strafgesetzbuch, 66. Aufl. 2019; Gercke/Kraft/Richter (Hrsg.), Arbeitsstrafrecht, 2. Aufl. 2015; Häberle (Hrsg.), Erbs/Kohlhaas, Strafrechtliche Nebengesetze, Loseblatt, Werkstand: 224. EL 2019; Hüls, Anmerkung zu BGH, Beschl. v 7.3.2012 – 1 StR 662/11, ZWH 2012, 233; Joecks/Miebach (Hrsg.), Münchener Kommentar zum Strafgesetzbuch, Band 1, Band 5, 3. Aufl. 2017; Kindhäuser/Neumann/Paeffgen (Hrsg.), NomosKommentar Strafgesetzbuch, 5. Aufl. 2017; Körner (Hrsg.), Kasseler Kommentar, Sozialversicherungsrecht, 104. Aufl. 2019; Lackner/Kühl, Strafgesetzbuch, 29. Aufl. 2018; Mitsch (Hrsg.), Karlsruher Kommentar zum Gesetz über Ordnungswidrigkeiten, 5. Aufl. 2018; Plagemann, Die Beitragshaftung des Geschäftsführers im Lichte der neuen InsO, NZS 2000, 8; Radtke, Anmerkung zu BGH, Beschl. v. 28.5.2002 – 5 StR 16/02, NStZ 2003, 154; Satzger/Schluckebier/Widmaier (Hrsg.), Kommentar zum Strafgesetzbuch, 4. Aufl. 2018; Schönke/Schröder, Strafgesetzbuch, 30. Aufl. 2019; v. Laufhütte/Rissing-van Saan/Tiedemann, Leipziger Kommentar Strafgesetzbuch, Band 9/1, 12. Aufl. 2012; Wittig, Die Strafbarkeit der Beihilfe zum Vorenthalten und Veruntreuen von Arbeitsentgelt gem. §§ 266a Abs. 1, 27 StGB, ZIS 2016, 700; Wolter (Hrsg.), Systematischer Kommentar zum Strafgesetzbuch, Band V, 9. Aufl. 2019.

1. Einleitung

Die Strafvorschrift des § 266a StGB ist eine der Zentralnormen des Arbeitsstrafrechts. Die Identifizierung und Steuerung von Strafbarkeitsrisiken nach § 266a StGB und den damit verbundenen Sanktions- und Haftungsrisiken für die jeweilige Organisation sind notwendiger Bestandteil eines jeden Compliance-Management-Systems. Um Sanktionsrisiken wegen Beitragsvorenthaltung wirksam zu verringern, ist die Kenntnis der tatbestandlichen Voraussetzungen des § 266a StGB in ihrer durch die Rechtsprechung geprägten Ausformung erforderlich. Nachfolgend sollen daher die Tatbestendmerkmale der Strafvorschrift erläutert und Hinweise zur Sicherstellung von Compliance im Anwendungsbereich der Regelung gegeben werden.

2. Strafbarkeit nach § 266a StGB

2.1. Tatbestandsstruktur und Schutzzwecke des § 266a StGB

Die Strafnorm des § 266a StGB enthält in den Absätzen 1 bis 3 drei verschiedene Straftatbestände. **Absatz 1** stellt das Vorenthalten von Sozialversicherungsbeiträgen **des Arbeitnehmers** durch den Arbeitgeber unter Strafe. **Absatz 2** betrifft demgegenüber die Sozialversicherungsbeiträge **des Arbeitgebers**. **Absatz 3** schließlich erfasst das Veruntreuen **sonstiger Lohnbestandteile**, die der Arbeitgeber für den Arbeitnehmer einbehalten hat.

Der Schutzzweck des § 266a StGB lässt sich dementsprechend nicht einheitlich bestimmen. Die Absätze 1 und 2 weisen eine doppelte Schutzrichtung auf: Sie dienen zum einen dem Interesse der Solidargemeinschaft an der Gewährleistung eines vollständigen Sozialversicherungsaufkommens,[1] zum anderen schützen sie die Vermögensinteressen des betroffenen Arbeitnehmers.[2] Die beiden Tatbestände schützen mithin sowohl kollektive als auch individuelle Rechtsgüter. Demgegenüber dient Absatz 3 allein dem Interesse des Arbeitnehmers an der zweckentsprechenden Verwendung der vom Arbeitgeber einbehaltenen Lohnbestandteile.[3]

2.2. Objektiver Tatbestand

Gemeinsames Merkmal der Tatbestände des § 266a Abs. 1 bis 3 StGB ist die Arbeitgebereigenschaft des Täters. Sie unterscheiden sich indes hinsichtlich der Tathandlung. Während § 266a Abs. 1 StGB bereits das bloße Vorenthalten von Sozialversicherungsbeiträgen durch schlichtes Nichtzahlen unter Strafe stellt, ist § 266a Abs. 2 StGB betrugsähnlich ausgestaltet und setzt ein täuschendes Verhalten des Täters in Gestalt unrichtiger, unvollständiger oder pflichtwidrig unterlassener Angaben über sozialversicherungsrechtlich erhebliche Tatsachen voraus. § 266a Abs. 3 StGB wiederum erfordert neben dem Vorenthalten zu zahlender Lohnbestandteile die unterlassene Unterrichtung des Arbeitnehmers.

2.2.1. *Tauglicher Täter*

Täter einer Beitragsvorenthaltung nach § 266a StGB kann nur sein, wer Arbeitgeber ist oder wem diese Eigenschaft strafrechtlich zugerechnet wird.

---

[1] BT-Drs. 10/5058, S. 31; *Fischer*, StGB, 66. Aufl. 2019, § 266a Rn. 2.
[2] BT-Drs. 15/2573, S. 28; OLG Köln NStZ 2003, 212 (213).
[3] OLG Celle NJW 1992, 190; SK-StGB/*Hoyer*, 9. Aufl. 2019, § 266a Rn. 12.

2.2.1.1. Arbeitgebereigenschaft

Der **Begriff des Arbeitgebers** in § 266a StGB knüpft an die im Sozialversicherungsrecht geltenden Grundsätze an.[4] Danach ist Arbeitgeber derjenige, zu dem ein anderer in einem **Beschäftigungsverhältnis i. S. d. § 7 SGB IV** steht.[5] Indizielle Bedeutung für das Vorliegen eines Beschäftigungsverhältnisses haben nach § 7 Abs. 1 S. 2 SGB IV eine bestehende Weisungsabhängigkeit und eine Eingliederung in die Arbeitsorganisation des Weisungsgebers. Ausgehend von diesen rudimentären Vorgaben des Gesetzgebers hat die Rechtsprechung eine Reihe von Indikatoren für das Vorliegen einer abhängigen Beschäftigung herausgearbeitet. Zu diesen zählen etwa

– das Fehlen einer eigenen Betriebsstätte,[6]

– ein Weisungsrecht des Dienstberechtigten hinsichtlich Zeit, Dauer, Ort und Art der Ausführung der Arbeit,[7]

– das Fehlen eines unternehmerischen Risikos[8] und

– die Vereinbarung einer Zeitvergütung anstelle eines erfolgsabhängigen Honorars[9].

Die Unterscheidung zwischen (abhängiger) Beschäftigung und selbständiger Tätigkeit hat nach der Rechtsprechung im Rahmen einer **Gesamtwürdigung** aller tatsächlichen Umstände des Einzelfalls zu erfolgen.[10] Maßgeblich ist dabei in erster Linie, wie die Parteien die getroffenen Vereinbarungen in der Praxis umsetzen, d. h. tatsächlich „leben". Zwar kann die von den Parteien gewählte Vertragsgestaltung in Zweifelsfällen Indizwirkung entfalten, stehen die vertraglichen Abreden jedoch im Widerspruch zur praktischen Durchführung des Vereinbarten, ist letztere der Beurteilung, ob ein sozialversicherungspflichtiges Beschäftigungsverhältnis vorliegt, zugrunde zu legen.[11]

Die Frage, ob ein sozialversicherungspflichtiges Beschäftigungsverhältnis im Einzelfall vorliegt, lässt sich häufig nicht mit letzter Gewissheit beantworten. Die nach der Rechtsprechung erforderliche einzelfallbezogene Gesamtbetrachtung führt zu einem hohen Maß an Rechtsunsicherheit, die dadurch noch ver-

---

[4] Schönke/Schröder/*Perron*, StGB, 30. Aufl. 2019, § 266a Rn. 11.
[5] BSG, Urt. v. 27.07.2011 – B 12 KR 10/09 R, juris Rn. 17; BSG, Urt. v. 28.09.2011 – B 12 R 17/09 R, juris Rn. 16.
[6] BSGE 45, 199 (200).
[7] BSGE 16, 98 (101); BSG, Urt. v. 08.03.1979 – 12 RK 30/77, juris Rn. 12.
[8] BSGE 45, 199 (200); BSG, Urt. v. 08.03.1979 – 12 RK 30/77, juris Rn. 12.
[9] BSG, Urt. v. 31.07.1958 – 3 RK 46/55, juris Rn. 19.
[10] BSG, Urt. v. 28.09.2011 – B 12 R 17/09 R, juris Rn. 15.
[11] KK-Sozialversicherungsrecht/*Seewald*, 96. EL September 2017, § 7 SGB IV, Rn. 75 ff. m. w. N.

stärkt wird, dass die Entscheidungspraxis des Bundesarbeitsgerichts (BAG) und des Bundessozialgerichts (BSG) nicht durchgehend konsistent ist, sondern einzelnen Kriterien teils größeres, teils geringeres Gewicht beigemessen wird. So soll nach der neueren Rechtsprechung des BSG der Umstand, dass der Auftragnehmer seine Leistungen mittels fremder Arbeitsgeräte, wie z.B. Notebook, Smartphone etc., erbringt, dann nicht ins Gewicht fallen, wenn dessen Tätigkeit im Wesentlichen im Zurverfügungstellen von Know-how, etwa als Berater, besteht.[12] Größere Bedeutung wird demgegenüber neuerdings der Frage beigemessen, ob die Vergütung des Auftragnehmers deutlich über dem Arbeitsentgelt eines vergleichbar eingesetzten sozialversicherungspflichtig Beschäftigten liegt und daher eine finanzielle Eigenvorsorge zulässt.[13]

Die Gefahr einer fehlerhaften rechtlichen Einordnung des jeweiligen Vertragsverhältnisses kann daher in der Regel nicht vollständig ausgeschlossen, jedoch durch geeignete Maßnahmen reduziert werden. Verbreitet sind in diesem Zusammenhang Checklisten, die eine standardisierte Überprüfung anhand der von der Rechtsprechung aufgestellten Kriterien ermöglichen. Diese sind so konkret wie möglich zu bezeichnen. So sollte beispielsweise vermieden werden, lediglich die übergeordneten Kriterien, wie etwa die Eingliederung in die Arbeitsorganisation oder ein Weisungsrecht des Auftraggebers, zu benennen. Es ist stattdessen ratsam, die konkreten Umstände zu benennen, die nach der Rechtsprechung für oder gegen eine abhängige Beschäftigung sprechen, wie z.B.

- eine räumliche Trennung des Arbeitsplatzes des Auftragnehmers von denjenigen der Belegschaft des Auftraggebers,
- das Fehlen von Anwesenheitspflichten,
- das Fehlen einer Pflicht zur persönlichen Leistungserbringung,
- die fehlende Teilnahme an regelmäßigen Mitarbeiterbesprechungen,
- eine nach außen erkennbare Kennzeichnung des Auftragnehmers als externe Kraft (auf Visitenkarten, in E-Mail-Adressen, auf der Unternehmenswebsite etc.).

Da die Rechtsprechung einem ständigen Wandel unterliegt, sollten die verwendeten Kriterienkataloge regelmäßig überprüft und gegebenenfalls aktualisiert werden.

Hinsichtlich der Frage, in welchen Fällen eine Prüfung des sozialversicherungsrechtlichen Status einer Person erforderlich ist, ist auf der Grundlage eines risikobasierten Ansatzes zu beantworten. Danach sollte ein Abgleich mit den

---

[12] BSG BB 2017, 2555 (2559).
[13] BSG BB 2017, 2555 (2559).

bezeichneten Kriterien stets dann erfolgen, wenn Anhaltspunkte für ein sozialversicherungspflichtiges Beschäftigungsverhältnis bestehen. Eine einheitliche Formel, wann dies der Fall ist, lässt sich abstrakt kaum bestimmen. Eine Überprüfung sollte standardmäßig jedoch dann erfolgen, wenn der beabsichtigte Personaleinsatz typischerweise eine Nähe zur abhängigen Beschäftigung aufweist. Beispiele hierfür sind die Beauftragung als „freier Mitarbeiter", „Freelancer", „Berater", „Interim Manager" o. ä. Im Zusammenhang mit derartigen Vertragsgestaltungen ist stets vor Abschluss des jeweiligen Vertrages eine sorgfältige Prüfung ihrer zutreffenden sozialversicherungsrechtlichen Einordnung geboten. In der Praxis stellt dies Unternehmen vor nicht zu unterschätzende Herausforderungen: Zu Beginn einer Beauftragung lässt sich insbesondere bei längerfristig angelegten Engagements in aller Regel noch nicht verlässlich absehen, in welcher Weise die Tätigkeit tatsächlich ausgeübt werden wird. Häufig lässt sich gerade dann, wenn der „Berater" oder „freie Mitarbeiter" bestimmungsgemäß eng an den Auftraggeber angebunden wird, ein schleichender Prozess der personellen und organisatorischen Eingliederung des Betroffenen beobachten. Bezieht der Auftragnehmer beispielsweise einen Arbeitsplatz in den Geschäftsräumen des Auftraggebers und erfordert seine Tätigkeit eine enge Abstimmung mit der Belegschaft, liegt es zum Zwecke der Vereinfachung der Arbeitsabläufe oftmals nahe, dass der Auftragnehmer an regelmäßigen Mitarbeiterbesprechungen zur Koordinierung des Tagesgeschäfts teilnimmt. Derartige Entwicklungen erhöhen die Gefahr der Scheinselbstständigkeit und sollten daher vermieden werden. Dazu ist ein kontinuierliches Monitoring erforderlich, mit dem der tatsächliche Einsatz des Auftragnehmers in regelmäßigen Abständen anhand einer Checkliste o. ä. überprüft wird.

2.2.1.2. Strafrechtliche Verantwortlichkeit von Repräsentanten des Arbeitgebers

In aller Regel handelt es sich beim Dienstberechtigten nicht um eine natürliche Person, sondern um eine Kapitalgesellschaft (z. B. GmbH, AG) oder um eine Personenhandelsgesellschaft (z. B. OHG, KG). In diesen Fällen kommt als Arbeitgeber i. S. d. § 266a StGB zunächst nur die juristische Person bzw. Gesellschaft in Betracht. Über die Vorschrift des § 14 StGB findet jedoch eine Zurechnung der Arbeitgebereigenschaft im strafrechtlichen Sinne auf die Vertreter und Beauftragten der jeweiligen Organisation statt. Zu den Vertretern i. S. d. § 14 Abs. 1 StGB zählen insbesondere die Mitglieder des Vertretungsorgans einer juristischen Person, wie etwa die Geschäftsführer einer GmbH oder die Vorstandsmitglieder einer AG.

Die Arbeitgebereigenschaft wird nach h. M. auch einem **faktischen Organ** zugerechnet.[14] Die faktische Organschaft, praktisch häufigster Fall ist die faktische Geschäftsführung einer GmbH, zeichnet sich dadurch aus, dass eine Person im Einverständnis mit den Gesellschaftern sowohl auf die interne Geschäftsführung des Unternehmens als auch dessen Vertretung nach außen einen beherrschenden Einfluss ausübt, ohne förmlich zum Vertretungsorgan bestellt zu sein.[15] Zu den klassischen Indizien für die Annahme einer faktischen Organschaft zählen u. a. die Bestimmung der Unternehmenspolitik, die Unternehmensorganisation, die Personalverwaltung und die Gestaltung der Geschäftsbeziehungen zu Vertragspartnern.[16] Ist neben dem faktischen ein förmlich bestelltes Organ tätig, steht dies der strafrechtlichen Verantwortlichkeit des faktischen Organs nicht zwingend entgegen; dieses muss jedoch eine deutlich überwiegende Stellung einnehmen.[17]

Auf der anderen Seite bleibt das förmlich bestellte Organ grds. auch dann strafrechtlich verantwortlich, wenn die Gesellschaft faktisch durch einen Dritten geführt wird. Eine strafrechtlich relevante Pflichtverletzung scheidet jedoch dann aus, wenn das förmlich bestellte Organ auf ein rechtmäßiges Handeln des faktischen Organs vertrauen durfte, weil keine gegenteiligen Anhaltspunkte bestanden.[18] Nach der obergerichtlichen Rechtsprechung kann eine Verantwortlichkeit des förmlich bestellten Organs darüber hinaus im Einzelfall ausscheiden, wenn dieser lediglich die Stellung eines „Strohmanns" einnimmt, ohne tatsächlich in der Lage zu sein, für die Erfüllung der sozialversicherungsrechtlichen Pflichten des Unternehmens zu sorgen.[19]

Des Weiteren findet eine Erweiterung der strafrechtlichen Verantwortlichkeit auf solche Personen statt, die damit **beauftragt** sind, den Betrieb ganz oder zum Teil **zu leiten** (§ 14 Abs. 2 S. 1 Nr. 1 StGB) oder in eigener Verantwortung Aufgaben wahrzunehmen, die dem Betriebsinhaber obliegen (§ 14 Abs. 2 S. 1 Nr. 2 StGB). Die Leitung eines Betriebsteils kann sich zum einen auf räumlich und organisatorisch vom (Haupt-)Betrieb getrennte Betriebsteile, zum anderen auf sachlich umgrenzte Teilbereiche eines Unternehmens beziehen.[20] Betriebsteile

---

[14] BGH NJW 2002, 2480 (2482); NK-StGB/*Tag*, 5. Aufl. 2017, § 266a Rn. 30; a. A. Schönke/Schröder/*Perron*, StGB, 30. Aufl. 2019, § 266a Rn. 11.
[15] BGH wistra 2013, 272 (273 f.); MüKo-StGB/*Radtke*, 3. Aufl. 2017, § 14 Rn. 45.
[16] BGHSt 31, 118 (119); 3, 32 (37); zusammenfassend NK-StGB/*Böse*, 5. Aufl. 2017, § 14 Rn. 29.
[17] BGHSt 11, 102 (104); 20, 333 (338).
[18] BGH NJW 2002, 2480 (2482).
[19] OLG Hamm NStZ-RR 2001, 173 (174); OLG Koblenz NZG 2010, 471 (472); KG wistra 2002, 313 (314 f.).
[20] MüKo-StGB/*Radtke*, 3. Aufl. 2017, § 14 Rn. 96; NK-StGB/*Böse*, 5. Aufl. 2017, § 14 Rn. 39.

in räumlich-organisatorischer Hinsicht sind beispielsweise Nebenstellen, Zweigstellen und Filialen.[21] Sachlich abgegrenzte Teilbereiche können etwa das Personalwesen, der Einkauf, der Vertrieb oder die Buchhaltung sein.[22] Der in diesem Sinne Leitungsbeauftragte muss über ein hinreichendes Maß an Eigenverantwortlichkeit und Selbstständigkeit verfügen.[23] Typischer Anwendungsfall der Beauftragtenstellung nach § 14 Abs. 2 StGB im Zusammenhang mit der Erfüllung sozialversicherungsrechtlicher Pflichten ist der Leiter der Personalabteilung.

Besteht das Vertretungsorgan aus **mehreren Personen**, ist grundsätzlich jedes Mitglied verpflichtet, dafür Sorge zu tragen, dass geschuldete Sozialversicherungsbeiträge im Zeitpunkt der Fälligkeit entrichtet werden.[24] Weist eine interne Ressortverteilung einem Organmitglied eine diesbezügliche Sonderzuständigkeit zu (z. B. als Personalvorstand), befreit dies die übrigen Mitglieder nicht vollständig von ihrer Verantwortlichkeit. Stattdessen wandelt sich die Handlungspflicht in eine Kontroll- und Überwachungspflicht in Bezug auf die ordnungsgemäße Pflichterfüllung durch das ressortverantwortliche Organmitglied um.[25] Deuten Umstände auf eine unzureichende Pflichterfüllung durch das intern zuständige Organmitglied hin, müssen die übrigen Organmitglieder im Rahmen des tatsächlich und rechtlich Möglichen für die Erfüllung selbst Sorge tragen.[26]

Entsprechendes gilt im Fall der **vertikalen Pflichtendelegation**, also der Übertragung der Pflicht zur Umsetzung der sozialversicherungsrechtlichen Beitrags- und Mitteilungspflichten auf nachgeordnete Hierarchieebenen innerhalb des Unternehmens. Die delegierende Person bleibt in solchen Fällen verpflichtet, angemessene organisatorische Maßnahmen zu ergreifen, um die ordnungsgemäße Pflichterfüllung durch den oder die Delegationsempfänger zu gewährleisten.[27] Damit angesprochen ist die Pflicht zur Einrichtung eines Compliance-Management-Systems, dass (auch) die Umsetzung sozialversicherungsrechtlicher Vorgaben erfasst. Die Art und der Umfang der zu ergreifenden organisatorischen Maßnahmen hängt vom Einzelfall, insbesondere der Größe des Unternehmens, der Organisationsstruktur und der konkreten Risikosituation in Bezug auf das Sozialversicherungsrecht. So sind an die Organisations- und

---

[21] NK-StGB/*Böse*, 5. Aufl. 2017, § 14 Rn. 39.
[22] NK-StGB/*Böse*, 5. Aufl. 2017, § 14 Rn. 39; Schönke/Schröder/*Perron*, StGB, 30. Aufl. 2019, § 14 Rn. 32; KK-OWiG/*Rogall*, 5. Aufl. 2018, § 9 Rn. 85.
[23] BGH NJW-RR 1989, 1185 f.; SK-StGB/*Hoyer*, 9. Aufl. 2017, § 14 Rn. 64.
[24] BGH NJW 1997, 130 (131 f.); MüKo-StGB/*Radtke*, 3. Aufl. 2019, § 266a Rn. 35.
[25] BGHSt 47, 318 (325).
[26] BGHSt 47, 318 (325); 48, 307 (314).
[27] BGHSt 47, 318 (325).

Kontrollpflichten etwa eines Unternehmens, das regelmäßig und in größerem Umfang auf freie Mitarbeiter, Honorarkräfte o. ä. zurückgreift, höhere Anforderungen zu stellen, als dies bei einem Betrieb der Fall ist, der ausschließlich eigene Arbeitnehmer einsetzt.

2.2.1.3. Der Arbeitgeber in Fällen der Arbeitnehmerüberlassung

Im Fall des Einsatzes von Fremdpersonal, das durch einen Dritten zur Verfügung gestellt wird, können, je nach Fallgestaltung, die Regelungen des AÜG für die Bestimmung des Arbeitgebers i. S. d. § 266a StGB von Bedeutung sein.

Handelt es sich um eine wirksame und erlaubte Arbeitnehmerüberlassung nach § 1 Abs. 1 AÜG, verfügt also insbesondere der Verleiher über eine Genehmigung zur Arbeitnehmerüberlassung, ist allein dieser als Arbeitgeber im sozial- und strafrechtlichen Sinne zu qualifizieren.[28] Der Verleiher hat in diesem Fall dafür Sorge zu tragen, dass die Leiharbeitnehmer der zuständigen Einzugsstelle gemeldet und die fälligen Sozialversicherungsbeiträge entrichtet werden.

Fehlt es dagegen an einer erforderlichen Genehmigung zur Arbeitnehmerüberlassung, beispielsweise weil Ver- und Entleiher zu Unrecht nicht von einer Arbeitnehmerüberlassung ausgehen oder eine wirksame Genehmigung aus sonstigen Gründen nicht erteilt wurde, führt dies zur Unwirksamkeit des zwischen dem Verleiher und dem Leiharbeitnehmer geschlossenen Arbeitsvertrages, sofern Letztgenannter nicht bis zum Ablauf eines Monats nach Beginn der Überlassung gegenüber dem Verleiher oder dem Entleiher schriftlich erklärt, dass er an dem Arbeitsvertrag mit dem Verleiher festhält (§ 9 Abs. 1 Nr. 1 u. 1a AÜG). Unterbleibt eine solche Erklärung des Leiharbeitnehmers, fingiert § 10 Abs. 1 S. 1 AÜG ein Arbeitsverhältnis zwischen ihm und dem Entleiher mit der Folge, dass Letzterer als Arbeitgeber auch im sozialrechtlichen Sinne gilt und damit tauglicher Täter des § 266a StGB ist.[29] Daneben tritt auch der Verleiher in die Stellung als Arbeitgeber ein, wenn er zumindest einen Teil der Vergütung an den Leiharbeitnehmer zahlt; er haftet dann neben dem Entleiher als Gesamtschuldner für die Beiträge, die auf das von ihm gezahlte Entgelt entfallen (§ 28e Abs. 2 S. 3 u. 4 SGB IV).

Wird Fremdpersonal beispielsweise über eine vermittelnde Stelle als selbstständige Dienstleister engagiert, kann es sich um eine verdeckte Arbeitnehmerüberlassung handeln, wenn das eingesetzte Personal in einem Maße in die Betriebsorganisation des Auftraggebers eingegliedert und dessen Weisungen unter-

---

[28] BGH NStZ 2001, 599 (600); *Fischer*, StGB, 66. Aufl. 2019, § 266a Rn. 4b.
[29] *Fischer*, StGB, 66. Aufl. 2019, § 266a Rn. 4b; MüKo-StGB/*Radtke*, 3. Aufl. 2017, § 266a Rn. 17.

worfen ist, dass nach den oben unter 2.2.1.1. dargestellten Kriterien der Rechtsprechung eine abhängige Beschäftigung anzunehmen ist. In einem solchen Fall wäre, da es sich mangels Erlaubnis um eine unerlaubte Arbeitnehmerüberlassung handeln würde, der Entleiher Arbeitgeber i. S. d. § 266a StGB. Daneben bestehen Sanktionsrisiken nach den Bußgeldtatbeständen des § 16 AÜG, die die Verhängung von Geldbußen u. a. in Fällen unerlaubter Arbeitnehmerüberlassung vorsehen.

2.2.2. Vorenthalten von Beiträgen des Arbeitnehmers nach Abs. 1

Nach § 266a Abs. 1 StGB macht sich strafbar, wer als Arbeitgeber der Einzugsstelle Beiträge des Arbeitnehmers zur Sozialversicherung einschließlich der Arbeitsförderung, unabhängig davon, ob Arbeitsentgelt gezahlt wird, vorenthält. Der Tatbestand hat einen untreueähnlichen Charakter, da er auf diejenigen Sozialversicherungsbeiträge Anwendung findet, die der Arbeitgeber treuhänderisch einbehält und sodann für den Arbeitnehmer an die Einzugsstelle abzuführen hat. § 28e Abs. 1 S. 2 SGB IV bestimmt insoweit, dass die Zahlung der Arbeitnehmeranteile zur Gesamtsozialversicherungsbetrags im Außenverhältnis stets als „aus dem Vermögen des Beschäftigten erbracht" gilt. Dem Arbeitgeber sind mithin fremde Vermögenswerte zur zweckgebundenen Verwendung anvertraut, was eine besondere Schutzbedürftigkeit des Berechtigten, hier des Arbeitnehmers, begründet. Die Vorschrift des § 266a Abs. 1 StGB trägt dieser Interessenlage dadurch Rechnung, dass sie bereits das Unterlassen der Abführung der Sozialversicherungsbeiträge des Arbeitnehmers durch den Arbeitgeber unter Strafe stellt.

2.2.2.1. Sozialversicherungsbeiträge des Arbeitnehmers

Tatobjekt sowohl des § 266a Abs. 1 StGB als auch des § 266a Abs. 2 SGB ist der **Gesamtsozialversicherungsbeitrag** i. S. d. § 28d SGB IV. Dieser setzt sich zusammen aus den Beiträgen zur Kranken-, Pflege-, Renten- und Unfallversicherung sowie zur Arbeitsförderung (§ 28 Abs. 4 SGB IV). Im Grundsatz tragen Arbeitgeber und Arbeitnehmer die Gesamtsozialversicherungsbeiträge jeweils zur Hälfte (§ 20 Abs. 3 SGB IV i. V. m. § 346 Abs. 1 SGB III, § 168 SGB VI, § 58 Abs. 1 SGB XI) mit Ausnahme der Beiträge zur gesetzlichen Krankenversicherung, für die § 20 Abs. 2 S. 2 SGB IV i. V. m. § 249 SGB V eine Sonderregelung vorsieht. Die Beiträge zur gesetzlichen Unfallversicherung werden dagegen in vollem Umfang vom Arbeitgeber geschuldet (§ 150 SGB VII), weshalb diese nicht Gegenstand einer Tat nach § 266a Abs. 1 StGB sein können.

Verzichtet ein **geringfügig beschäftigter Arbeitnehmer** auf die Versicherungsfreiheit in der Rentenversicherung gem. § 5 Abs. 2 S. 2 SGB VI, stellen die geschuldeten Beitragsanteile, obgleich sie vom Arbeitgeber abzuführen sind, Beiträge des Arbeitnehmers dar.[30]

In der gesetzlichen Krankenversicherung freiwillig versicherte Arbeitnehmer, deren Einkommen die Beitragsbemessungsgrenze nach § 6 Abs. 6 u. 7 SGB V übersteigen, und freiwillig in der gesetzlichen Krankenversicherung versichert sind, sind im Verhältnis zur Krankenversicherung gemäß § 250 Abs. 2 SGB V alleine zur Zahlung der Beiträge verpflichtet, so dass es sich insoweit nicht um Beiträge handelt, die der Arbeitgeber i. S. d. § 266a Abs. 1 StGB für den Arbeitnehmer abzuführen hat.[31] Hat sich der Arbeitgeber, was regelmäßig der Fall ist, dazu bereit erklärt, die Beiträge des Arbeitnehmers abzuführen, kommt jedoch eine Strafbarkeit nach § 266a Abs. 3 StGB in Betracht, wenn der Arbeitgeber dies unterlässt.[32] Das Überschreiten der Beitragsbemessungsgrenze beseitigt indes nicht die Versicherungspflicht in der Rentenversicherung und in der Arbeitsförderung. Die hierauf entfallenden Beiträge unterfallen daher dem Tatbestand des § 266a Abs. 1 StGB.[33]

Bemessungsgrundlage für die Sozialversicherungsbeiträge ist das Bruttoarbeitsentgelt. Hierzu zählen alle laufenden oder einmaligen Einnahmen aus einer Beschäftigung, unabhängig davon, ob der Arbeitnehmer einen Anspruch auf die Einnahmen hat, ob ein Rechtsanspruch auf die Einnahmen besteht, unter welcher Bezeichnung oder in welcher Form sie geleistet werden und ob sie unmittelbar aus der Beschäftigung oder im Zusammenhang mit ihr erzielt werden (§ 14 Abs. 2 S. 1 SGB IV). Treffen Arbeitgeber und Arbeitnehmer eine **Nettolohnabrede**, vereinbaren sie also eine Lohnsumme, die ohne Abzug gesetzlicher Abgaben an den Arbeitnehmer ausgezahlt wird, und verpflichtet sich der Arbeitgeber, diese Abgaben für den Arbeitnehmer zu tragen, bestimmt § 14 Abs. 2 S. 1 SGB IV, dass die Einnahmen des Beschäftigten einschließlich der darauf entfallenden Steuern und der seinem gesetzlichen Anteil entsprechenden Beiträge zur Sozialversicherung und zur Arbeitsförderung als Arbeitsentgelt gelten, der empfangene Nettolohn also entsprechend hochzurechnen ist.[34]

Eine Hochrechnung hat auch in Fällen von **Schwarzlohnabreden** und **illegaler Beschäftigung** zu erfolgen: Führt der Arbeitgeber weder Steuern noch Beiträge zur Sozialversicherung und zur Arbeitsförderung ab, gilt das vereinbarte Arbeitsentgelt als Nettolohn (§ 14 Abs. 2 S. 2 SGB IV), so dass das für die Bemessung maßgebliche Bruttoarbeitsentgelt durch Hinzurechnung der vorenthal-

---

[30] *Plagemann*, NZS 2000, 8 (9).
[31] NK-StGB/*Tag*, 5. Aufl. 2017, § 266a Rn. 45; MüKo-StGB/*Radtke*, 3. Aufl. 2019, § 266a Rn. 45.
[32] MüKo-StGB/*Radtke*, 3. Aufl. 2019, § 266a Rn. 45.
[33] NK-StGB/*Tag*, 5. Aufl. 2017, § 266a Rn. 46.
[34] BGH NJW 2009, 528 (529).

tenen Steuern und Beiträge zu ermitteln ist.[35] Dies gilt nach herrschender Auffassung auch soweit nur ein Teil des Entgelts „schwarz" ausgezahlt wird.[36]

Es besteht insofern ein Unterschied zur Bemessung des Verkürzungsbetrags bei der Hinterziehung von Lohnsteuer (§ 370 AO), die i. d. R. neben einer Beitragsvorenthaltung nach § 266a StGB mit begangen wird. Weil der Gesetzgeber von der Schaffung einer der Regelung des § 14 Abs. 2 SGB IV entsprechenden Vorschrift im Steuerrecht wegen des dort geltenden Zuflussprinzips bewusst abgesehen hat,[37] bleibt für die Fiktion einer Nettolohnvereinbarung kein Raum. Steuerstrafrechtlich ist somit in aller Regel ein geringeres Bruttoentgelt zugrunde zu legen als im Rahmen des § 266a StGB.

2.2.2.2. Vorenthalten von Beiträgen

Die Tathandlung des Vorenthaltens von Sozialversicherungsbeiträgen gegenüber der Einzugsstelle beschreibt das Nichtzahlen der Beiträge im Zeitpunkt der Fälligkeit.[38] Die Beitragsschuld entsteht bereits durch die Aufnahme einer sozialversicherungspflichtigen Tätigkeit. Es ist weder erforderlich, dass der zugrundeliegende Arbeitsvertrag wirksam ist, noch, wie § 266a Abs. 1 StGB ausdrücklich klarstellt, dass Arbeitslohn gezahlt wird.[39] Beiträge, die nach dem Arbeitsentgelt zu bemessen sind, wie es bei den bezeichneten Beiträgen des Arbeitnehmers zur Gesamtsozialversicherung der Fall ist, sind in voraussichtlicher Höhe der Beitragsschuld spätestens am drittletzten Bankarbeitstag des Monats fällig, in dem die zugrundeliegende Beschäftigung ausgeübt worden ist; ein verbleibender Restbeitrag wird zum drittletzten Bankarbeitstag des Folgemonats fällig. (§ 23 Abs. 1 S. 2 SGB IV).

Der Beschäftigte kann über die Fälligkeit der Sozialversicherungsbeiträge nicht **disponieren**. Dementsprechend haben Stundungsvereinbarungen zwischen Arbeitgeber und Arbeitnehmer keine Auswirkungen auf die öffentlich-rechtliche Beitragsschuld.[40] Soweit der Sozialversicherungsträger Beiträge vor Eintritt der Fälligkeit (76 Abs. 2 SGB IV) stundet oder erlässt, schließt dies den Tatbestand des § 266a Abs. 1 StGB demgegenüber aus.[41]

Einzugsstelle ist gemäß § 28i Abs. 1 S. 1 SGB IV die zuständige Krankenkasse, die i. d. R. neben den Beiträgen zur gesetzlichen Krankenversicherung auch die

---

[35] BGHSt 53, 71 (76); BGH NStZ-RR 2014, 246 (249).
[36] BGH NStZ 2010, 337.
[37] BT-Drs. 15/2948, S. 20.
[38] BGH NJW 1997, 133 (134); NStZ 1990, 588.
[39] MüKo-StGB/*Radtke*, 3. Aufl. 2019, § 266a Rn. 49.
[40] Schönke/Schröder/*Perron*, StGB, 30. Aufl. 2019, § 266a Rn. 7.
[41] BGH NJW 1992, 177, 178; OLG Düsseldorf NJW-RR 1997, 1124.

Rentenversicherungsbeiträge sowie die Beiträge zur Arbeitsförderung einzieht und diese gemäß § 28k Abs. 1 SGB IV an die sonstigen Sozialversicherungsträger und den Gesundheitsfond weiterleitet.[42]

Der Tatbestand des § 266a Abs 1 StGB setzt als Unterlassungsdelikt voraus, dass dem Täter die Erfüllung seiner Beitragsschuld **möglich** und **zumutbar** ist.[43] Dem Arbeitgeber ist die Beitragszahlung insbesondere dann unmöglich, wenn er dazu finanziell nicht in der Lage ist.[44]

Die Rechtsprechung stellt indes hohe Anforderungen an die Annahme einer tatsächlichen Unmöglichkeit wegen Zahlungsunfähigkeit. So kann dem Täter nach gefestigter Rechtsprechung unter bestimmten Voraussetzungen das schuldhafte Verursachen der Zahlungsunfähigkeit des Arbeitgebers als Tathandlung i. S. d. § 266a Abs. 1 StGB vorgeworfen werden (sog. „ommissio libera in causa").[45] Der BGH geht in diesem Zusammenhang von der folgenden Prämisse aus: Bestehen für den Arbeitgeber konkrete Anhaltspunkte für eine zukünftige eigene Zahlungsunfähigkeit, ist er gehalten, im Rahmen des Möglichen und Zumutbaren dafür zu sorgen, dass diejenigen Mittel vorhanden sind, die zur Erfüllung der Beitragsschuld im Zeitpunkt ihrer Fälligkeit benötigt werden.[46] Der Arbeitgeber hat zu diesem Zweck Rücklagen zu bilden, einen Liquiditätsplan aufzustellen und notfalls die ausbezahlten Nettolöhne zu kürzen.[47] Inkongruente Vermögensminderungen, wie etwa Zahlungen an Dritte ohne Rechtsgrund oder das Beiseiteschaffen von Vermögenswerten sind zu unterlassen.[48] Verletzt er diese Pflicht zur ausreichenden Liquiditätsvorsorge in vorwerfbarer Weise, kann sich der Arbeitgeber nicht auf eine fehlende Zahlungsfähigkeit im Zeitpunkt der Fälligkeit berufen.

Die Rechtsprechung nimmt darüber hinaus einen **Vorrang der Sozialversicherungsbeiträge** vor den übrigen Verbindlichkeiten des Arbeitgebers an.[49] Dies hat zur Folge, dass eine strafbarkeitsausschließende Zahlungsunfähigkeit des Arbeitgebers insoweit nicht anzunehmen ist als ihm die für die Erfüllung der Beitragsschuld erforderlichen Mittel zur Verfügung stehen ohne Rücksicht darauf, ob er sich anderweitiger berechtigter Forderungen Dritter, beispielsweise

---

[42] MüKo-StGB/*Radtke*, 3. Aufl. 2018, § 266a Rn. 48.
[43] BGHSt 47, 318 (320); 53, 71 (79); OLG Düsseldorf StV 2009, 193 (194).
[44] OLG Köln wistra 1997, 231; OLG Düsseldorf NJW-RR 1998, 243 f.
[45] BGHSt 47, 318 (322 f.); 48, 307; BGH NStZ 2006, 223.
[46] BGHSt 47, 318 (322).
[47] BGHZ 134, 304 (309).
[48] BGHSt 47, 318 (323).
[49] BGHSt 47, 318 (322); BGHZ 134, 304; Lackner/Kühl/*Heger*, StGB, 29. Aufl. 2018, § 266a Rn. 10; dagegen: *Radtke*, NStZ 2003, 154 (156); *Fischer*, StGB, 66. Aufl. 2019, § 266a StGB Rn. 16; NK-StGB/*Tag*, 5. Aufl. 2017, § 266a Rn. 75 ff.

von Lieferanten, ausgesetzt sieht.[50] Im Hinblick auf die Vorverlagerung der Strafbarkeit wegen einer vorwerfbar herbeigeführten Zahlungsunfähigkeit, bedeutet die Bejahung eines Vorrangs, dass selbst die Erfüllung wirksam entstandener, fälliger und durchsetzbarer, d. h. kongruenter, Forderungen Dritter eine vorwerfbare Minderung der eigenen Liquidität im vorgenannten Sinne darstellen und das Risiko einer Strafbarkeit nach § 266a Abs. 1 StGB begründen kann.[51]

Handelt es sich beim Arbeitgeber um eine juristische Person (z. B. GmbH oder AG) oder eine Gesellschaft ohne Rechtspersönlichkeit, bei der kein persönlich haftender Gesellschafter eine natürliche Person ist (z. B. GmbH & Co. KG), soll nach der Rechtsprechung des 5. Strafsenats des BGH das Unterlassen der Abführung von Arbeitnehmerbeiträgen indes dann **straflos** sein, wenn der Arbeitgeber insolvent und die maximal dreiwöchige **Insolvenzantragsfrist** nach § 15a Abs. 1 InsO noch nicht abgelaufen ist. Begründet wird dies mit einer bestehenden Pflichtenkollision für die Mitglieder der Geschäftsführung bzw. des Vorstandes des Arbeitgebers, die nach § 64 GmbHG bzw. § 92 Abs. 2 AktG für Zahlungen aus dem Gesellschaftsvermögen, die nach Eintritt der Insolvenz erfolgen und nicht mit der Sorgfalt eines ordentlichen und gewissenhaften Geschäftsleiters vereinbar sind, persönlich haften. In diesen Fällen könne von dem Vertretungsorgan eine vorrangige Erfüllung der Beitragsverbindlichkeiten nicht verlangt werden.[52] Nach Ablauf der Insolvenzantragsfrist soll der Vorrang der Beitragspflicht indes wiederaufleben und zwar auch dann, wenn die Beitragszahlungen später im Insolvenzverfahren möglicherweise anfechtbar sind.[53] Der Verantwortliche kann dem damit verbundenen Strafbarkeitsrisiko letztlich nur dadurch entgehen, dass er bei fortbestehender Insolvenzreife fristgemäß Insolvenzantrag stellt.[54]

An der bezeichneten Ausnahme vom Vorrang der sozialversicherungsrechtlichen Beitragspflicht während des Laufs der Insolvenzantragsfrist hält die strafrechtliche Rechtsprechung auf weiterhin fest, nachdem der II. Zivilsenat des BGH unter Aufgabe seiner bisherigen Rechtsprechung in einer Entscheidung aus dem Jahr 2007 die Zahlung fälliger Sozialversicherungsbeiträge als mit der Sorgfalt eines ordentlichen Geschäftsmanns vereinbar angesehen und eine persönliche Haftung des Geschäftsleiters nach § 64 GmbHG bzw. § 92 Abs. 2

---

[50] OLG Köln wistra 1997, 231; OLG Düsseldorf NJW-RR 1998, 243 f.; *Fischer*, StGB, 66. Aufl. 2019, § 266a Rn. 15a.
[51] BGHSt 47, 318 (320 ff.); BGHZ 134, 304; Schönke/Schröder/*Perron*, StGB, 30. Aufl. 2019, § 266a Rn. 10.
[52] BGHSt 48, 307 (309 f.); BGH NStZ 2006, 223 (224).
[53] BGHSt 48, 307 (310 f.); BGH NStZ 2006, 223 (224).
[54] So auch BGH NStZ 2006, 223 (224 f.).

AktG abgelehnt hat.[55] Der Senat schloss sich damit der strafrechtlichen Vorrang-Rechtsprechung an, was die bis dahin aufgrund der diesbezüglich divergierenden Rechtsprechung des 5. Strafsenats und des II. Zivilsenats bestehende Rechtsunsicherheit in der Praxis beseitigte.[56]

Für die **Praxis** hat dies zur Folge, dass fälliger Sozialversicherungsbeiträge zu zahlen sind, soweit Mittel zur Verfügung stehen. Dies gilt grundsätzlich auch dann, wenn der Arbeitgeber zahlungsunfähig (§ 17 InsO) oder überschuldet (§ 19 InsO) ist. Da sich die Geschäftsleitung des Arbeitgebers auf Grundlage der geänderten BGH-Rechtsprechung nicht durch die Abführung von Sozialversicherungsbeiträgen nach Eintritt der Insolvenz ersatzpflichtig gegenüber der Gesellschaft machen, entfällt die Pflichtenkollision, die nach bisheriger Auffassung des BGH der Annahme einer Strafbarkeit während der Insolvenzantragspflicht entgegenstand.[57] Um straf- und zivilrechtliche Haftungsrisiken zu vermeiden, bleibt in im Fall der Insolvenz nur die unverzügliche Stellung eines Insolvenzantrags (§ 15a InsO). Eine Strafbarkeit wegen Beitragsvorenthaltung nach § 266a StGB scheidet erst dann aus, wenn der Arbeitgeber überhaupt keine Mittel zur Verfügung hat, um seiner Beitragspflicht zu entsprechen, und seine fehlende finanzielle Leistungsfähigkeit auch nicht dadurch verschuldet hat, dass er trotz erkennbarer Liquiditätsprobleme nicht die gebotenen Vorkehrungen getroffen hat, um die Zahlung der Arbeitnehmerbeiträge zu gewährleisten.[58]

2.2.3. Vorenthalten von Beiträgen des Arbeitgebers nach Abs. 2

Der Straftatbestand des § 266a Abs. 2 StGB stellt das Vorenthalten von Sozialversicherungsbeiträgen des Arbeitgebers unter Strafe. Anders als im Fall des § 266a Abs 1 StGB genügt für eine Strafbarkeit indes nicht das bloße Nichtzahlen fälliger Beiträge, es muss vielmehr ein täuschendes Verhalten seitens des Arbeitgebers gegenüber der Einzugsstelle hinzutreten. Der Tatbestand ist dann verwirklicht, wenn der Täter der Einzugsstelle über sozialversicherungsrechtlich erhebliche Tatsachen unrichtige oder unvollständige Angaben macht (§ 266a Abs. 2 Nr. 1 StGB) oder die Einzugsstelle pflichtwidrig über sozialversicherungsrechtlich erhebliche Tatsachen in Unkenntnis lässt (§ 266a Abs. 2 Nr. 2 StGB) und dieser dadurch Arbeitgeberanteile zur Sozialversicherung vorenthält.

---

[55] BGH NJW 2007, 2118.
[56] Vgl. auch *Gercke*/Kraft/Richter, Arbeitsstrafrecht, 2. Aufl. 2015, 2. Kap. Rn. 55.
[57] A.A. insoweit *Gercke*/Kraft/Richter, Arbeitsstrafrecht, 2. Aufl. 2015, 2. Kap. Rn. 56.
[58] BGHSt 47, 318 (322 f.); BGH wistra 2006, 17.

Der Grund dafür, dass § 266a Abs. 2 StGB, anders als Absatz 1 der Vorschrift, eine Täuschung der Einzugsstelle voraussetzt, liegt darin, dass dem Arbeitgeber die von ihm zu tragenden Sozialversicherungsbeiträge, nicht, wie im Fall der Arbeitnehmeranteile, treuhänderisch anvertraut sind. Es handelt sich bei den zu entrichtenden Arbeitgeberanteilen vielmehr um eigenes Vermögen des Arbeitgebers. Es existiert daher insoweit kein Dritter (Arbeitnehmer), dessen Vertrauen in die zweckentsprechende Verwendung der aus seinem Vermögen zu entrichtenden Sozialversicherungsbeiträge zu schützen ist. Das Unterlassen der Entrichtung „eigener" Beiträge durch den Arbeitgeber ist aber nur dann strafwürdig, wenn es auf einer vorangegangenen Täuschung der Einzugsstelle beruht. Der Tatbestand des § 266a Abs. 2 StGB weist insofern einen betrugsähnlichen Charakter auf.[59]

2.2.3.1. Sozialversicherungsbeiträge des Arbeitgebers

Tatgegenstand des § 266a Abs. 2 StGB sind die Arbeitgeberanteile zur Gesamtsozialversicherung i. S. d. § 28d SGB IV. Zu diesen zählen neben den mit den Arbeitnehmeranteilen korrespondierenden Beitragsanteilen des Arbeitgebers auch solche, die der Arbeitgeber allein zu tragen hat, wie etwa die Beiträge zur Unfallversicherung (§ 150 SGB VII) und zur Renten- und Krankenversicherung bei Kurzarbeit (§ 168 Abs. 1 Nr. 1a SGB VI, § 249 Abs. 2 SGB V). Daneben fallen unter den Tatbestand des § 266a Abs. 2 StGB die Beiträge, die der Arbeitgeber für geringfügig Beschäftigte (§ 8 SGB IV, § 249b SGB V, § 168 Abs. 1 Nr. 1 lit. b SGB VI) allein zu tragen hat.[60]

2.2.3.2. Täuschung über sozialversicherungsrechtliche erhebliche Tatsachen

Im Gegensatz zu § 266a Abs. 1 StGB setzt § 266a Abs. 2 StGB neben dem Vorenthalten von Sozialversicherungsbeiträgen ein täuschendes Verhalten des Täters voraus. Er muss gegenüber der Einzugsstelle entweder unrichtige oder unvollständige Angaben über sozialversicherungsrechtlich erhebliche Tatsachen machen (§ 266a Abs. 2 Nr. 1 StGB) oder die Einzugsstelle pflichtwidrig über sozialversicherungsrechtlich erhebliche Tatsachen in Unkenntnis lassen (§ 266a Abs. 2 Nr. 2 StGB).

Bezugspunkt der Täuschung können mithin zunächst nur **Tatsachen** sein. Dies sind solche vergangenen oder gegenwärtigen Geschehnisse oder Zustände, die

---

[59] *Fischer*, StGB, 66. Aufl. 2019, § 266a Rn. 19.
[60] SSW-StGB/*Saliger*, 4. Aufl. 2018, § 266a Rn. 24; MüKo-StGB/*Radtke*, 3. Aufl. 2019, § 266a Rn. 46.

grundsätzlich dem Beweis zugänglich sind, und damit insbesondere von reinen Werturteilen abzugrenzen sind.[61] Nicht zu den Tatsachen zählen dementsprechend auch Rechtsansichten, weshalb die Mitteilung einer fehlerhaften rechtlichen Bewertung durch den Arbeitgeber strafrechtlich unbeachtlich ist, sofern er die zugrundeliegenden Tatsachen zutreffend und vollständig gegenüber der Einzugsstelle erklärt hat. Die rechtliche Subsumtion ist sodann Sache des jeweiligen Sozialversicherungsträgers. Soweit Angaben (auch) wertende Elemente beinhalten, wie beispielsweise das Bestehen eines Beschäftigungsverhältnisses i. S. d. § 7 Abs. 1 SGB IV,[62] können sich diese gleichwohl auf einen Tatsachenkern beziehen, über den der Täter täuscht. Gibt der Arbeitgeber etwa die Zahl der sozialversicherungspflichtig beschäftigten Arbeitnehmer zu niedrig an, liegt darin nicht lediglich eine unzutreffende Bewertung, sondern eine Täuschung über die tatsächliche Zahl der eingegangenen Beschäftigungsverhältnisse.[63] Ging der Arbeitgeber irrtümlich davon aus, dass die nicht mitgeteilten Beschäftigungsverhältnisse sozialversicherungsfrei sind, betrifft dies allein die Frage des Tatvorsatzes.[64]

Sozialversicherungsrechtlich erheblich sind Tatsachen, von denen das Bestehen und/oder die Bemessung der von § 266a Abs. 2 StGB geschützten Beiträge des Arbeitgebers abhängen.[65] Von Bedeutung sind insbesondere die in § 28a SGB IV bezeichneten Angaben, namentlich den Beginn und das Ende einer versicherungspflichtigen Beschäftigung, das beitragspflichtige Arbeitsentgelt, den Wechsel der Einzugsstelle sowie Änderungen in der Beitragspflicht. Der in § 28a SGB IV enthaltene Katalog von mitteilungspflichten Angaben beschreibt den Umfang der sozialversicherungserheblichen Tatsachen indes nicht abschließend.[66]

Unrichtig sind Angaben, wenn sie mit der Wirklichkeit nicht übereinstimmen.[67] Der Arbeitgeber macht **unvollständige** Angaben, wenn seine Erklärung den Anschein der Vollständigkeit erweckt, jedoch über sozialversicherungsrechtlich erhebliche Angaben schweigt und so insgesamt ein falsches Bild vermittelt.[68] Dies ist beispielsweise der Fall bei einer Jahresmeldung nach § 28a Abs. 2 SGB IV, die nur ein Teil der tatsächlich Beschäftigten enthält.[69] Der Täter **unterlässt** Angaben über sozialversicherungsrechtlich erhebliche Tatsachen pflichtwidrig,

---

[61] Zum identischen Tatsachenbegriff in § 263 StGB: Schönke/Schröder/*Perron*, StGB, 30. Aufl. 2019, § 263 Rn. 8; Lackner/*Kühl*, StGB, 29. Aufl. 2018, § 263 Rn. 8.
[62] Vgl. hierzu oben 2.2.1.1.
[63] Vgl. auch NK-StGB/*Tag*, 5. Aufl. 2017, § 266a Rn. 90.
[64] S. dazu unten 2.3.
[65] BT-Drs. 15/2573, S. 28.
[66] MüKo-StGB/*Radtke*, 3. Aufl. 2019, § 266a Rn. 80.
[67] NK-StGB/*Tag*, 5. Aufl. 2017, § 266a Rn. 90.
[68] SSW-StGB/*Saliger*, 4. Aufl. 2018, § 266a Rn. 25.
[69] OLG Saarbrücken NZS-RR 2015, 487 (489).

wenn ihn eine sozialversicherungsrechtliche Mitteilungspflicht trifft und er dieser nicht nachkommt.[70] Die Mitteilungspflichten ergeben sich wiederum in erster Linie aus dem Katalog des § 28a SGB IV sowie der auf der Grundlage von § 28c SGB IV erlassenen Verordnung über die Erfassung und Übermittlung von Daten für die Träger der Sozialversicherung (DEÜV).[71]

Der Tatbestand des § 266a Abs. 2 StGB ist ausgeschlossen, wenn die Einzugsstelle die Tatsachen kennt, über die der Arbeitgeber falsche, unvollständige oder pflichtwidrig keine Angaben gemacht hat.[72]

2.2.3.3. Vorenthalten von Beiträgen

Auch § 266a Abs. 2 StGB erfordert als Taterfolg das Vorenthalten von (Gesamt-)Sozialversicherungsbeiträgen. Das Merkmal ist grundsätzlich gleichbedeutend mit demjenigen in § 266a Abs. 1 StGB, setzt also die Nichtzahlung auf eine wirksam entstandene Beitragsschuld im Zeitpunkt der Fälligkeit voraus.[73] In Bezug auf die vom Arbeitgeber alleine zu tragenden Beiträge zur Unfallversicherung bestimmt § 23 Abs. 3 S. 1 Hs. 1 SGB IV, dass diese am 15. des Monats fällig, der dem Monat folgt, in dem der Beitragsbescheid dem Zahlungspflichtigen bekannt gegeben worden ist; Entsprechendes gilt für Beitragsvorschüsse, sofern der Bescheid hierüber keinen anderen Fälligkeitstermin bestimmt.

Das Vorenthalten von Beiträgen muss nach der Rechtsprechung des 1. Strafsenats des BGH in einem „funktionalen Zusammenhang" zur vorangegangenen Täuschung stehen.[74] Wann ein derartiger Zusammenhang vorliegt, erläutert der Senat nicht; er stellt lediglich fest, dass eine Ursachenbeziehung in dem Sinne, dass der Arbeitgeber bei ordnungsgemäßen Angaben die Beiträge gezahlt hätte, nicht erforderlich sei.[75] Daher soll es einer Strafbarkeit beispielsweise nicht entgegenstehen, wenn der Arbeitgeber finanziell nicht in der Lage ist, seiner Beitragspflicht nachzukommen. Auf der Grundlage dieser Rechtsprechung, der andere Strafsenate des BGH bislang nicht entgegengetreten sind, setzt ein Vorenthalten mithin, anders als im Fall des § 266a Abs. 1 StGB, nicht die Möglichkeit und Zumutbarkeit der Beitragszahlung voraus.[76]

---

[70] *Fischer*, StGB, 66. Aufl. 2019, § 266a Rn. 21.
[71] MüKo-StGB/*Radtke*, 3. Aufl. 2019, § 266a Rn. 82.
[72] SSW-StGB/*Saliger*, 4. Aufl. 2018, § 266a Rn. 25.
[73] Schönke/Schröder/*Perron*, 30. Aufl. 2019, § 266a Rn. 11h.
[74] BGH NJW 2011, 3047; a.A. MüKo-StGB/*Radtke*, 3. Aufl. 2019, § 266a Rn. 83; Schönke/Schröder/*Perron*, 30. Aufl. 2019, § 266a Rn. 11h;,Bross/*Pananis*, Handbuch Arbeitsstrafrecht, 3. Aufl. 2016, § 6 Rn. 37.
[75] BGH NJW 2011, 3047.
[76] BGH NJW 2011, 3047 f.

2.2.4. Vorenthalten sonstiger Lohnteile nach Abs. 3

Nach § 266a Abs. 3 StGB macht sich strafbar, wer als Arbeitgeber sonst Teile des Arbeitsentgelts, die er für den Arbeitnehmer an einen anderen zu zahlen hat, dem Arbeitnehmer einbehält, sie jedoch an den anderen nicht zahlt und es unterlässt, den Arbeitnehmer spätestens im Zeitpunkt der Fälligkeit oder unverzüglich danach über das Unterlassen der Zahlung an den anderen zu unterrichten.

Der Tatbestand findet auf solche Teile des Arbeitsentgelts Anwendung, die der Arbeitgeber aufgrund einer gesetzlichen oder vertraglichen Pflicht an einen Dritten abzuführen hat, und die nicht zu den von § 266a Abs 1 und 2 StGB geschützten Beiträgen gehören.[77] Abweichend von Abs. 1 und 2, bei denen das faktische Bestehen des Beschäftigungsverhältnisses genügt und eine tatsächliche Lohnzahlung nicht erforderlich ist, muss in den Fällen des Abs. 3 eine rechtlich wirksame Verpflichtung des Arbeitsgebers zur Entgeltzahlung bestehen.[78]

Sonstige Lohnteile im Sinne der Vorschrift können beispielsweise vermögenswirksame Leistungen nach dem 5. Vermögensbildungsgesetz, freiwillige Zahlungen des Arbeitgebers an Versicherungs-, Renten- oder Pensionskassen für den Arbeitnehmer und Zahlungen aufgrund einer Abtretung oder Pfändung von Arbeitslohn zählen.[79] Ebenfalls findet § 266a Abs. 3 StGB auf Beiträge zur gesetzlichen Krankenversicherung von freiwillig versicherten Arbeitnehmern Anwendung, sofern der Beschäftigte den Arbeitnehmer, was der Regelfall ist, mit deren Abführung beauftragt hat.[80] § 266 Abs. 3 StGB gilt dagegen nicht für die vom Arbeitgeber einbehaltene Lohnsteuer (§ 266a Abs. 3 S. 2 StGB); diesbezüglich kommt eine Strafbarkeit wegen Steuerdelikten (§§ 370, 378 AO) in Betracht.

2.3. Subjektiver Tatbestand

Alle Tatbestände des § 266a StGB setzen Vorsatz voraus, wobei bedingter Vorsatz genügt. Der Täter muss also die tatsächlichen Umstände, die den objektiven Tatbestand erfüllen, zumindest für möglich halten und in Kauf nehmen.[81] Vom Vorsatz umfasst sein müssen insbesondere die Tatsachen, die die Arbeitnehmereigenschaft des Täters und die Beitragsschuld sowie im Fall des § 266a Abs. 2 StGB die Annahme einer Täuschung über sozialversicherungserhebliche Tatsachen begründen. Besteht das Beschäftigungsverhältnis zu einer juristischen Person oder rechtsfähigen Personengesellschaft, muss sich der Vorsatz

---

[77] BGH NStZ 2017, 529 (530).
[78] SSW-StGB/*Saliger*, 4. Aufl. 2018, § 266a Rn. 26.
[79] BT-Drucks. 10/318, S. 29.
[80] Siehe dazu bereits oben 2.2.2.1.
[81] BGH NJW 2002, 2480 (2482).

des Täters auch auf die Umstände beziehen, die zur Zurechnung der Arbeitgebereigenschaft nach § 14 StGB führen, also etwa seine wirksame Bestellung zum Vertretungsorgan.[82]

Für die Frage des Vorsatzes kommt es *de jure* nicht darauf an, ob der Täter die Tatsachen, die den objektiven Tatbestand erfüllen, hätte erkennen *können*. Vertraut der Verantwortliche ernsthaft darauf, dass die sozialversicherungsrechtlichen Beitragspflichten innerhalb der von ihm geleiteten Organisation erfüllt werden, schließt dies einen Tatvorsatz aus. Dieser im Ansatz rein subjektiven Betrachtung setzt die Rechtsprechung indes dadurch Grenzen, dass sie eine – vom Täter erkannte – besondere objektive Gefährlichkeit seines Verhaltens als Indiz für die Annahme von Vorsatz heranzieht. Je größer die Gefahr der Tatbestandsverwirklichung, umso eher sei der Schluss gerechtfertigt, der Täter vertraue nicht ernsthaft auf ihr Ausbleiben, sondern, so gängige Formulierungen, „verschließe die Augen" und „hoffe" lediglich, „es werde nichts passieren", was die Annahme von Vorsatz begründe.[83]

Durch das zum 18. Juli 2019 in Kraft getretene Gesetz gegen illegale Beschäftigung und Sozialleistungsmissbrauch vom 11. Juli 2019[84] hat der Gesetzgeber nunmehr in § 8 Abs. 3 SchwarzArbG einen neuen Bußgeldtatbestand des **leichtfertigen** Vorenthaltens und Veruntreuens von Arbeitsentgelt eingefügt. Der Begriff der Leichtfertigkeit beschreibt ein gesteigertes Maß an Fahrlässigkeit. Leichtfertig handelt, wer nach seinen individuellen Fähigkeiten die Umstände, die den Straf- oder Bußgeldtatbestand verwirklichen, **ohne Weiteres** hätte erkennen können. Dies ist insbesondere dann der Fall, wenn der Täter die ihm obliegenden Prüfungs-, Mitteilungs- oder Aufsichtspflichten gröblich verletzt.[85]

Aus Compliance-Sicht bedeutet dies Folgendes: Trifft der Verantwortliche geeignete Maßnahmen zur Umsetzung der zu beachtenden sozialversicherungsrechtlichen Pflichten, wirkt dies der Annahme von Vorsatz und Leichtfertigkeit in Bezug auf den Tatbestand des § 266a StGB entgegen. Umgekehrt wird das Unterlassen derartiger Maßnahmen eher zur Bejahung von Vorsatz oder zumindest Leichtfertigkeit führen. Die Implementierung angemessener Compliance-Maßnahmen dient damit nicht nur der Vermeidung von objektiven – in aller Regel nicht mit vollständiger Sicherheit vermeidbarer – Verstöße gegen das Sozialversicherungsrecht, sondern entfaltet insbesondere auch eine Schutzwirkung für die verantwortlichen Funktionsträger im Hinblick auf die subjektive Tatseite des § 266a StGB.

---

[82] NK-StGB/*Tag*, 5. Aufl. 2017, § 266a Rn. 80.
[83] BGH NStZ 1999, 507 (508); NStZ 2000, 583 (584).
[84] BGBl. I 2019 S. 1066.
[85] BGH NStZ 2013, 406; Schönke/Schröder/*Perron*, StGB, 30. Aufl. 2018, § 264 Rn. 65.

Eine Erweiterung der Verteidigungsmöglichkeiten in Verdachtsfällen zeichnet sich nunmehr auch durch eine neuere Entscheidung des 1. Strafsenats des BGH ab, in der er erstmals erwägt, eine Fehlvorstellung des Arbeitgebers über seinen sozialversicherungsrechtlichen Status und die daraus folgenden Pflichten als vorsatzausschließenden Tatbestandsirrtum zu werten.[86] Bislang bestand Einigkeit in der höchstrichterlichen Rechtsprechung, dass der Täter immer dann vorsätzlich handele, wenn ihm die Tatsachen bekannt waren, die den objektiven Tatbestand und insbesondere seine Arbeitgebereigenschaft begründeten.[87] Dies führte in der Praxis häufig zur Bejahung von Vorsatz, da die Beteiligten in aller Regel um die die tatsächlichen Umstände, die im Einzelfall ein Beschäftigungsverhältnis konstituieren, wissen. Irrtümer finden demgegenüber typischerweise auf der Ebene der rechtlichen Einordnung dieser Umstände statt, die angesichts der für juristische Laien kaum noch zu überblickenden Kasuistik der Arbeits-, Sozial- und Strafgerichte nicht verwundern. Sollte sich der durch die Entscheidung des 1. Strafsenats eingeleitete Rechtsprechungsänderung etablieren, würde dies zu einer bedeutsamen Reduzierung der Strafbarkeitsrisiken wegen Beitragsvorenthaltung nach § 266a StGB führen.

2.4. Besonders schwere Fälle nach Abs. 4

§ 266a Abs. 4 StGB sieht eine Strafschärfung in besonders schweren Fällen der Absätze 1 und 2 vor; Absatz 3 ist hiervon ausgenommen. Das Gesetz benennt Beispielsfälle, in den ein besonders schwerer Fall in der Regel anzunehmen ist.

Hierzu zählt das Vorenthalten von Sozialversicherungsbeiträgen in großem Ausmaß, wobei der Täter zugleich aus grobem Eigennutz handeln muss (§ 266a Abs. 4 S. 2 Nr. 1 StGB). Unter welchen Voraussetzungen vorenthaltene Beiträge ein großes Ausmaß erreichen, ist in der Rechtsprechung nicht abschließend entschieden. In Bezug auf andere Tatbestände des Wirtschaftsstrafrechts, wie etwa den Betrug (§ 263 Abs. 3 Nr. 2), die Bestechlichkeit und Bestechung (§ 335 Abs. 2 Nr. 1 StGB) und die Steuerhinterziehung (§ 370 Abs. 3 S. 2 Nr. 1 AO), bejaht der BGH ein großes Ausmaß in der Regel ab einem Wert von 50.000 Euro, weshalb einiges dafür spricht, dass dieser Richtwert auch im Rahmen des § 266a Abs. 4 S. 2 Nr. 1 StGB zu gelten hat. Grob eigennützig handelt, wer sich „von dem Streben nach eigenem Vorteil im besonders anstößigen Maß leiten lässt".[88] Dies hat die Rechtsprechung etwa bereits dann angenommen, wenn Arbeitgeber und Arbeitnehmer planmäßig zu-

---

[86] BGH NStZ-RR 2018, 180 (181 f.).
[87] Vgl. BGH NStZ 2012, 160 (161).
[88] BGH NStZ 1990, 497.

lasten der Solidargemeinschaft, z. B. im Rahmen einverständlicher Schwarzarbeit, zusammenwirken.[89]

Des Weiteren sei auf das Regelbeispiel des § 266a Abs. 4 StGB verwiesen, das ein fortgesetztes Vorenthalten von Beiträgen unter Verwendung nachgemachter oder verfälschter Belege voraussetzt. Richtigerweise genügt dafür nicht der Gebrauch lediglich inhaltlich falscher Urkunden. Eine fortgesetzte Beitragsvorenthaltung liegt nach dem von der Rechtsprechung zur Steuerhinterziehung (§ 370 Abs. 3 Nr. 4 AO) aufgestellten Maßstab dann vor, wenn der Täter mindestens zweimal Beiträge unter Vorlage nachgemachter oder verfälschter Belege vorenthält.[90]

2.5. Absehen von Strafe und Strafausschluss nach Abs. 6

Ist eine Tat nach § 266a StGB begangen worden, eröffnet § 266a Abs. 6 StGB dem Gericht die Möglichkeit, von einer Bestrafung abzusehen, wenn der Arbeitgeber spätestens im Zeitpunkt der Fälligkeit oder unverzüglich danach der Einzugsstelle schriftlich die Höhe der vorenthaltenen Beiträge mitteilt und darlegt, warum die fristgemäße Zahlung nicht möglich ist, obwohl er sich darum ernsthaft bemüht hat. Unverzüglich ist die Mitteilung, wenn sie ohne schuldhaftes Zögern erfolgt; dem Arbeitgeber ist bei komplexeren Sachverhalten die vorherige Einholung von Rechtsrat zuzubilligen.[91] Das Absehen von Strafe ist eine fakultative Entscheidung, die im Ermessen des Gerichts liegt. Entrichtet der Arbeitgeber, nachdem er die die bezeichneten Umstände rechtzeitig mitgeteilt hat, die vorenthaltenen Beiträge nachträglich innerhalb der von der Einzugsstelle bestimmten angemessenen Frist, ist eine Bestrafung zwingend ausgeschlossen. Der Gesetzgeber beabsichtigte mit dieser Regelung dem Täter, ähnlich wie im Fall der strafbefreienden Selbstanzeige nach einer Steuerhinterziehung gemäß § 371 AO, eine „goldene Brücke" zur Straffreiheit zu bauen.[92] Die praktische Relevanz der Vorschrift ist gleichwohl gering, da die Unterrichtung der Einzugsstelle und das Entrichten der Beiträge bei Fälligkeit bereits den Tatbestand ausschließen. Eine gewisse Bedeutung kann der Privilegierung des § 266a Abs. 6 StGB in Fällen zukommen, in denen der Arbeitgeber aufgrund knapper finanzieller Mittel von einer (vollständigen) Beitragszahlung abgesehen hat. In solchen Fällen ist es ratsam, diesen Umstand und die Gründe für die unterbliebene Zahlung möglichst zeitnah gegenüber der Einzugsstelle offenzulegen und sich um eine Nachentrichtung zu bemühen. Im Idealfall kann dadurch

---

[89] BGH NStZ 2010, 216.
[90] Vgl. BGH NStZ 1989, 124 (125).
[91] NK-StGB/*Tag*, 5. Aufl. 2017, § 266a Rn. 128.
[92] BT-Drs. 10/318, S. 26.

ein Strafausschluss oder ein Absehen von Strafe erreicht werden. Liegen die Voraussetzungen dafür nicht vor, etwa weil die Offenlegung nicht unverzüglich erfolgte, erhöhen eine „Selbstanzeige" und die Nachzahlung der vorenthaltenen Beiträge in der Regel die Wahrscheinlichkeit einer Einstellung des Strafverfahrens nach den §§ 153, 153a StPO.[93]

2.6. Täterschaft und Teilnahme

Täter einer Beitragsvorenthaltung nach § 266a StGB kann, wie dargelegt, nur der Arbeitgeber sowie diejenigen Personen sein, denen die Arbeitgebereigenschaft nach § 14 StGB zuzurechnen ist.[94] andere Personen können sich (lediglich) wegen Anstiftung (§ 26 StGB) oder Beihilfe (§ 27 StGB) zu einer Tat nach § 266a StGB strafbar machen. Ein entsprechendes Risiko besteht typischerweise für den jeweiligen sozialversicherungspflichtigen Arbeitnehmer und diejenigen Mitarbeiter im Betrieb des Arbeitgebers, die, etwa in der Personalabteilung, mit der administrativen Durchführung des betroffenen Beschäftigungsverhältnisses befasst sind, ohne eine Stellung als Vertreter oder Beauftragter i. S. d. § 14 StGB inne zu haben.

Eine Teilnahmestrafbarkeit setzt Vorsatz in Bezug auf die Haupttat, hier die Beitragsvorenthaltung, sowie die eigene Teilnahmehandlung voraus, wobei bedingter Vorsatz im Grundsatz ausreicht.[95] Erbringt der potenzielle Gehilfe lediglich Unterstützungsleistungen, die sich in **berufstypischen Handlungen** erschöpfen, wie beispielsweise das Erstellen einer Lohnabrechnung oder das Absenden einer Mitteilung an den Sozialversicherungsträger, kommt es für eine Beihilfestrafbarkeit darauf an, ob der Handelnde **positive Kenntnis** davon hat, dass sein Beitrag die Straftat eines anderen fördert.[96] Ist dies nicht der Fall, was z.B. bei Sachbearbeitern in der Personalverwaltung die Regel sein dürfte, scheidet eine Teilnahmestrafbarkeit aus. Erhebliche Strafbarkeitsrisiken bestehen demgegenüber dann, wenn Mitarbeiter aktiv und zielgerichtet an der Verschleierung von Schwarzarbeit oder Scheinselbstständigkeit mitwirken.[97]

Arbeitnehmer, auf deren Beschäftigungsverhältnis sich eine mögliche Beitragsvorenthaltung bezieht, setzen sich weder durch das Erbringen der Arbeitsleistung, noch durch die bloße Entgegennahme von Gehaltszahlungen einem Straf-

---

[93] Vgl. auch *Fischer*, StGB, 66. Aufl. 2019, § 266a Rn. 30.
[94] Die dem Arbeitgeber gleichgestellten Personen i. S. d. § 266a Abs. 5 StGB sind nur von geringer praktischer Bedeutung und werden deshalb hier nicht näher behandelt.
[95] Schönke/Schröder/*Heine/Weißer*, 30. Aufl. 2019, Vor §§ 25 ff. Rn. 38.
[96] BGH NStZ 2000, 34; NJW 2000, 3010 (3011).
[97] Vgl. BGH NStZ 2011, 645; 2013, 587 (588).

barkeitsrisiko aus.[98] Der Arbeitnehmer ist nicht verpflichtet, die Einzugsstelle über die unterlassene Abführung von Sozialversicherungsbeiträgen durch den Arbeitgeber aufzuklären.[99] Fördert der Beschäftigte die Tat des Arbeitnehmers dagegen durch darüber hinausgehende Beiträge, etwa durch das Abrechnen der eigenen Leistungen als (Schein)Selbstständiger, das Erteilen unwahrer Auskünfte in Bezug auf das Beschäftigungsverhältnis gegenüber Behörden oder die Beratung des Arbeitgebers hinsichtlich der Tatausführung.[100]

2.7. Verjährung

Die strafrechtliche Verfolgungsverjährungsfrist beträgt bei Taten nach § 266a StGB fünf Jahre (§ 78 Abs. 3 Nr. 4 StGB). Die Verjährungsfrist beginnt mit der Beendigung der Tat. In den Fällen des § 266a Abs. 1 und 2 StGB ist die Tat nach h. M. beendet, sobald die Beitragspflicht erlischt.[101] Mögliche Erlöschensgründe sind beispielsweise das Erfüllen der Beitragsschuld,[102] der Wegfall des Beitragsschuldners (z. B. durch Auflösung nach § 60 GmbHG) und die Niederschlagung des Beitragsanspruchs durch den Versicherungsträger gemäß § 76 Abs. 2 Nr. 2 SGB IV[103]. Beendigung tritt auch dann ein, wenn der Täter aus seiner Stellung als Vertreter oder Beauftragter des Arbeitgebers i. S. d. § 14 StGB ausscheidet.[104] Erlischt die Beitragsschuld nicht, ist die Tat erst mit Eintritt der sozialversicherungsrechtlichen Verjährung beendet. Nach § 25 Abs. 1 S. 2 SGB IV verjähren Ansprüche auf vorsätzlich vorenthaltene Beiträge in dreißig Jahren nach Ablauf des Kalenderjahrs, in dem sie fällig geworden sind. Dies kann im Einzelfall dazu führen, dass die strafrechtliche Verfolgungsverjährung nicht früher als 35 Jahre, nachdem die vorenthaltenen Beiträge fällig geworden sind, eintritt.[105] Bei Taten nach § 266a Abs. 3 StGB beginnt die Verjährungsfrist mit dem Erlöschen der Mitteilungspflicht.[106]

---

[98] OLG Stuttgart wistra 2000, 392.
[99] LK-StGB/*Möhrenschläger*, 12. Aufl. 2012, § 266a Rn. 82.
[100] Vgl. *Wittig*, ZIS 2016, 700 (703 f.).
[101] BGHSt 28, 371 (380); BGH NStZ 2012, 510 f.; MüKo-StGB/*Radtke*, 3. Aufl. 2019, § 266a Rn. 116 f.; a. A. *Hüls*, ZWH 2012, 233.
[102] BGH NJW 2009, 157 (160).
[103] Schönke/Schröder/*Perron*, StGB, 30. Aufl. 2019, § 266a Rn. 31.
[104] BGH wistra 2014, 180 (182); OLG Jena NStZ-RR 2006, 170.
[105] Zur berechtigten rechtspolitischen Kritik an dieser Rechtsprechung vgl. *Hüls*, ZWH 2012, 233 m. w. N.
[106] MüKo-StGB/*Radtke*, 3. Aufl. 2019, § 266a Rn. 116.

3. Verbandsgeldbuße nach § 30 OWiG

Auch für juristische Personen und Personenvereinigungen bestehen mit Blick auf den Tatbestand der Beitragsvorenthaltung Sanktionsrisiken. § 30 Abs. 1 OWiG ermöglicht die Verhängung einer Verbandsgeldbuße in zwei Fällen:

1. Eine der in § 30 Abs. 1 OWiG bezeichneten Leitungspersonen (Vertretungsorgan, Generalbevollmächtigter, leitender Prokurist etc.) begeht eine Tat nach § 266a StGB selbst, indem er es etwa vorsätzlich unterlässt, fällige Arbeitnehmerbeiträge abzuführen (§ 266a Abs. 1 StGB), oder vorsätzlich falsche Angaben gegenüber der Einzugsstelle macht und so Arbeitgeberbeiträge vorenthält (§ 266a Abs. 2 StGB).

2. Eine in § 30 Abs. 1 OWiG genannte Leitungsperson verletzt die ihr obliegenden innerbetrieblichen Aufsichtspflichten und begünstigt so eine Tat nach § 266a StGB durch einen nachgeordneten Mitarbeiter (§ 130 Abs. 1 OWiG). Unterlässt etwa die Geschäftsführung eines Unternehmens die organisatorischen Maßnahmen, die erforderlich sind, um die vollständige und fristgerechte Abführung von Sozialversicherungsbeiträgen durch das Unternehmen sicherzustellen, indem es beispielsweise die operativ mit dieser Aufgabe befassten Mitarbeiter nicht ausreichend schult oder mangelhafte Prozesse implementiert, kann dies den Bußgeldtatbestand des § 130 Abs. 1 OWiG erfüllen. Dieser kann dann Anknüpfungspunkt für die Verhängung einer Verbandsgeldbuße nach § 30 Abs. 1 OWiG sein.

Nach derzeitiger Rechtslage[107] droht Unternehmen im erstgenannten Fall für jede Tat nach § 266a StGB eine Verbandsgeldbuße von bis zu 10 Mio. Euro. Im zweitgenannten Fall der Aufsichtspflichtverletzung kann die Geldbuße ebenfalls bis zu 10 Mio. Euro betragen, wenn die Aufsichtspflichtverletzung vorsätzlich begangen wurde; eine fahrlässige Aufsichtspflichtverletzung kann mit einem Bußgeld bis zu 5 Mio. Euro geahndet werden.

4. Außerstrafrechtliche Rechtsfolgen

Wird im Straf- oder Ordnungswidrigkeitenverfahren festgestellt, dass eine Beitragsvorenthaltung gemäß § 266a StGB begangen wurde, können daraus neben der straf- und bußgeldrechtlichen Sanktionierung weitere rechtliche Nachteile für den Täter und das Unternehmen, für das er gehandelt hat, folgen.

---

[107] Die Bundesregierung plant derzeit die Umsetzung einer im Koalitionsvertrag 2018 vereinbarten Reform des Unternehmenssanktionsrechts, welches voraussichtlich als dritte Spur zwischen Ordnungswidrigkeitenrecht und Strafrecht ausgestaltet werden, und insbesondere einen Ermittlungszwang der Verfolgungsbehörde bei Vorliegen eines Anfangsverdachts sowie eine Ausweitung der Sanktionsmöglichkeiten vorsehen wird.

4.1. Inhabilität, § 6 Abs. 2 GmbHG/§ 76 Abs. 3 AktG

Die rechtskräftige Verurteilung wegen Beitragsvorenthaltung zu einer Freiheitsstrafe von mindestens einem Jahr führt von Gesetzes wegen zum sofortigen **Ausscheiden** des Täters aus sämtlichen Stellungen als **Geschäftsführer einer GmbH** und/oder **Vorstand einer AG** und zum Ausschluss von diesen Ämtern für die Dauer von fünf Jahren ab Rechtskraft der Entscheidung (§ 6 Abs. 2 S. 2 Nr. 3 lit. e GmbHG, § 76 Abs. 3 S. 2 Nr. 3 lit. e AktG). Dies gilt auch dann, wenn die Vollstreckung der Freiheitsstrafe zur Bewährung ausgesetzt wurde. Eine Verurteilung i. S. d. genannten Vorschriften ist auch der Erlass eines Strafbefehls.[108]

4.2. Registereintragungen

Bei rechtskräftiger Verurteilung zu einer Freiheitsstrafe von mehr als drei Monaten oder Geldstrafe von mehr als 90 Tagessätzen erfolgt darüber hinaus eine Eintragung des Täters in das **Gewerbezentralregister** (§ 149 Abs. 2 S. 1 Nr. 4 GewO). Handelt der Täter als Vertreter oder Beauftragter eines Unternehmens i. S. d. § 9 OWiG und wird deshalb auf der Grundlage von § 30 Abs. 1 OWiG eine Verbandsgeldbuße von mehr als 200 Euro gegen das Unternehmen verhängt, wird auch dies in das Gewerbezentralregister eingetragen (§ 149 Abs. 2 S. 1 Nr. 3 GewO). Auskünfte aus dem Bundeszentralregister erhalten in erster Linie öffentliche Stellen zum Zwecke der Erfüllung ihrer hoheitlichen Aufgaben (§ 150a GewO). So sind beispielsweise Gerichte und Staatsanwaltschaften befugt, Auskunft aus dem Register zu verlangen, soweit dies für die Verfolgung bestimmter Straftaten und Ordnungswidrigkeiten erforderlich ist. Ebenfalls auskunftsberechtigt sind Behörden im Zusammenhang mit der Vorbereitung vergaberechtlicher Entscheidungen.

Mehrere Bundesländer führen **Korruptionsregister**, teils auf gesetzlicher Grundlage,[109] teils aufgrund verwaltungsinterner Erlasse,[110] in die unter bestimmten Voraussetzungen Entscheidungen von Strafgerichten, Staatsanwaltschaften und Bußgeldbehörden eingetragen werden. Den Korruptionsregistern kommt insbesondere im Rahmen von Vergabeverfahren der öffentlichen Hand Bedeutung zu. So sind öffentliche Auftraggeber beispielsweise in Berlin verpflichtet, vor der Entscheidung über die Vergabe öffentlicher Aufträge ab einem Wert von 15.000 Euro brutto eine mögliche Eintragung des Bewerbers in das Korruptionsregister abzufragen (§ 6 Abs. 1 Satz 1 BlnKRG). Bei Vergaben un-

---

[108] KG NZG 2019, 31 (32).
[109] Berlin, Bremen, Hamburg, Schleswig-Holstein und Nordrhein-Westfalen.
[110] Bayern, Baden-Württemberg, Rheinland-Pfalz und Hessen.

terhalb dieser Schwelle ist eine Abfrage auf freiwilliger Basis möglich (§ 6 Abs. 2 BlnKRG).

Eingang in das Korruptionsregister finden insbesondere Verurteilungen, Strafbefehle sowie Bußgeldbescheide wegen bestimmter, im Wirtschaftsverkehr begangener Delikte. Die Mehrzahl der Korruptionsregister benennen ausdrücklich auch den Tatbestand der Beitragsvorenthaltung nach § 266a StGB als einzutragendes Delikt. Die Eintragungsvoraussetzungen unterscheiden sich je nach Bundesland. Stets findet eine Eintragung bei rechtskräftigen Verurteilungen, Strafbefehlen oder Bußgeldbescheiden wegen einer tauglichen Anknüpfungstat statt. Darüber hinaus lassen es einige landesgesetzliche Regelungen ausreichen, wenn ein Ermittlungsverfahren nach § 153a StPO unter Erteilung von Auflagen oder Weisungen eingestellt wurde.[111] Überwiegend ordnet das jeweilige Landesrecht Mitteilungspflichten der Strafverfolgungs- und Bußgeldbehörden in Bezug auf eintragungsrelevante Rechtsverstöße gegenüber der registerführenden Stelle an.

Um die bestehende Rechtslage zu vereinheitlichen, hat der Bundesgesetzgeber mit dem Wettbewerbsregistergesetz (WRegG) vom 18. Juli 2017 die Einführung eines bundesweiten Wettbewerbsregisters beschlossen. Das Register soll beim Bundeskartellamt geführt und bis zum Jahr 2020 in Betrieb genommen werden. Das Gesetz sieht eine Abfragepflicht für öffentliche Auftraggeber in Vergabeverfahren mit einem geschätzten Auftragswert ab 30.000 Euro vor (§ 6 Abs. 1 WRegG). Verfahrenseinstellung nach § 153a StPO werden nicht in das Wettbewerbsregister eingetragen (§ 2 WRegG).

4.3. Gewerbeuntersagung, § 35 GewO

Straf- und Bußgeldverfahren wegen Beitragsvorenthaltung gem. § 266a StGB können auch Auswirkungen auf das Gewerbeordnungsrecht haben. § 35 der Gewerbeordnung (GewO) verpflichtet die zuständige Aufsichtsbehörde, die **Ausübung eines Gewerbes** ganz oder teilweise zu **untersagen**, wenn Tatsachen vorliegen, welche die Unzuverlässigkeit des Gewerbetreibenden oder einer mit der Leitung des Gewerbebetriebes beauftragten Person in Bezug auf dieses Gewerbe dartun, sofern die Untersagung zum Schutze der Allgemeinheit oder der im Betrieb Beschäftigten erforderlich ist (§ 35 Abs. 1 S. 1 GewO). Die Untersagung kann auch gegen Vertretungsberechtigte oder mit der Leitung des Gewerbebetriebes beauftragte Personen ausgesprochen werden (§ 35 Abs. 7a GewO).

Die für eine Gewerbeuntersagung erforderliche Unzuverlässigkeit liegt dann vor, wenn der Betroffene nach dem Gesamteindruck seines Verhaltens nicht die

---

[111] So in Berlin, Bremen, Hamburg, Nordrhein-Westfalen und Schleswig-Holstein.

Gewähr dafür bietet, dass er sein Gewerbe künftig ordnungsgemäß betreiben wird.[112] Nach ständiger Rechtsprechung der Verwaltungsgerichte begründen u. a. erhebliche Zahlungsrückstände bei den Trägern der Sozialversicherung sowie Straftaten im Zusammenhang mit der gewerblichen Betätigung die Annahme von Unzuverlässigkeit.[113]

Die Verwaltungsbehörde hat den Sachverhalt eigenständig aufzuklären und zu bewerten. Der Erlass einer Untersagungsverfügung wegen einer Straftat oder Ordnungswidrigkeit des Gewerbetreibenden setzt nicht zwingend voraus, dass diese in einem Straf- oder Bußgeldverfahren festgestellt wurde. Eine Gewerbeuntersagung darf auch auf Delikte gestützt werden, die nach den einschlägigen straf- oder bußgeldverfahrensrechtlichen Regelungen bereits verjährt sind.[114]

Die Verwaltungsbehörde ist bei der Beurteilung der Frage, ob eine Unzuverlässigkeit i. S. d. § 35 Abs. 1 GewO vorliegt, auch grundsätzlich nicht an die in einem Straf- oder Bußgeldverfahren getroffenen Feststellungen gebunden. Eine Ausnahme hiervon macht § 35 Abs. 3 GewO, der eine Bindung der Verwaltungsbehörde an den Inhalt eines Strafurteils, eines Strafbefehls oder eines Beschlusses, mit dem die Eröffnung des Hauptverfahrens abgelehnt wird, anordnet, soweit es

– die Feststellung des Sachverhalts,

– die Beurteilung der Schuldfrage oder

– die Beurteilung der Frage, ob er bei weiterer Ausübung des Gewerbes erhebliche rechtswidrige Taten im Sinne des § 70 des Strafgesetzbuches begehen wird und ob zur Abwehr dieser Gefahren die Untersagung des Gewerbes angebracht ist,

betrifft und sofern Untersagungsverfahren und Strafverfahren denselben Sachverhalt zum Gegenstand haben.

5. Verfahrensrechtliche Besonderheiten

Strafrechtliche Ermittlungsverfahren wegen des Verdachts der Beitragsvorenthaltung nach § 266a StGB sind durch eine Reihe von Spezifika gekennzeichnet, die sie von „gewöhnlichen" Strafverfahren unterscheidet. Die Kenntnis dieser Besonderheiten ist nicht nur bedeutsam für die Verteidigung in einem laufenden Strafverfahren, sondern auch für die Identifizierung und Bewertung von Sanktionsrisiken und deren Reduzierung.

---

[112] BVerwGE 152, 39 (35).
[113] BVerwGE 22, 16; 152, 39 (35).
[114] *Brüssow/Petri*, Arbeitsstrafrecht, 2. Aufl. 2016, Kap. J Rn. 40.

5.1. Beteiligte Behörden

Die Strafverfolgung im Bereich des Arbeitsstrafrechts ist insgesamt geprägt durch das Zusammenspiel verschiedener Verwaltungs- und Ermittlungsbehörden. Wenngleich die Staatsanwaltschaft auch insoweit die „Herrin des Ermittlungsverfahrens" bleibt, hängen die Einleitung und die Durchführung des Ermittlungsverfahrens wesentlich von der Mitwirkung der jeweiligen Fachbehörden ab.

5.1.1. Zollverwaltung

Eine zentrale Funktion im gesamten Bereich des Arbeitsstrafrechts kommt der Zollverwaltung und insbesondere der „Finanzkontrolle Schwarzarbeit" (FKS), einer organisatorisch der Bundesfinanzdirektion West in Köln zugeordneten Arbeitseinheit, zu. Die Aufgaben der FKS nehmen die 42 örtlichen Hauptzollämter wahr.

Die Zuständigkeiten der FKS sind nunmehr zusammengefasst in § 2 SchwarzArbG geregelt. Neben der Kontrolle der Einhaltung der Vorgaben des MiLoG, des AentG und des AÜG und weiterer Vorschriften des Arbeitsverwaltungsrechts hat die FKS auch die Erfüllung der sozialversicherungsrechtlichen Beitrags- und Meldepflichten nach § 28a SGB IV zu prüfen (§ 2 Abs. 1 SchwarzArbG). Zu diesem Zwecke stehen der FKS umfangreiche Eingriffsbefugnisse zu, wie etwa das Recht zum Betreten von Geschäftsräumen und Grundstücken während der Arbeitszeit der dort tätigen Personen (§ 3 Abs. 1 SchwarzArbG), das Recht, dort tätige Personen anzuhalten und nach ihren Personalien zu befragen (§ 3 Abs. 3 SchwarzArbG) und die Befugnis, Geschäftsunterlagen zu prüfen (§ 4 SchwarzArbG). Eine Durchsuchung von Räumlichkeiten, also die zielgerichtete Suche nach Personen oder Sachen, die der Inhaber von sich aus nicht herausgeben will, ist dagegen vor dem Hintergrund von Art. 13 Abs. 2 GG nur auf der Grundlage einer richterlichen Anordnung zulässig.[115] Besteht der Verdacht eines strafbaren oder bußgeldbewehrten Rechtsverstoßes, der mit einem der in § 2 Abs. 1 SchwarzArbG genannten Prüfgegenstände unmittelbar zusammenhängt, verpflichtet § 14 Abs. 1 SchwarzArbG die Zollverwaltung zum Einschreiten als Verfolgungsbehörde. Sie haben dabei die gleichen Befugnisse wie die Polizeivollzugsbehörden nach der StPO und dem OWiG dürfen also unter anderem Beschuldigte, Zeugen und Sachverständige vernehmen (§§ 163a, 136 StPO), Durchsuchungen durchführen (§§ 102 f. StPO) und Beweismittel sicherstellen und beschlagnahmen (§§ 94, 98 StPO).[116] In diesen Fällen unterrichtet

---

[115] Erbs/Kohlhaas/*Ambs*, Strafrechtliche Nebengesetze, 205. EL Oktober 2015, § 3 SchwarzArbG Rn. 5.
[116] *Gercke*/Kraft/Richter, Arbeitsstrafrecht, 2. Aufl. 2015, 1. Kap. Rn. 214.

die Zollbehörde die zuständige Staatsanwaltschaft über die Verdachtslage (§ 6 Abs. 1 S. 2 SchwarzArbG). Im strafrechtlichen Ermittlungsverfahren werden die Beamten der Zollverwaltung als Ermittlungspersonen der Staatsanwaltschaft tätig (§ 14 Abs. 1 S. 2 SchwarzArbG).

Der Gesetzgeber hat die Ermittlungsbefugnisse der FKS mit dem Gesetz gegen illegale Beschäftigung und Sozialleistungsmissbrauch vom 11. Juli 2019 nunmehr ausgeweitet. Die FKS soll danach künftig in die Lage versetzt werden, nicht nur illegale Beschäftigung und Schwarzarbeit aufklären, bei denen tatsächlich Dienst- oder Werkleistungen erbracht wurden, sondern auch jene Fälle prüfen, bei denen Dienst- oder Werkleistungen noch nicht erbracht wurden, sich aber bereits anbahnen, oder bei denen Dienst- oder Werkleistungen nur vorgetäuscht werden, um zum Beispiel unberechtigt Sozialleistungen zu erhalten (sog. Scheinarbeit).[117]

Um Missbrauch zu verringern, erleichtert das Gesetz den Datenaustausch zwischen dem Zoll und den übrigen beteiligten Behörden, insbesondere den Jobcentern, den Finanzämtern sowie den Strafverfolgungs- und Polizeivollzugsbehörden (§ 6 SchwarzArbG).

Das Bundesfinanzministerium beabsichtigt darüber hinaus, die personellen Ressourcen der FKS deutlich aufzustocken – von derzeit 7.900 auf mehr als 10.000 Stellen bis zum Jahr 2026.[118]

Die von einer Prüfung der FKS betroffenen Person haben die Prüfungsmaßnahmen grundsätzlich zu dulden und an ihnen mitzuwirken, insbesondere durch die Erteilung von Auskünften und die Vorlage von Unterlagen (§ 5 Abs. 1 S. 1 SchwarzArbG). Von der Pflicht zur Auskunftserteilung sieht das Gesetz eine Ausnahme vor, soweit die verpflichtete Person sich oder eine ihr nahestehende Person i. S. d. § 383 Abs. 1 Nr. 1 bis 3 ZPO durch die Auskunft der Gefahr aussetzen würde, wegen einer Straftat oder Ordnungswidrigkeit verfolgt zu werden (§ 5 Abs. 1 S. 3 SchwarzArbG).

5.1.2. Deutsche Rentenversicherung

Eine hervorgehobene Rolle im Zusammenhang mit Ermittlungsverfahren wegen des Verdachts der Beitragsvorenthaltung hat darüber hinaus die Deutsche Rentenversicherung (DRV). Die in ihr zusammengefassten Bundes- und Regionalträger sind als Rentenversicherungsträger zuständig für Betriebsprüfungen nach

---

[117] Regierungsentwurf, BT-Drs. 19/8691, S. 2 f.
[118] Monatsbericht Juni 2019 des BMF (abrufbar unter www.bundesfinanzministerium.de/Monatsberichte/2019/06/Inhalte/Kapitel-3-Analysen/3-4-gesetz-gegen-illegale-beschaeftigung.html).

§ 28p SGB IV. Im Rahmen dessen haben sie insbesondere mindestens alle vier Jahre die Richtigkeit der Beitragszahlungen und der Meldungen nach § 28a SGB IV zu prüfen. Im Rahmen von Betriebsprüfungen sind die Rentenversicherungsträger, abweichend von der Regelzuständigkeit der Krankenkassen als Einzugsstellen (§ 28h SGB IV), für die Erhebung rückständiger Gesamtsozialversicherungsbeiträge und die Geltendmachung damit zusammenhängender zivilrechtlicher Ersatzansprüche zuständig.[119] anders als die Zollbehörden verfügen die Rentenversicherungsträger nicht über eigene Ermittlungsbefugnisse zur Aufklärung und Verfolgung von Straftaten und Ordnungswidrigkeiten, sie unterstützen jedoch regelmäßig die jeweilige Verfolgungsbehörde im Rahmen der Amtshilfe. So wird die DRV typischerweise mit der Berechnung des mutmaßlichen Beitragsschadens i.S.d § 266a StGB betraut. Das Ergebnis wird in der Regel der strafrechtlichen Schadensbestimmung zugrunde gelegt.

5.1.3. Sonstige Behörden

Darüber hinaus benennt § 2 Abs. 2 SchwarzArbG eine Reihe weiterer Behörden, die die Zollverwaltung bei der Wahrnehmung ihrer Prüfungsaufgaben zu unterstützen haben. Hierzu zählen beispielsweise die Finanzbehörden, die Bundesagentur für Arbeit, die Einzugsstellen nach dem Sozialversicherungsrecht und die Träger der Unfallversicherung. Die verpflichteten Stellen übermitteln der Zollverwaltung die für deren Prüfungen erforderlichen Informationen einschließlich personenbezogener Daten (§ 6 Abs. 1 S. 1 SchwarzArbG). Gegenüber der Staatsanwaltschaft sind die Behörden aufgrund der allgemeinen Ermittlungsbefugnis nach § 161 Abs. 1 StPO zur Auskunft verpflichtet.

---

[119] BGH DB 2009, 1459.

Compliance im Arbeitsalltag –
Wie viel Mitarbeiterüberwachung ist zulässig?

Yvonne Conzelmann

Literatur

Altenbring, Stephan/v.Reinhoff, Wolfgang/Leister, Thomas, Telekommunikation am Arbeitsplatz, MMR 2005, S. 135–139; Arnold, Iris, Die Zulässigkeit der Überwachung von mobilen Abreitnehmern, 2010; Bayer, Phillipp, Die Zulässigkeit heimlicher Mitarbeiterkontrollen nach dem neuen Datenschutzrecht, NZA 2017, S. 1086–1901; Brink, Stefan/Wybitul, Tim, Der „neue Datenschutz" des BAG – Vorgaben zum Umgang mit Beschäftigtendaten und Handlungsempfehlungen zur Umsetzung, ZD 2014, S. 225–231; Byers, Philipp/Wenzel, Kathrin, BB 2017, Videoüberwachung am Arbeitsplatz nach dem neuen Datenschutzrecht, S. 2036–2040; Chandna-Hoppe, Katja, Beweisverwertung bei digitaler Überwachung am Arbeitsplatz unter Geltung des BDSG 2018 und der DS-GVO – Der gläserne Arbeitnehmer?, NZA 2018, S. 614–619; Computerrechtliches Handbuch, Informationstechnologie in der Rechts- und Wirtschaftspraxis Hrsg.: Kilian, Wolfgang/Heussen, Benno, Teil 14, Multimedia-Recht, 2018; Ernst, Stefan, Der Arbeitgeber, die E-Mail und das Internet, NZA 2002, S. 585–591; Eylert, Mario, Kündigung nach heimlicher Arbeitnehmerüberwachung, NZA-Beilage 2015, S. 100–107; Freckmann, Anke/Wahl, Sabine, Überwachung am Arbeitsplatz, BB 2008, S. 1904–1908; Fuhlrott, Michael, Keylogger & Arbeitnehmerdatenschutz, NZA 2017, S. 1308–1311; Ganz, Wilfried, Augen auf bei der Videoüberwachung, ArbAktuell 2015, S. 565–567; Gola, Peter, Neuer Tele-Datenschutz für Arbeitnehmer?, MMR 1999, S. 322–323; Gräfin v. Bühl, Friederike/Sepperer, Sophia, E-Mail-Überwachung am Arbeitsplatz Wer bewacht den Wächter?, ZD 2015, S. 415–419; Grobys, Marcel, Zuverlässigkeitstests im Arbeitsrecht, NJW-Spezial 2005, S. 273–274; Grobys, Marcel/Patzer-Heemeier, Andrea, StichwortKommentar Arbeitsrecht, 3. Auflage, 2017; Jahn StV 2009, S. 41; Joussen, Jacob, Mitarbeiterkontrolle: Was muss, was darf das Unternehmen wissen?, NZA-Beil 2011, S. 35–42; Koreng, Ansgar/Lachmann, Matthias, Formularhandbuch Datenschutzrecht, 2. Auflage 2018; Küttner,Wolfdieter, Personalhandbuch 2019, Arbeitsrecht, Lohnsteuerrecht, Sozialversicherungsrecht, 26. Auflage 2019; Ley, Christian, BAG: Mitbestimmung bei Einrichtung und Betrieb einer Facebookseite, BB 2017, S. 1213–1216; Lützeler, Martin/Müller-Sartori, Patrick, Die Befragung des Arbeitnehmers – Auskunftspflicht oder Zeugnisverweigerungsrecht?, CCZ 2011, 19–25; Maschmann, Frank, Tatort Arbeitsplatz: Nirgendwo sonst werden so viele Straftaten verübt wie im Betrieb. Immer häufiger fragen deshalb Unternehmen: Dürfen illoyale Mitarbeiter „auf die Probe" gestellt werden? Was ist bei „Zuverlässigkeitstests" zu beachten? Und: Wie lassen sich Ergebnisse von Mitarbeiterkontrollen beweiskräftig dokumentieren?, NZA 2002, S. 13–22; Münchener Handbuch zum Arbeitsrecht, Individualarbeitsrecht Band 1, 4. Auflage 2018; Schrader, Peter/Mahler, Maike, Interne Ermittlungen des Arbeitgebers und Auskunftsgrenzen des Arbeitnehmers, NZA-RR 2016, S. 57–65; Schwarze, Roland, Mitbestimmung bei Facebook-Seite, JA 2018, S. 69–70; Seel, Henning-Alexander, Aktuelles zum Umgang mit Emails und Internet im Arbeitsverhältnis – Was sind die Folgen privater Nutzungsmöglichkeit?, öAt 2013, S. 4–7; Simitis, Spiros/Hornung, Gerrit/Spicker, genannt Döhrmann Indra, Datenschutzrecht, 1. Auflage 2019; Stück, Volker, Compliance: Überwachungsmöglichkeiten des Arbeitgebers im Lichte aktueller Rechtsprechung, ArbRAktuell 2018, S. 31–34; Venetis, Frank/Oberwetter,

Christian, Videoüberwachung von Arbeitnehmern, NJW 2016 S. 1051–1057; Wastl, Ulrich/ Litzka, Phillippe/Pusch, Martin, SEC-Ermittlungen in Deutschland – eine Umgehung rechtsstaatlicher Mindeststandards!, NStZ 2009, S. 68–7; Wellhöner, Astrid/Byers, Phillipp, Datenschutz im Betrieb – Alltägliche Herausforderung für den Arbeitgeber?!, BB 2009, S. 2310–2316; Wolf, Thomas/Mulert, Gerrit, Die Zulässigkeit der Überwachung von E-Mail-Korrespondenz am Arbeitsplatz, BB 2008, S. 442–447

1. Einleitung und Überblick

Die Zulässigkeit der Arbeitsplatzüberwachung ist ein sehr heikles und immer wieder kontrovers diskutiertes Thema in der Rechtsprechung und Literatur. Dies folgt insbesondere daraus, dass das allgemeine Persönlichkeitsrecht nach Art. 2 Abs. 1 i.V.m. Art. 1 Abs. 1 GG, welches regelmäßig durch die vorgenommenen Überwachungsmaßnahmen beeinträchtigt wird, zu einem der emotionalsten Themen in der Jurisprudenz gehört.

Das allgemeine Persönlichkeitsrecht schützt letztlich den Arbeitnehmer vor einer lückenlosen Überwachung seines Arbeitsplatzes.[1] Eine vollständige Überwachung kann weder mit der Arbeitspflicht des Arbeitnehmers noch mit einer drohenden Haftung des Arbeitgebers bei einem Fehlverhalten des Arbeitnehmers begründet werden.[2] Dennoch ist nicht von der Hand zu weisen, dass die Arbeitgeber ein berechtigtes Interesse haben, zu erfahren, was der einzelne Arbeitnehmer während seiner Arbeitszeit macht, da der Arbeitgeber ein regelkonformes Handeln im Betrieb sicherzustellen hat, um nicht für begangene (Rechts-)Verstöße zu haften. Durch eine Überwachung kann das Recht der Beschäftigten auf informationelle Selbstbestimmung sowie auf Schutz der Privatsphäre und auf angemessenen Datenschutz in ganz erheblicher Weise berührt sein. Es stellt sich daher die Frage, welche Überwachungsmaßnahmen sich noch im Rahmen des Zulässigen bewegen und welche Maßnahmen bereits die Grenze zur Legalität überschreiten.

Die deutschen Arbeitsgerichte und das Bundesarbeitsgericht (kurz: BAG) beschäftigen sich hierbei regelmäßig mit der Zulässigkeit von Überwachungsmaßnahmen, weswegen es aus der Sicht des Arbeitgebers unerlässlich ist, sich mit der aktuellen Rechtsprechung vertraut zu machen. Denn werden verbotene Überwachungsmaßnahmen eingesetzt, drohen sowohl materielle und immaterielle Schäden für das Unternehmen als auch für die handelnden Organe. Der Arbeitgeber darf darüber hinaus nicht vergessen, dass er gegenüber seinen Arbeitnehmern eine Fürsorgepflicht hat, die sich in vielen Normen widerspiegelt. Bei dem Einsatz unzulässiger Überwachungsmaßnahmen können sogar Scha-

---

[1] Eylert, M., NZA-Beilage 2015, S. 100, 104.
[2] Reichhold, in: Münchener Handbuch zum Arbeitsrecht, Band 1, 4. Auflage 2018, § 55 Rn. 33.

densersatzansprüche der Arbeitnehmer wegen eines Eingriffs in deren Persönlichkeitsrecht drohen. Oftmals ist mit dem publik werden des Einsatzes unzulässiger Überwachungsmaßnahmen auch ein erheblicher Reputationsverlust des Arbeitgebers, verbunden, da solche Fälle meist medienträchtig ausgeschlachtet werden und auf ein großes Echo in der Bevölkerung stoßen. Daher ist eine Auseinandersetzung mit der Thematik der Zulässigkeit von Überwachungsmaßnahmen unerlässlich.

Die Anforderungen an die Erhebung und Verbreitung von Beschäftigtendaten wird hierbei im Wesentlichen durch das Bundesdatenschutzgesetz (kurz: BDSG) geregelt. Daher wird seitens des BAG im Rahmen dieser Thematik auch immer wieder mit § 32 Abs. 1 BDSG a. F. argumentiert. Zur Anpassung an die Vorgaben der Datenschutzgrundverordnung[3] (kurz: DSGVO) wurde am 30.06.2017 das neue Bundesdatenschutzgesetz erlassen, welches der Anpassung des deutschen Datenschutzrechts an die Vorgaben der Grundverordnung dient und zum 25.05.2018 in Kraft getreten ist.[4] § 26 BDSG entspricht im Wesentlichen dem § 32 BDSG a. F.[5] Es ist daher davon auszugehen, dass die Rechtsgrundsätze, die das BAG in der Vergangenheit unter Berücksichtigung des § 32 BDSG a. F. aufgestellt hat, uneingeschränkt weiter Geltung beanspruchen.[6] Festhalten lässt sich, dass grundsätzlich eine Interessenabwägung zwischen den sich gegenüberstehenden Rechten vorzunehmen ist, die Intensität des Eingriffs zu berücksichtigen ist und der Anlass für die Datenerhebung und Datenverarbeitung geeignet und erforderlich sein muss. Letztlich geht es stets um eine Abwägungsentscheidung zwischen dem Informationsinteresse des Arbeitgebers und den Freiheitsrechten des Arbeitnehmers anhand des Verhältnismäßigkeitsgrundsatzes. Die sich widerstreitenden Interessen müssen in einen Ausgleich gebracht werden.

2. Bild- und Videoüberwachung

Die neue und stetig fortschreitende Technik, die eine Überwachung preisgünstig und effektiv werden lässt, verleitet die Arbeitgeber dazu, ihre Mitarbeiter zu beobachten. Der Umstand, dass Arbeitgeber ihre Mitarbeiter tatsächlich überwachen, haben diverse Fälle der vergangenen Jahren eindrucksvoll gezeigt. Me-

---

[3] Verordnung (EU) 2016/679 des Europäischen Parlaments und des Rates vom 27.04.2016 zum Schutz natürlicher Personen bei der Verarbeitung personenbezogener Daten, zum freien Datenverkehr und zur Aufhebung der Richtlinie 95/46/EG (Datenschutz-Grundverordnung).
[4] Gesetz vom 30.06.2017 zur Anpassung des Datenschutzrechts an die Verordnung (EU) 2016/679 und zur Umsetzung der Richtlinie (EU) 2016/680 (Datenschutz-Anpassungs- und -Umsetzungsgesetz EU – DSAnpUG-EU), BGBl. I 2017, 2097.
[5] Chandna-Hoppe, K., NZA 2018, S. 614, 617.
[6] Chandna-Hoppe, K., NZA 2018, S. 614, 617.

dienträchtig wurde immer wieder dargestellt, dass insbesondere im Einzelhandel eine Überwachung der Angestellten erfolgt.[7]

2.1 Sinn und Zweck der Bild- und Videoüberwachung

Erfahrungsgemäß werden gerade in größeren Einzelhandelsfilialen, Bankfilialen oder Tankstellenbetrieben Videokameras installiert und dadurch neben den Kunden auch die Angestellten überwacht. Es werden von den Arbeitnehmern aber nicht nur zu Überwachungszwecken Bilder angefertigt, sondern oftmals werden die Bildaufnahmen im Internet, etwa auf der Homepage des Unternehmens, gezeigt, um einen offenen Kontakt zwischen den Mitarbeitern und den Kunden zu fördern. Diese Veröffentlichung von Bildern erfolgt dann zu Werbe- und Marketingzwecken.[8] In beiden Fällen werden durch das Aufzeichnen des Bildmaterials und dessen anschließender Verwertung Daten der Arbeitnehmer erhoben, weswegen diese Maßnahmen nicht ohne weiteres zulässig sind.

2.2 Widerstreitende Interessen

Die Arbeitgeber berufen sich regelmäßig darauf ein gesteigertes Interesse an der Überwachung ihrer Arbeitnehmer zu haben, da sie strafrechtlich zur Rechenschaft gezogen werden können, wenn ein Verstoß oder eine Straftat seitens des Arbeitnehmers verübt wird. Nur durch eine Überwachung könnten Verstöße der Mitarbeiter frühzeitig erkannt und durch ein zeitnahes Eingreifen letztlich wirksam verhindert werden. Nicht zu vernachlässigen ist auf der anderen Seite das bestehende Interesse der Arbeitnehmer an informationeller Selbstbestimmung, das Recht auf private Datensphäre und das Recht auf Privatsphäre. Auf beiden Seiten stehen daher gewichtige, durch die Verfassung geschützte Rechte, die es in Ausgleich zu bringen gilt.

Vorweggeschickt lässt sich festhalten, dass es nicht generell unzulässig ist, Arbeitnehmer per Video zu überwachen.[9] Jedoch ist eine Videoüberwachung stets an bestimmt Voraussetzungen gebunden.

Eine Überwachung, unabhängig ob diese offen oder verdeckt erfolgt, ist ohne das Einverständnis des Betriebsrates stets rechtswidrig. Wird durch den Betriebsrat die Zustimmung zur Überwachung verweigert, muss der Arbeitgeber die Einigungsstelle anrufen. Dies ist oft mit einem langwierigen Verfahren verbunden, weswegen versucht werden sollte, die Zustimmung des Betriebsrates

---

[7] BAG, Urteil vom 27.03.2003 – 2 AZR 51/02.
[8] BAG, Urteil vom 19.02.2015 – 8 AZR 1011/13, BeckRS 2015, 67598.
[9] Venetis, F./Oberwetter, C., NJW 2016, S. 1051, 1051.

zu erhalten. Zu berücksichtigen ist an dieser Stelle, dass eine rechtswidrige Überwachung der Mitarbeiter, die einen Eingriff in das Persönlichkeitsrecht darstellt, auch nicht mit der Zustimmung des Betriebsrates rechtmäßig wird, d. h. individualrechtlich verbotene Maßnahmen können durch die Zustimmung des Betriebsrates nicht rechtmäßig werden. Dies ist konsequent, da anderenfalls mit der Zustimmung des Betriebsrates die Rechte zum Schutze der Arbeitnehmer ausgehöhlt werden könnten.

Oftmals führen die Unternehmen die Überwachung nicht selbst durch, sondern bedienen sich hierzu Drittunternehmen. Dies ist grundsätzlich zulässig, jedoch muss in diesen Fällen sichergestellt werden, dass diese Drittunternehmen sorgsam mit den erhobenen Daten umgehen und die datenschutzrechtlichen Bestimmungen einhalten. Hier trifft den Arbeitgeber eine Prüfpflicht.

2.3 Offene Videoüberwachung

Eine offene Videoüberwachung liegt vor, wenn für die Arbeitnehmer ersichtlich ist, dass gewisse Bereiche per Videokamera überwacht werden. Die offene Videoüberwachung ist für den Arbeitnehmer also erkennbar und ihm daher bekannt.[10] Nach dem BAG ist eine solche offene Videoüberwachung zulässig, wenn ein legitimer Zweck mit dieser Überwachungsmaßnahme verfolgt wird, die Installation nicht allein der Schikane der Mitarbeiter dient und die Verhältnismäßigkeit gewahrt wird.[11] Die offene, erkennbare Videoüberwachung greift nicht so stark in die Rechte des Arbeitnehmers ein, da er sein Verhalten an die ihm bekannte Videoüberwachung anpassen kann.[12] Mit der offenen Videoüberwachung bezweckt der Arbeitgeber meist präventive Zwecke und möchte einen gewissen Abschreckungseffekt erzielen. Der Arbeitgeber hat lediglich das Übermaßverbot zu beachten, welches dem Grundsatz nach besagt, dass die Eingriffe auf ein Minimum zu reduzieren sind und die angefertigten Aufzeichnungen zeitnah zu löschen sind.[13] Als zulässig wird zum Beispiel die offene Überwachung von Banken angesehen, um Bankräuber abzuschrecken oder Banküberfälle leichter aufklären zu können sowie die offene Videoüberwachung von Tankstellen, da die Diebstahlgefahr oder Raubüberfallgefahr hier besonders groß ist, wohingegen ein normaler Einzelhandel oder Lebensmitteldiscounter in der Regel nicht so gefährdet ist, dass eine Videoüberwachung zwingend erforderlich ist.[14]

---

[10] Byers, P./Wenzel, K., BB 2017, S. 2026, 2016.
[11] BAG, Urteil vom 14.12.2004 – 1 ABR 34/03.
[12] Byers, P./Wenzel, K., BB 2017, S. 2026, 2016.
[13] Ganz, W., ArbAktuell 2015, S. 565, 565.
[14] Ganz, W., ArbAktuell 2015, S. 565, 565.

Zu berücksichtigen ist, dass auch die Installation von Attrappen, die den fälschlichen Eindruck vermitteln, dass die Arbeitnehmer tatsächlich überwacht werden einen Eingriff darstellt. Die Arbeitnehmer fühlen sich beobachtet und verhalten sich daher höchstwahrscheinlich anders, als wenn sie sich unbeobachtet fühlen. Daher ist es nachvollziehbar, dass auch die Erzeugung eines solchen Überwachungsdrucks nicht ohne Weiteres zulässig ist.

2.4 Verdeckte Videoüberwachung

Eine verdeckte Videoüberwachung liegt vor, wenn der Arbeitnehmer heimlich aufgenommen wird, d. h. die vorgenommene Überwachung gerade nicht ersichtlich ist. Eine solche verdeckte Überwachung stellt einen stärkeren Eingriff als eine offene Überwachungsmaßnahme dar, da es dem Arbeitnehmer mangels Kenntnis der Videoüberwachung nicht möglich ist, sein Verhalten anzupassen. Das BAG wendet daher streng den allgemein gültigen Verhältnismäßigkeitsgrundsatz an. Eine verdeckte Videoüberwachung muss zur Aufdeckung einer Straftat oder schweren Verfehlung erforderlich sein und es dürfen keine milderen gleich geeigneten Mittel ersichtlich sein, um den Sachverhalt aufzudecken. Die verdeckte Videoaufnahme muss letztlich das alleinige Mittel darstellen, um den konkreten Verdacht auszuräumen oder aber zu bestätigen.[15] Die verdeckte Videoüberwachung ist also ultima ratio, wenn alle anderen, milderen Aufklärungs- und Ermittlungsversuche erfolglos geblieben sind und nur diese Maßnahme noch verbleibt, um den verdächtigen Arbeitnehmer zu überführen. Letztlich kommt es im Einzelfall auch darauf an, welche Örtlichkeiten im Konkreten überwacht werden. Es versteht sich von selbst, dass die Überwachung von Toiletten oder Waschräumen sowie Umkleidekabinen oder Schlafräume nicht erlaubt ist, da dies einen eklatanten Eingriff in die Intimsphäre der Betroffenen darstellt.

> **Praxistipps**
>
> In der Praxis ist es ratsam, genaustens zu dokumentieren, woraus sich der Verdacht einer Straftat oder erheblichen Pflichtverletzung seitens eines Arbeitnehmers ergibt und ebenfalls zu vermerken, warum andere, mildere Überwachungsmaßnahmen nicht in Betracht kommen oder solche bereits fehlgeschlagen sind. So reicht es in der Praxis nicht aus, wenn pauschal seitens des Arbeitgebers vorgetragen wird, man habe keine anderen Mittel zur Verfügung gehabt. Vielmehr muss detailliert vorgetragen werden, was

---

[15] BAG, Urteil vom 22.09.2016 – 2 AZR 848/15; NJW 2017, S. 843 = MDR 2017, S. 344 = NZA 2017, S. 112 = BB 2017, S. 571; BAG, Urteil vom 27.03.2003 – 2 AZR 51/02, NJW 2003, S. 3436 = MDR 2004, S. 39 = NZA 2003, S. 1193 = DB 2003, S. 2230.

passiert ist, welche konkreten Verdachtsmomente gegen den Mitarbeiter bestehen und warum andere mildere Maßnahmen zur Überführung allesamt gescheitert sind. Letztlich muss aus dem Vortrag des Arbeitgebers ersichtlich sein, dass die verdeckte Videoüberwachung das einzige ihm zur Verfügung stehende Mittel darstellt. Daher ist es generell ratsam, sehr restriktiv mit dem Einsatz einer Videoüberwachung umzugehen. Das BAG stellt erhebliche Anforderungen an die Aufklärungsversuche, die vor dem verdeckten Videokameraeinsatz erfolglos unternommen worden sein müssen.[16] Werden die Voraussetzungen des Einsatzes einer verdeckten Videoüberwachung nicht gewahrt, darf der auf diese Weise gewonnene Beweis auch nicht vor dem Arbeitsgericht verwendet werden. Es kommt dann zu einem Verwertungsverbot.

Im Alltag sollte bedacht werden, dass die Daten umgehend gelöscht werden, wenn diese nicht mehr für den Zweck erforderlich sind.

3. Überwachung der Telekommunikation

Sowohl die Nutzung des Telefons als auch die Nutzung des Internet unterliegen den telekommunikationsrechtlichen Schutzbestimmungen des Telekommunikationsgesetzes (kurz: TKG) und des Telemediengesetzes (kurz: TMG).

3.1 Entscheidungsfreiheit des Arbeitgebers

Der Arbeitgeber kann frei entscheiden und festlegen, ob er die Telefon- und die Internetnutzung den Mitarbeitern frei zur Verfügung stellt.

Jedes vierte deutsche Großunternehmen verbietet es seinen Mitarbeitern das firmeneigene Telefon- und Internet zur privaten Nutzung zu verwenden. Noch strikter agieren Unternehmen, deren operative Tätigkeit sich ausschließlich auf Deutschland beschränkt, da hier sogar 40% der Unternehmen die private Nutzung dieser Telekommunikationsmittel untersagen.[17]

Wird arbeitsvertraglich, im Wege einer Betriebsvereinbarung oder durch betriebliche Übung geregelt, dass eine Nutzung des Internet und des Firmen-E-Mail-Accounts lediglich für berufliche Zwecke gestattet ist, finden die §§ 12 ff. TMG nach allgemein herrschender Ansicht keine Anwendung und es ist lediglich §§ 28, 32 BDSG zu beachten. Ist die private Internetnutzung indes

---

[16] Freckmann, A./Wahl, S., BB 2008, S. 1904, 1908.
[17] Ergabe eine Studie im Auftrag von PWC befragte TNS-Eminid 230 Datenschutzbeauftragte der 1.000 größten deutschen Unternehmen.

nicht ausgeschlossen, findet das Fernmeldegeheimnis nach Art. 10 Abs. 1 GG Anwendung. Bei einer lediglich dienstlichen Nutzung sind geringere Datenschutzbestimmungen durch den Arbeitgeber zu beachten.[18]

Von einer privaten Nutzung der Telekommunikationsmedien ist auszugehen, wenn kein Bezug zur geschuldeten Arbeitsleistung besteht, d.h. die Nutzung auch nicht mittelbar zur Arbeitserfüllung dient.[19] Dienstlich motivierte Nutzung liegt indes nach allgemeiner Ansicht noch vor, wenn Familienangehörige informiert werden, dass Überstunden anfallen und daher erst eine spätere Heimkunft als gewöhnlich zu erwarten ist oder die Unterrichtung, dass eine Dienstreise ansteht und deswegen private Termine verschoben oder nicht wahrgenommen werden können.[20] Auch mäßiger privater Austausch am Arbeitsplatz selbst, der der Förderung des Betriebsklimas dient, ist nicht als rein private Kommunikation einzustufen.[21] Hier kommt es jeweils auf die Umstände des Einzelfalles an.

3.2 Keylogger-Entscheidung

Insbesondere die sogenannte Keylogger-Entscheidung des BAG aus dem Jahr 2016 hat für ein großes mediales Aufsehen gesorgt.[22] Dieser Entscheidung liegt der Sachverhalt zugrunde, dass der Arbeitgeber alle seine Mitarbeiter aufgefordert hatte, einer Überwachung der betrieblichen PCs mittels Keyloggers zuzustimmen, ohne dass ein Anlass für eine konkrete Straftat oder Pflichtverletzung vorlag und anschließend die so gewonnenen Daten ausgewertet hat.

Nach § 26 Abs. 1 BDSG ist es unzulässig durch den Einsatz von Software-Keylogger alle Tastatureingaben des Arbeitnehmers am Dienstcomputer zu überwachen, wenn kein konkreter Verdacht einer Straftat oder der Verdacht eines schweren sonstigen Verstoßes durch den Arbeitnehmer gegeben ist.

Dies stellt das BAG in seinem Urteil unmissverständlich klar.[23] Ein Einsatz eines Keyloggers ohne konkreten Verdacht auf das bloße Geratewohl ist nicht zulässig mit der Folge, dass dadurch gewonnene Erkenntnisse nicht verwertet werden dürfen. Die Entscheidung des BAG zeigt aber auch, dass der Einsatz von Keyloggern nicht gänzlich unzulässig ist. Ein verdeckter Einsatz eines Keyloggers wird letztlich mit einem verdeckten Videoeinsatz gleichgestellt. Eine solche lückenlose technische Überwachung des Arbeitsplatzes des Arbeit-

---

[18] Joussen, J., NZA-Beil. 2011, S. 35, 39.
[19] Eschner: in: Hoeren/Sieber/Holznagel, Multimedia-Recht, 46. EL Januar 2018, Teil 22.1. Rn. 51.
[20] Ernst, S., NZA 2002, S. 585, 588.
[21] Ernst, S., NZA 2002, S. 585, 588.
[22] BAG, Urteil vom 27.07.2017 – 2 AZR 681/16.
[23] BAG, Urteil vom 27.07.2017 – 2 AZR 681/16.

nehmers ist wegen der Schwere des Eingriffs in das Persönlichkeitsrecht nicht akzeptabel. Keyloggers speichern und protokollieren je nach Einstellung entweder ausgewählte oder aber sämtliche Tastatureingaben am jeweiligen Gerät und können zudem unbemerkt Screenshots erstellen.[24] Mit diesem gravierenden Eingriff kann letztlich jeder Schritt des Arbeitnehmers am PC überwacht werden, da sich ein lückenloses Profil der Nutzung des Geräts durch den Arbeitnehmer problemlos erstellen lässt. Außerdem ist zu bedenken, dass mittels dieser Technik auch sensible Daten, wie eingegebene Passwörter auf diversen Portalen eingesehen werden können.[25] Daher ist der Keylogger-Einsatz eine sehr eingriffsintensive Maßnahme, welche erheblich in das informationelle Selbstbestimmungsrecht des Arbeitnehmers eingreift.[26] Das BAG stellte insoweit klar, dass der Arbeitgeber konkrete Verdachtsmomente darlegen und vortragen muss, warum der Einsatz eines Keyloggers tatsächlich erforderlich ist.

In der Praxis ist es leider häufig ein Kardinalfehler, dass die konkreten Verdachtsmomente gegen den Arbeitgeber und der anderweitige Versuch den Sachverhalt aufzuklären nicht ausreichend dokumentiert werden und daher bei einem Rechtsstreit vor Gericht nicht vorgelegt werden können.

3.3 Abhören eines Telefongespräches

Das heimliche Abhören von Telefongesprächen ist unzulässig, unabhängig davon, ob das Gespräch privater oder dienstlicher Natur ist.[27] Das Persönlichkeitsrecht umfasst das Recht am gesprochenen Wort. Daher ist der Inhalt der Kommunikation vertraulich.

Anders ist es indes, wenn es lediglich um die Erfassung von Telefondaten geht. Eine solche Erfassung ist grundsätzlich zulässig. Erfasst werden hier gerade nicht den Inhalt des Telefonates, sondern lediglich die Dauer des Telefonates, die Nummern sowie die Anzahl der Telefonate.[28] Daher ist die Eingriffsintensität deutlich geringer als das Abhören des gesprochenen Wortes, wodurch der Inhalt der Kommunikation mitgehört wird.

---

[24] Panzer-Heemeier, A., in: Grobys/Panzer-Heemeier, StichwortKommentar Arbeitsrecht, 3. Auflage, Stand 2018, Mitarbeiterkontrolle Rn. 37.
[25] Chandna-Hoppe, K., NZA 2018, S. 614, 618.
[26] Fuhlrott, M., NZA 2017, S. 1308, 1309.
[27] Küttner/Kania, Personalbuch 2015, Persönlichkeitsrecht Rn. 7.
[28] Chrader, P./Nagler, M., NZA-RR 2016, S. 57, 61; Altenbirg, S./v. Reinersdorff, W./Leister, T., MMR 2005, S. 135, 136.

3.4 Kontrolle der Internetnutzung und Lesen von E-Mails

Der Arbeitgeber hat ein Interesse an der Kontrolle der Internetnutzung des Arbeitnehmers, da eine private Internetnutzung zum einen Arbeitszeit darstellt, die der Arbeitgeber nicht für seine eigentliche Aufgabe verwendet und zum anderen auch mit unmittelbarer Kostenverursachung verbunden sein kann, sowie die Gefahr des Einschleppens von Viren, die die EDV erheblich beeinträchtigen können, verbunden ist.[29] Der Arbeitgeber hat oftmals ein Interesse an der Informationsgewinnung über den E-Mail-Account des Arbeitnehmers – insbesondere bei einer längeren Urlaubsabwesenheit oder bei dessen Ausscheiden.[30] Das Lesen des E-Mail Inhaltes ist vor dem Hintergrund der informationellen Selbstbestimmung und der Vertraulichkeit des Wortes nicht unbedenklich. Generell lässt sich aber festhalten, dass wegen der Schriftlichkeit die Kommunikation via E-Mail weniger geschützt ist als Informationen, die lediglich mündlich am Telefon ausgetauscht werden.[31] Es wird in der Literatur insoweit die Ansicht vertreten, dass die dienstliche E-Mail mit dienstlicher Post zu vergleichen ist und daher der Arbeitgeber den Inhalt zur Kenntnis nehmen darf.[32] Auch im Rahmen der E-Mail-Kommunikation ist es abermals von zentraler Bedeutung, ob die E-Mail ausschließlich für dienstliche Kommunikation genutzt werden darf oder aber auch die private Nutzung gestattet ist seitens des Arbeitgebers. Eine Kontrolle der Verbindungsdaten wie E-Mail-Adresse des Empfängers ist zulässig, da gerade der sensible Inhalt nicht zur Kenntnis genommen wird.[33]

Betriebspost darf vom Arbeitgeber geöffnet und gelesen werden. Von Betriebspost ist die Rede, wenn der Brief an das Unternehmen adressiert ist, ungeachtet, ob neben dem Unternehmen auch der Name des konkreten Mitarbeiters vermerkt ist, da es sich nur dann um private Post handelt, wenn sich dies durch den Vermerk privat oder vertraulich unmittelbar ergibt.[34] Tritt nach dem Öffnen der Post deutlich zu Tage, dass es sich um privaten und vertraulichen Inhalt handelt und nur versehentlich der Zusatz privat von dem Adressat vergessen worden ist, darf der Inhalt nicht weiter zur Kenntnis genommen werden und die Korrespondenz muss dem Arbeitnehmer direkt übergeben werden.[35]

---

[29] Dendorfer-Ditges, in: Moll, Münchener Anwaltshandbuch Arbeitsrecht, 4. Auflage 2017, § 35 Rn. 196.; Wellhöner, A./Byers, P., BB 2009, S. 2310, 2310.
[30] Gräfin v. Brühl, F./Sepperer, S., ZD 2015, S. 415, 415.
[31] Gola, P., MMR 1999, S. 322, 326.
[32] Wolf, T./Mulert, G., BB 2008, S. 442 443.
[33] Altenbirg, S./v. Reinersdorff, W./Leister, T., MMR 2005, S. 135, 136.
[34] Ernst, S., NZA 2002, S. 585, 588.
[35] Ernst, S., NZA 2002, S. 585, 588.

Praxistipps

Dem Arbeitgeber ist es daher in der Praxis dringend anzuraten, klare Regelungen im Hinblick auf die Zulässigkeit der privaten Benutzung der Telekommunikationsmittel festzulegen. Die Entscheidungsbefugnis liegt allein beim Arbeitgeber, der die private Nutzung vollumfänglich verbieten aber auch gestatten kann.[36] Dieses Recht des Arbeitgebers folgt daraus, dass er Eigentümer bzw. Besitzer der Betriebsmittel ist und daher über deren Verwendung frei disponieren kann.[37] Auf eine private Nutzung hat der Arbeitnehmer demnach keinen Anspruch.[38] An dieser Stelle sei angemerkt, dass der Betriebsrat die Gestattung der privaten Nutzung nicht erzwingen kann, da es sich hierbei nicht um eine soziale Angelegenheit im Sinne von § 87 Abs. 1 BetrVG handelt.

Aus Klarstellungsgründen ist es in der Praxis von zentraler Bedeutung, dass ausdrückliche Nutzungsregelungen getroffen werden. Aus rein rechtlicher Sicht bleibt es daher bei der Empfehlung, den Arbeitnehmern die Privatnutzung zu verbieten und dieses Verbot auch konsequent nachzuhalten.

An dieser Stelle sei noch kurz darauf hingewiesen, dass auch bei einer verbotenen privaten Nutzung des dienstlichen E-Mail-Accounts ausdrücklich als privat gekennzeichnete E-Mails nicht gelesen werden dürfen, es sei denn es besteht ein begründeter Verdacht, dass im Einzelfall eine Straftat begangen wird oder aber eine schwere Verfehlung gegeben ist.[39]

4. GPS- Überwachung und Zeiterfassung

4.1 GPS-Überwachung

Mittels Überwachung per GPS kann der genaue Standort des jeweiligen Mitarbeiters lokalisiert werden und die zurückgelegten Wege des Arbeitnehmers lassen sich leicht überwachen. Letztlich handelt es sich auch hier um personenbezogene Daten, die erhoben werden, da sich eine Verbindung zwischen Personen und deren gewählten Aufenthaltsorten des Arbeitnehmers genau erkennen lässt. Der Einsatz von GPS kommt vor allem bei Außendienstmitarbeitern oder bei Speditionen zum Einsatz. Diese haben ein gesteigertes Interesse den aktuellen Aufenthaltsort zu erfahren, um besser disponieren zu können und um beispiels-

---

[36] Altenbirg, S./v. Reinersdorff, W./Leister. T., MMR 2005, S. 135, 135.
[37] Seel, H.-A., öAT 2013, S. 4, 4.
[38] Dendorfer-Ditges, in: Moll, Münchener Anwaltshandbuch Arbeitsrecht, 4. Auflage 2017, § 35 Rn. 197.
[39] Wolf, T./Mulert, G., BB 2008, S. 442 443.

weise die nächste Tour sinnvoll planen zu können. Die Ortung dient daher einem betrieblichen Interesse.

Die Erfassung eines lückenlosen Bewegungsprofils ist jedoch unzulässig, da eine Totalüberwachung des Arbeitnehmers unzulässig ist.[40]

4.2 Zeiterfassung

Auch die *Ermittlung von Abwesenheitszeiten* eines Arbeitnehmers beispielsweise wegen Krankheit oder unentschuldigten Fernbleibens entspricht einem berechtigten Interesse des Arbeitgebers. Die Zeiterfassung ist grundsätzlich zulässig, solange lediglich eine Identifizierung des Arbeitnehmers erfolgt und kein Bewegungsprofil von diesem im Einzelnen erstellt wird.[41] Das LAG Rheinland-Pfalz hatte zu entscheiden, ob der Arbeitgeber in den als privat markierten Eintrag im elektronischen Kalender des Arbeitnehmers Einsicht nehmen darf.[42] Das Gericht entschied, dass es in jedem Einzelfall einer Abwägung der widerstreitenden Interessen an Hand des § 26 BDSG vorzunehmen gilt.

Bei der Speicherung der Daten über die Arbeitszeiten ist darauf zu achten, dass eine Speicherung krankheitsbedingter Fehlzeiten nur für den Zeitraum erfolgen darf, solange wie diese Daten für eine *krankheitsbedingte Kündigung* (wegen häufiger Kurzerkrankungen) herangezogen werden dürfen und die Speicherung der Abwesenheitszeiten nur zulässig ist, wie ihre Erfassung für die Abrechnung des Arbeitsentgelts in dem betroffenen Zeitraum erforderlich ist.[43]

> **Praxistipps**
>
> In der Praxis ist darauf zu achten, dass eine Einwilligung der Mitarbeiter vorliegt, dass die GPS-Daten erhoben werden, um den Aufenthaltsort bestimmen zu können und dies nicht heimlich ohne Einwilligung der Mitarbeiter erfolgt. Außerdem ist es zwingend geboten nur die geschäftlichen Fahrten zu überwachen bei denen ein berechtigtes Interesse besteht. Ratsam ist es in diesem Zusammenhang neben der Einholung der Einwilligung auch noch ein berechtigtes betriebliches Interesse an der Überwachung zu dokumentieren. Wird nach Feierabend der Firmen-PKW mit dem Einverständnis des Arbeitgebers genutzt, wie es bei der Bereitstellung von Dienstwägen regelmäßig der Fall sein dürfte, entfällt die Zulässigkeit der Bestimmung des Aufenthaltsorts.

---

[40] Kort, M., RsD 2018, S. 24, 27.
[41] Kort, M., RsD 2018, S. 24, 25.
[42] LAG Rheinland-Pfalz, Urteil vom 25.11.2014 – 8 Sa 363/14.
[43] Simitis/Hornung/Spicker, § Art. 88 DSGVO, Rn. 129.

5. Zuverlässigkeitstest

5.1 Sinn und Zweck

Diese Tests zur Mitarbeiterkontrolle sind insbesondere aus dem Einzelhandel bekannt, wo z. B. extra einmal zu viel Wechselgeld in die Kasse gelegt wird, um zu überprüfen, ob der Überschussbetrag ordnungsgemäß verbucht wird, oder aber an sich genommen wird.[44] Es geht also darum, dass die Mitarbeiter auf „die Probe" gestellt werden, indem eine Pflichtverletzung durch das Schaffen einer bestimmten Situation provoziert wird.

Die Notwendigkeit solcher Teste wird vor allem damit begründet, dass letztlich nirgendwo so viele Straftaten begangen werden wie im Betrieb.[45] Durch eigene Mitarbeiter entsteht den Unternehmen jährlich ein Schaden zwischen 2,5 bis 17,5 Mrd. Euro.[46] Die Schäden entstehen dabei primär durch Diebstähle oder durch den Verrat von Geschäftsgeheimnissen aber auch durch andere Compliance-Verstöße.[47] Daher sind sog. Zuverlässigkeitstests in der Praxis seitens der Arbeitgeber ein beliebtes Mittel, um die Redlichkeit des einzelnen Mitarbeiters zu testen.[48]

5.2 Zulässigkeit

In einer Entscheidung aus dem Jahr 1999 hat das BAG entschieden, dass sogenannte Zuverlässigkeitsteste bzw. Ehrlichkeitskontrollen nicht per se verboten sind, sondern bei Bestehen eines betrieblichen Interesses gerechtfertigt sein können.[49] Aus diesem Grund sind rein willkürliche Zuverlässigkeitstests ohne entsprechende Anhaltspunkte unzulässig.[50]

Eine Vielzahl von Fehltagen der Arbeitnehmer ist auf Alkoholismus und Drogenmissbrauch zurückzuführen. Dennoch ist es nicht gestattet, allgemeine Alkohol- und Drogenteste flächendeckend bei der Belegschaft vorzunehmen, da solche Teste in die körperliche Unversehrtheit der Arbeitnehmer eingreifen.

---

[44] BAG, Urteil vom 18.11.1999 – 2 AZR 743/98.
[45] Machmann, F., NZA 2002, S. 13, 13.
[46] Bayer, P., NZA 2017, S. 1086, 1086.
[47] Bayer, P., NZA 2017, S. 1086, 1086.
[48] Grobys, M, NJW-Spezial 2005, S. 273, 273.
[49] BAG, Urteil vom 18.11.1999 – 2 AZR 743/98.
[50] Maschmann, F., NZA 2002, S. 13, 16.

> **Praxistipps**
>
> In der Praxis ist es dem Arbeitgeber gestattet Zuverlässigkeitstests durchzuführen, um die Arbeitnehmer auf die Probe zu stellen, wenn ein Kontrollanlass besteht und keine andere Möglichkeit zur Verfügung steht den Arbeitnehmer im Hinblick auf seine Ehrlichkeit zu überprüfen. Der Ehrlichkeitstest muss einen konkreten Bezug zum geschuldeten Arbeitsverhältnis aufweisen, d.h. der Arbeitnehmer muss mit der gestellten Versuchung tatsächlich im Arbeitsalltag auch in Berührung kommen und darf nicht generell auf seine Ehrlichkeit oder Zuverlässigkeit überprüft werden.[51] Der Arbeitgeber hat also darauf zu achten, dass die Tests akzentuiert auf die jeweilige Arbeitssituation passen. Des Weiteren ist akribisch darauf zu achten, dass es einer genauen Dokumentation bedarf hinsichtlich des auf die Probe Stellens. Auch muss der Arbeitgeber berücksichtigen, dass die Provokation nicht dazu führt, dass der Arbeitnehmer hereingelegt wird, denn dann wird die Grenze der Zulässigkeit überschritten. Der Arbeitgeber muss auch im Alltag darauf achten, dass er bei Zuverlässigkeitstests nicht die Schwelle zur Anstiftung überschreitet, da er sich nicht selbst ins Unrecht setzen darf. Daher sollte in der Praxis der Zuverlässigkeits- bzw. Ehrlichkeitstest nur restriktiv eingesetzt werden.

6. Detektiveinsatz

Der Detektiveinsatz kann in vielfältiger Form erfolgen. Zum einen kann der Detektiv den Arbeitnehmer einfach aus der Ferne beobachten/beschatten oder er kann als „Testkunde" auftreten, um das Verhalten des Arbeitnehmers in Erfahrung zu bringen oder aber er wird als Kollege präsentiert.

6.1 Zulässigkeit

Bei dem Beobachten des Arbeitnehmers, ggf. auch in dessen Freizeit, wird oftmals nicht nur in das Persönlichkeitsrecht des Arbeitnehmers eingegriffen, sondern auch in das von Dritten, insbesondere in das von Familienmitgliedern der Arbeitnehmer. Daher stellt der Detektiveinsatz einen gravierenden Eingriff in das allgemeine Persönlichkeitsrecht des Arbeitnehmers dar.[52] Damit ein Detektiveinsatz gerechtfertigt ist, muss ein konkreter Verdacht bestehen, dass der Arbeitnehmer eine rechtswidrige Handlung oder eine erhebliche Vertragsverlet-

---

[51] Arnold, I., Die Zulässigkeit der Überwachung von mobilen Arbeitnehmern, S. 85.
[52] Huth, in: Koreng/Lachmann, Formularhandbuch Datenschutzrecht, 2. Auflage 2018, V.

zung begeht und der Einsatz muss erforderlich, geeignet und angemessen sein.[53] Der Detektiveinsatz darf nur zu repressiven Zwecken erfolgen, muss das letzte Mittel sein und die Observierung muss auch zeitlich begrenzt sein, da insbesondere das heimliche Beobachten des Arbeitnehmers einen erheblichen Eingriff in dessen Rechtssphäre darstellt.[54]

Neben den Kosten für einen Detektiveinsatz muss der Arbeitgeber gegebenenfalls auch eine Entschädigung an den Arbeitnehmer in nicht geringer Höhe bezahlen, wenn der Detektiveinsatz nicht rechtmäßig erfolgt ist. So sprach das BAG dem Arbeitnehmer eine Entschädigung in Höhe von 1.000 Euro wegen einer unberechtigten Überwachung durch einen Detektiv zu.[55] In dem Sachverhalt der dieser Entscheidung zugrunde liegt, ging es darum, dass der Arbeitgeber den Verdacht hegte, dass sein Arbeitnehmer seine Arbeitsunfähigkeit nur vortäuschte, weswegen er diesen durch einen Privatermittler observieren ließ.

Praxistipps

In der Praxis hat der Arbeitgeber dafür Sorge zu tragen, dass die Tatsachen, die einen Verdacht einer Zuwiderhandlung des Arbeitnehmers begründen dargelegt und nachgewiesen werden können. Eine Beschattung des Arbeitnehmers durch einen Privatdetektiv ohne konkret belegbaren Verdacht und eine bloße Observation ins Blaue hinein ist, wegen des gravierenden Eingriffs in das Persönlichkeitsrecht des Arbeitnehmers unzulässig.[56] Zu beachten ist auch, dass der Arbeitnehmer durch den Privatermittler nur in öffentlichen Räumen beobachtet werden darf, d.h. eine Observation in Privaträumen schlichtweg unzulässig ist.[57]

Generell ist es ratsam für den Arbeitgeber den Detektiveinsatz, welcher zwar grundsätzlich beim Vorliegen der Voraussetzungen ein probates Mittel darstellt, sehr restriktiv einzusetzen und lediglich als ultima ratio Maßnahme in Erwägung zu ziehen, da das BAG bei einem unrechtmäßigen Detektiveinsatz dem Arbeitnehmer einen Entschädigungsanspruch zuerkennt.

---

[53] BAG, Urteil vom 29.06.2017 – 2 AZR 597/16; Huth, in: Koreng/Lachenmann, Formularhandbuch Datenschutzrecht, 2. Auflage 2018, V.
[54] Byers, P. NZA 2017, S. 1086, 1087.
[55] BAG, Urteil vom 19.02.2015 – 8 AZR 1007/13.
[56] Huth, in: Koreng/Lachmann, Formularhandbuch Datenschutzrecht, 2. Auflage 2018, V.
[57] Huth, in: Produktionsunternehmen sowie im Handel und in der Logistik Anmerkungen Rn. 7.

7. Taschen- und Spindkontrollen sowie Aufsuchen des Arbeitsplatzes

7.1 Taschenkontrolle

Die Taschenkontrolle dient insbesondere auch der Diebstahlprävention. Solche Kontrollen kommen in der Praxis insbesondere in Produktionsunternehmen sowie im Handel und in der Logistik vor.[58]

Das Abtasten oder gar körperliche Untersuchungen stellen einen wesentlich intensiveren Eingriff dar als den bloßen „einen Blick in die Tasche". Daher ist bei den beiden erst genannten Maßnahmen ein zwingender Anlass oder ein zwingender Grund für solch intensiven Eingriff erforderlich.[59] Es muss seitens des Arbeitgebers dargelegt werden, warum solche körperliche Untersuchungen geboten und erforderlich sind bei dem jeweils konkreten Mitarbeiter.

7.2 Spindkontrolle

Bei Spindkontrollen werden die vom Arbeitgeber den Arbeitnehmern überlassene Spinde zur Aufbewahrung privater Sachen während der Arbeitszeit untersucht.

Bei beiden Vorgehensweisen handelt es sich um einen Eingriff in das allgemeine Persönlichkeitsrecht des Arbeitnehmers. Daher muss der Eingriff sich der Verhältnismäßigkeitsprüfung unterziehen, d.h. der Eingriff muss geeignet, erforderlich und angemessen sein. Hierbei ist zu berücksichtigen, dass die Anwesenheit des Arbeitnehmers bei der Durchsuchung des Spinds einen geringeren Eingriff darstellt, als wenn die Durchsuchung heimlich, d.h. in Abwesenheit des Arbeitnehmers vorgenommen wird.[60] Die Arbeitnehmer haben ein begründetes Vertrauen, dass die ihnen persönlich zugewiesenen Schränke durch den Arbeitgeber nicht ohne ihr Einverständnis geöffnet und durchsucht werden.[61] Der dem Arbeitnehmer zugewiesene Schrank ist Teil seiner Privatsphäre, da grade nicht die breite Öffentlichkeit Zugriff auf diesen hat.[62]

7.3 Inspektion des Arbeitsplatzes

Das spontane Aufsuchen des Arbeitsplatzes – auch ohne Kenntnis des Arbeitnehmers – durch den Arbeitgeber ist zweifelsohne zulässig, da dies keinen Eingriff in die Privatsphäre des Arbeitnehmers darstellt, sondern vom Hausrecht

---

[58] Huth, in Produktionsunternehmen sowie im Handel und in der Logistik, IV.
[59] Schrader, P./Mahler, M., NZA-RR 2016. S. 57, 62.
[60] BAG, Urteil vom 20.06.2013 – 2 AZR 546/12.
[61] Panzer-Heemeier, A., in: Grobys/Panzer-Heemeier, StichwortKommentar Arbeitsrecht, 3. Auflage, Stand 2018, Mitarbeiterkontrolle Rn. 19.
[62] Brink, S./Wybitul, T., ZD 2014, S. 225, 228.

des Arbeitgebers umfasst ist.[63] Der Arbeitgeber kann neben den Räumlichkeiten des Arbeitsplatzes alle unverschlossenen Gegenstände in Augenschein nehmen.[64] Gerade das spontane Aufsuchen durch den Arbeitgeber ohne vorherige Ankündigung dient der Kommunikation und der Arbeitsverteilung.

> **Praxistipps**
> Dem Arbeitgeber ist es abermals dringend zu empfehlen, die Gründe für eine Taschen- bzw. Spindkontrolle sowie die Anordnung körperlicher Untersuchungen bei bestimmten Arbeitnehmern genaustens zu dokumentieren. Anlasslose Kontrollen zu Präventivzwecken erachtet das BAG nämlich regelmäßig für unzulässig.

8. Mitarbeiterbeurteilungen und Mitarbeiterbefragungen

8.1 Mitarbeiterbeurteilung

Immer größerer Beliebtheit erfreut sich die Mitarbeiterbeurteilung, wonach der Arbeitgeber nicht mehr nur direkt durch seinen Vorgesetzten beurteilt wird, sondern auch durch andere Mitarbeiter oder sogar externe Dritte wie beispielsweise Kunden bewertet wird.

Hier wird die Verhältnismäßigkeitsprüfung grundsätzlich zugunsten der Arbeitgeber ausfallen, die ein berechtigtes Interesse daran haben zu sehen, wie der einzelne Mitarbeiter im Team angesehen wird und wie Kunden mit der Leistung des Arbeitnehmers zufrieden sind.[65] Oftmals sind diese Kriterien auch entscheidend, um den Arbeitnehmer zu belohnen, mittels einer Gehaltserhöhung oder einer Beförderung.

Das BAG hatte sich im Jahr 2016 damit zu beschäftigen, ob die Einführung einer Facebook-Unternehmensseite auf der die Kunden Erfahrungsberichte einstellen können und Leistungen von einzelnen Mitarbeitern konkret bewerten können, zulässig ist.[66] An Hand von erstellten Besuchereinträgen die Leistung des einzelnen Mitarbeiters zu bewerten, stellt letztlich eine geeignete Maßnahme zur Überwachung des einzelnen Arbeitnehmers dar, auch wenn die Daten nicht durch Facebook selbst erhoben werden.[67] Zu berücksichtigen ist, dass

---

[63] Schrader, P./Mahler, M., NZA-RR 2016. S. 57, 65.
[64] Dendorfer-Ditges, in: Moll Münchener Anwaltshandbuch Arbeitsrecht, 4. Auflage 2017, § 35 Rn. 106.
[65] Kort, M., RsD 2018, S. 24, 29.
[66] BAG, Urteil vom 13.12.2016 – 1 ABR 7/15.
[67] BAG, Urteil vom 13.12.2016 – 1 ABR 7/15; Ley, C., BB 2017, S. 1213, 1216.

kritische Kommentare nicht nur vom Arbeitgeber selbst, sondern auch von anderen Mitarbeitern und vom gesamten sozialen Umfeld des betroffenen Arbeitnehmers wahrgenommen werden können.[68] Daher ist zwingend die Zustimmung des Betriebsrates einzuholen. Nicht zu vernachlässigen ist auch die nur eingeschränkt mögliche Kontrolle der Kommentarinhalte auf Wahrheit der Aussage und Angemessenheit, weswegen schnell die Gefahr besteht, dass mit einer solchen Einrichtung eine Pranger Wirkung entsteht. Derartige Unternehmensseiten dürfen keine „Pranger Wirkung" im Außenverhältnis haben, die Unternehmensseite muss also so ausgestaltet sein, dass Kunden oder Geschäftspartner nicht ihrerseits die Möglichkeit haben, Leistungsbeurteilungen über für sie identifizierbare Personen einzusehen.[69]

Aus der obig genannten Entscheidung des BAG aus dem Jahr 2016 darf indes nicht die Schlussfolgerung gezogen werden, dass bei der Einrichtung einer Facebook-Seite stets der Betriebsrat seine Zustimmung erteilen muss. Vielmehr ist im Einzelfall genau herauszuarbeiten welche Funktion diese Facebook-Seite erfüllen soll und wozu diese zumindest mittelbar dient. Soll auf der Facebook-Seite die Abgabe von Kommentare durch Besuchereinträge ermöglicht werden, besteht die Möglichkeit, dass durch solche Besuchereinträge das Verhalten der Arbeitnehmer beurteilt wird, weswegen in solchen Fällen eine Zustimmung des Betriebsrates zwingend notwendig ist. Dies ist auch konsequent, da die Ermöglichung solcher Besucher-Postings letztlich dazu dient Informationen über den einzelnen Arbeitnehmer zu erhalten und damit zumindest mittelbar zur Überwachung bestimmt ist im Sinne von § 87 Abs. 1 Nr. 6 BetrVG.

8.2 Mitarbeiterbefragung

Eine Mitarbeiterbefragung dient dazu Verstöße von Arbeitnehmern aufzuklären, indem die Mitarbeiter zu eigenen Beobachtungen bzw. Wahrnehmungen befragt werden, um zur Aufklärung des Sachverhalts beizutragen.[70] Der Arbeitnehmer ist grundsätzlich verpflichtet an solchen Interviews zur Sachverhaltsaufklärung teilzunehmen, da dem Arbeitgeber im Wege seines bestehenden Direktionsrechts die Anordnung an der Teilnahme solcher Befragungen zusteht.[71]

Bei diesen Befragungen hat der Betriebsrat kein Anwesenheitsrecht, aber er hat einen Anspruch über die Durchführung der Interviews mit dem konkreten Mitarbeiter und die gewonnen Erkenntnisse aus dem jeweiligen Gespräch informiert zu werden.

---

[68] Schwarze, R., JA 2018, S. 69, 70.
[69] Kort, M., RsD 2018, S. 24, 29.
[70] Schrader, P./Mahler, M., NZA-RR 2016. S. 57, 62.
[71] Hermann, D./Zeidler, F,. NZA 2017, S. 1499, 1501.

Eine Befragung zu Art und Umfang der Leistung, dem Arbeitsbereich sowie Wahrnehmungen im Zusammenhang mit der Erbringung der Arbeitsleistung können seitens des Arbeitgebers erfragt werden, wobei zu berücksichtigen ist, dass der Arbeitgeber ein berechtigtes und schutzwürdiges Interesse an den Fragen haben muss und nicht berechtigt ist, diese ins Blaue hinein zu stellen.[72] In der Regel werden solche internen Ermittlungen durchgeführt, um compliance-relevante Vorgänge aufzuklären, wenn konkrete Anhaltspunkte für ein bestimmtes Fehlverhalten im Betrieb ersichtlich sind. So überwiegt das Interesse des Arbeitgebers an der Sachverhaltsaufklärung regelmäßig im Rahmen der Interessenabwägung die Interessen des Arbeitnehmers sich einer solchen Befragung zu entziehen, es sei denn die Befragung hat im konkreten Einzelfall einen schikanösen Charakter, was etwa dann der Fall ist, wenn die Befragung zu Unzeiten stattfinden soll oder übermäßig und unverhältnismäßig lange dauert.[73] Von selbst versteht sich indes, dass der Arbeitnehmer im Rahmen der Befragung vollständige und wahrheitsgemäße Angaben machen muss.

Umstritten ist indes, ob dem Arbeitnehmer ein Zeugnis- oder Auskunftsverweigerungsrecht zusteht, wenn es um Pflichtverletzungen geht, die er selbst oder ein naher Angehöriger begangen hat. Eine in der Literatur vereinzelt vertretene Ansicht meint, dass es unzumutbar sei, sich wegen einer strafbaren Handlung selbst belasten zu müssen und dieser Grundsatz auch gegenüber dem Arbeitgeber gelten müsse und nicht nur gegenüber staatlichen Behörden[74], während die indes vorherrschende Meinung in der Rechtsprechung und Literatur eine Auskunftspflicht des Arbeitnehmers innerhalb seines vertraglichen Aufgabenbereichs bejaht, da der Nemo-tenetur-Grundsatz lediglich vor staatlich veranlasstem Aussagezwang schütze[75].

Praxistipps

Mitarbeiterbewertungen sind zulässig, da es hierfür ein berechtigtes Interesse gibt und eine solche zu einer klassischen Personalbeurteilung gehören. In der Praxis ist gerade im Zeitalter von Postings über einzelne Mitarbeiter im Internet sorgfältig darauf zu achten, dass vorab die Zustimmung des Betriebsrates eingeholt werden muss. Mitarbeiterbefragungen werden ebenfalls als zulässig erachtet und den Mitarbeitern wird nach vorherrschender Meinung auch kein Zeugnis- oder Auskunftsverweigerungsrecht zuerkannt.

---

[72] Schrader, P./Mahler, M., NZA-RR 2016. S. 57, 63.
[73] Hermann, D./Zeidler, F., NZA 2017, S. 1499, 1501.
[74] Jahn, M., StV 2009, S. 41, 44; Wastl, U./Litzka, P./Pusch, M., NStZ 2009, S. 68, 73.
[75] Vgl. BGHZ 41, 318, 323; LG Hamburg, NJW 2011, S. 942; LAG Hamm, Urteil vom 03.03.2009 – 14 Sa 1689/08, Lützeler, M./Müller-Sartori, P., CCZ 2011,19 ff.

9. Erfassung biometrischer Daten

Immer mehr Unternehmen setzen biometrische Authentisierungs- und Zutrittskontrollsysteme in ihren Betrieben ein, wodurch z. B. an Stelle der Eingabe eines Pins oder eines Schlüssels, die biometrischen Daten (Fingerabdruck, Gesichtserkennung) den Arbeitnehmern Zutritt oder Zugriff ermöglichen. Der Sinn und Zweck dieser Zutrittskontrollen ist eine Missbrauchsgefahr einzudämmen und einen unbefugten Zutritt deutlich zu erschweren. Nachvollziehbar ist, dass Unternehmen ein Interesse daran haben Authentisierungs- und Zutrittskontrollsysteme zu etablieren, die nur schwerlich umgangen werden können, um so ihre Geschäftsgeheimnisse möglich gut unter anderem vor der Konkurrenz, zu schützen.

Bei biometrischen Daten handelt es sich jedoch um hoch sensible Daten, die sogar Rückschüsse auf den Gesundheitszustand des Betroffenen zulassen. Wegen des Eingriffs in das Recht auf informationelle Selbstbestimmung der Arbeitnehmer ist der Einsatz von biometrischen Verfahren daher nur unter strengen Voraussetzungen und nur ausnahmsweise zulässig.[76] Es dürfen zum einen keine weniger in die Rechtsposition der Angestellten eingreifende Sicherungsverfahren zur Verfügung stehen und zum anderen, muss der Arbeitgeber dafür Sorge zu tragen, dass die erhobenen biometrischen Daten der Angestellten nur ihrer Zweckbestimmung entsprechend wie beispielsweise der Zugangskontrolle zu betrieblichen Einrichtungen und nicht auch darüber hinaus verwendet werden.[77]

Aufgrund der hohen Zulässigkeitshürden ist es in der Praxis ratsam, auf den Einsatz biometrischer Authentisierungs- und Zutrittskontrollsysteme zu verzichten. Sollte der Einsatz von biometrischen Authentisierungs- und Zutrittskontrollsystemen erfolgen, ist es zwingend erforderlich zu dokumentieren, warum eine solche Sicherungsmaßnahme notwendig ist und andere Zutrittskontrollen keinen ausreichenden Schutz bieten sowie darzulegen, wie die erhobenen biometrischen Daten der Angestellten vor einer Zweckentfremdung geschützt werden.

10. Fazit

Der Beitrag hat aufgezeigt, dass es für den Arbeitgeber nicht generell verboten ist seine Arbeitnehmer zu beobachten und zu überwachen. Letztlich hat der Arbeitgeber auch ein berechtigtes Interesse an der Überwachung der Arbeitnehmer, insbesondere im Hinblick auf die Erfüllung der übernommenen Arbeitsaufgaben. Gerade um Rechtsverstöße im Unternehmen zu vermeiden, sind regel-

---

[76] Simitis/Hornung/Spicker, Art. 88 DSVGO, Rn. 154.
[77] Simitis/Hornung/Spicker, Art. 88 DSVGO, Rn. 155.

mäßige Kontrollen erforderlich. Auf der anderen Seite ist aber auch selbstverständlich, dass eine vollständige Überwachung des Arbeitnehmers im täglichen Berufsalltag nicht zulässig sein kann. Vielmehr ist jeweils im Einzelfall genau zu prüfen, ob der Verhältnismäßigkeitsgrundsatz gewahrt und die konkrete Überwachungsmaßnahme geeignet und auch erforderlich ist. Durch dieses Abwägungsprinzip soll letztlich den Interessen der Arbeitgeber an einer Betriebssicherheit und Arbeitskontrolle als auch den Interessen der Arbeitnehmer an ihrer Privatsphäre und deren informationelle Selbstbestimmungsrecht gewahrt werden. Die widerstreitenden Interessen von Arbeitgeber und Arbeitnehmer sind daher gegeneinander abzuwägen.

In der Praxis ist daher insbesondere auf eine genau Dokumentation Wert zu legen, wobei dafür Sorge zu tragen ist, dass die Verdachtsmomente genauestens dokumentiert werden und auch der Einsatz und die Erforderlichkeit der konkreten Überwachungsmaßnahme dargelegt wird. Nur so kann in einem Rechtsstreit vermieden werden, dass der Arbeitgeber beweisfällig bleibt und den Einsatz der Überwachungsmaßnahmen nicht hinreichend rechtfertigen kann. Der Arbeitgeber trägt letztendlich die Beweislast. Kommt der Arbeitgeber seiner Beweislast nicht nach, können die erlangten Informationen aus der Überwachung des Arbeitnehmers nicht verwertet werden und es drohen unter Umständen sogar Ansprüche des Arbeitnehmers gegen den Arbeitgeber wegen eines unzulässigen Einsatzes einer Überwachungsmaßnahme.

Außerdem ist es essentiell notwendig, die aktuelle Rechtsprechung im Hinblick auf die Zulässigkeit von Überwachungsmaßnahmen durch den Arbeitgeber im Blick zu behalten, um sich nicht neben negativen Schlagzeilen wegen einer unzulässigen Mitarbeiterüberwachung auch noch Bußgeld oder Schadensersatzansprüche auszusetzen.

Es lässt sich abschließend festhalten, dass bei der Überwachung der Arbeitnehmer durch den Arbeitgeber, um Verstöße zu verhindern und regelgerechtes Verhalten im Betrieb zu gewährleisten, darauf geachtet werden muss, dass die datenschutzrechtlichen Bestimmungen nicht verletzt werden und sich der Arbeitgeber durch unzulässige Überwachungsmaßnahmen nicht selbst incompliant, sprich regelwidrig, verhält.

Einführung in die Compliance im Arbeits- und Gesundheitsschutz

Michael Johannes Pils

Aufgabe der Arbeitsschutz-Compliance ist die **Sicherstellung der Einhaltung der arbeits- und gesundheitsschutzrechtlichen Vorschriften**. Die Erfüllung des auf Arbeits- und Gesundheitsschutz bezogenen Pflichtenprogramms zählt zu den **Grundpflichten ordnungsgemäßer Geschäftsführung**. Das Management ist in einer Organisationsverantwortung, die Einhaltung arbeits- und gesundheitsschutzbezogener Vorschriften **systemisch**[1] sicherzustellen.

> **Praxishinweis**
> Verstöße sind konsequenterweise **straf- und bußgeldbewehrt** und ziehen auch eine **persönliche**, in der Regel nicht von der D&O-Versicherung abgedeckten **Haftung** der betroffenen Akteure nach sich.

Die **Kosten des Arbeits- und Gesundheitsschutzes** trägt grundsätzlich der **Arbeitgeber**. Vor diesem Hintergrund sollte bedacht werden, dass bei Nichtbeachtung oder nicht sorgfältiger Abwägung der arbeits- und gesundheitsschutzrechtlichen Vorgaben betriebliche Investitionen fehlgehen können oder für die Beseitigung eines compliance-widrigen Zustands erhebliche Folgekosten entstehen können. Eine frühzeitige Einbindung der betrieblichen und außerbetrieblichen Experten im Arbeits- und Gesundheitsschutz ist stets geboten. Demgegenüber lohnen sich betriebswissenschaftlich Investitionen in die Arbeits- und Gesundheitsschutz-Compliance besonders, nicht nur wegen der steuerlichen Förderung[2].

Aufgrund der Vielfalt des Arbeits- und Gesundheitsschutzes sollen – ausgehend von einem Überblick typischer Beratungsfelder – die Grundprinzipien und Leitgedanken umrissen und das arbeitsschutzrechtliche Sanktionssystem dargestellt werden. Daran schließen sich beispielhafte Herausforderungen des Arbeits- und Gesundheitsschutzes insbesondere des Arbeitszeitrechts an.

---

[1] Vgl. allgemein dazu die Neubürger-Entscheidung, LG München I, 10.12.2013, 5 HK O 1387/10, NZG 2014, 345; Blassl, WM 2018, 604, 605 f. zur Pflicht der Einrichtung eines CMS-Systems; zur internationalen Best-Practice vgl. etwa ISO 196000.

[2] Zu den steuerrechtlichen Aspekten betrieblicher Gesundheitsförderung, von Stein/Rothe/Schlegel, Gesundheitsmanagement und Krankheit im Arbeitsverhältnis, Handbuch, 2015, § 4 D, S. 324 ff.

1. Überblick

Aufgrund der **fortschreitenden Änderungen der Arbeitswelten**, insbesondere der Arbeitsorganisation und Arbeitsplatzgestaltung, und der **hohen Komplexität** kann **Compliance im Arbeits- und Gesundheitsschutz** für Unternehmen oftmals zur Herausforderung werden: Eine Vielzahl europäischer Richtlinien, nationaler Gesetze, Verordnungen und technischen Regelungen müssen mit europäischen und internationalen Standards abgeglichen, verschiedene Interessengruppen – Behörden, Betriebsrat, Mitarbeiter, Unternehmensbereiche – müssen koordiniert werden. Dabei treten mitunter **Interessenkonflikte** zu Tage: Beispielsweise kann leicht der Arbeits- und Gesundheitsschutz mit den Flexibilisierungsbedürfnissen der Arbeit 4.0 kollidieren.

Fragen des Arbeits- und Gesundheitsschutzes treten an vielen Stellen in der betrieblichen Praxis in Erscheinung. Folgende Themenschwerpunkte lassen sich beispielsweise – ohne Anspruch auf Vollständigkeit – feststellen:

- **Organisatorische Fragen des Arbeitsschutzrechts**: Hierbei geht es zum einen um die Schaffung von organisatorischen Strukturen, die den gesetzlichen Anforderungen genügen, insbesondere die Einrichtung einer für das Unternehmen passenden Arbeits- und Gesundheitsschutzorganisation (§ 3 ArbSchG)[3]. Zum anderen geht es darum, die Rechtsbeziehungen zu den vorgeschriebenen Institutionen und Gremien des Arbeits- und Gesundheitsschutzes, wie zum Beispiel Fachkraft für Arbeitssicherheit oder des Betriebsarztes, zu ordnen. Höchst praxisrelevant sind etwa die Durchführung einer Gefährdungsbeurteilung, insbesondere bezogen auf psychische Gefährdungen,[4] oder Enthaftungskonzepte im Rahmen der arbeitsschutzrechtlichen Delegation (§ 13 ArbSchG)[5].

- **Typische Fragen zum materiellen Arbeitsschutzrecht**: Dazu zählen beispielsweise die Zulässigkeit und Notwendigkeit von Eingangsuntersuchungen oder das Fragerecht des Arbeitgebers nach gesundheitlichen Vorbelastungen[6], das betriebliche Eingliederungsmanagement[7], die Mitbestimmung (Kernvorschrift: § 87 Abs. 1 Nr. 7 BetrVG), Fragen zum Arbeitsstättenrecht[8], insbesondere im Zusammenhang mit modernen Arbeitswelten wie Co-Working-

---

[3] Siehe dazu unten 4.2.
[4] Siehe dazu unten 4.1.
[5] Siehe dazu unten 4.3.
[6] Siehe dazu unten 5.1.
[7] Siehe dazu unten 5.2(b).
[8] Pils, CB 2017, 170 ff.

Spaces und Desk-Sharing[9], mobiles Arbeiten[10] oder Home-Office[11] sowie die Nutzung von Gewerbeimmobilien[12] oder Fragen zum Arbeitszeitrecht, das – nicht zuletzt wegen der gesteigerten Dokumentationspflicht[13] – als besonders herausfordernd gelten kann.

2. Grundprinzipien und Leitgedanken

Das Arbeitsschutzgesetz[14] ist das Kerngesetz[15] für die Compliance im Arbeits- und Gesundheitsschutz und gilt als allgemeiner Teil. Es setzt die EG-Rahmenrichtlinie Arbeitsschutz[16] um und ordnet das zuvor eher unsystematische und situativ geprägte Arbeitsschutzrecht neu[17]. **Adressat des Arbeitsschutzgesetzes** sind öffentlich-rechtliche und private Arbeitgeber.[18] Arbeitgeber müssen dabei beachten, dass sich die arbeitsschutzrechtlichen Pflichten nicht nur auf Arbeitnehmer beziehen. Dem Arbeitsschutzrecht liegt ein eigenständiger, europarechtlich weit auszulegender **Beschäftigungsbegriff** zugrunde[19], was insbesondere beim Einsatz von Crowdworkern oder sonstigen externen Arbeitskräften in Netzwerkorganisationen[20] zu beachten ist.

---

[9] Fuhlrott, NZA 2018, 1225; keine Gefährdung für die Sicherheit und Gesundheit eines Mitarbeiters durch Desk-Sharing, LAG Düsseldorf, NZA-RR 2018 mit Anm. Kohte.

[10] Keine Anwendbarkeit der ArbStättV nach wohl herrschender Meinung; allerdings ist die Frage, inwieweit die EG-Bildschirmarbeitsrichtlinie 90/270/EWG für das mobile Arbeiten gilt, noch offen und könnte eine europarechtskonforme Auslegung der ArbStättV gebieten; vgl. Kollmer, 4. Aufl. 2019, Einführung Rn. 71.

[11] Zum Home-Office Kollmer, 4. Aufl. 2019, Einl. Rn. 70.

[12] Man denke beispielsweise an die Herausforderungen des Arbeitsstättenrechts, wenn Supermärkte in ungewöhnliche Immobilien (z. B. Parkhäuser) integriert werden; zur Problematik der arbeitsstättenrechtlichen Nachrüstungspflicht des Arbeitgebers etwa Faber-Feldhoff, HK-ArbSchR, ArbStättV Rn. 23 ff.

[13] Zur Dokumentationspflicht siehe unten Ziffer 4.3(d).

[14] Gesetz über die Durchführung von Maßnahmen des Arbeitsschutzes zur Verbesserung der Sicherheit und des Gesundheitsschutzes der Beschäftigten bei der Arbeit, BGBl. I 1996, S. 1246.

[15] Kollmer/Vogl, Rn. 1, 6 bezeichnet das Arbeitsschutzgesetz als Grundgesetz des Arbeitsschutzes.

[16] Richtlinie 89/391/EWG des Rates vom 12.06.1989, Abl. EG Nr. L 193, S. 1.

[17] Zur Entwicklung Kollmer/Vogl Rn. 2 ff.

[18] Zu den Ausnahmen und zu der dann jedoch subsidiären Geltung des ArbSchG, Kittner/Pieper, § 1 Rn. 14 ff., v. a. Rn. 17.

[19] Maßgeblich ist der unionsrechtliche Arbeitnehmerbegriff, unter den grundsätzlich auch Leitende Angestellte oder auch Geschäftsführer oder – entgegen dem Wortlaut des Gesetzes – auch Heimarbeiter fallen, vgl. HK-ArbSchR/Schulze-Doll, § 2 ArbSchG Rn. 22.

[20] Dazu Bücker, FS Kohte, S. 21, 42; zu Crowdworkern vgl. HK-ArbSchR/Schulz-Doll, § 2 ArbSchG Rn. 24.

> **Praxishinweis**
>
> Vorsicht bei Fremdfirmenbeschäftigten! Diese unterfallen zwar grundsätzlich **der arbeitsschutzrechtlichen Zuständigkeit des fremden Arbeitgebers**; allerdings muss der Besteller bzw. Auftraggeber sich vergewissern, dass die Fremdfirmenbeschäftigten angemessen bezüglich der Gefahren angewiesen wurden (§ 8 Abs. 2 ArbSchG)[21]. Ein Arbeitgeber, der Fremdfirmen beauftragt, ist arbeitsschutzrechtlich vordringlich zur **Kontrolle verpflichtet**. Allerdings bleibt er über § 618 BGB und über seine **Verkehrssicherungspflichten** als Hausherr für die Einhaltung der Sicherheit verantwortlich[22]. Für Arbeitnehmerüberlassung gilt die Sondervorschrift in § 11 Abs. 6 AÜG und § 12 Abs. 2 ArbSchG für die Unterweisung.

Das Arbeitsschutzgesetz ist durch einzelne **fachspezifische Verordnungen** (auf Grundlage von §§ 18, 19 ArbSchG) konkretisiert, die es dem Gesetzgeber erlauben, flexibel auf neue technische/gesellschaftliche Entwicklungen in der Arbeitswelt zu reagieren[23]. Beispielsweise war ein zentrales Anliegen der Neufassung des Arbeitsstättenrechts, moderne Arbeitsformen (Stichwort „Home-Office") zu ermöglichen.[24] Zu den Verordnungen im Sinne von §§ 18, 19 ArbSchG zählen insbesondere die **Arbeitsstättenverordnung**, welche nach der Neufassung 2016 zahlreiche Fragen aufwirft[25], die **Betriebsmittelverordnung**, die **Betriebssicherheitsverordnung**, die **Verordnung zur arbeitsmedizinischen Vorsorge** sowie **weitere Verordnungen**[26].

Grundlegende Pflicht des Arbeitgebers ist es, die Sicherheit und den Gesundheitsschutz der Beschäftigten durch die in § 2 Abs. 1 ArbSchG legaldefinierten Maßnahmen des Arbeitsschutzes zu sichern und zu verbessern (§§ 1 Abs. 1, 3 ArbSchG). Welche Maßnahmen notwendig sind, lässt sich erst durch die **Gefährdungsbeurteilung**[27] erkennen. Der Arbeitgeber muss nicht nur die Maßnahmen umsetzen, sondern auch systemisch diese auf deren Wirksamkeit über-

---

[21] Ausführlich Nöthlichs, § 2 ArbSchG, Ziffer 3.1.2, S. 18.
[22] Nöthlichs, § 2 ArbSchG, Ziffer 3.1.2, S. 18 f.
[23] Kikttner/Pieper, Einl. Rn. 94; RegE, S. 13.
[24] Pils, CB 2017, 170 m.w.N. auch zur Kritik.
[25] Zur Verschlankung als Mogelpackung und Kritik, Kollmer, 4. Aufl. 2019, Einl. Rn. 89 und passim; Pils, CB 2017, 170 ff.
[26] Beispielshaft können noch genannt werden: Gefahrstoffverordnung, Lärm- und Vibrations-Arbeitsschutzverordnung, Druckluftverordnung, Lastenhandhabungsverordnung, Persönliche-Schutzausrüstungen-Benutzungsverordnung, Biostoffverordnung, Röntgenverordnung.
[27] Dazu siehe unten 4.1.

prüfen. Hinzu kommen die Pflicht zur kontinuierlichen Verbesserung und der Prävention, wozu insbesondere die Unterweisung (§ 12 ArbSchG[28]) gehört. Das Arbeitsschutzrecht soll die **physische und psychische Integrität der Beschäftigen** schützen und erhalten.[29] Gleichzeitig fördert es auch das Wohlbefinden am Arbeitsplatz bzw. bei der Arbeit[30]. Die einzelnen Arbeitsschutzziele müssen immer mit Blick auf den Untersuchungsgegenstand unterschieden werden: Die jeweiligen Arbeitsschutzziele für Arbeitsräume, betriebliche/außerbetriebliche Arbeitsplätze, Arbeitsplätze auf Fahrzeugen, Arbeitsschutzziele bezüglich der Arbeitsabläufe oder Arbeitsverfahren, Arbeitsstoffe u.s.w. sind insoweit jeweils arbeitsplatzspezifisch zu ermitteln. Mittelbar sichert es damit die Funktionsfähigkeit der sozialen Sicherungssysteme. Durch empfindliche Geldbußen und Freiheitsstrafen soll zugleich in den Betrieben ein Bewusstsein geschaffen werden, sich an die arbeitsschutzrechtlichen Vorschriften zu halten. Dass statistisch die Zahl von Arbeitsunfällen rückläufig ist[31], ist ein erfreuliches Ergebnis.

Das Ziel des Arbeitsschutzgesetzes, Sicherheit und Gesundheit der Beschäftigten bei der Arbeit zu schützen und zu verbessern, bedeutet **keine Pflicht zur absoluten Sicherheit**, sondern **eine verhältnismäßige Minimierung von Risiko- und Unfallfaktoren**[32]. Je größer das Risiko, desto höher sind die Anforderungen zur Risikominimierung. Insoweit folgt das Arbeitsschutzrecht einer Kosten-Nutzen-Relation und erkennt ein akzeptables Restrisiko an[33].

3. Einführung in das Sanktionssystem im Arbeitsschutzrecht

Arbeits- und Gesundheitsschutz-Compliance zielt insbesondere auf die **Vermeidung der Ordnungswidrigkeiten und Strafbarkeiten** nach §§ 25, 26 ArbSchG ab. Folgende Besonderheiten sind dabei zu beachten.

3.1 Beschwerdewesen und behördliche Überwachung

Dem Arbeitsschutzrecht ist ein eigenes **Beschwerdesystem** immanent: Das Arbeitsschutzrecht sieht nicht vor, dass Missstände vordringlich durch die Behör-

---

[28] Hierzu mit Blick auf die Unterweisungsanforderungen lesenswert OLG Münster, 02.09.2014, 13 B 1020/14 zur Gefahrstoff-Unterweisung eines Chemie-Praktikanten.
[29] Kittner/Pieper, § 1 Rn. 8.
[30] LAG Mecklenburg-Vorpommern, 5 TaBVGa 6/09.
[31] Während 1996 beispielsweise 46 Arbeitsunfälle pro 1000 Arbeitnehmer gemeldet wurden, lag die Zahl im Jahr 2013 bei nur 24.
[32] Zum Minimierungsgebot v.a. Nöthlings, Nr. 4010, § 1 ArbSchG, Ziffer. 1.1.1.1, S. 5 ff.
[33] Insoweit vgl. etwa BGH, 16.06.2009, VI ZR 107/08 – Fehlauslösung eines Airbags.

den behoben und/oder sanktioniert werden. Ist der Beschäftigte der Auffassung, dass ein arbeits- bzw. gesundheitsschutzrechtswidriger Zustand vorliegt, muss sich der Beschäftigte zunächst an den Arbeitgeber wenden, damit dieser grundsätzlich seine Schutzpflicht wahrnimmt (vgl. § 17 Abs. 2 ArbSchG).

Gleichwohl müssen sich Arbeitgeber des **Risikos von behördlichen Untersuchungen** bewusst sein, da potenziell sich jeder an die Behörde wenden kann: In NRW gibt es seit dem Envio-Vorfall 2011 einheitliche Vorgaben für die Bearbeitung von Arbeitnehmerbeschwerden. Zentraler Punkt ist dabei, dass die **Anonymität des Beschwerdeführers** in jedem Falle gewahrt wird. Zudem ist das innerbetriebliche Beschwerdeverfahren nicht durchzuführen, wenn es offensichtlich sinnlos ist[34]. Mit Blick auf die Rechtsprechung des Europäischen Gerichtshof für Menschenrechte zu Whistleblowern[35] müssen Behörden ermessensgemäß[36] prüfen, ob sie bei Kenntnisnahme eines Verstoßes gegen den Arbeitgeber einschreiten. Besteht eine konkret vorgetragene Gefahr, so ist das Entschließungsermessen der Behörde regelmäßig auf null reduziert[37].

> **Praxishinweis**
>
> Unzumutbar ist das innerbetriebliche Beschwerdewesen immer dann, wenn strafbares Verhalten zu befürchten ist. In der Praxis hat es sich daher bewährt, eine Whistleblower-Hotline oder ein anonymes Beschwerdemanagement einzurichten. Die Nutzung solcher anonymen Kanäle ist in der Regel dem Arbeitnehmer zumutbar.

3.2 Handlungsmöglichkeiten der Behörden

Den Arbeitsschutzbehörden[38] stehen eine **Vielzahl von Handlungsmöglichkeiten** zur Wahrnehmung ihrer Überwachungspflichten aus dem Arbeitsschutzrecht zu. Es gilt dabei der verwaltungsrechtliche Amtsermittlungsgrundsatz.

---

[34] HK-ArbSchR/Feldhoff/Schulz-Doll, § 21 Rn. 39.
[35] EGMR, 21.07.2011, 28274/08, NZA 2011, 1169 (Heinisch vs. Deutschland).
[36] HK-ArbSchR/Arndt-Zygar/Busch, § 22 ArbSchG Rn. 67.
[37] HK-ArbSchR/Arndt-Zygar/Busch, § 22 ArbSchG Rn. 67.
[38] Zur Behördenübersicht vgl. Nötlichs, § 21 ArbSchG Ziffer 1.7, S. 6; HK-ArbSchR/Feldhoff/Schulz-Doll, § 21 ArbSchG Rn. 9; neben den Arbeitsschutzbehörden sind auch die Träger der gesetzlichen Unfallversicherung mit der Überwachungspflicht betraut (vgl. v. a. §§ 14 ff., 19 SGB VII).

(a) Behördliche Überprüfungen

Die Behörden können gemäß § 22 ArbSchG den Arbeitgeber **überprüfen**. Sie können daher vom Arbeitgeber die erforderlichen Auskünfte[39] und Unterlagen verlangen (nebst Einsichtnahmen[40]), die Betriebsstätten/Geschäftsräume betreten[41] bzw. prüfen, Betriebsmittel, Arbeitsabläufe, Arbeitsverfahren Unfälle oder sonstige Gefahren prüfen und untersuchen, selbst wenn kein konkreter Verdacht vorliegt[42]. Die Behörden können auch Mitarbeiter befragen und anhören[43] oder Gutachter beauftragen, wobei die Kosten nur im Falle einer arbeitsschutzrechtlichen Anordnung (§ 22 Abs. 3 ArbSchG) dem Arbeitgeber in Rechnung gestellt werden können.[44]

Für ihre, auch turnusmäßigen **Überprüfungen** müssen sich die Behörden **nicht im Voraus melden oder gar Termine vereinbaren**. Häufig wird ein Termin abgestimmt, damit die verantwortlichen Personen auch vor Ort sind. Im Falle einer behördlichen Untersuchung muss der Arbeitgeber die Behörde aktiv unterstützten. Ansprechpartner für die Behörde ist in erster Linie der Arbeitgeber oder die gemäß § 13 ArbSchG verantwortlichen Personen.

Praxishinweis

Unternehmen sollten Richtlinien einführen, die das unternehmensinterne Vorgehen bei behördlichen Überprüfungen regeln. Damit Mitarbeiter für diese Fälle vorbereitet sind, sollte eine entsprechende Schulung durchgeführt werden. Im Falle behördlicher Überprüfungen ist es in der Regel geboten, Rechtsrat einzuholen.

(b) Anordnungen

Die Arbeitsschutzbehörden haben über § 22 Abs. 3 ArbSchG die Möglichkeit, gestuft die **Umsetzung von Arbeitsschutzmaßnahmen** vom Arbeitgeber zu verlangen. Die Behörden müssen **ermessensgemäß** prüfen, ob im jeweiligen Fall eine Generalanordnung (§ 22 Abs. 3 S. 1 Nr. 1 ArbSchG), eine Gefahrenan-

---

[39] Im Einzelnen siehe dazu HK-ArbSchR/Arndt-Zygar/Busch, § 22 ArbSchG Rn. 20 ff.
[40] Im Einzelnen siehe dazu HK-ArbSchR/Arndt-Zygar/Busch, § 22 ArbSchG Rn. 26 ff.
[41] Im Einzelnen, insbesondere zur Betretung außerhalb der Betriebszeiten, HK-ArbSchR/Arndt-Zygar/Busch, § 22 ArbSchG Rn. 28 ff., 30 ff.
[42] HK-ArbSchR/Arndt-Zygar/Busch, § 22 ArbSchG Rn. 37.
[43] Zur Auskunftsverweigerung HK-ArbSchR/Arndt-Zygar/Busch, § 22 ArbSchG Rn. 18 und 23.
[44] HK-ArbSchR/Arndt-Zygar/Busch, § 22 ArbSchG Rn. 38; Rechtsgrundlage für die Kostenrückforderung ist für das Verwaltungsverfahren in NRW beispielsweise § 10 GebG.

ordnung (§ 22 Abs. 3 S. 1 Nr. 2 ArbSchG)[45] oder gar eine Untersagungsanordnung erlassen wird (§ 22 Abs. 3 S. 3 ArbSchG[46]. Gefahren- und Untersagungsordnungen können zudem mit der Anordnung der sofortigen Vollziehung nach § 80 Abs. 2 S. 1 Nr. 4 VwGO versehen werden[47].

Typischerweise erlassen Behörden **Revisions- und Berichtigungsschreiben**[48] als Generalanordnung (§ 22 Abs. 3 S. 1 Nr. 1 ArbSchG). Darin werden die Ergebnisse der Überprüfung festgehalten und der Arbeitgeber aufgefordert, innerhalb einer Frist die (hinreichend bestimmten[49]) Arbeitsschutzmaßnahmen zu ergreifen. Mit Blick auf die **Mitbestimmungsrechte des Betriebsrats**[50] sollte das Revisionsschreiben unverzüglich dem Betriebsrat vorgelegt werden, wenn nicht die Behörde dem Betriebsrat das Schreiben zukommen lässt (§ 89 Abs. 5 BetrVG). In der Regel ist das Berichtigungs- und Revisionsschreiben als mildestes Mittel vorrangig vor den anderen Anordnungen.

> **Praxishinweis**
>
> Das Behördenhandeln ist dabei nicht nur auf Sanktionierung gerichtet, sondern auch auf Information und Motivation, Beratung und betriebsbezogene Hilfestellungen.[51] Eine Orientierung bietet die LASI-Veröffentlichung 1 „Überwachungs- und Beratungstätigkeit der Arbeitsschutzbehörden der Länder – Grundsätze und Standards".

Beispiele für Generalanordnungen sind etwa die Anordnung der Durchführung der Gefährdungsbeurteilung nach § 5 ArbSchG[52], Anordnungen zur Ergänzung unzureichender Dokumentation, Anordnungen zur Unterweisung der Beschäftigten über Sicherheit und Gesundheitsschutz am Arbeitsplatz oder Anordnung zu konkreten Schutzzielen (z.B. Einhaltung der erforderlichen Raumtemperatur[53], Sicherung von Notausgängen[54]).

Hinsichtlich der **Gefahrenanordnungen** ist zu beachten, dass die Ursache der Gefahr keine Rolle spielt. Kommt die Gefahr beispielsweise von einem Nach-

---

[45] Zum Rechtsschutz HK-ArbSchR/Arndt-Zygar/Busch, § 22 ArbSchG Rn. 68 f.
[46] HK-ArbSchR/Arndt-Zygar/Busch, § 22 ArbSchG Rn. 61.
[47] HK-ArbSchR/Arndt-Zygar/Busch, § 22 ArbSchG Rn. 59 und 61.
[48] Diese stellen noch keinen Verwaltungsakt dar, HK-ArbSchR/Arndt-Zygar/Busch, § 22 ArbSchG Rn. 45.
[49] § 37 Abs. 1 VwVfG; HK-ArbSchR/Arndt-Zygar/Busch, § 22 ArbSchG Rn. 46 und 50.
[50] Insbesondere §§ 80, 87 Abs. 1 Nr. 7, 89 BetrVG; HK-ArbSchR/Arndt-Zygar/Busch, § 22 ArbSchG Rn. 45.
[51] HK-ArbSchR/Feldhoff/Schulz-Doll, § 21 ArbSchG Rn. 10.
[52] VG Frankfurt, 13.05.2005, 7 K 1462/08.F; VG Regensburg, 08.12.2016, RN 5 K 15.1767.
[53] VG Münster, 28.06.2013, 7 L 853/12.
[54] VG Münster, 22.06.2016, 9 K 1985/15.

barbetrieb – sei es, dass dort ein Unfall passiert ist oder gar eine Sabotage erfolgt ist –, so können die Behörden gleichwohl vom Arbeitgeber die Beseitigung verlangen. Dem Gefahrenbegriff liegt die konkrete Gefahr aus dem Polizeirecht zugrunde, d.h. ausreichend ist eine Sachlage, die im Einzelfall mit hinreichender Wahrscheinlichkeit bei ungehinderten Ablauf des objektiv zu erwartenden Geschehens in absehbarer Zeit zu einem Schaden an Leben und Gesundheit führt[55]. Zur Prüfung der Voraussetzungen der konkreten Gefahr wird die Behörde in aller Regel auf Technische Regeln oder Berufsgenossenschaftliche Vorschriften (BGV, BGR, BGU, BGG) zurückgreifen[56].

3.3 Bußgeld und Strafbarkeiten

Die §§ 25 f. ArbSchG[57] sanktionieren die Verletzung bestimmter arbeitsschutzrechtlicher Pflichten. Systematisch regelt § 25 ArbSchG die **Ordnungswidrigkeiten**, die bei Hinzutreten qualifizierender Umstände (objektiver oder subjektiver Art) zu **Straftaten** nach § 26 ArbSchG hochgestuft werden. Im zuletzt genannten Fall kann es bereits bei beharrlicher Zuwiderhandlung – wobei hierfür eine einmalige Zuwiderhandlung nicht ausreicht – zu einer Freiheitsstrafe bis zu einem Jahr kommen.[58] Die konkreten Strafbarkeitsvoraussetzungen ergeben sich nicht aus §§ 25 f. ArbSchG, sondern aus den **Verordnungen nach §§ 18, 19 ArbSchG**.[59]

> **Praxishinweis**
>
> Die Frage, ob ein Arbeitgeber die Anforderungen der Voraussetzungen erfüllt oder ob ein konkretes Vorhaben des Arbeitgebers gegen durch die Verordnung sanktionierte Verhaltensnormen vorliegen, bedarf **in jedem Fall**[60] **des Rechtsrats** und der sachverständigen Prüfung. Verzichtet der Arbeitgeber darauf, so würde die Umsetzung des Vorhabens bereits eine grob fahrlässige Sorgfaltswidrigkeit darstellen, so dass der Arbeitgeber im Falle eines Verstoßes sanktionsrechtlich zu belangen wäre. Aus Compliance-Sicht ist daher eine begleitende Rechts- und Fachprüfung anzuraten.

---

[55] Zum Gefahrenbegriff vgl. Pils, DÖV.
[56] Dies wird von den Gerichten akzeptiert, VG Augsburg, 27. Juli 2009, AU 4 K 08.1846; VG München, 19.03.2010, M 16 K 11.5809.
[57] Eine Parallelvorschrift enthält § 209 SGB VII, die auf die Unfallverhütungsvorschriften abstellt.
[58] Kraft in: Gercke/Kraft/Richter, 2. Aufl. 2015, Rn. 915.
[59] Zu verfassungsrechtlichen Bedenken in Hinblick auf das Bestimmtheitsgebot, HK-ArbSchR/Schmitz, Vor § 25 ArbSchG Rn. 2.
[60] Deutlich HK-ArbSchR/Schmitz, Vor § 25 ArbSchG Rn. 2.

Darüber hinaus wird das Arbeitsschutzrecht vom **Kernstrafrecht** flankiert. In der Regel geht es um Sanktionierung der Verletzung objektiver Sorgfaltspflichten (Fahrlässigkeitsstrafbarkeit). Wenn der Erfolg – wie zum Beispiel bei Bau-Unfällen – auf der Pflichtverletzung mehrerer Personen beruht, sind diese als Nebentäter nebeneinander strafrechtlich verantwortlich.

> **Praxishinweis**
>
> Missachtet der Bauunternehmer **Sicherheitsvorschriften** und konnte dies der Bauherr erkennen, so haftet auch dieser neben dem Bauunternehmer im Falle eines Unfalls eines Beschäftigten auf der Baustelle.[61] In ähnlicher Weise haftet der Arbeitgeber neben seinem für den Arbeitseinsatz zuständigen Mitarbeiter, der seine Beschäftigten nur unzulänglich ausstattet (z. B. **fehlende Atemmasken**). Dies gilt sogar dann, wenn der zuständige Mitarbeiter aus dem Betrieb ausgeschieden ist.[62] Ein weiteres typisches Beispiel ist die **Verletzung von Arbeitszeitpflichten durch eine pflichtwidrige Organisation der Arbeitsverteilung**, zum Beispiel im Speditionsgewerbe, da dort auch mehrere Personen Nebentäter sind.[63]

(a) Ermittlungsanlässe

Typische Ermittlungsanlässe sind etwa Schadensfälle von Beschäftigten, wobei die arbeitsschutzrechtlichen Sanktionsvorschriften neben dem Kernstrafrecht (z. B. §§ 222, 229, 319 StGB) stehen. Die Behörden können auf unterschiedliche Weise über arbeitsschutzrechtliches Fehlverhalten informiert werden, etwa über (anonyme) Beschwerden von Beschäftigten, von Konkurrenten oder von Mitgliedern der Arbeitnehmervertretung. Auch ehemalige Beschäftigte oder besorgte Familienangehörige können arbeitsschutzrechtliches Fehlverhalten melden.

> **Praxishinweis**
>
> Arbeitgeber müssen die zuständige Landesbehörde informieren, wenn ein Beschäftigter aufgrund eines Arbeitsunfalls zu Tode kommt oder länger als drei Tage arbeitsunfähig ist (§ 193 Abs. 1, 7 SGB VII). Besteht die Vermutung einer Straftat, schaltet die zuständige Landesbehörde die Staatsanwaltschaft ein.

---

[61] OLG Stuttgart, 05.04.2005, 5 Sa 12/05, MJW 2005, 2567, 2568; ebenso Landau wistra 1999, 47, 49.
[62] OLG Naumburg, 25.03.1996, 2 Ss 27/96, NStZRR 1996, 229.
[63] LG Nürnberg-Fürth, 08.02.2006, 2 Ns 915 Js 144710/2003, NJW 2006, 1824, 1926; AG Köln, 14.08.2015, 902 a OWi 378/14.

(b) Sorgfaltspflichtverletzung

Verletzungen der arbeitsschutzrechtlichen Sorgfaltspflicht kann zu einer **fahrlässigen Strafbarkeit** führen. Diese liegt bereits dann vor, wenn gegen die arbeitsschutzrechtlichen Gebote, insbesondere die Arbeitsschutz- und Arbeitszeitpflichten, verstoßen wird.[64] Dies ist den Unternehmen nicht immer bewusst, insbesondere wenn es um die Arbeitsorganisation (§§ 3 ff. ArbSchG), die Arbeitszeit (§ 3 ArbZG) und die durch die Verordnungen nach §§ 18, 19 ArbSchG konkretisierten Handlungspflichten geht. **Flankierend** kommt als Sorgfaltsmaßstab die **allgemeine Verkehrssicherungspflicht** hinzu[65].

(c) Ordnungswidrigkeitentatbestände

§ 25 Abs. 1 ArbSchG normiert **drei Bußgeldtatbestände**, (i) Verstöße gegen Rechtsverordnungen (soweit diese auf § 25 Abs. 1 ArbSchG verweisen), (ii) Verstöße des Arbeitgebers gegen vollziehbare Anordnungen nach § 22 Abs. 3 ArbSchG und (ii) Verstöße gegen vollziehbare Anordnungen. In der Praxis ist § 25 Abs. 1 Nr. 1 ArbSchG besonders relevant. Maßgebliche Bußgeldtatbestände, die auf § 25 Abs. 1 Nr. 1 ArbSchG verweisen, finden sich beispielsweise in der Arbeitsstättenverordnung[66], in der Verordnung zur arbeitsmedizinischen Vorsorge[67], in der Baustellenverordnung[68], in der Biostoffverordnung[69], in der Betriebsmittelverordnung[70], in der Verordnung zu künstlichen optischen Strahlungen[71], im Mutterschutzrecht[72] oder in der Druckluft-[73], Elektromagnetische Felder-[74] und Lärm-/Vibrationsverordnung[75]. Nicht sanktioniert sind die Verordnung zur Lastenhandhabung und zur PSA-Benutzung. Sonderbußgeldtatbestände gelten für die Gefahrstoffverordnung[76] oder das Arbeitszeitgesetz[77]. **Flankierend gilt § 130 OWiG für die Verletzung von Aufsichtspflichten**, insbesondere bei fehlender oder unzureichender Bestellung von Aufsichtspersonen.[78]

---

[64] LG Osnabrück, 20.09.2013, 10 KLs 16/13, Rn. 160 ff.
[65] HK-ArbSchR/Schmitz, Vor § 25 ArbSchG Rn. 22.
[66] § 9 Abs. 1 ArbStättV.
[67] § 10 Abs. 1 ArbMedVV.
[68] § 7 Abs. 1 BaustellV.
[69] § 20 Abs. 1 BioStoffV.
[70] § 22 Abs. 1 BetrSichV.
[71] § 11 Abs. 1 OStrV.
[72] § 6 Abs. 1 MuSchArbV; § 32 MuSchG.
[73] § 22 Abs. 1 DruckLV.
[74] § 22 Abs. 1 EMFV.
[75] § 16 Abs. 1 LärmVibrations-ArbSchV.
[76] §§ 21–24 GefStoffV mit Verweis auf § 26 ChemG.
[77] § 22 ArbZG.
[78] HK-ArbSchR/Schmitz, § 25 ArbSchG Rn. 18 f.

Im Falle eines Ordnungswidrigkeitenverfahren kann dieses durch **Verwarnung** (§ 56 Abs. 1 S. 1 OWiG), durch einen **Bußgeldbescheid** oder durch **Einstellung** beendet werden. Die Höhe der Geldbuße beträgt 5.000 bzw. 25.000 Euro (§ 25 Abs. 1 Nr. 2 ArbSchG), wobei wegen der Funktion als nachdrückliche Pflichtenermahnung die Geldbuße auch höher ausfallen kann (§ 17 Abs. 4 OWiG). Zudem kommt ein **Verfall** nach § 29a OWiG[79] oder eine Geldbuße gegen die juristische Person nach § 30 OWiG in Betracht.

> **Praxishinweis**
>
> Zu beachten ist, dass ab einer Geldbuße von 200 Euro ein **Eintrag ins Gewerbezentralregister** erfolgt (§ 149 Abs. 2 Nr. 3 GewO).

Für die **Verjährung** gilt die allgemeine Zweijahresfrist des § 31 Abs. 2 Nr. 2 OWiG bzw. die Jahresfrist bei Fahrlässigkeit (§ 31 Abs. 2 Nr. 3 OWiG).[80]

(d) Straftatbestände

§ 26 ArbSchG eskaliert § 25 ArbSchG dahingehend, dass bei **Hinzutreten objektiver Gefährdungen** von Leben oder Gesundheit eines Beschäftigten **oder subjektiver Merkmale** (beharrliches Wiederholen) die Ordnungswidrigkeiten strafrechtlich zu sanktionieren sind. **Ähnliche Strukturen** finden sich im Arbeitszeit-[81], im Mutterschutz-[82] und im Jungendarbeitsschutzgesetz[83]. Im Falle des Verdachts auf Strafbarkeiten leitet die Behörde den arbeitsschutzwidrigen Vorgang zur weiteren Ermittlung an die **Staatsanwaltschaft** weiter (§ 41 Abs. 1 OWiG), die aufgrund des **Legalitätsprinzip** zur umfassenden Ermittlung des Sachverhalts verpflichtet ist.

Für das **beharrliche Wiederholen** ist zum einen erforderlich, dass sich der Täter über ein Ver-/Gebot hinwegsetzt, obgleich er Kenntnis von der Normwidrigkeit hatte und ein innerer und zeitlicher Zusammenhang zwischen mehreren Taten vorliegt.[84] Hilft beispielsweise der Täter einem arbeitsschutzwidrigen Zustand nicht ab, obgleich er bereits ähnliche Zustände abhelfen hätte müssen, kann dies ausreichend für die Beharrlichkeit des Wiederholens sein. Hinsicht-

---

[79] Vgl. zur Schätzung OLG Celle, NZV 2012, 400; Fromm, NZA 2017, 693 ff.
[80] Siehe HK-ArbSchR/Schmitz, § 25 ArbSchG Rn. 24, auch zum Unterlassen.
[81] § 23 ArbZG.
[82] § 33 MuSchG.
[83] § 58 Abs. 5 JArbSchG.
[84] Im Einzelnen HK-ArbSchR/Schmitz, § 26 ArbSchG Rn. 7 f.

lich der Gefährdung von Leben oder Gesundheit der Beschäftigten verweisen ebenfalls zahlreiche Verordnungen[85] auf § 26 ArbSchG.

Der **Strafrahmen** beträgt Geldstrafe (360 Tagessätze) oder Freiheitsstrafe bis zu einem Jahr. Daher kommen häufig Einstellungen nach §§ 153, 153a StPO in Betracht. Für die Verjährung gilt die Drei-Jahresfrist[86].

4. Beispielshafte Herausforderungen der Arbeitsschutz-Compliance

Erfahrungsgemäße Herausforderungen der Arbeitsschutz-Compliance stellen die Gefährdungsbeurteilung (inklusive Unterweisung nach § 12 ArbSchG), der Aufbau einer Arbeitsschutzorganisation und die Pflichtendelegation dar.

4.1 Gefährdungsbeurteilung und Unterweisung

Wesentliches Element des Arbeits- und Gesundheitsschutzes ist die **Gefährdungsbeurteilung** (§ 5 ArbSchG), die in der Durchführungsverantwortlichkeit des Arbeitgebers liegt. Gefährdungsbeurteilungen sind darüber hinaus in den arbeitsschutzrechtlichen Verordnungen[87] vorgeschrieben und insbesondere mit Blick auf deren Dokumentationspflichten bußgeldbewehrt, beispielsweise bezüglich Arbeitsstätten[88] oder Betriebsmittel[89].

Der Gesetzgeber geht von einer **regelmäßigen** und einer **anlassbezogenen Gefährdungsbeurteilung** aus. Eine Gefährdungsbeurteilung wird in der Regel – neben der Erstbeurteilung – bei betrieblichen Veränderungen mit Auswirkungen auf die Sicherheit und den Gesundheitsschutz (z. B. Anschaffung neuer Arbeitsmittel, Änderungen von Arbeitsverfahren/-organisation), bei Arbeitsunfällen/ Berufskrankheiten oder krankheitsbedingten Fehlzeiten oder bei Änderungen des Stands der Technik und neuen Rechtsvorschriften notwendig. Welche Gefährdungsfaktoren zu beurteilen sind, ist für jeden Betrieb eigens festzulegen, wobei § 5 Abs. 3 ArbSchG die wichtigsten und regelmäßig auch zu beurteilenden Faktoren aufzählt. Die Gefährdungsbeurteilung setzt dabei nicht nur bei

---

[85] § 9 Abs .2 ArbStättV, § 7 Abs. 2 BauStellV; § 21 Abs. 1 BiostoffV; § 23 Abs. 1 BetrSichV; § 22 Abs. 2 DruckLV; § 11 Abs. 2 OStV; § 10 Abs. 2 ArbMedVV; § 16 Abs. 2 LärmVibrationsArbSchG; § 22 EMFV; für das Gefahrstoffrecht gilt § 22 Abs. 2 GefStoffV mit Verweis auf § 27 ChemG.
[86] § 78 Abs. 3 Nr. 5 StGB.
[87] Von Stein/Rothe/Schlegel, Gesundheitsmanagement und Krankheit im Arbeitsverhältnis, Handbuch, 2015, Kapitel 3, § 4.E, S. 332 f., Rn. 146.
[88] Vgl. § 3 ArbStättV in Verbindung mit § 9 Abs. 1 Nr. 1 ArbStättV.
[89] Vgl. § 3 BetrSichV in Verbindung mit § 22 Abs. 1 Nr. 1, 2, 5, 7 BetrSichV.

Arbeitnehmern an, sondern kann – je nach Einzelfall – auch weitergehende Gruppen[90] einbeziehen.

Das Gesetz gibt **keinerlei Anhaltspunkte, wie die Gefährdungsbeurteilung durchzuführen** ist, es schreibt nur die Dokumentation derselben vor. Besteht ein Betriebsrat, ist daher dessen Mitbestimmungsrecht bei der Ausgestaltung der Gefährdungsbeurteilung zu beachten[91]. Eine ohne Betriebsrat durchgeführte Gefährdungsbeurteilung wäre – wegen der Theorie der Wirksamkeitsvoraussetzung – nichtig mit der Folge, dass – in der Regel – der Arbeitgeber die arbeitsschutzrechtlichen Pflichten nicht erfüllt hat. Mit Blick auf die Verordnungen nach §§ 18, 19 ArbSchG ist in der Regel diese Pflichtwidrigkeit bußgeldbewehrt. Treten weitere Umstände hinzu, kann dies – als *worst case* – auch mit Strafbarkeiten einhergehen.

Allgemein lässt sich folgendes **Ablaufschema einer Gefährdungsbeurteilung** festhalten[92]:

- Vor Durchführung der Gefährdungsbeurteilung findet in der Regel eine Vorpräzisierung z.B. bezüglich der Festlegung der zu beurteilenden Arbeitsbereiche und der Definition bereichsübergreifender Fragestellungen wie z.B. Flucht- und Rettungswege, Brandschutz, Beleuchtung, Sanitärräume.
- Als eigentlicher Hauptschritt der Gefährdungsbeurteilung werden die betrieblichen Gefährdungen ermittelt sowie daran anschließend eine Risikoeinschätzung und eine Risikobewertung vorgenommen.
- Kommt diese zu dem Ergebnis, dass Maßnahmen zur Risikominderung erforderlich sind, sind diese umzusetzen.
- Sodann ist deren Wirksamkeit zu überprüfen.

Für die Gefährdungsermittlung stehen **umfangreiche Handlungshilfen** zur Verfügung[93]. Unfallversicherungsträger stellen zum Beispiel branchen- und tätigkeitsbezogene Gefährdungskataloge bereit[94]. Allgemein wird zwischen einer Grob- und einer gegebenenfalls durchzuführenden Feinanalyse unterschieden. In der Praxis ist es empfehlenswert, sich anhand der von Arbeitsschutzinstitutionen entwickelten Handlungshilfen zu orientieren[95].

---

[90] Spezialvorschriften stellen §§ 11 Abs. 6, 12 AÜG da.
[91] Dazu siehe unten 4.5.
[92] Von Stein/Rothe/Schlegel, Gesundheitsmanagement und Krankheit im Arbeitsverhältnis, Handbuch, 2015, Kapitel 3, § 4.E, S. 335 ff., Rn. 153 ff.
[93] Vor allem das Portal „Gefährdungsbeurteilung" der Bundesanstalt für Arbeitsschutz und Arbeitsmedizin (BAuA), www.gefaehrdungsbeurteilung.de.
[94] Siehe etwa www.dguv.de/inhalt/preventrion/pdf/handl_bgz.
[95] Vgl. Qualitätsgrundsätze zur Erstellung von Handlungshilfen für eine Gefährdungsbeurteilung nach dem Arbeitsschutzgesetz; hierzu vgl. www.gda-portal.de und, vor allem für die

> **Praxishinweis**
> Für die Methoden stellt die BAuA[96] eine Toolbox zur Verfügung.

Bei der Risikoeinschätzung und -bewertung müssen die gesetzlichen Schutzziele mit der Betriebswirklichkeit verglichen werden. Dabei müssen Vorgaben aus Gesetzen und Verordnungen umgesetzt werden, während Technische Regeln nicht rechtsverbindlich sind, jedoch bei deren Befolgung eine Vermutungswirkung für die Ordnungsgemäßheit entfalten. Vorschriften der Unfallversicherungsträger sind für deren Versicherte ebenfalls bindend. Zur Risikobewertung stehen zahlreiche spezielle Verfahren zur Verfügung.

Maßnahmen zur Risikominimierung sind neben der Beseitigung von Gefahrenquellen auch technische und organisatorische sowie personenbezogene Schutzmaßnahmen, wobei Gefahren an der Quelle zu bekämpfen sind und das sogenannte **TOP-Prinzip** gilt, d. h. technische Maßnahmen gehen organisatorischen und sodann personellen Maßnahmen vor.

Hinsichtlich der **Dokumentation** muss sichergestellt sein, dass die Gefährdungen beschrieben sind, Arbeitsschutzmaßnahmen vorgesehen und die Wirksamkeitskontrolle festgelegt ist. In diesem Zusammenhang ist auf die **richtige Unterweisung** nach § 12 ArbSchG zu achten: Diese muss auf Grundlage der Gefährdungsbeurteilung individuell, d. h. bezogen auf den Arbeitsplatz mit seinen Arbeitsaufgaben und -tätigkeiten in der Regel vor Arbeitsbeginn, aber auch in regelmäßigen Abständen erfolgen. Fehlt die Gefährdungsbeurteilung[97], kann nur auf Erfahrungswissen zurückgegriffen werden, das jedoch die Management-Haftung in der Regel nicht entfallen lässt. Die Unterweisung muss so organisiert sein, dass sie zu einer Befähigung führt, d. h. es sind Trainings- und praktische Übungen notwendig, die auf Dialog gerichtet sind.[98] Eine rein schriftliche Unterweisung wird allenfalls bei einfachen Sachverhalten ausreichend sein.[99]

---

psychische Gefährdungsbeurteilung, http://lasi.osha.de/docs/lv_31.pdf; BDA, Die Gefährdungsbeurteilung nach dem Arbeitsschutzgesetz. Besonderer Schwerpunkt: Psychische Belastung – Ein Praxisleitfaden für den Arbeitgeber, 2013.

[96] www.baua.de; weitere Beispiele unter HK-ArbSchR/Blume/Faber, § 5 ArbSchG Rn. 82 f.
[97] Zum Fehlen von Gefährdungsbeurteilungen am Beispiel der Arbeitsstättenverordnung etwa HK-ArbSchR/Faber/Feldhoff, Einl. Arbeitsstättenverordnung Rn. 160 ff.
[98] HK-ArbSchR/Faber, § 12 ArbSchG Rn. 7 mit Fn. 21 und zuvor bereits Rn. 6 mit Verweis auf die englische Fassung des Art. 12 der EG-Rahmenrichtlinie 89/391/EWG, die von Training spricht.
[99] HK-ArbSchR/Faber, § 12 ArbSchG Rn. 6 f.

> **Praxishinweis**
>
> In der Praxis können E-Learning oder Videos verwendet werden; allerdings sollten Arbeitgeber zugleich schriftlich durch geeignete Merkblätter, Betriebsanweisungen u.s.w. die Beschäftigten unterweisen. Zudem sollte der Arbeitgeber eine Beteiligungsplattform schaffen, sei es „klassisch" durch Kommunikation der Ansprechpartner oder „moderner" zusätzlich durch Online-Chats u.s.w.

Die Unterweisung muss zudem beschäftigtengruppen-gerecht erfolgen, d.h. für ausländische Beschäftigte kann eine Übersetzung oder für spezielle Gruppen, wie z.B. junge Auszubildenden oder Berufsanfänger eine eigenständige Unterweisung erforderlich sein.[100] Klassischer Weise ist die Art und Weise der Unterweisung dem zwingenden **Mitbestimmungsrecht** des Betriebsrats insbesondere[101] aus § 87 Abs. 1 Nr. 7 BetrVG unterworfen.[102]

> **Praxishinweis**
>
> Eine Betriebsvereinbarung könnte etwa die Methoden der Unterweisung, die Vorgaben für nicht muttersprachliche Unterweisungen, die Schulungen der Unterweisenden, die Schwerpunkte der Unterweisung, den Zeitablauf und die Wiederholungshäufigkeit oder Besonderheiten bzgl. der Unterweisung der Leih- und Fremdfirmenunterweisung regeln.[103]

4.2 Arbeitsschutzorganisation

Nach § 3 Abs. 2 ArbSchG ist der Arbeitgeber zum **Aufbau einer Arbeitsschutzorganisation** verpflichtet. Diese auf Systembildung gerichtete Pflicht kann als „Rückgrat" des Arbeitsschutzes verstanden werden, da durch sie sichergestellt wird, dass der Arbeitgeber ausreichend Personal und finanzielle Mittel für den Arbeitsschutz bereitgestellt hat. **Typischerweise** stellt die Arbeitsschutzorganisation folgende Punkte dar[104]:

– Benennung der Weisungsträger in der Linie des zuständigen Mitglieds der Geschäftsleitung bis hin zum Betriebsleiter

---

[100] HK-ArbSchR/Faber, § 12 ArbSchG Rn. 8 f.
[101] Zu den weiteren Rechten aus § 81 BetrVG und 99 BetrVG vgl. HK-ArbSchR/Faber, § 12 ArbSchG Rn. 16 ff.
[102] Siehe dazu unten 7.
[103] HK-ArbSchR/Faber, § 12 ArbSchG Rn. 18 f., v.a. Rn. 19.
[104] Nöthlings, 4012 zu § 3 ArbSchG Ziffer 3.1.1, S. 17.

- Darstellung der Verantwortungshierarchie unter der Ebene des Betriebsleiters
- Delegation der Verantwortung innerhalb der Organisationseinheiten
- Aufgaben und hierarchische Position von Fachabteilungen
- Darstellung der Einbindung/Zusammenarbeit mit den Arbeitsschutzbeauftragten in die Organisation
- Darstellung der Weisungs- und Entscheidungsbefugnisse.

> **Praxishinweis**
>
> Zur praktischen Umsetzung gibt es eine ganze Reihe an Umsetzungsleitlinien, wie zum Beispiel das Occupational Health- and Risk-Managementsystem (OHRIS), den Arbeitsschutz- und sicherheitstechnischen Check in Anlagen (ASCA) oder die Fünf Bausteine für einen gut organisierten Betrieb. Zudem gibt es beispielsweise einen Leitfaden für Arbeitsschutzmanagementsysteme des Bundesministeriums für Wirtschaft und Arbeit, der obersten Arbeitsschutzbehörden der Bundesländer, der Träger der gesetzlichen Unfallversicherung und der Sozialpartner.[105]

Bei dem **Umfang der Arbeitsschutzorganisation** ist auf die **betrieblichen Verhältnisse** abzustellen. Je mehr Beschäftigte im Betrieb sind, desto höhere Anforderung können im Grundsatz an die Ausgestaltung der Arbeitsschutzorganisation gestellt werden. Kriterien sind z. B. die Art des Betriebs, die Betriebsgefahren, die Höhe der Unfallversicherungsumlagen, die Gefahrtarifstellen der Unfallversicherungsträger. Die inhaltliche Ausgestaltung der Arbeitsschutzorganisation entscheidet der Arbeitgeber, der jedoch besondere **Organisationspflichten aus den Verordnungen gemäß §§ 18, 19 ArbSchG** sowie die sonstigen arbeitsschutzrechtlichen Pflichten[106] unter Beachtung der betrieblichen Mitbestimmung[107] zu berücksichtigen hat. Wegen der zahlreichen Fragen, wie die Arbeitsschutzorganisation auszugestalten ist, hat der Betriebsrat ein zwingendes **Mitbestimmungsrecht** aus § 87 Abs. 1 Nr. 7 BetrVG[108].

---

[105] Nöthlichs, 4012 zu § 3 ArbSchG, Ziffer 3.1.1, S. 18.
[106] V. a. § 6 ArbSchG (Dokumentation), § 13 ArbSchG (Delegation), § 14 BGV A 1 (Delegation), Anzeigepflichten (§ 13 BioStoffVO), die Pflichten aus dem ASiG und § 22 SGB VII (Sicherheitsbeauftragte).
[107] Hierzu Nöthlichs, 4012 zu § 3 ArbSchG, Ziffer 6.3 und 6.5, S. 21 ff.
[108] Siehe unten 4.5, auch mit Hinweisen zu der aktuellen Diskussion um den Umfang der Mitbestimmung.

4.3 Pflichtendelegation

Dem Grundgedanken aus § 3 ArbSchG entsprechend ist der **Arbeitgeber umfassend für die Compliance im Arbeits- und Gesundheitsschutz verantwortlich**, mithin also die erste Führungseben gemeinsam. Da jedoch bereits aus Sachgründen eine arbeitsteilige Betriebs- und Unternehmensführung notwendig ist, kann diese originäre Verantwortlichkeit horizontal und vertikal auf untergeordnete Mitarbeiter oder sogar Dritte **delegiert**[109] werden. Dies bedeutet aber, dass der Arbeitgeber durch **geeignete organisatorische Maßnahmen** gesetzestreues Verhalten sicherstellen muss, d. h. er ist sowohl in der **Legalitäts-**, als auch in der **Kontrollverantwortung**. Misslingt die Organisation oder unterlaufen Fehler bei der Delegation, so verbleibt es bei der vollen Verantwortung der ersten Führungsebene.[110] Wird hingegen rechtswirksam delegiert, so bleiben gleichwohl alle[111] Mitglieder der Geschäftsleitung gleichwohl zur Kontrolle verpflichtet.[112]

Bei straf- oder ordnungswidrigrelevanten Fehlverhalten wird nicht nur auf Pflichtverletzungen der unmittelbar Handelnden bzw. (im Unterlassungsfall) der zur Handlung Verpflichteten gesehen, sondern auch etwaige **Versäumnisse bei der Organisation** untersucht. Dabei geraten nicht nur die oberste Führungsebene, sondern gerade auch das **mittlere Management** in die Pflicht.[113]

> **Praxishinweis**
>
> Ausreichend für die Verantwortlichkeit und damit für den Beginn von Vorermittlungen kann bereits sein, dass die betroffene Person in Organisationsstrukturen (durch Pläne, Handbücher u.s.w.) genannt ist.

Verantwortlich im Sinne des § 13 ArbSchG sind neben den (externen) Beschäftigten, die mit der Leitung von Betriebsteilen/Betrieben betraut sind, gerade auch die Beschäftigten, die mit der Wahrnehmung der Arbeitsschutzpflichten beauftragt wurden. Das Gesetz ermöglicht eine vertikale Pflichtendelegation von der ersten Führungsebene über das mittlere Management bis hin zum einzelnen Arbeitnehmer, wenn diese Übertragung organisatorisch geeignet ist.[114]

---

[109] Grundlegend BGHZ 127, 336, 347; Schmidt-Husson, in: Hauschka, Corporate Compliance, § 7 Rn. 21; HK-ArbSchR/Schmitz, Vor § 25 ArbSchG Rn. 35.
[110] HK-ArbSchR/Schmitz, Vor § 25 ArbSchG Rn. 36.
[111] Haas/Ziemons, in Michalski, § 43 GmbHG Rn. 170; einleuchtend LG Osnabrück, 20.09.2013, 10 KLs 16/13; Wilrich DB 2009, 1294, 1296; HK-ArbSchR/Schmitz, Vor § 25 ArbSchG Rn. 36 mit Fn. 70 m.w.N.
[112] HK-ArbSchR/Schmitz, Vor § 25 ArbSchG Rn. 36.
[113] Schliephacke, Führungswissen Arbeitssicherheit, S. 76.
[114] Wilrich DB 2009, 1294, 1295.

Voraussetzung[115] **für eine Delegation** ist an erster Stelle die **Auswahl zuverlässiger und kompetenter Personen**. Um die notwendige Kompetenz zu erwerben, bedarf es einer Befähigung. Insoweit müssen die Personen nachgewiesene Kenntnisse über den aktuellen Stand der berufsgenossenschaftlichen Vorschriften und des Arbeitsschutzes haben, zur Führung und Anleitung durch klare Formulierungen an die Beschäftigten in der Lage sein und das in ihrem tatsächlichen Tätigkeitsbereich erforderliche Fachwissen haben. Sind geeignete Personen vorhanden, müssen diese mit der gebotenen Autorität und **Weisungsbefugnis**, einschließlich der erforderlichen (finanziellen, zeitlichen u.s.w.) **Budget- und Personalkompetenz**, ausgestattet werden. Insoweit ist es maßgeblich, dass die Delegationsempfänger mit Leitungs- und Organisationsmacht ausgestattet sind. Ferner muss der zu übernehmende **Verantwortungsbereich klar und unmissverständlich** sowie **schriftlich zugewiesen** werden.[116]. Dabei ist insbesondere zu beachten, dass das zugrundeliegende **Organisationskonzept widerspruchsfrei und umsetzbar** ist. Beispielsweise würde es nicht ausreichend sein, einem Abteilungsleiter die Brandschutzpflichten dadurch zu delegieren, dass man ihn anweist, Flyer an seine Mitarbeiter zu verteilen, die den Fluchtweg und Verhaltensweisen beschreiben.

> **Praxishinweis**
>
> Um die **erheblichen Risiken fehlerhafter Delegation** zu vermeiden, sollte das Delegationskonzept im Einzelnen dargelegt werden. Dies erfordert in der Regel die Analyse der **Abgrenzbarkeit der Zuständigkeitsbereiche**, die **Befähigung der Delegationsempfänger** sowohl hinsichtlich der Kenntnisse als auch hinsichtlich des Budgets und der Personalkompetenz und **ein gelebtes Überwachungs- und Kontrollkonzept**[117]. Der Arbeitgeber muss dabei insbesondere mit leichtsinnigen Verhalten der Beschäftigten rechnen.[118] **Sorgfaltswidrig** und damit höchst gefährlich wäre eine **Delegation „auf dem Papier"** oder in Arbeitsverträgen, die Delegation an Personen ohne Budgetzuweisung oder etwa eine Delegation ohne korrekte und vollständige arbeitsschutzrechtliche Unterweisung[119]. Rechtssystema-

---

[115] Zum Nachfolgenden etwa Wilrich, DB 2009, 1294, 1296; Schorn BB 2010, 1345, 1349; HK-ArbSchR/Schmitz, Vor § 25 ArbSchG Rn. 40 mit Fn. 78 m.w.N.
[116] BGH NStZ 2013, 408; HK-ArbSchR/Schmitz, Vor § 25 ArbSchG Rn. 40.
[117] Wilrich BPUVZ 2013, 387, 390.
[118] HK-ArbSchR/Schmitz, Vor § 25 ArbSchG Rn. 28.
[119] Zum Ausschluss der Zurechnung im Rahmen der Kausalität bei korrekter Unterweisung HK-ArbSchR/Schmitz, Vor § 25 ArbSchG Rn. 25 ff.; vgl. hierzu OLG Naumburg, 25. März 1996, 2 Ss 27/96, NStZRR 1996, 229; OLG Rostock, 10. September 2004, 1 Ss 80/04 I 101/04, AuR 2006, 128, 129; OLG Bamberg, 05.07.2007, 3 Ws 44/06, NStZ-RR 2008, 10, 12.

> tisch ist dabei zu beachten, dass ohne eine **Gefährdungsbeurteilung** auch keine Delegation möglich ist.

5. Beispielhafte Herausforderungen der Gesundheitsschutz-Compliance

Compliance im Gesundheitsschutz spielt an mehreren Stellen eine große Rolle, vor allem im Zusammenhang mit Erkrankungen. Schwerpunkte können in der Praxis bei den gesundheitsrechtlichen Fragen rund um die Begründung des Arbeitsplatzes und hinsichtlich der leidensgerechten Beschäftigung, auch im Zusammenhang mit dem BEM, gesehen werden.

5.1 Gesundheitsschutz bezüglich der Begründung des Arbeitsverhältnisses

Bereits bei der **Begründung des Arbeitsverhältnisses** spielt die Compliance im Arbeits- und Gesundheitsschutz eine besondere Rolle[120]. Beispielsweise muss bei **Stellenausschreibungen** die Neutralitätspflicht aus § 11 AGG beachtet werden, so dass insbesondere bezüglich chronischer Erkrankungen und Behinderungen Vorsicht geboten ist. Die Stellenausschreibung muss in der Regel so verfasst sein, dass nicht auf körperliche Merkmale zurückgegriffen und gleichzeitig positiv besondere Belastungen etwa Reisetätigkeiten, besondere körperliche Belastungen u.s.w. erwähnt werden.[121]

> **Praxishinweis**
>
> Wird – wie bei Massenausschreibungen verbreitet – automatisiert eine Bewerbervorauswahl getroffen, muss die Software sicherstellen, dass nur solche Stellenkriterien in die Vorauswahl einbezogen werden, die mit Blick auf etwaige Diskriminierung wegen Behinderung neutral sind. Vorsicht kann z.B. bei Arbeitszeitmodellen (Schichtdiensttauglichkeit) geboten sein, da es Behinderungen gibt, bei denen eine Tätigkeit in Schichtdienst nicht möglich ist (etwa bei bestimmten psychischen Erkrankungsformen).

---

[120] Ausführlich von Stein/Rothe/Schlegel, Gesundheitsmanagement und Krankheit im Arbeitsverhältnis, Handbuch, 2015, Kapitel 1, S. 17 ff.

[121] von Stein/Rothe/Schlegel, Gesundheitsmanagement und Krankheit im Arbeitsverhältnis, Handbuch, 2015, Kapitel 1 § 1 Rn. 3 ff., S. 17 f.

Fragen nach der gesundheitlichen Eignung des Kandidaten in einem **Vorstellungsgespräch** können hingegen zulässig sein, wenn ein konkreter Arbeitsplatzbezug vorliegt. Beispielsweise[122] kann nach der Beeinträchtigung der Leistungsfähigkeit durch eine Krankheit oder zu erwartende (regelmäßige) Ausfallzeiten aufgrund Krankheit, für Kollegen ansteckende Krankheiten oder krankheitsbedingt Verzögerungen des Arbeitsaufnahmebeginns gefragt werden. Aber auch hier kommt es auf den Einzelfall an, zumal schnell die Schwelle zu unzulässigen, diskriminierenden Fragen nach einer (Schwer-)Behinderung überschritten sein kann[123]. Diese wären nur zulässig, wenn die Tätigkeit wesentlich und entscheidend nur ohne Behinderung ausgeübt werden kann, was in der Regel nur bei offensichtlichen Fällen vorkommt.[124] Besteht ein Betriebsrat, so sind dessen **Mitbestimmungerechte**, insbesondere bzgl. des Personalfragebogens (§ 94 Abs. 1 S. 1 BetrVG)[125] oder Auswahllinie (§ 95 Abs. 2 BetrVG)[126] zu beachten.

Praxishinweis

Soll nach einer Alkohol- oder Drogensucht gefragt werden, bedarf es – ausgenommen offensichtlicher Fälle wie Chirurgen, Stapler-/Baumaschinen- oder Berufs-/Kraftfahrern – einer sorgfältigen Abwägung, da diese mitunter als Behinderung gewertet werden können[127]. Fragen nach genetischen Vorerkrankungen sind ausgeschlossen,[128] ein Gentest wäre sogar bußgeld- bzw. strafbewehrt.[129]

Einstellungsuntersuchungen sind ebenfalls nur in engen Grenzen zulässig. Zu unterscheiden sind Fälle, in denen ein Gesundheitszeugnis erforderlich ist, etwa bei jugendlichen Arbeitnehmern[130], Luft- und Seepersonal[131] oder spezielle gefährlichen Tätigkeiten[132], und allgemeine Einstellungsuntersuchungen, für wel-

---

[122] Dazu BAG, 7. Juni 1984, 2 AZR 270/83, NJW 1985, 645.
[123] Von Stein/Rothe/Schlegel, Gesundheitsmanagement und Krankheit im Arbeitsverhältnis, Handbuch, 2015, Kap. 1, § 2, S. 22 f., Rn. 12 und 15 ff.
[124] „Blinder Busfahrer".
[125] Verstoßkonsequenz: § 23 Abs. 3 BetrVG (Unterlassungsanspruch).
[126] Verstoßkonsequenz wäre neben dem Unterlassungsanspruch aus § 23 Abs. 3 BetrVG ein Einstellungsverweigerungsrecht aus § 99 Abs. 2 Nr. 2 BetrVG.
[127] BAG, 14.01.2004, 10 AZR 188/03, NJOZ 2005, 2735; kritisch von Stein/Rothe/Schlegel, Gesundheitsmanagement und Krankheit im Arbeitsverhältnis, Handbuch, 2015, Kap. 1, § 2, S. 24, Rn. 20 f.
[128] § 19 Nr. 2 GenDG; dazu Fischinger, NZA 2010, 65, 68.
[129] §§ 25, 26 GenDG.
[130] § 32 Abs. 1 JArbSchG.
[131] § 12 SeeArbG („Seediensttauglichkeitszeugnis"), § 4 LuftVG, § 24a LuftVZO.
[132] Besonders wichtig: § 4 ArbMedVV; §§ 60 ff. StrahlenschutzVO, § 10 DruckluftVO, § 37 RöntgenVO.

che ebenfalls ein besonderes Interesse vorliegen muss. So können etwa psychologische Tests (Stresstest) im Einzelfall zulässig sein, wenn Stressresilienz in einem Bereich Grundvoraussetzung ist.

> **Praxishinweis**
>
> Insoweit sollte der **Arbeitsvertrag** auf die Untersuchung **aufschiebend bedingt** sein. Eine mögliche Formulierung könnte lauten: *„Das Arbeitsverhältnis beginnt am [●], jedoch nicht bevor die gesundheitliche Eignung durch die ärztliche Einstellungsuntersuchung nachgewiesen wurde."*
>
> Für die Einstellungsuntersuchung ist in der Regel eine Einwilligungserklärung erforderlich, die aufgrund der DSGVO eine ausführliche Information des Betroffenen erforderlich macht. Wegen der gesteigerten Bedeutung der Arbeitnehmerdatenschutz-Compliance bedarf es hierzu einer rechtlichen Prüfung des konkreten Einzelfalls.

5.2 Leidensgerechte Beschäftigung

Leidensgerechte Beschäftigung gilt als eine Nebenpflicht aus § 241 Abs. 2 BGB. Leidensgerechte Beschäftigung kann jeder Arbeitnehmer im Grundsatz verlangen; gesteigerte Pflichten obliegen dem Arbeitgeber bei behinderungsgerechter Beschäftigung schwerbehinderter oder gleichgestellter Arbeitnehmer[133].

> **Praxishinweis**
>
> Behinderungsgerechte Beschäftigung kann zum einen die Prüfung einer anderweitigen, vertragsgemäßen Beschäftigung, jedoch auch die Prüfung vertragsfremder Beschäftigung inklusive der Umgestaltung der Arbeitsorganisation nebst Umsetzungen erforderlich machen.

Verlangt der Arbeitnehmer eine leidensgerechte Beschäftigung, ist vom Arbeitgeber zu prüfen, ob die Zuweisung einer neuen Tätigkeit rechtlich möglich und zumutbar ist. Der Arbeitnehmer darf dabei nicht nur pauschalisiert leidensgerechte Beschäftigung verlangen, sondern muss spezifizieren, welche Tätigkeiten er sich vorstellt. Nicht ausreichend dürfte sein, dass der Arbeitnehmer nur Tätigkeiten auflistet – dies wäre kein substantiierter Vortrag. Vielmehr muss er aufgrund klarer medizinischer Grundlage plausibilisieren, dass er die von ihm begehrte Tätigkeit ausfüllen kann. Fehlt diese Plausibilisierung, kann vom Ar-

---

[133] Ausführlich von Stein/Rothe/Schlegel, Gesundheitsmanagement und Krankheit im Arbeitsverhältnis, Handbuch, 2015, Kapitel 4, § 2 E, S. 365 ff. Rn. 58 ff.

beitgeber nicht die weitere Prüfung der rechtlichen Möglichkeit und der Zumutbarkeit verlangt werden, da der Arbeitgeber keinen Einblick in die Restleistungsfähigkeit des Arbeitnehmers hat.[134]

> **Praxishinweis**
>
> Arbeitgeber müssen systemisch sicherstellen, dass das Begehren des Arbeitnehmers, leidensgerecht beschäftigt zu werden, sofort geprüft werden kann. Empfehlenswert ist es, zunächst den Arbeitnehmer aufzufordern, genau zu konkretisieren, wie er sich die leidensgerechte Beschäftigung vorstellt und auf welcher Grundlage er dazu in der Lage ist.

Hat der Arbeitnehmer widerspruchsfrei und transparent beschrieben, wie seine Restleistungsfähigkeit aussieht, muss der Arbeitgeber prüfen, ob eine Zuweisung der insoweit möglichen Tätigkeit zumutbar ist. Zumutbarkeit setzt voraus, dass keine betrieblichen Gründe oder Rücksichtnahmepflichten gegenüber anderen Arbeitnehmern entgegenstehen. Unzumutbar ist es für den Arbeitgeber, einen neuen Arbeitsplatz zu schaffen oder Tätigkeitsbereiche aus einem Arbeitsplatz herauszunehmen, die der Arbeitnehmer aufgrund seines Leidens nicht ausüben kann.[135] Allerdings kann es zumutbar sein, einen anderen Arbeitnehmer im Rahmen des Direktionsrechts zu versetzen oder Tätigkeiten diesem zu entziehen und dem Arbeitnehmer stattdessen zuzuweisen[136]. Unzumutbarkeit liegt stets vor, wenn der Betriebsrat einer derartigen Versetzung oder Neuausrichtung der Arbeitsplätze nicht zustimmt oder wenn ein Rechtsstreit zu befürchten wäre[137]. Zu beachten ist, dass eine Zuweisung nur dann erfolgen kann, wenn es sich um eine gleichwertige Tätigkeit handelt: Der Arbeitgeber ist daher nicht verpflichtet, dem Arbeitnehmer eine geringwertigere oder gar eine höherwertigere Tätigkeit zuzuweisen.[138] Die Gleichwertigkeit richtet sich nach dem tariflichen Vergütungsgruppensystem.[139]

---

[134] BAG, 13.08.2009, 6 AZR 330/08, NZR-RR 2010, 420; von Stein/Rothe/Schlegel, Gesundheitsmanagement und Krankheit im Arbeitsverhältnis, Handbuch, 2015, Kapitel 4 § 2 D, S. 362 Rn. 49.
[135] BAG, 13.08.2009, 6 AZR 330/08, NZA-RR 2010, 420.
[136] Von Stein/Rothe/Schlegel, Gesundheitsmanagement und Krankheit im Arbeitsverhältnis, Handbuch, 2015, Kapitel 4, § 2 D, S. 363 Rn. 50.
[137] BAG, 19.05.2010, 5 AZR 162/19, NZA 2010, 119; siehe auch BAG, 22. September 2009, 2AZR 519/04, NZA 2006, 486.
[138] BAG, 19.05.2010, 5 AZR 162/09, NZA 2010, 119.
[139] BAG, 13.08.2009, 6 AZR 330/08, NZA 2010, 420.

5.3 Betriebliches Eingliederungsmanagement

Unter dem **Betrieblichen Eingliederungsmanagement (BEM)** versteht man ein Verfahren, in welchem der Arbeitgeber bei einer länger als sechswöchigen Erkrankung des Arbeitnehmers im Kalenderjahr mit der zuständigen Interessenvertretung und unter Zustimmung und Beteiligung des betroffenen Arbeitnehmers die Möglichkeiten einer Überwindung der Arbeitsunfähigkeit bzw. die Verhinderung einer erneuten Arbeitsfähigkeit zum Zwecke der Erhaltung des Arbeitsplatzes abklärt (§ 167 Abs. 2 S. 1 SGB IX[140]).

Die **Nicht-Durchführung des BEM** ist in der Regel nicht bußgeldbewehrt, außer bezüglich Schwerbehinderter und Gleichgestellter, da die Nichtdurchführung zugleich die Unterrichtungs- und Anhörungspflicht der Schwerbehindertenvertretung verletzt (§ 238 Abs. 1 Nr. 8 SGB IX).[141] Allerdings kommen Schadensersatz-[142] und Entschädigungsansprüche[143] hinzu. Praktisch wichtigste Folge ist, dass ohne die ordnungsgemäße Durchführung des BEM eine krankheitsbedingte Kündigung faktisch aufgrund der umgekehrten Darlegungslast ausgeschlossen ist.[144] Besonders herausfordernd ist zudem die arbeitnehmerdatenschutzrechtliche Compliance, da insoweit zahlreiche Rechtsfragen noch ungeklärt sind.[145]

Das Gesetz gibt damit nur einen Rahmen vor, der – bei Bestehen eines Betriebsrats – ausgestaltungspflichtig ist und **in der Regel eine Betriebsvereinbarung** nach § 87 Abs. 1 Nr. 1 BetrVG erforderlich macht[146]: Zu regeln ist etwa die Art und Weise der Verfahrenseinleitung, die Bestimmung der Ansprechpartner/des

---

[140] Das Betriebliche Eingliederungsmanagement ist in § 167 Abs. 1 S. 2 SGB IX legal definiert; zur sozialversicherungsrechtlichen Förderung siehe von Stein/Rothe/Schlegel, Gesundheitsmanagement und Krankheit im Arbeitsverhältnis, Handbuch, 2015, Kapitel 5, § 2, S. 519 ff.

[141] Von Stein/Rothe/Schlegel, Gesundheitsmanagement und Krankheit im Arbeitsverhältnis, Handbuch, 2015, Kapitel 5, § 9 F, S. 596 Rn. 24 f.

[142] Von Stein/Rothe/Schlegel, Gesundheitsmanagement und Krankheit im Arbeitsverhältnis, Handbuch, 2015, Kapitel 5, § 9 D, S. 594 Rn. 15 ff.

[143] § 15 Abs. 2 AGG; von Stein/Rothe/Schlegel, Gesundheitsmanagement und Krankheit im Arbeitsverhältnis, Handbuch, 2015, Kapitel 5, § 9 D, S. 594 f. Rn. 18 f.

[144] Ausführlich Schmidt, B., Gestaltung und Durchführung des BEM, 2014, S. 44 ff. Rn. 87 ff. von Stein/Rothe/Schlegel, Gesundheitsmanagement und Krankheit im Arbeitsverhältnis, Handbuch, 2015, Kapitel 5, § 9 C, S. 592 f. Rn. 8–13.

[145] Vgl. Stein/Rothe/Schlegel, Gesundheitsmanagement und Krankheit im Arbeitsverhältnis, Handbuch, 2015, Kapitel 5, § 7, S. 571 ff.

[146] Mustertexte finden sich auf den Seiten des BMAS, der Landschaftsverbände, der Gewerkschaften, der Arbeitgeberverbände und der Sozialversicherungen; vgl. auch von Stein/Rothe/Schlegel, Gesundheitsmanagement und Krankheit im Arbeitsverhältnis, Handbuch, 2015, Kapitel 4, § 4 A, S. 530 und § 8 S. mit weiteren Nachweisen; statt vieler Schmidt, B., Gestaltung und Durchführung des BEM, 2014, S. 16 Rn. 31 ff. und S. 115 Rn. 229 mit Beispiel einer Betriebsvereinbarung.

BEM-Teams, die Einschaltung der betrieblichen Vertretungen und des Betriebsarztes, die Verfahrensrechte der Betroffenen und die Korrespondenzpartnern sowie die Umsetzung von BEM-Maßnahmen und der Abschluss des Verfahrens. Im Rahmen des nachfolgenden **Ablaufplans** sind folgende Punkten aus gesundheitsschutzrechtlicher Compliance rechtlich zu prüfen:

- **Systematische Überprüfung auf längere Erkrankungen**: Der Arbeitgeber (in der Praxis die Personalabteilung) hat systemisch sicherzustellen, dass im Falle einer Erkrankung von mehr als sechs Wochen ein BEM-Verfahren eingeleitet wird, was in der Regel die Information des BEM-Teams/des Betriebsrats erfordert.

- **Information**: Grundlegend ist die korrekte und vollständige Information des betroffenen Arbeitnehmers. Das Gesetz enthält nur allgemeine Vorgaben, etwa hinsichtlich der Freiwilligkeit. In der Praxis sollte sichergestellt werden, dass das Informationsschreiben die Hinweise auf die Freiwilligkeit, die Ziele und den Datenschutz enthält und das Verfahren bei Zustimmung erläutert. Zudem sollten die Teilnehmer des BEM-Verfahrens genannt werden. Auf die Folgen einer Nichtmitwirkung des Arbeitnehmers am BEM ist ebenfalls hinzuweisen. Es ist empfehlenswert, bereits im Informationsschreiben einen ersten Termin für das BEM-Gespräch anzubieten.

> **Praxishinweis**
>
> In der Praxis wird bisweilen vor der formellen Einleitung ein informelleres Kontaktgespräch zur Akzeptanzsteigerung angeregt[147]. Rechtlich ist dies jedoch nicht geboten. Vielmehr kann dieses Kontaktgespräch je nach Durchführung auch das BEM-Gespräch belasten. Rechtlich ausschlaggebend ist in diesem Stadium allein die ordnungsgemäße Information. Aufgrund der Bedeutung der Information ist deren Zugang sicherzustellen. Eine persönliche Zustellung ist daher aus rechtlichen Gründen notwendig.

- **Vorbereitung des BEM-Erstgesprächs**: Für die Durchführung des BEM-Erstgesprächs muss sichergestellt werden, dass alle notwendigen Informationen bezüglich des Arbeitnehmers und des Arbeitsplatzes zusammengestellt sind. Regelmäßig sind dies die Qualifikation des Arbeitnehmers, die Untersuchungsergebnisse/Arztberichte, betriebliche Organigramme, Arbeitsplatzbeschreibungen und die Gefährdungsbeurteilung des Arbeitsplatzes. Zudem muss sichergestellt werden, dass beim BEM auch die Pflichtmitglieder (Arbeitgebervertreter, Interessenvertretung, Betroffener) anwesend sind und

---

[147] Stein/Rothe/Schlegel, Gesundheitsmanagement und Krankheit im Arbeitsverhältnis, Handbuch, 2015, Kapitel 5, § 4 B, S. 531 f. Rn. 9 ff.

fallabhängige Mitglieder eingeladen werden, so z. B. der Betriebsarzt, das Integrationsamt, interne/externe Fachkräfte (z. B. SIFA, Suchtbeauftragter).

> **Praxishinweis**
> Verlangt der Betroffene die Hinzuziehung eines Anwalts oder einer Vertrauensperson, ist zunächst sicherzustellen, dass der „gesetzliche" Vertreter entsprechend informiert wird. Da jedoch in dem Verlangen regelmäßig eine „bedingte Zustimmung" zur Teilnahme zu sehen ist, wird man die Beteiligung des Rechtsanwalts in der Praxis nicht verweigern können.

- **BEM-Gespräch**: Die Anforderungen an das BEM-Gespräch sind zwar von der Rechtsprechung konkretisiert worden, jedoch sind zahlreiche Fragen nach wie vor offen[148]. Allgemein legt die Rechtsprechung auf ein faires, am Einzelfall orientiertes, ergebnisoffenes Verfahren wert. Die Mindestanforderungen lassen sich in formelle[149] und materielle Gesichtspunkte[150] unterscheiden. In der Praxis wird im BEM-Erstgespräch geklärt, ob die Erkrankung betriebliche Ursachen hat, ob die Leistungsfähigkeit eingeschränkt ist (insbesondere ob Arzt-/Reha- oder Betriebsarztstellungnahmen vorliegen), ob der Arbeitnehmer die Anforderungen des Arbeitsplatzes noch erfüllen kann oder ob – aus ärztlicher Sicht – ein Wechsel anzuraten ist, welche Vorstellungen der Arbeitnehmer hat und ob eine Umsetzung des Arbeitnehmers auf einen anderen freien Arbeitsplatz in Frage kommt. In der Regel sollte ein Ziel sein, ein Anforderungsprofil zu erstellen, aus dem sich ergibt, welche Arbeitsplätze für den Arbeitnehmer überhaupt in Frage kommen. Dabei spielen die in der Gefährdungsbeurteilung festgestellten besonderen Belastungen eine erhebliche Rolle. Werden dort z. B. besondere Anforderungen an die Konzentrationsfähigkeit festgestellt, ist ein Arbeitnehmer mit Einschränkungen diesbezüglich nicht sinnvoll einsetzbar auf diesen Arbeitsplätzen. In dem Anforderungsprofil sollte auch berücksichtigt werden, welche arbeitszeitlichen oder organisatorischen Maßnahmen notwendig sind. Oftmals werden Folgegespräche notwendig, da dieses Element des BEM-Gesprächs besonders zeit- und arbeitsintensiv sein kann.

- **Maßnahmenvereinbarung**: Die auf Grundlage des ersten BEM-Gesprächs gefundenen Erkenntnisse müssen durch konkrete Maßnahmen umgesetzt werden. Oftmals ist medizinischer oder externer Sachverstand notwendig.

---

[148] Vgl. etwa BAG, 10.12.2009, 2 AZR 198/09 und 2 AZR 400/08.
[149] Beispielsweise: Einbeziehung der zu beteiligenden Stellen, Ämter und Personen.
[150] Etwa: Kein Ausschluss von Anpassungs- und Änderungsmöglichkeiten, sachliche Erörterung der Vorschläge, technische Anpassungen des Arbeitsplatzes, Umorganisation und Umsetzung u.s.w.

Denkbar können etwa weitere medizinische Maßnahmen zur Rehabilitation, eine stufenweise Wiedereingliederung, Arbeitsassistenz, behindertengerechte Ausstattung des Arbeitsplatzes oder Veränderungen der Arbeitsumgebung, Änderungen der Arbeitszeit und der Organisation bzw. Arbeitsveränderungen, befristete Probearbeiten, Umschulungen sein.

> **Praxishinweis**
>
> Rechtlich muss bei einer alternativen Beschäftigung geprüft werden, ob diese **zumutbar** ist. Ähnlich wie beim leidensgerechten Arbeitsplatz verlangt die Rechtsprechung grundsätzlich nicht die Versetzung von anderen Arbeitnehmern, die Schaffung eines „Wunscharbeitsplatzes" oder die Freikündigung. Allerdings ist es zumutbar, wenn der Arbeitgeber durch schlichtes Ausüben des Direktionsrechts eine Maßnahme umsetzen kann.[151] **Vorsichtig** ist geboten, wenn z. B. im Arbeitsvertrag **Direktionserweiterungsklauseln** vorhanden sind, da diese dann im Rahmen der Zumutbarkeit mit zu berücksichtigen sind.

- **Wirksamkeitsüberprüfung**: Die Wirksamkeit der Maßnahmen ist zu überprüfen.
- **Abschlussgespräch**: Im Abschlussgespräch wird der Erfolg/Misserfolg des BEM-Verfahrens festgestellt. Je nach dem Einzelfall kann jedoch auch ein Ergebnis des BEM-Verfahrens sein, dass weitere Maßnahmen erforderlich werden.
- **Dokumentation**: Das Erstgespräch, die Maßnahmenvereinbarung und die Umsetzung sind zu dokumentieren. Festgehalten werden sollte die Zustimmung/Ablehnung des Arbeitnehmers zur Mitwirkung am BEM-Gespräch, die weiteren Schritte und die Maßnahmen und die datenschutzrechtlich gebotene Weiterverarbeitung der Daten.

6. Einführung in die Arbeitszeit-Compliance

Arbeitszeit-Compliance spielt insbesondere mit Blick auf die **Digitalisierung** eine große Rolle.[152] Das Thema „Arbeitszeit-Compliance" genießt – trotz der eher geringeren Anzahl von Bußgeldbescheide[153] – branchenübergreifend große

---

[151] Stein/Rothe/Schlegel, Gesundheitsmanagement und Krankheit im Arbeitsverhältnis, Handbuch, 2015, Kapitel 5, § 4 D, S. 540 ff. Rn. 56 ff.
[152] Vgl. dazu den Koalitionsvertrag, V.1 Gute Arbeit 2314 ff. zu Experimentierräume für tarifgebundene Unternehmen oder zur Bedeutung von Arbeitszeitflexibilität für Familien.
[153] 2009 gab es 1.367 Bußgeldbescheide; 2013 vier Strafverfahren.

Aufmerksamkeit in den Medien.[154] Dies liegt auch daran, dass Realität und gesetzliche Vorgaben mitunter signifikant auseinanderfallen: Nach dem Stressreport 2012 und dem Arbeitszeitreport 2018 arbeiten 18 % aller männlichen Kollegen mehr als 48 Stunden pro Woche, 39 % der Mitarbeiter sind im Urlaub erreichbar, wobei dies 15 % als Belastung empfinden. 37 % der Arbeitnehmer sind ständig erreichbar.[155]

Arbeitszeit-Compliance betrifft nicht nur die Einhaltung des Arbeitszeitgesetzes, d. h. die Einhaltung der Höchstarbeitszeitgrenzen, Ruhepausen, Ruhezeiten und Sonn-und Feiertagsbeschäftigungsverbote. Vielmehr greifen **verzahnt etliche Regelungsbereiche** zur Arbeitszeit überein, etwa spezielle Regelungen für besonders schutzwürdige Arbeitnehmergruppen[156], branchenbezogene Regeln[157], Vergütungsrecht[158], Tarif- und Betriebsverfassungsrecht, allgemeines Arbeitsschutzrecht (v. a. bzgl. der Gefährdungsbeurteilung) oder Urlaubsrecht.

6.1 Sanktionsbewehrtheit

Das Arbeitszeitrecht ist Teil des sozialen Arbeitsschutzes, der rechtssystematisch den technischen Arbeitsschutz ergänzt. Ihm eigen ist ein besonderes **arbeitszeitrechtliches Sanktionensystem**, das – neben zahlreichen Spezialvorschriften[159] – seine Grundlage in §§ 22, 23 ArbZG findet. Der Bußgeldrahmen bei § 22 ArbZG reicht bis zu Geldbußen von 15.000 Euro[160]. In besonders schweren Fällen kommt es gem. § 23 ArbZG zu Freiheitsstrafen bis zu einem Jahr. Es muss zudem beachtet werden, dass das arbeitszeitrechtliche Sanktionensystem das arbeitsschutzrechtliche oder kernstrafrechtliche ergänzt.

> **Praxishinweis**
>
> Der **Bußgeldkatalog des Länderausschusses für Arbeitsschutz und Sicherheitstechnik** (LASI)[161] sieht beispielsweise als Regelsatz für die Über-

---

[154] Pressebeispiele: Arbeiten bis der Staatsanwalt kommt, Manager-Magazin 1. Juli 2015; Spiegel, 21.11.2015.
[155] Vgl. hierzu Kohte, Editorial AuR 7/2017.
[156] So im Mutterschutzgesetz der im Jugendarbeitsschutzgesetz; vgl. auch § 207 SGB IX.
[157] Wie z. B. das FahrpersonalG und die FahrpersonalV, § 21a ArbZG, das Europäische Übereinkommen über die Arbeit des im internationalen Straßenverkehr beschäftigten Fahrpersonals, für das Flugpersonal (2. DV LuftBO; 20 ArbZG), das SeearbeitszeitG und die See-ArbeitszeitV, die Off-Shore ArbeitszeitV, die DruckluftVO.
[158] Vor allem MiLoG.
[159] Z. B. § 8a FpersG; § 8 Kraftfahrzeug-ArbZG; Vorschriften für Verkaufspersonal.
[160] Richter in: Gercke/Kraft/Richter, 2. Aufl. 2015, Rn. 779.
[161] Siehe http://lasi-info.com/uploads/media/LV_60_Bussgeldkataloge_Soz_Arbsch_24.06.2014.pdf.

schreitung der Höchstarbeitszeitgrenzen oder der Ruhezeiten (pro angefangener 15 Minuten) ein durchschnittliches Bußgeld von 75 Euro pro Stunde und Arbeitnehmer vor. Verstöße gegen die Dokumentationspflicht können mit bis zu 1.600 Euro sanktioniert werden. Hinzu tritt in aller Regel eine Verfallsanordnung nach § 29 OWiG, die sich beispielsweise in einem Betrieb mit mehr als hundert Beschäftigten bei 35 Verstößen gegen die Höchstarbeitszeit zu einem Verfall von 50.000 Euro[162] summieren kann.

Neben dem repressiven Handeln stehen den Aufsichtsbehörden eine Vielzahl von Befugnissen zu Verfügung, die im Wesentlichen denen des Arbeitsschutzgesetzes entsprechen (vgl. § 17 Abs. 2, 5 ArbZG). Die **Aufsichtsbehörde** ist jedoch in jedem Fall **verpflichtet**, **Beschwerden** über die Einhaltung des Arbeitszeitgesetzes **nachzugehen**[163].

6.2 Grundlagen des Arbeitszeitgesetzes und Arbeitszeitbegriffs

Dem Arbeitszeitgesetz[164] liegt seit 1918 einen **8-Stunden-Tag**[165] bei einer **6-Tage-Woche** zugrunde, wobei Sonn- und Feiertags nicht gearbeitet werden darf. Diese Tagesarbeitszeit kann auf maximal 10 Stunden pro Tag, also 60 Stunden pro Woche erhöht werden. In diesem Fall sieht das Gesetz vor, dass innerhalb eines Zeitraums von sechs Monaten oder 24 Wochen durchschnittlich die 8 Stunden eingehalten werden (§ 3 S. 2 ArbZG). Hinzukommen im Voraus feststehende[166] **Ruhepausen** (§ 4 ArbZG) und die elfstündigen **Ruhezeiten** (§ 5 ArbZG), die nur in den gesetzlichen Fällen (z. B. in Krankenhäusern, Pflegediensten, Gaststätten, Verkehrsbetrieben) auf zehn Stunden verkürzt werden kann. **Sondervorschriften** gelten für Nacht- und Schichtarbeit (§ 6 ArbZG) und das Verbot der Sonn- und Feiertagsbeschäftigung (§ 9 ArbZG). Anwendung findet das ArbZG auf alle Arbeitnehmerinnen und Arbeitnehmer mit Ausnahme der in § 18 ArbZG abschließend aufgeführten Personengruppen, wie leitende Angestellte, Leiter öffentlicher Dienststellen, etc. Hingewiesen sei auch auf die speziellen Regelungen der §§ 19 ff. ArbZG.[167]

---

[162] Das Beispiel ging von einem Lohndurchschnittssatz von 6 Euro/Stunde aus.
[163] HK-ArbSchR/Arndt-Zygar/Busch, § 17 ArbZG Rn. 11.
[164] Zur Anwendbarkeit siehe insbesondere §§ 18, 20, 21 ArbZG.
[165] Arbeitszeiten mehrerer Arbeitsverhältnisse werden zusammengerechnet, HK-ArbSchR/Reim, § 2 ArbZG Rn. 71 ff.; LAG Brandenburg, 27.05.2005, 5 Sa 141/04; VG Köln, 22.11.2012, 1 K 4015/11.
[166] Nicht ausreichend ist eine „Planung" von Ruhezeiten von zwei Stunden im Voraus, HK-ArbSchR/Reim, § 4 Rn. 20 f.
[167] Richter in: Gercke/Kraft/Richter, 2. Aufl. 2015, Rn. 785–787.

Eine Schlüsselrolle nimmt der vielschichtige **Arbeitszeitbegriff**[168] ein. Entscheidend ist es, dass es beim Arbeitszeitbegriff auf das **faktische Tätigsein** für den Arbeitgeber ankommt – unerheblich ist die Art der Aufgabe oder die Intensität der Arbeitsleistung. Zwar wird weithin vertreten, dass nur dann Arbeitszeit vorliegt, wenn der Arbeitgeber diese Tätigkeit angefordert hat. In der Praxis ist dieses Anfordern aber bereits dann zu bejahen, wenn der Arbeitnehmer für den Arbeitgeber (geduldet) tätig wird oder wenn – wie häufig – der Arbeitgeber die Arbeitsleistung des Arbeitnehmers entgegennimmt. Die Frage, ob diese Tätigkeit vergütet werden muss, ist davon zu trennen: Arbeitet beispielsweise ein Arbeitnehmer aus intrinsischer Motivation nach dem Feierabend, so wäre dies zwar Arbeitszeit im Sinne des Arbeitszeitgesetzes, jedoch nicht zwingend auch vergütungspflichtige[169] Arbeitszeit. Anderseherum liegt nach verbreiteter Ansicht dann keine Arbeitszeit vor, wenn der Arbeitnehmer während seiner Arbeit Privatangelegenheit erledigt.[170]

Praxishinweis
Höchst praxisrelevant ist die Differenzierung von Wegezeiten und Zeiten für Dienstreisen,[171] soweit es sich nicht um arbeitsvertraglich geschuldete Hauptleistungspflichten (z. B. bei LKW-Fahren) handelt. Wegezeiten, d. h. der Weg vom Wohnort zum Arbeitsort, fallen grundsätzlich nicht unter die Arbeitszeit, während Wege im Betrieb und vom Betrieb zu außerhalb des Betriebs gelegenen Arbeitsorten Arbeitszeit sind. Reist ein Arbeitnehmer von zu Hause direkt zum außerhalb des Betriebs liegenden Arbeitsort an, so ist Arbeitszeit die Zeit, die über den direkten Weg vom Wohnort zum betrieblichen Arbeitsort hinausgeht. Bei Dienstzeiten wird nach der Belastungstheorie des BAG[172] zwischen Zeiten unterschieden, in denen der Arbeitnehmer arbeitet oder entspannen kann. Zur Vermeidung von Streitigkeiten über die Reisezeitvergütung empfehlen sich mit Blick auf die jüngere BAG-Rechtsprechung[173] klare (Arbeitsvertrags-)Regeln.

---

[168] von Stein/Rothe/Schlegel, Gesundheitsmanagement und Krankheit im Arbeitsverhältnis, Handbuch, 2015, Kap. 2, § 4, S. 196 f., Rn. 23 ff. mit weiteren Erläuterungen zu Wegezeiten, Dienstreisen, Dusch- und Umziehzeiten, Betriebsratstätigkeit, Arbeitsbereitschaft, Bereitschaftsdienst, Rufbereitschaft.
[169] Vgl. aber BAG, 24.08.2016, 5 AZR 129/16, DB 2017, 313.
[170] HK-ArbSchR/Reim, § 2 ArbZG Rn, 9 m. Fn. 22; a. A. (immer Arbeitszeit) Anzinger/Koberski, § 2 ArbZG Rn. 8 (abstellend auf das Verständnis, dass Arbeitszeit die Zeit zwischen Arbeitsbeginn und Arbeitsende ist).
[171] Vgl. die prägnante Darstellung bei von Stein/Rothe/Schlegel, Gesundheitsmanagement und Krankheit im Arbeitsverhältnis, Handbuch, 2015, Kap. 2, § 4, S. 196 f. Rn. 24 ff.
[172] BAG, 23.07.1996, 1 ABR 17/96; BAG 11. Juli 2006, 9 AZR 519/05.
[173] BAG, 17.10.2018, 5 AZR 553/17.

6.3 Flexibilisierungsmöglichkeiten

Flexibilisierungs- und Abweichungsmöglichkeiten sind insbesondere in § 7 ArbZG[174] enthalten. Dabei kommen Tarifverträgen besondere Schlüsselrollen zu – insoweit können die Arbeitsvertragsparteien keine eigenständigen Regelungen treffen. Besteht ein Betriebsrat, so können im Falle von tariflichen Öffnungsklauseln Betriebsvereinbarungen geschlossen werden – eine Generaldelegierung auf den Betriebsrat sieht das Arbeitszeitrecht nicht vor.

> **Praxishinweis**
>
> Es bedarf einer **genauen Prüfung**, ob Ausnahmen von § 7 ArbZG greifen. **Unterlässt** der Arbeitgeber diese Prüfung, kann dies bereits als **grob fahrlässige Verletzungshandlung** angesehen werden. Ähnlich aufmerksam sind auch die Behörden, wenn es darum geht, durch Outsourcing mittels Werk- oder Dienstverträgen die Anwendbarkeit des Arbeitszeitgesetzes auszuhebeln[175].

Vor diesem Hintergrund ist ein Arbeitszeitkonzept, das von einer (geduldeten[176]) **ständigen Erreichbarkeit**[177] oder **Vertrauensarbeitszeit** ausgeht, besonders herausfordernd[178]: Auch hierfür gelten die Regelungen zu den Pausen-, Ruhe- und insbesondere die Höchstarbeitszeiten. Nach allgemeiner Ansicht ist es mit dem sozialen Schutzgedanken des Arbeitszeitrechts nicht vereinbar, beispielsweise bei nur kurzzeitigen Unterbrechungen von Ruhezeiten oder Pausen das Arbeitszeitgesetz teleologisch zu reduzieren und insoweit Ausnahmetatbestände zuzulassen[179]. Gleichwohl ist die Einführung solcher Modelle rechtlich denkbar. Allerdings muss – abgesehen von den arbeitszeitrechtlichen Heraus-

---

[174] Weitere Ausnahmetatbestände sind in § 10 und § 14 ArbZG enthalten.
[175] Vgl. HK-ArbSchR/Reim, § 2 ArbZG Rn. 79 f.
[176] Arbeitszeitrechtlich kommt es nach richtlinienkonformer Auslegung nicht darauf an, ob die ständige Erreichbarkeit explizit angeordnet wird oder nur geduldet ist, solange nicht ausdrücklich das Konzept der ständigen Erreichbarkeit z. B. aufgrund einer Betriebsvereinbarung ausgeschlossen: Schuchart, AuR 2016, 341; zu der Diskussion HK/ArbSchR/Reim, § 2 ArbZG Rn. 35 mit Fn. 87 f. m.w.H.
[177] Bezüglich der Arbeitszeit muss zwischen den Zeiten, in denen der Arbeitnehmer tatsächlich arbeitet, und Zeiten differenziert werden, in denen er lediglich verpflichtet oder bereit ist, Arbeitsleistungen zu erbringen (= Rufbereitschaft); dazu Kohte, NZA 2015, 1417, 1423; Wiebauer, NZA 2016, 1430, 1433; HK-ArbSchR/Reim, § 2 ArbZG Rn. 35; Wisskirchen/Schiller, DB 2015, 1163, 1167.
[178] Kohte, NZA 2015, 1417 ff. mit Hinweis auf das Arbeitsschutzrecht.
[179] Einleuchtend mit Hinweis auf den Gesundheitsaspekt, HK-ArbSchR/Reim, § 5 ArbZG Rn. 12 f.

forderungen – aufgrund des **Gesundheitsgefährdungspotenzials**[180] der Arbeitgeber insbesondere darauf in der **Gefährdungsbeurteilung nach § 5 ArbSchG** eingehen.

> **Praxishinweis**
>
> Vertrauensarbeitszeit oder ständige Erreichbarkeit reicht nicht aus, um Organisationsdefizite oder Bequemlichkeiten einzelner Mitarbeitergruppen auszugleichen. Das Konzept der ständigen Erreichbarkeit kann arbeitsschutzrechtlich nicht als Maßnahme eingesetzt werden, diese Defizite auszugleichen,[181] da das Kernproblem in der defizitären Arbeitsorganisation nicht beseitigt, sondern verschärft werden würde. Oftmals können verbesserte Stellvertreterregelungen bereits organisatorisch ausreichend sein.[182]

6.4 Dokumentationspflicht

Hohe Bedeutung erlangt die bußgeldbewehrte[183] **Dokumentationspflicht** nach § 16 Abs. 2 ArbSchG, die exemplarisch für spezielle Dokumentationspflichten im Bereich der Arbeitnehmerüberlassung[184], des Fahrpersonals im Straßentransport[185] oder der Offshore-Tätigkeit[186] dargestellt werden soll. Das Gesetz schreibt nicht vor, in welcher Form die Aufzeichnung zu erfolgen hat. Grundsätzlich würde z.B. eine Excel-Tabelle ausreichen, wenn diese manipulationssicher und ausdruckbar abgespeichert ist. Denkbar sind auch elektronische Lösungen[187]. Es muss jedoch sichergestellt werden, dass diese Lösungen ein realistisches Bild zeichnen. Ein „Login-Zeiterfassungssystem" oder eine Verknüpfung von Zeiterfassung und Zugangskontrollen ist nicht in jedem Fall ausreichend, da unter Umständen Arbeitszeiten nicht dokumentiert werden, obgleich diese hätten dokumentiert werden müssen (z.B. Dienstreisen mit dem eigenen PKW). Die Art der Aufzeichnung ist zwingend mitbestimmt (§ 87 Abs. 1 Nr. 1 BetrVG), soweit ein Betriebsrat besteht.

---

[180] Für die ständige Erreichbarkeit HK-ArbSchR/Kohte, § 8 ArbZG Rn. 14; zur Vertrauensarbeitszeit, HK-ArbSchR § 5 ArbZG Rn. 13 m.w.N.
[181] Vgl. Hassler/Rau, IGA 23-2016, S. 26 ff.
[182] Durlach/Renaud AuR 2017, 196, 197.
[183] Siehe §§ 22 Abs. 1 Nr. 8 und 9 ArbZG.
[184] § 17c AÜG.
[185] Vollaufschrieb nach § 21a Abs. 7 ArbZG.
[186] § 8 Offshore-ArbZV.
[187] von Stein/Rothe/Schlegel, Gesundheitsmanagement und Krankheit im Arbeitsverhältnis, Handbuch, 2015, Kap. 2, § 4, S. 203, Rn. 50.

> **Praxishinweis**
>
> Arbeitszeit-Erfassung wird oftmals über Apps versucht. Aus Compliance-Sicht muss sichergestellt werden, dass die App den Anforderungen des Arbeitszeitrechts, aber auch des Datenschutzes gerecht wird. Besteht ein Betriebsrat, so hat dieser ein zwingendes Mitbestimmungsrecht (§ 87 Abs. 1 Nr. 1, 6 BetrVG).

Der Wortlaut von § 16 ArbSchG bedarf nach einer jüngeren Entscheidung des Europäischen Gerichtshofs vom 14. Mai 2019[188] einer korrigierenden Auslegung. Denn nach dem Wortlaut müsste nur die Arbeitszeit über acht Stunden hinaus aufgezeichnet werden. Nunmehr verlangt der **Europäische Gerichtshof eine vollständige, transparente Erfassung aller Arbeitszeiten.**

> **Praxishinweis**
>
> Auch nach der Entscheidung bleibt Vertrauensarbeitszeit weiterhin möglich. Diese entbindet aber den Arbeitgeber nicht von seiner arbeitszeitrechtlichen Dokumentationspflicht. Allerdings kann der Arbeitgeber die Dokumentationspflicht delegieren, muss aber sicherstellen, dass – z.B. über geeignete Überwachungsmaßnahmen – eine Kontrolle der Korrektheit der Arbeitszeitdokumentation erfolgt.[189]

Die Entscheidung des Europäischen Gerichtshofs zur **Arbeitszeitdokumentation** wendet sich in erster Linie zwar an die Mitgliedstaaten. Mittelbar werden jedoch auch Unternehmen mit den strengeren Anforderungen konfrontiert, ein **objektives, verlässliches und zugängliches System** einzurichten, mit dem die von einem jeden Arbeitnehmer geleistete tägliche Arbeitszeit gemessen werden kann. Im Kern bestätigt der Europäische Gerichtshof die teilweise in der Literatur und Praxis bereits vorherrschende Ansicht, wonach für eine Arbeitszeitdokumentation nach § 16 Abs. 2 ArbSchG der Beginn, die Pausen und das Ende der täglichen Arbeitszeit sowie der Ausgleichszeitraum[190] erfasst werden muss. Dies leuchtet ein, da ansonsten nicht festgestellt werden kann, ob über acht Stunden tatsächlich gearbeitet und ob der Ausgleichszeitraum berücksichtigt wurde. Der Gerichtshof lässt jedoch offen, wie das von ihm geforderte manipulationssichere System im Einzelnen ausgestaltet werden müssen. Festgehalten werden kann, dass eine betriebliche Praxis ohne Arbeitszeitaufzeichnungen rechtswidrig ist. Vor diesem Hintergrund sollte folgendes beachtet werden:

---

[188] EuGH, 14.05.2019, C-55/18 – CCOO vs. Deutsche Bank.
[189] Einzelheiten sind streitig, vgl. HK-ArbSchG/Kohte, § 16 ArbZG Rn. 14.
[190] Vgl. etwa HK-ArbSchR/Kohte, § 16 ArbZG Rn. 11 f.

- Unternehmen sollten **klare Arbeitszeit-Strukturen** schaffen: Das Urteil zwingt zur System-Bildung, d. h. zum Vorhalten von Strukturen, die präventiv Arbeitszeitverstöße verhindern und konsequent ahnden. Erforderlich ist eine klare Struktur, in der es Regelungen und Prozesse zur Arbeitszeiterfassung sowie vor allem deren Überprüfung durch Führungskräfte gibt. Notwendig sind zudem beispielsweise klare Arbeitsanweisungen, eindeutige Zuordnungen von Aufgaben und klare Stellvertreterregelungen.
- Jedes Unternehmen sollte die eigenen und branchentypischen **Gefährdungslagen untersuchen** und die einzelnen Tätigkeiten in Blick nehmen. Beispielsweise wird man über Trainingsmaßnahmen Mitarbeiter befähigen müssen, Arbeitszeitverstöße zu erkennen und zu verhindern. Eine hemdsärmelige Praxis á la „informeller Eigenaufschrieb" dürfte damit Rechtsgeschichte sein.
- Arbeitszeit-Compliance zwingt nicht nur zur Beachtung des Arbeitszeitrechts, sondern auch zur Compliance mit verknüpften Rechtsgebieten wie Datenschutz (Stichwort: Mitarbeiterkontrolle) oder Gesundheitsschutz (Stichwort: Psychische Belastungen).
- Aufgrund der vielfältigen Pflichten wird die **Delegation von Unternehmerpflichten** – wie die Einhaltung der Arbeitszeitgrenzen – auf zuverlässige und befähigte Mitarbeiter immer bedeutsamer. Auch nach dem Urteil des EuGH darf der Arbeitgeber die Arbeitszeiterfassung den Arbeitnehmern delegieren. Erst wenn er merkt, dass das nicht funktioniert, muss er wieder selbst kontrollieren. Insoweit spricht man von einer partiellen Delegation, da der Arbeitgeber eine hohe Restverantwortlichkeit hat.

Praxishinweis

Eine Delegation auf alle Arbeitnehmer wäre strukturell nicht möglich. Die Delegation der Arbeitgeberpflichten setzt voraus, dass der Delegationsempfänger Leitungs- und Organisationsmacht hat, gegebenenfalls arbeitszeitwidrige Umstände umzustellen.

Ob zukünftig weitere und schärfere Sanktionierung bei Nicht-Einführung eines Arbeitszeiterfassungssystems drohen, bleibt abzuwarten. Die Entscheidung bietet aber auch Chancen: Eine bessere betriebliche Datenlage zur Arbeitszeitbelastung deckt beispielsweise Fehlbelastungen auf und stärkt die Mitarbeiterzufriedenheit. Unternehmen können auch durch Arbeitszeitanalysen Doppel-Arbeiten oder Auslastungsschwankungen erkennen.

7. Betriebliche Mitbestimmung

Arbeits- und Gesundheitsschutz-Compliance bedeutet insbesondere die ordnungsgemäße **Beteiligung des Betriebsrats**[191]. Das Betriebsverfassungsgesetz sieht ein gestuftes System der Beteiligung des Betriebsrats[192] vor, das von **Beteiligungs- und Mitwirkungsrechten** (§§ 89 Abs. 2, 90 Abs. 2 BetrVG[193]) über die allgemeine **Überwachungspflicht** nach § 80 BetrVG bis hin zur **zwingenden Mitbestimmung** reicht.[194] Deren **Kernvorschrift** ist neben § 91 BetrVG in der Praxis meistens § 87 Abs. 1 Nr. 7 BetrVG, welche bei kollektiven Sachverhalten in der Regel mangels Tarifvertragsbestimmungen[195] und mangels Verwaltungsakterlasses (v. a. nach § 22 ArbSchG)[196] einschlägig ist. In aller Regel ist der **örtliche Betriebsrat** für die Mitbestimmung **zuständig**[197]. Der Wortlaut ist grundsätzlich weit zu verstehen und umfasst beispielsweise auch die Mitbestimmung bezüglich der Prävention. Allerdings muss in jedem Einzelfall geprüft werden, ob eine Beteiligung des Betriebsrats erforderlich ist oder nicht – oftmals eine umstrittene Frage[198]. Mit Blick auf die europarechtlichen Vorgaben dürfte ein weites Verständnis der Mitbestimmung grundsätzlich geboten sein. Allgemein gilt, dass die betriebliche Mitbestimmung abstrakt-generelle Vorgaben des Arbeits- und Gesundheitsschutzrechts ausgestaltet. Dies ist auch der Normalfall.[199] Nur wenn – ausnahmsweise – kein Handlungsspielraum besteht, kann z. B. die Mitbestimmung ausgeschlossen sein.

Die folgende **Übersicht** zeigt die **häufigsten Mitbestimmungsrechte**[200] des Betriebsrats **bezüglich des Arbeitsschutzgesetzes** auf:

---

[191] Auf die Beteiligung des Personalrats kann nur am Rande eingegangen werden.
[192] Dieser hat insoweit auch einen Schulungsanspruch aus § 37 Abs. 6 BetrVG und das Recht der Bestellung von Sachverständige.
[193] Beachte insoweit die Bußgeldbewehrtheit aus § 121 BetrVG.
[194] Überblick auch bei Pils, CB 2017, 170 ff.
[195] Grundlegend BAG, 17.11.1988, 1 ABR 12/98.
[196] Hierzu HK-ArbSchR/Nitsche, § 87 BetrVG Rn. 20.
[197] Dazu und zu den Ausnahmen, HK-ArbSchR/Nitsche, § 87 BetrVG Rn. 28.
[198] Zum Beispiel wird bei Fitting für die Arbeitsschutzorganisation nach § 3 ArbSchG vertreten, dass kein Mitbestimmungsrecht besteht, da es sich um eine reine Organisationsmaßnahme des Arbeitgebers handelt; zum Streit HK-ArbSchR/Blume/Faber, § 3 ArbSchG Rn. 107 m.w.N., v. a. mit Fn. 217 bis 219.
[199] HK-ArbSChR/Nitsche, § 87 BetrVG Rn. 19.
[200] Vgl. auch Pils, CB 2017, 170 ff. m.w.N. auch zur Rechtsprechung im Einzelnen.

Stichwort	§§	Kommentar
Arbeitsschutz-organisation	§ 3 Abs. 1 ArbSchG	Auch Generalklauseln sind nach dem BAG grundsätzlich gemäß § 87 Abs. 1 Nr. 7 BetrVG mitbestimmungspflichtig.[201] Fehlt es – wie häufig – an einer Gefährdungsbeurteilung, muss der Betriebsrat sorgfältig darlegen, welche arbeitsschutzrechtlichen Ziele er verfolgt und worin er eine konkrete bestehende Gefährdung sieht.[202]
Organisations-pflichten	§ 3 Abs. 2, § 13 Abs. 2 ArbSchG	Die Mitbestimmungspflicht gemäß § 87 Abs. 1 Nr. 7 BetrVG gilt nicht nur für die allgemeinen Organisationspflichten, sondern auch für spezielle Pflichten z. B. aus § 22 SGB VII oder aus dem ASiG[203], Regelung von Verantwortlichkeiten und Zuständigkeiten sowie In- bzw. Outsourcing[204] oder für die Fachkunde.[205]
Gefährdungs-beurteilung	§ 5 ArbSchG	Mitbestimmungspflichtig gemäß § 87 Abs. 1 Nr. 7 BetrVG ist die Durchführungsweise der Gefährdungsbeurteilung, vor allem bzgl. der Instrumente und Methoden, der Schwerpunktsetzung, der Zuständigkeiten, der Zeitplanung, der Maßnahmen u.s.w. Spezialgesetze, wie z. B. das Arbeitsstättenrecht, enthalten ebenfalls Verpflichtungen zur Gefährdungsbeurteilung, die ebenfalls mitbestimmungspflichtig sind.
Dokumentation	§ 6 ArbSchG	Die Ausgestaltung der Dokumentation unterliegt der Mitbestimmung gemäß § 87 Abs. 1 Nr. 7 BetrVG, insbesondere die Ausgestaltung und der Umfang der Dokumentation, wobei bei digitaler Erfassung auch § 87 Abs. 1 Nr. 6 BetrVG in Betracht kommt.
Aufgaben-übertragung	§ 7 ArbSchG	Die Frage, wie Aufgaben auf Beschäftigte übertragen werden, damit die Beschäftigten diese sicher und gesund ausüben können, unterliegt der Mitbestimmung nach § 87 Abs. 1 Nr. 7 BetrVG. Mitbestimmungspflichtig ist etwa die Frage, wie die Fähigkeiten des Beschäftigten zur sicheren und gesunden Arbeit festzustellen sind.

---

[201] BAG, 02.04.1996, 1 ABR 47/95, NZA 1996, 998; 16.06.1998, 1 ABR 68/97, NZA 1999, 49 und insbesondere BAG, 07.06.2016, 1 ABR 25/14 NZA 2016, 1420 ff.
[202] HK-ArbSchR/Nitsche, § 87 BetrVG Rn. 31 und 33.
[203] HK-ArbSchR/Nitsche, § 87 BetrVG Rn. 35.
[204] HK-ArbSchR/Nitsche, § 87 BetrVG Rn. 36 und 37.
[205] HK-ArbSchR/Nitsche, § 87 BetrVG Rn. 38.

Stichwort	§§	Kommentar
Leiharbeiter und Fremdfirmen	§ 8 ArbSchG	§ 8 Abs. 1 ArbSchG bzw. § 6 DGUV Vorschrift 1 „Grundsätze der Prävention" verpflichten die Arbeitgeber bei Einsatz mehrerer Arbeitnehmer zur Zusammenarbeit und zur gegenseitigen Unterrichtung und Abstimmung von Arbeitsschutzmaßnahmen, etwa bei der Bestellung eines Koordinators. Die Form und der Rahmen der wechselseitigen Information, die Vorgehensweise und Instrumente der Gefährdungsbeurteilung beim Einsatz von Fremdfirmenpersonal, die Abstimmung von gemeinsamen Schutzmaßnahmen oder der organisatorische Rahmen der Zusammenarbeit/Besprechungen u.s.w. sind gemäß § 87 Abs. 1 Nr. 7 BetrVG mitbestimmungspflichtig. Diese Verpflichtung betrifft auch den Fremdfirmeneinsatz.[206]
besondere Gefahren	§ 9 ArbSchG	Ausgestaltungsbedürftig und damit gemäß § 87 Abs. 1 Nr. 7 BetrVG mitbestimmungspflichtig ist insbesondere die Beschränkung des Zugangs zu gefährlichen Arbeitsbereichen und die Information sowie Qualifikation der Beschäftigten bei besonderen Gefahrenlagen.
Notfallmaßnahmen	§ 10 ArbSchG	Regelungen zur Ersten Hilfe/Notfallmaßnahmen sind mitbestimmungspflichtig gemäß § 87 Abs. 1 Nr. 7 BetrVG. Dies betrifft etwa die Alarmierungswege, die Evakuierungsabläufe, aber auch die Benennung von Ersthelfern, Brandbekämpfern und Evakuierungshelfern.
Vorsorge	§ 11 ArbSchG	Die Ausgestaltung der arbeitsmedizinischen Vorsorge, z.B. die Intervalle der Vorsorgeuntersuchungen, die Ärzteauswahl, die Wunschvorsorge u.s.w., unterliegen der Mitbestimmung.[207]
Unterweisung	§ 12 ArbSchG	Nach dem BAG hat der Betriebsrat bei der Unterweisung ein umfassendes Mitbestimmungsrecht. Da die Unterweisung nach dem BAG erst nach Durchführung der Gefährdungsbeurteilung erfolgen kann, sollten Arbeitgeber – mit Blick auf die oftmalige Bußgeldbewehrtheit bei unterbliebener Unterweisung – zumindest eine Grundunterweisung der Beschäftigten nach § 81 Abs. 1, 2 BetrVG, 14 Abs. 1 ArbSchG vornehmen.[208]

Das **Mitbestimmungsrecht** aus § 87 Abs. 1 Nr. 7 BetrVG ist ebenfalls hinsichtlich der ausfüllungsbedürftigen **Arbeitgeberpflichten aus den Verordnungen nach §§ 18, 19 ArbSchG** zu beachten. Dies gilt etwa für die Arbeitsstättenver-

---

[206] Zudem ist der Arbeitgeber verpflichtet, sich zu vergewissern, dass die Arbeitnehmer der Fremdfirma ordnungsgemäß angewiesen wurden, § 8 Abs. 2 ArbSchG; vgl. insoweit DGUV Information 215–830 „Einsatz von Fremdfirmen im Rahmen von Werkverträgen".
[207] HK-ArbSchG/Nitsche, § 87 BetrVG Rn. 51.
[208] Höchst streitig, HK-ArbSchR/Nitsche, § 87 BetrVG Rn. 45.

ordnung[209], die Betriebssicherheitsverordnung[210], die Anforderungen an die Bildschirmarbeit[211], die Lastenhebe- und Lärm-/Vibrationsverordnung[212], die Anforderung aus der OStrV[213] und etlichen weiteren Verordnungen[214]. Weitere Mitbestimmungsrechte, insbesondere auch aus § 87 Abs. 1 BetrVG, bestehen hinsichtlich des Mutter- und Jugendarbeitsschutzes[215], der Arbeitszeit[216], des betrieblichen Eingliederungsmanagements nach § 167 SGB IX[217] oder des Arbeitssicherheitsrechts[218].

8. Gesundheits- und Arbeitsschutz-Compliance in M&A-Transaktionen

In **Transaktionen** ist es selbstverständliche Pflicht, die Compliance im Arbeits- und Gesundheitsschutz im Rahmen der **Due Diligence** zu untersuchen. Die in der Praxis heiklere Frage ist jedoch, ob die typischen Maßnahmen der Risikominimierung durchsetzbar und verhandelbar sind. Dies ist branchenbezogen und betriebsbezogen zu beantworten. So kann es sein, dass bei der Feststellung arbeitsstättenrechtlicher Mängel erheblicher baulicher Nachbesserungsbedarf besteht, der als Kaufpreisreduktion, als Freistellung oder auch als Closing-Bedingung in der Kaufvertragsurkunde abgebildet werden kann. Typischerweise sollten die **Tiefe der Risikoprüfung mit dem Mandanten** besprochen werden. Folgende Fragen sollten im Rahmen einer Due Diligence jedenfalls gestellt werden[219]:

---

[209] Beispiele: Gefährdungsbeurteilung, Eirichtung der Arbeitsstätte (etwa Raumgröße, Verkehrswege, Arbeitsumgebung, v. a. Höchst-/Mindesttemperaturen, Wartungs- und Prüfpflichten, Reinigungen u.s.w.), HK-ArbSchR/Nitsche, § 87 BetrVG Rn. 53 f.
[210] Beispiele: Beschaffungsvorgang, Beschaffungsleitfäden, Eignung der Arbeitsmittel für spezifische Tätigkeiten; HK-ArbSchR/Nitsche, § 87 BetrVG Rn. 55.
[211] Beispiele: Softwareergonomie und ergonomische Ausgestaltung; auch zur mobilen Arbeit, die wohl auch in die Arbeitsstättenverordnung einbezogen ist (so jedoch streitig), HK-ArbSchR/Nitsche, § 87 BetrVG Rn. 56.
[212] Beispiele: Unterweisung, manuelle Handhabung von Lasten bzw. Lärmminderungsprogramme u.s.w.; HK-ArbSchR/Nitsche, § 87 BetrVG Rn. 57 f.
[213] Beispiele: Gefährdungsbeurteilung, Unterweisung, arbeitsmedizinische Vorsorgung, Aufgaben des Laserschutzbeauftragten u.s.w.; HK-ArbSchR/Nitsche, § 87 BetrVG Rn. 59.
[214] Zur GefStoffV, zur BioStoffV, zur BaustellV, zur ArbMedVV siehe etwa HK-ArbSchR/ Nitsche, § 87 BetrVG Rn. 60–63.
[215] HK-ArbSchR/Nitsche, § 87 BetrVG Rn. 64 f.
[216] HK-ArbSchR/Nitsche, § 87 BetrVG Rn. 66 ff., insbesondere Rn. 68 zur ständigen Erreichbarkeit.
[217] HK-ArbSchR/Nitsche, § 87 BetrVG Rn. 69 ff.
[218] HK-ArbSchR/Nitsche, § 87 BetrVG Rn. 73 ff.
[219] Allgemein siehe Willemsen/Henssler/Schweibert/Seibt, Umstrukturierung, K Rn. 35.

- Bitte legen Sie eine Liste aller Arbeitnehmer und sonstiger Dritten vor, die mit arbeits- und gesundheitsschutzrechtlichen Aufgaben betraut sind.
- Bitte legen Sie die Gefährdungsbeurteilung vor und beschreiben Sie, welche Pflichten bezüglich des Arbeitsschutzes in den Betrieben des Unternehmens zu erfüllen sind, insbesondere bezüglich der Arbeitssicherheit.
- Bitte beschreiben Sie die Arbeitsschutzorganisation.
- Bitte legen Sie die Unterweisungen vor.
- Bitte legen Sie Ihr Delegationskonzept vor, insbesondere die Delegationsschreiben.
- Bitte legen Sie uns die Protokolle des Arbeitsschutzausschusses der letzten drei Jahre vor.
- Bitte legen Sie – nach Themen geordnet und mit einer Kurzinhaltsangabe versehen – sämtliche kollektivrechtlichen Vereinbarungen zum Arbeits- und Gesundheitsschutz vor. Bitte beschreiben Sie die Zusammenarbeit mit dem Betriebsrat und der Gewerkschaft in Bezug auf die rechtlichen Anforderungen des Arbeits- und Gesundheitsschutzes.
- Bitte legen Sie uns sämtliche behördliche Korrespondenz im Zusammenhang mit arbeits- und gesundheitsschutzrechtlichen Themen vor, insbesondere auch bezüglich Arbeitsunfällen.

Natürlich können – je nach Einzelfall – weitere Fragen zum Beispiel zur Arbeitszeitdokumentation, zur Zusammenarbeit mit Dritten und Leiharbeitnehmer u.s.w. gestellt werden. Im Kaufvertrag wird man in der Regel über Garantien oder Freistellungen, jedoch auch jüngst immer mehr mit Einpreisungen (Kaufpreisreduktion) arbeiten. Allerdings gilt zu beachten, dass nur selten Arbeitgeber in der Lage sein werden, umfassend die Erfüllung aller arbeits- und gesundheitsschutzrechtlichen Aspekte zu erfüllen.

9. Zusammenfassung und Ausblick

Die Komplexität der Arbeits- und Gesundheitsschutz-Compliance macht es notwendig, dass dieses Thema höchste Management-Attention erhält. Dabei geht es nicht nur um die Vermeidung von Bußen oder Strafbarkeiten. Vielmehr geht es auch und gerade im Arbeits- und Gesundheitsschutz um die Schaffung von günstigen Arbeitsbedingungen. Die Arbeits- und Gesundheitsschutz-Compliance zwingt zu Investition in den Arbeitsplatz und den Arbeitnehmer. Dieses Element trägt langfristig zur Verbesserung der Wettbewerbssituation und zum nachhaltigen Wachstum des Unternehmens bei.

Social-Media-Guidelines

Susan Weltz

Literatur

Bücher: Müller-Glöge, Dr. Rudi/Preis, Dr. Dr. Ulrich/Schmidt, Ingrid, Erfurter Kommentar zum Arbeitsrecht, 19. Auflage, 2019; Schirmbacher, Martin, Online-Marketing- und Social-Media-Recht, Das umfassende Praxis-Handbuch für alle rechtlichen Fragen im Marketing, 2. Auflage, 2017; Kiel, Dr. Heinrich/Lunk, Dr. Stefan/Oetker, Dr. Hartmut, Münchener Handbuch zum Arbeitsrecht, Band 1: Individualarbeitsrecht, 4. Auflage, 2018; Säcker, Dr. Dr. Franz Jürgen/Rixecker, Dr. Roland/Oetker, Dr. Hartmut/Limperg, Bettina, Münchener Kommentar zum BGB, 7. Auflage 2016; Richardi, Dr. Reinhard, Betriebsverfassungsgesetz: BetrVG, Beck'sche Kommentare zum Arbeitsrecht, Band 5, 15. Auflage, 2016; Schaub, Dr. Günter/Koch, Prof. Dr. Ulrich Arbeitsrecht von A–Z, 23. Auflage, 2018; Schulz, Mike, Ethikrichtlinien und Whistleblowing – Arbeitsrechtliche Aspekte der Einführung eines Compliance-Systems, 2010; Solmecke, Christian/Wahlers Jakob, Recht im Social Web, 1. Auflage, 2014; Thüsing, Gregor/Wurth, Gilbert, Social Media im Betrieb, Arbeitsrecht und Compliance, 1. Auflage, 2015; Ulbricht, Carsten, Praxishandbuch Social Media und Recht, Rechtssichere Kommunikation und Werbung in sozialen Netzwerken, 4. Auflage, 2018.

Aufsätze: Borsutzky, Dr. Andreas, Soziale Netzwerke – Regelungskompetenz des Arbeitgebers und Mitbestimmungsrechte des Betriebsrates, Neue Zeitschrift für Arbeitsrecht, S. 647 ff.; Fuhlrott, Dr. Michael/Oltmann, Sönke: Social Media im Arbeitsverhältnis – Der schmale Grat zwischen Meinungsfreiheit und Pflichtverletzung, Neue Zeitschrift für Arbeitsrecht, 2016, S. 785 ff.; Steffen, Markus LL.M./Stöhr, Dr. Alexander: Die Umsetzung von Compliance-Maßnahmen im Arbeitsrecht, Recht der Arbeit, 2017, 43 ff.; Stöhr, Dr. Alexander; Die Inhaltskontrolle von Arbeitsverträgen auf dem Prüfstand, Zeitschrift für Arbeitsrecht, 2013, 213 ff.

Die zunehmende Digitalisierung und die immer stärkere Vernetzung von Internetnutzern auf der ganzen Welt bergen nicht nur Vorteile, sondern auch Risiken für Unternehmen. Der nachfolgende Beitrag soll den Arbeitgeber auf mögliche Probleme im Zusammenhang mit dem Verhalten von Arbeitnehmern auf Social-Media-Plattformen aufmerksam machen und präventive Lösungsansätze aufzeigen.

1. Die unbegrenzten Möglichkeiten des Internets

Das Internet ist mittlerweile als fester Bestandteil in unseren Alltag integriert. Nahezu jedes Unternehmen verfügt über eine Internetpräsenz. Viele Unternehmen sind zusätzlich in den sozialen Netzwerken vertreten. Ebenso nutzen immer mehr Privatpersonen die mediale Aufmerksamkeit, um sich selbst darzustellen, Fotos und Aktivitäten mit Freunden und der Öffentlichkeit zu teilen oder um sich schlicht auszutauschen. Über sog. Echtzeit-Medien wie beispielsweise Twitter können Internetnutzer Informationen im Internet zu jeder Zeit binnen weniger Sekunden veröffentlichen oder gerade veröffentlichte Beiträge einsehen, abspeichern und weiterverbreiten.

Solche Informationen sind nicht immer privater Natur, sondern betreffen zunehmend auch die Unternehmensbelange und sind daher für Unternehmen besonders risikoreich. So kann es mitunter vorkommen, dass Arbeitnehmer unternehmensrelevante oder vertrauliche Informationen öffentlich bekannt machen. Unerwünschte Kommentare im Internet und in den sozialen Medien sind oftmals dazu geeignet, den Arbeitgeber in ein schlechtes Licht zu rücken oder ihm zu schaden.

Jedoch können sich auch private Kommentare von Arbeitnehmern, beispielsweise fremdenfeindlicher oder homophober Art, welche öffentlich verbreitet werden und daher von jedermann zu sehen sind, negativ auf den Ruf und das Ansehen eines Unternehmens auswirken. Dies gilt insbesondere dann, wenn die Unternehmenszugehörigkeit des jeweiligen Arbeitsnehmers für Dritte ersichtlich ist. Auf einigen sozialen Netzwerken, wie Facebook, können Nutzer den Arbeitgeber angeben oder sich mit ihm verlinken. Ob diese Information Dritten gegenüber zugänglich ist, hängt von den Privatsphäre-Einstellungen des jeweiligen Account-Inhabers ab.

1.1 Das Internet als Informationsquelle

Binnen Sekunden ist es möglich, sich online zu allen erdenklichen Fragestellungen Informationen zu verschaffen. Hierzu müssen wir uns nicht einmal mehr zwingend an den Computer setzen und uns einwählen. Vielmehr nutzen wir unser Smartphone oder wenden uns direkt an Siri, Alexa und Co., die uns unsere Fragen jederzeit beantworten.

Je schneller sich Informationen verbreiten, desto größer ist die Notwendigkeit, der Veröffentlichung nachteiliger Informationen präventiv entgegenzuwirken, um nachteilige Auswirkungen zu verhindern.

1.2 Das Internet als Kommunikationsmedium

Das Internet dient jedoch nicht nur als Informationsquelle, sondern ist mittlerweile eines der wichtigsten Kommunikationsmittel sowohl für Privatpersonen als auch für Unternehmen. Hierbei gibt es zahlreiche Formen der Kommunikation, z. B. die Kommunikation via E-Mail, Whatsapp oder Skype, in der es überwiegend um die Kommunikation zwischen zwei Personen geht. Die ausgetauschten Informationen bleiben also in einem geschützten Raum zwischen Versender und Empfänger und sind daher vertraulich.

Dem Einzelnen stehen darüber hinaus aber auch Formen der Massenkommunikation zur Verfügung, die ihm die Möglichkeit geben, eine Vielzahl von Personen auf unterschiedliche Art und Weise zu adressieren. Zur Massenkommunikation dienen vor allem die sozialen Netzwerke, sog. Social Media. Über diese Plattformen können sich Nutzer – unabhängig davon, ob sie sich persönlich kennen oder nicht – vernetzen und Inhalte veröffentlichen und miteinander teilen. Eines der bekanntesten Social-Media-Netzwerke ist Facebook mit weltweit rund 2,32 Milliarden aktiven Nutzern.[1]

Bei dieser Art der Kommunikation besteht die Gefahr, dass sich die zur Verfügung gestellten Informationen über den adressierten Empfängerkreis ausbreiten, ohne dass der Verfasser hierauf Einfluss nehmen kann.

Zwar kann der ursprüngliche Verfasser den Beitrag nach dem Veröffentlichen wieder löschen, doch ist der Beitrag damit nicht aus der Welt. Interessante Informationen, an denen ein gewisses Geheimhaltungsinteresse besteht, verbreiten sich oft besonders schnell und werden durch andere Internet- oder Social-Media-Nutzer gespeichert oder geteilt, ohne dass der ursprüngliche Verfasser hierauf Einfluss nehmen kann. Es reicht also gerade nicht aus, dass der Verfasser den Beitrag einfach löscht, da sich dieser bereits ohne Zutun des Verfassers weiterverbreitet haben kann. Das Internet vergisst nicht.

Twitter warnt seine Nutzer daher wie folgt: „Beachten Sie, dass Suchmaschinen und andere Drittanbieter möglicherweise Kopien Ihrer öffentlichen Informationen aufbewahren können, beispielsweise Ihre Profil-Daten und öffentlichen Tweets, selbst nachdem Sie die Informationen aus unseren Diensten gelöscht oder Ihren Account deaktiviert haben."[2]

Es gibt jedoch nicht nur Nutzer, die den Drang verspüren, ihre Mahlzeiten oder sonstige Aktivitäten mitzuteilen. Immer mehr Nutzer nutzen das Internet auch, um ihrem Ärger Luft zu machen, was zu unüberlegten Handlungen führen kann, die im Nachhinein zum Teil bereut werden.

In den Datenschutzbestimmungen von Twitter heißt es hierzu etwa wie folgt: *„Twitter ist öffentlich und Tweets sind sofort für jeden weltweit sichtbar und auffindbar."*[3] Auch Facebook weist seine Nutzer auf diese Problematik hin: *„Öffentliche Informationen können von jedem auf oder außerhalb von unseren Produkten gesehen werden, also auch, wenn er/sie kein Konto hat."*[4]

---

[1] https://allfacebook.de/toll/state-of-facebook.
[2] https://twitter.com/de/privacy – Stand 10.06.2019.
[3] https://twitter.com/de/privacy – Stand 10.06.2019.
[4] https://www.facebook.com/privacy/explanation/ – Stand 10.06.2019.

Hier gilt daher einmal mehr: Vorsorge ist besser als Nachsorge. Unternehmen sollten sich so früh wie möglich mit dem Thema Compliance beschäftigen, damit unternehmensschädigenden Kommentaren von Mitarbeitern in den sozialen Netzwerken präventiv entgegengewirkt werden kann.

2. Zahlen und Fakten

Mehr als jeder Dritte (38 Prozent) kann sich ein Leben ohne soziale Netzwerke nicht mehr vorstellen. Unter den 14- bis 29-Jährigen ist es sogar jeder Zweite (49%). 9 von 10 Internetnutzern (87 Prozent) sind inzwischen in sozialen Netzwerken angemeldet. Besonders von den 14- bis 29-Jährigen ist nahezu jeder dabei (98 Prozent). Ähnlich sieht die Situation bei den 30- bis 49-Jährigen aus (92 Prozent). Das geht aus einer repräsentativen Umfrage unter 1.212 Internetnutzern ab 14 Jahren im Auftrag des Digitalverbands Bitkom hervor.[5]

Zugang zu den Social-Media-Plattformen verschaffen sich die meisten Nutzer (82%) über das Smartphone.[6] Sie sind daher jederzeit dazu in der Lage, mit jeder beliebigen Person in Echtzeit zu kommunizieren oder Beiträge anderer Personen zu lesen, zu kommentieren oder weiterzuverbreiten.

---

[5] https://www.bitkom.org/Presse/Presseinformation/Jeder-Dritte-kann-sich-ein-Leben-ohne-Social-Media-nicht-mehr-vorstellen.html.

[6] https://www.bitkom.org/Presse/Presseinformation/Jeder-Dritte-kann-sich-ein-Leben-ohne-Social-Media-nicht-mehr-vorstellen.html.

Zwei von drei Social-Media-Nutzern (67 Prozent) sagen, dass sie durch die Plattformen auf Meinungen zu bestimmten Themen aufmerksam werden, die sie sonst nicht wahrgenommen hätten.[7]

Hierzu ein ganz einfaches Beispiel: Person A und Person B sind bei Facebook befreundet. Person B veröffentlicht einen Beitrag auf Facebook. Person A kann den Beitrag in genau diesem Moment lesen, kommentieren und auch weiterverbreiten. Es besteht zudem die Möglichkeit, die Funktionen so einzustellen, dass Nutzer eine Push-Nachricht auf ihr Smartphone erhalten, sobald eine andere Person einen Beitrag veröffentlicht oder kommentiert. Dies ermöglicht Nutzern, Beiträge von anderen Nutzern in Echtzeit, also zeitlich unmittelbar nach dem veröffentlichen, zu lesen.

3. Beispiele aus der Rechtsprechung

Viele Social-Media-Nutzer sind sich nicht darüber im Klaren oder haben sich schlicht noch keine Gedanken darüber gemacht, dass ihr Handeln auf den sozialen Netzwerken weitreichende Konsequenzen sowohl strafrechtlicher als auch arbeitsrechtlicher Art haben kann. Im Folgenden finden Sie eine kleine Auswahl an Beispielen aus dem Alltag der Gerichte.

3.1 Das Veröffentlichen von Patientenfotos

Eine Arbeitnehmerin eines Krankenhauses, die auf der Kinderintensivstation arbeitet, veröffentlichte unerlaubt Bilder von Patienten auf ihrer privaten Facebook-Seite. Diese Bilder waren für ihre „Facebook-Freunde" sichtbar, unter denen sich auch Arbeitskollegen befanden. Unter anderem veröffentlichte sie Fotografien, auf welchen sie gemeinsam mit einem schwer kranken, sterbenden Neugeborenen zu sehen war. Eine Erlaubnis zur Veröffentlichung der Bilder lag nicht vor. Die Arbeitnehmerin war der Ansicht, es sei ihre Privatsache, „was sie auf Facebook posten würde".[8]

3.2 Die Beleidigung von Vorgesetzten auf Facebook

In einem weiteren Fall veröffentlichte ein Arbeitnehmer ein Bild seiner verletzten Hand auf seiner Facebook-Pinnwand. Die Pinnwand war für seine Facebook-Freunde und Freundes Freunde[9] einsehbar. Unter dem Bild entwickelte

---

[7] https://www.bitkom.org/Presse/Presseinformation/Jeder-Dritte-kann-sich-ein-Leben-ohne-Social-Media-nicht-mehr-vorstellen.html.
[8] LAG Berlin-Brandenburg, Urteil vom 11.04.2014 – 17 Sa 2200/13.
[9] Freundes Freunde sind Freunde von Freunden eines Internetnutzers. Beispiel: A und B sind bei Facebook befreundet. B kann die Beiträge des A sehen und kommentieren. Sobald B

sich eine lebhafte Diskussion, an der sich unter anderem auch Arbeitskollegen beteiligten. Gegenstand der Diskussion war der Arbeitsunfall und die damit einhergehende Krankmeldung. Unter anderem wurden Vorgesetzte mittels Schweine- und Bärenkopf-Emoticons beleidigt und als Spanferkel betitelt. Der Arbeitnehmer war sich keiner Schuld bewusst und vertrat den Standpunkt, dass es sich um eine private Kommunikation in einem geschützten Raum gehandelt habe. Über den Empfängerkreis habe er sich keine Gedanken gemacht.[10]

3.3 Rassistische Äußerung durch Teilen eines Bildes

Ein polnischer Arbeitnehmer teilte ein Bild, welches das Eingangstor des Konzentrationslagers Auschwitz mit der Tor-Überschrift „Arbeit macht frei" zeigte. Unterhalb des Bildes befand sich ein polnischer Text, der übersetzt „Polen ist bereit für die Flüchtlingsaufnahme" lautete. Nachdem der Arbeitgeber von dem Sachverhalt erfahren hatte, löschte der Arbeitnehmer sein Facebook-Profil und entschuldigte sich in einer schriftlichen Stellungnahme aufrichtig für die Vorkommnisse unter anderem mit den Worten „Mir war leider nicht klar was ich mit dieser blöden Aktion anrichte" und „Bitte entschuldigen Sie nochmals diese dumme, leichtsinnige Tat".[11]

3.4 Unzulässige Werbung durch eigene Arbeitnehmer

Ein als Verkäufer tätiger Arbeitnehmer eines Autohauses warb auf seiner privaten Facebook-Seite für den Kauf von Kraftfahrzeugen bei dem namentlich benannten Autohaus unter Hinweis auf seine dienstliche Telefonnummer. Das Landgericht Freiburg urteilte, dass das Autohaus für Wettbewerbsverstöße eines Arbeitnehmers nach § 8 Abs. 2 UWG auch dann haftet, wenn es keine Kenntnis der Handlung des Arbeitnehmers hatte.[12]

Ebenso unzulässig ist getarnte Werbung. Das Landgericht Hamburg hatte sich mit einer außerordentlich positiven Bewertung eines Rechtschutzversicherungsunternehmens zu befassen. Die IP-Adresse, von welcher die Bewertung getätigt wurde, führte zu dem bewerteten Versicherungsunternehmen. Der für das Unternehmen als Rechtsanwalt tätige Verfasser war der Ansicht, nur seine private Meinung zum Ausdruck gebracht zu haben. Dennoch sah das Landgericht Hamburg das Versicherungsunternehmen in der Verantwortung.[13]

---

die Einträge des A jedoch kommentiert, können auch die Freunde des B die Beiträge des A sehen, obwohl dies ohne den Kommentar des B nicht möglich wäre.
[10] LAG Baden-Württemberg, Urteil vom 22.06.2016 – 4 Sa 5/16.
[11] ArbG Mannheim, Urteil vom 19.02.2016 – 6 Ca 190/15.
[12] LG Freiburg, Urteil vom 04.11.2013 – 12 O 83/13.
[13] LG Hamburg, Urteil vom 24.04.2012 – 312 O 715/11.

Diese Beispiele aus der Rechtsprechung haben vor allem gemeinsam, dass sich die Arbeitnehmer des jeweiligen Unternehmens schlicht keine Gedanken über die Folgen ihres Handelns gemacht haben.

Umso wichtiger ist es für Unternehmen, ihre Arbeitnehmer frühzeitig für diese Problematik zu sensibilisieren, um derartige Vorkommnisse zu vermeiden. Dies kann etwa durch präventive Compliance-Schulungen oder aber auch durch sog. Social-Media-Guidelines erfolgen. Ziel ist die Sensibilisierung von Arbeitnehmern und die Schaffung eines Problembewusstseins.

Derartige Veranstaltungen sind regelmäßig als „sonstige Bildungsmaßnahme" im Sinne von § 98 Abs. 6 Betriebsverfassungsgesetz (BetrVG) zu qualifizieren. Bei Unternehmen mit Betriebsrat besteht daher ein Mitbestimmungsrecht zur Durchführung der Maßnahme, da der Begriff des Bildungscharakters tendenziell weit auszulegen ist und es daher ausreicht, wenn Kenntnisse zur Herbeiführung eines Lernprozesses vermittelt werden,[14] selbst wenn diese sich lediglich auf die Erweiterung der Allgemeinbildung beziehen.[15]

4. Unternehmensreaktionen

Trotz dieser Problematik bieten nur wenige Unternehmen Schulungen für ihre Arbeitnehmer an, um sie für die Risiken, die das Social Media birgt, zu sensibilisieren. Nur jedes vierte Unternehmen (25 Prozent) bildet seine Arbeitnehmer extern weiter, weitere 15 Prozent bieten interne Fortbildungen an, knapp zwei Drittel der Unternehmen (62 Prozent) haben in diesem Bereich aber keinerlei Angebote für die Arbeitnehmer. Auch Richtlinien für Social Media sucht man in vielen Unternehmen vergeblich: 37 Prozent haben Regeln für die berufliche Nutzung aufgestellt, weitere 18 Prozent haben Richtlinien für die private Nutzung, 53 Prozent der Unternehmen lassen ihren Arbeitnehmern dagegen völlig freie Hand.[16]

5. Social-Media-Guidelines

Der Artikel beschäftigt sich im Folgenden mit der Erstellung, der Einbeziehung und den Möglichkeiten von Social-Media-Guidelines. Unter dieser Sammelbezeichnung werden Regelungen zusammengefasst, durch die der Arbeitgeber versucht, das Verhalten der Beschäftigten im Internet und den sozialen Medien zu steuern.[17] Anhand solcher Leitlinien kann der Arbeitgeber bei den Arbeitneh-

---

[14] Kania, in: Erfurter Kommentar, BetrVG, § 98 Rn. 18; Fuhlrott/Oltmanns, NZA 2016, 785.
[15] Richardi/Thüsing, BetrVG, § 98 Rn. 71; Fuhlrott/Oltmanns, NZA 2016, 785.
[16] https://www.bitkom.org/Presse/Presseinformation/Jedes-zweite-Unternehmen-hat-Richtlinien-fuer-Social-Media.html.
[17] Fort, in: Social Media im Betrieb, S. 34, Rn. 40.

mern das notwendige Problembewusstsein schaffen und ihnen Verhaltensregeln für eine verantwortungsvolle Nutzung der Social-Media-Kanäle an die Hand geben.

Social-Media-Guidelines können als verbindliche Regelungen oder als bloße Empfehlungen ausgestaltet sein. Dieser Charakter entscheidet über die Frage, ob die Missachtung oder der Verstoß gegen die Richtlinien arbeitsrechtliche Konsequenzen nach sich ziehen kann. Verstöße können nämlich nur dann mit einer Abmahnung oder einer Kündigung geahndet werden, wenn die Richtlinien verbindlichen Charakter haben.[18]

Der Vorteil der Ausgestaltung als bloße Empfehlung liegt vor allem in der einfacheren Umsetzung. Die Aufstellung verbindlicher Social-Media-Guidelines ist an strengere Wirksamkeitsvoraussetzungen gebunden. Der Nachteil besteht jedoch in der geringeren Akzeptanz der Regelungen. Der Arbeitnehmer mag die Regelungen zwar zur Kenntnis nehmen, es bleibt jedoch fraglich, ob er sich inhaltlich näher mit bloßen Handlungsempfehlungen befassen wird.

Im Folgenden werden die wichtigsten Wirksamkeitsvoraussetzungen einer verbindlichen Implementierung von Social-Media-Guidelines zusammengefasst.

5.1 Erkennbarkeit

Die Verbindlichkeit der Richtlinien muss für den Arbeitnehmer erkennbar sein. Es erscheint daher sinnvoll, den Arbeitnehmern durch schriftliche Hinweise ausdrücklich darauf aufmerksam zu machen, dass die Richtlinien für alle Arbeitnehmer gleichermaßen verbindlich sind. Es empfiehlt sich zudem, dass der Hinweis auf die Verbindlichkeit und dessen Kenntnisnahme durch den Arbeitnehmer, schriftlich Ausdruck findet. Einer solchen Bestätigung kommt zum einen Beweisfunktion zu, und zum anderen wird dem Arbeitnehmer nochmals die besondere Bedeutung der Richtlinien veranschaulicht.

Um den Charakter der Verbindlichkeit zu unterstreichen, können zudem Sanktionen angedroht werden. Es kann jedoch auch ausreichend sein, die Arbeitnehmer schlicht auf mögliche straf- und arbeitsrechtliche Konsequenzen hinzuweisen.

5.2 Verständlichkeit

Damit der Arbeitnehmer die Richtlinien befolgen kann, muss er sie verstehen. Die Richtlinien müssen daher klar verständlich formuliert werden und transpa-

---

[18] Solmecke/Wahlers, Recht im Social Web, Kapitel 12.4, S. 461.

rent sein. Es empfiehlt sich, einen einfachen Satzbau zu verwenden und Schachtelsätze zu vermeiden. Wichtige Passagen können hervorgehoben oder am Ende nochmals gesondert zusammengefasst werden.

In Unternehmen, die viele Arbeitnehmer beschäftigen, deren Muttersprache nicht die deutsche Sprache ist, kann es sinnvoll sein, die Richtlinien in verschiedene Sprachen zu übersetzen.

5.3 Keine Zuweisung zusätzlicher Aufgaben

Unzulässig ist es, dem Arbeitnehmer zusätzliche Aufgaben aufzuerlegen und somit die im Arbeitsvertrag gezogenen Grenzen zu überschreiten. Social-Media-Guidelines können einen als Softwareentwickler angestellten Arbeitnehmer beispielsweise nicht dazu verpflichten, den Corporate-Blog des Unternehmens zu führen, da dies nicht zu seinen im Arbeitsvertrag definierten Aufgaben gehört und daher nicht durch Richtlinien geregelt werden kann.[19]

5.4 Keine willkürlichen Regelungen

Es ist dem Arbeitgeber auch versagt, willkürliche Regelungen aufzustellen. Verbindliche Vorschriften müssen sachlich gerechtfertigt sein. Eine solche sachliche Rechtfertigung kommt nur dann in Betracht, wenn die Richtlinien zum Schutz der betrieblichen Belange geeignet und erforderlich sind. Zudem müssen die sie verhältnismäßig sein. Im Rahmen der Verhältnismäßigkeit hat eine Einzelfallabwägung zwischen dem Schutzzweck der Richtlinie und dem Eingriff in die Handlungsfreiheit der Arbeitnehmer zu erfolgen.

5.5 Beteiligung des Betriebsrates

In Unternehmen mit Betriebsrat muss dieser gem. § 87 Abs. 1 Betriebsverfassungsgesetz (BetrVG) an der Entscheidung beteiligt werden, wenn Regelungen getroffen werden sollen, die die Ordnung des Betriebs und des Verhaltens der Arbeitnehmer betreffen.[20]

Ob ein Mitbestimmungsrecht des Betriebsrates besteht, ist für jede Klausel gesondert zu prüfen. Dies hat das Bundesarbeitsgericht in einer Grundsatzentscheidung im Jahre 2008 zum „Code of Business Conduct" des Hauses Honeywell entschieden.[21] Aus dieser Entscheidung geht hervor, dass das Mitbestim-

---

[19] Solmecke/Wahlers, Recht im Social Web, Kapitel 12.4, S. 462.
[20] Borsutzky, NZA 2013, 647.
[21] Ulbricht, Praxishandbuch Social Media und Recht, S. 233.

mungsrecht an einzelnen Regelungen nicht zwingend ein Mitbestimmungsrecht an dem Gesamtwerk begründet.[22]

6. Instrumente zur Einführung verbindlicher Social-Media-Guidelines

Zur Umsetzung verbindlicher Regelungen stehen dem Arbeitgeber verschiedene Instrumente zur Verfügung. Die Implementierung kann zum einen durch die Berufung auf das Direktionsrecht des Arbeitgebers oder anhand von individualvertraglichen Regelungen erfolgen. Zudem ist eine Umsetzung durch Betriebsvereinbarungen möglich.

6.1 Direktionsrecht

Zunächst ist zu unterscheiden, ob durch die Social-Media-Guidelines die betriebliche oder die private Nutzung von Internet und den sozialen Netzwerken geregelt werden soll. Den Umgang mit Arbeitsmitteln sowie die Nutzung sozialer Medien am Arbeitsplatz und während der Arbeitszeit kann der Arbeitgeber auf der Grundlage seines Weisungsrechts regeln, da es hier um Verhalten und Ordnung im Betrieb geht (§ 106 S. 2 GewO).[23]

Diese Form der Implementierung geht mit wenig Aufwand einher. Es genügt eine mündliche Mitteilung oder auch ein Aushang am schwarzen Brett, dass soziale Netzwerke nur während der Pause genutzt werden dürfen.[24] Auch der Hinweis, dass Betriebsmittel nicht für die Verwendung von sozialen Medien genutzt werden dürfen, ist unproblematisch möglich.

Ein weiterer Vorteil der Implementierung unter Berufung auf das Direktionsrecht besteht zudem darin, dass die Richtlinien jederzeit ohne großen administrativen Aufwand an neue technische Entwicklungen, neue gesetzliche Regelungen oder sonstige Neuerungen angepasst werden können.

6.2 Individualvertragliche Vereinbarung

Sofern ein Betriebsrat existiert, folgt aus den zwingend zu berücksichtigenden Mitbestimmungsrechten, dass eventuell eine Betriebsvereinbarung hinsichtlich der Social-Media-Guidelines abgeschlossen werden müsste. Diese würde wegen ihrer unmittelbaren und zwingenden Wirkung ohnehin alle Arbeitsverhältnisse in ihrem Anwendungsbereich erfassen.[25] Eine Individualvereinbarung ist dann obsolet.

---

[22] BAG, Beschluss vom 22.07.2008 – 1 ABR 40/07.
[23] Thüsing, in: Social Media im Betrieb, S. 13, Rn. 34.
[24] Willemsen, in: Social Media im Betrieb, S. 113, Rn. 8.
[25] Willemsen, in: Social Media im Betrieb, S. 113, Rn. 9 f.

Die Implementierung von Social-Media-Guidelines durch Individualvereinbarung eignet sich daher nur für kleinere Unternehmen, in denen kein Betriebsrat existiert.

Der Nachteil dieses Instruments besteht darin, dass eine einheitliche Geltung der Social-Media-Guidelines nur dann erzielt werden kann, wenn alle Arbeitnehmer der vertraglichen Vereinbarung zustimmen. Hierdurch kann – je nach Größe des Unternehmens – ein erheblicher zeitlicher und administrativer Aufwand entstehen.

Ein Vorteil der individualvertraglichen Implementierung gegenüber der Einbeziehung unter Berufung auf das Direktionsrecht besteht in der größeren Akzeptanz. Ein Arbeitnehmer, der sich vertraglich dazu verpflichtet, Social-Media-Guidelines anzuerkennen und zu beachten, wird sich regelmäßig auch intensiver mit den Richtlinien auseinandersetzen als ein Arbeitnehmer, der die Richtlinie am schwarzen Brett vorfindet.

Die Einbeziehung von Social-Media-Guidelines im Arbeitsvertrag bedarf der Einigung beider Parteien. Durch individualvertragliche Regelungen kann sowohl dienstliches als auch in engen Grenzen außerdienstliches Verhalten von Arbeitnehmern geregelt werden.[26] Die inhaltlichen Grenzen sind im Wege der AGB-Kontrolle gem. §§ 305 ff. BGB zu bestimmen.[27]

Bei Abschluss eines neuen Arbeitsvertrags kann die Aufnahme einer „Social-Media-Klausel" im Arbeitsvertrag erfolgen, die den Rahmen der zulässigen Nutzung setzt.[28] Bei einem bereits bestehenden Arbeitsvertrag kann die Implementierung von Social-Media-Guidelines durch eine Zusatzvereinbarung erfolgen. Zu beachten ist, dass der Arbeitnehmer in seiner Entscheidung, eine solche Zusatzvereinbarung zu unterschreiben, völlig frei ist. Dies führt wiederum zu der oben erwähnten Problematik, dass eine einheitliche Geltung der Richtlinie nur dann erreicht werden kann, wenn alle Arbeitnehmer zustimmen.

6.3 Umsetzung durch Betriebsvereinbarung

Bei Unternehmen mit Betriebsrat, empfiehlt sich die Implementierung der Social-Media-Guidelines durch Betriebsvereinbarung, sofern das Unternehmen verbindliche Regelungen festlegen möchte.

Ein Vorteil besteht darin, dass die Richtlinien jederzeit und für alle gleichermaßen verbindlich sind. Sie können außerdem ohne großen administrativen und zeitlichen Aufwand an neue technische oder rechtliche Entwicklungen ange-

---

[26] Steffen/Stöhr, RdA 2017, 43; Schulz, Ethikrichtlinien und Whistleblowing, S. 38 f.
[27] Steffen/Stöhr, RdA 2017, 43; Stöhr, ZfA 2013, 213 ff.
[28] Fuhlrott/Oltmanns, NZA 2016, 758.

passt werden. Die Betriebsvereinbarung gilt für alle Arbeitnehmer, sodass keine weiteren Maßnahmen, wie etwa eine aufwendige individualvertragliche Änderung, zwischen Arbeitgeber und Arbeitnehmer notwendig sind. Zudem entsteht durch die Umsetzung durch Betriebsvereinbarung im Gegensatz zur Implementierung durch Individualvereinbarung ein deutlich geringerer administrativer Aufwand.

Betriebsvereinbarungen stoßen bei Arbeitnehmern regelmäßig auf Akzeptanz und sorgen für Rechtssicherheit und Klarheit im Unternehmen.

6.4 Zusammenfassung

Im Folgenden finden Sie eine Zusammenfassung der jeweiligen Vor- und Nachteile der verschiedenen Implementierungsmöglichkeiten.

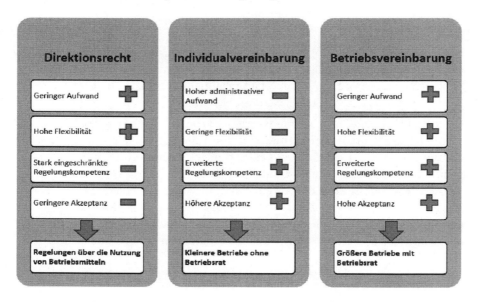

Verschiedene Workshops haben gezeigt, dass die Einbindung der eigenen Arbeitnehmer sowohl die Umsetzung als auch die Akzeptanz von Social-Media-Guidelines erleichtern kann.[29] Die Einbindung kann beispielsweise dadurch erreicht werden, dass Arbeitnehmer auf einer vom Unternehmen zur Verfügung gestellten Plattform Ideen zusammentragen. Möglich ist auch die gemeinsame Erarbeitung durch Workshops oder Meetings. Um die Übersicht zu bewahren und um allen Arbeitnehmern gleichermaßen die Möglichkeit zu geben, eigene

---

[29] Ulbricht, Praxishandbuch Social Media und Recht, S. 241.

Ideen einzubringen, können in großen Betrieben auch mehrere Teams gebildet werden, die sich mit verschiedenen Thematiken befassen und die Ergebnisse im Anschluss den anderen Teams vortragen.

7. Inhaltliche Ausgestaltung verbindlicher Social-Media-Guidelines

Um Rechtssicherheit und Klarheit im Unternehmen zu schaffen, ist es zunächst sinnvoll, einen allgemeinen Nutzungsrahmen vorzugeben.

7.1 Festlegung des Nutzungsumfangs

Zunächst ist zu empfehlen, zur Nutzung von Internet und den sozialen Netzwerken während der Arbeitszeit sowie zur privaten Nutzung von Betriebsmitteln im Allgemeinen Stellung nehmen. Im Zentrum der Social-Media-Guidelines sollten dann präventive Überlegungen des Arbeitgebers stehen.

7.2 Das „Ob" der Nutzung

Die private Nutzung des betrieblichen Internetzugang oder des betrieblichen Mobiltelefons kann durch den Arbeitgeber im Rahmen seines Direktionsrechts komplett untersagt werden.[30] Ebenso kann der Arbeitgeber die Nutzung bestimmter Inhalte, wie beispielsweise Social-Media-Kanäle, untersagen.[31] Die Regelung der Nutzung von privaten Mobiltelefonen während der Arbeitszeit obliegt ebenfalls dem Arbeitgeber und ist von seinem Direktionsrecht gedeckt.

Außerhalb der Arbeitszeit, insbesondere in den Pausen, kann dem Arbeitnehmer die Nutzung sozialer Medien mittels seines privaten Mobiltelefons nicht versagt werden.[32] Ebenso wenig kann der Arbeitgeber die Nutzung sozialer Medien außerhalb der Arbeitszeit regeln, wenn diese mit dem privaten Mobiltelefon oder dem privaten Computer stattfindet.

Private Äußerungen von Arbeitnehmern können daher grundsätzlich nicht durch Social-Media-Guidelines reglementiert werden. Eine Ausnahme besteht nur dann, wenn wichtige Unternehmensinteressen überwiegen. Aus dem Arbeitsverhältnis resultieren Treue- und Rücksichtnahmepflichten, welche sowohl für den Arbeitgeber als auch für den Arbeitnehmer gelten. Hieraus folgt, dass Arbeitnehmern ausnahmsweise auch außerhalb der Arbeitszeit gewisse Regelungen mit auf dem Weg gegeben werden können.[33]

---

[30] Niemann, in: Erfurter Kommentar, BGB, § 626 Rn. 60.
[31] BAG, Urteil vom 07.07.2005 – 2 AZR 581/04; Fuhlrott/Oltmanns, NZA 2016, 785 mwN.
[32] Fuhlrott/Oltmanns, NZA 2016, 785.
[33] Solmecke/Wahlers, Recht im Social Web, Kapitel 12.4, S. 462.

7.3 Das „Wie" der Nutzung

Sofern der Arbeitgeber die Nutzung von Internet und sozialen Medien im Allgemeinen gestattet, empfehlen sich Regelungen zum zeitlichen und inhaltlichen Umfang der Nutzung. Solche Regelungen sind problemlos zulässig, da dem Arbeitgeber innerhalb des Betriebs und bei dem Umgang mit Betriebsmitteln ein Weisungs- und Direktionsrecht zusteht. Der Arbeitgeber kann beispielsweise vorgeben, dass das Internet zu privaten Zwecken nur während der Randzeiten und nicht zu Stoßzeiten genutzt werden darf.

Ebenso kann der Arbeitgeber das Aufrufen von bestimmten Internetseiten oder Social-Media-Kanälen einschränken oder verbieten. Es mag sinnvoll sein, dem Arbeitnehmer auch während der Arbeitszeit zu gestatten, seine privaten Emails oder beispielsweise den Sendungsstatus eines Paketes zu checken, während das Aufrufen oder Betreiben von Internetseiten, auf denen Glücksspiele oder Ähnliches angeboten werden, weniger von Nutzen sein dürfte.

Der Arbeitnehmer sollte auch auf Sicherheitsrisiken hingewiesen werden. Insbesondere beim Herunterladen von Dateien aus dem Internet kann es für den Arbeitnehmer zu einer Bedrohung durch Viren und Trojaner kommen, die eine Gefahr für das Firmennetzwerk darstellen.

Es ist auch zu empfehlen, dem Arbeitnehmer die Nutzung seiner dienstlichen E-Mail-Adresse für die private Nutzung sozialer Netzwerke zu untersagen. Die Nutzung der dienstlichen E-Mail-Adresse birgt die Gefahr, dass sämtliche Aktivitäten des Arbeitnehmers auf den Arbeitgeber zurückfallen. Dies sollte vermieden werden.

7.3.1 *Wiederholung bereits bestehender Pflichten und Verbote*

Anhand der oben genannten Beispiele aus der Rechtsprechung wird deutlich, dass sich viele Arbeitnehmer keine Gedanken über ihr Auftreten im Internet und in den sozialen Netzwerken machen. Es wird daher dringend empfohlen, auch bereits bestehende – teils gesetzliche – Pflichten von Arbeitnehmern in die Social-Media-Guidelines zu integrieren. Dem Arbeitnehmer werden hierdurch seine ohnehin bestehenden Verhaltenspflichten aufgezeigt.

7.3.2 *Treue- und Loyalitätspflichten*

Der Arbeitnehmer hat sog. Handlungs- und Förderungspflichten, aber auch Unterlassungspflichten. Danach hat der Arbeitnehmer seine Verpflichtungen aus dem Arbeitsverhältnis so zu erfüllen, seine Rechte so wahrzunehmen und die im Zusammenhang mit dem Arbeitsverhältnis stehenden Interessen des Arbeitgebers so zu wahren, wie dies von ihm unter Berücksichtigung seiner Stellung im

Betrieb, seiner eigenen Interessen und der Interessen der anderen Arbeitnehmer des Unternehmens nach Treu und Glauben billigerweise verlangt werden kann.[34]

Es besteht sicherlich ein großes Interesse des Arbeitgebers daran, dass sich der Arbeitnehmer ganz allgemein nicht negativ über das Unternehmen äußert. Negative Äußerungen können durch ganz unterschiedliche Art und Weise erfolgen. So können sich Arbeitnehmer auf Plattformen wie Facebook oder in speziellen Foren über Unternehmenspolitik, Betriebsklima, Führungsstile, Gehaltsniveau, Vorgesetzte und Arbeitskollegen oder im ungünstigsten Fall über die – aus Sicht des Arbeitnehmers mangelhaften – Produkte des jeweiligen Unternehmens oder Geschäftspartner auslassen. Es dürfte also im Interesse des Arbeitgebers liegen, solche Kommentare gänzlich zu verbieten.

Ein solches vollständiges Verbot ist jedoch nicht möglich, da die sog. Drittwirkung der Grundrechte in ihrer Schutzfunktion hier ihre besondere Bedeutung erfährt. Der Arbeitgeber hat nur insoweit Anspruch auf Rücksichtnahme seiner Interessen, als diese schutzwürdig erscheinen. Ihre Beachtung durch den Arbeitnehmer muss nach dem Verhältnismäßigkeitsprinzip auch angemessen und erforderlich sein.[35]

Die vertragliche Rücksichtnahmepflicht verlangt von den Parteien eines Arbeitsverhältnisses, gegenseitig auf die Rechtsgüter und die Interessen der jeweils anderen Vertragspartei Rücksicht zu nehmen.[36] Zwar mag der Arbeitgeber ein berechtigtes Interesse daran haben, dass sich der Arbeitnehmer nicht öffentlich in negativer Art und Weise äußert. In Anbetracht der Meinungsfreiheit ist es dem Arbeitnehmer aber gestattet, seine kritischen Ansichten frei zu äußern,[37] auch wenn dies den Arbeitgeber in ein schlechtes Licht rückt. Sachlich fundierte und angemessene Kritik kann daher nicht untersagt werden.

Die grundrechtlich geschützte Meinungsfreiheit ist jedoch nicht grenzenlos, sondern endet dort wo andere Rechtsgüter verletzt werden. Dies gilt insbesondere bei Verunglimpfungen, Beleidigungen und sonstigen strafrechtlich relevanten Handlungen oder wettbewerbsrechtlichen Verstößen.

7.3.3 Strafrechtlich relevantes Verhalten

Beleidigungen und unwahre Tatsachenbehauptungen werden nicht nur im Rahmen eines Arbeitsverhältnisses, sondern ganz allgemein sanktioniert.

---

[34] Koch, in: Schaub/Koch, Arbeitsrecht von A-Z, Treuepflicht.
[35] Reichold, in: MHdB ArbR, § 53, Rn. 15.
[36] MüKoBGB/Müller-Glöge, 7. Aufl. 2016, BGB § 611 Rn. 1074.
[37] Solmecke/Wahlers, Recht im Social Web, Kapitel 12.4, S. 461.

So hat zum Beispiel das Arbeitsgericht Duisburg entschieden, dass ein Arbeitnehmer, der den Arbeitgeber oder Kollegen auf Social-Media-Kanälen grob und ehrverletzend beleidigt, unter Umständen fristlos ohne vorherige Abmahnung gekündigt werden kann. Das Gericht hat betont, dass dies nicht nur für öffentliche Beträge – also für Beiträge, die für jedermann sichtbar sind – gilt, sondern auch für Einträge, die nur für sog. Facebook-Freunde und Freundes Freunde, sichtbar sind.[38]

Der Arbeitgeber sollte in den Social-Media-Guidelines darauf hinweisen, dass strafbares Verhalten nicht nur strafrechtliche, sondern auch arbeitsrechtliche Konsequenzen haben kann. Dem Arbeitnehmer sollte vor Augen geführt werden, dass im Falle von Beleidigungen oder Behauptungen unwahrer Tatsachen, eine fristlose Kündigung ohne vorherige Abmahnung gerechtfertigt sein kann.

7.3.4 Wettbewerbs- und urheberrechtliche Pflichten

Arbeitnehmer können sich bei der Nutzung sozialer Medien nach § 9 UWG schadensersatzpflichtig machen, wenn sie eine unlautere geschäftliche Handlung im Sinne der §§ 3, 4 UWG begehen. Problematisch ist insbesondere, dass derartige Handlungen auch dem Arbeitgeber nach § 8 Abs. 2 UWG zugerechnet werden können, der dann etwa Unterlassungs- und Beseitigungsansprüchen ausgesetzt ist.[39]

Die meisten Arbeitnehmer sind sich überhaupt nicht bewusst, dass ihre Handlungen rechtserheblichen Charakter aufweisen können. Eine unlautere Geschäftshandlung auf sozialen Netzwerken oder sonstigen Foren kann jedoch schon – wie im oben genannten Beispiel der unzulässigen Werbung durch einen Arbeitnehmer des Autohauses – in einer geringfügigen Unternehmenswerbung liegen.[40]

Eine unlautere geschäftliche Handlung liegt zudem vor, wenn Konkurrenten oder deren Produkte durch gezielte negative Äußerungen herabgesetzt werden.

Die Grenzen von freier Meinungsäußerung eines Arbeitnehmers zu unlauteren geschäftlichen Handlungen verlaufen fließend. Es kommt auf die Begleitumstände und den jeweiligen Einzelfall an. Jedoch ist es wichtig, dass Arbeitnehmer über diese Problematik eingehend aufgeklärt werden.

Der Arbeitnehmer sollte zudem darauf hingewiesen werden, dass der Verrat von Geschäfts- und Betriebsgeheimnissen oder anderen marktrelevanten Interna zu

---

[38] ArbG Duisburg, Urteil vom 26.09.2012 – 5 Ca 949/12.
[39] Willemsen, in: Social Media im Betrieb, V.2. Rn. 8, S. 113.
[40] LG Freiburg, Urteil vom 04.11.2013 – 12 O 83/13.

einer fristlosen Kündigung[41] und darüber hinaus gem. § 17 UWG eine Strafbarkeit begründen kann.

Es empfiehlt sich, den Arbeitnehmer über die Grundzüge des Wettbewerbs- und Persönlichkeitsrechts zu schulen.[42] Auch urheberrechtliche Probleme sollten thematisiert werden. Das Downloaden von Fotos, Videos oder Musikdateien eines Arbeitnehmers aus dem Firmennetzwerk kann zu urheberrechtlichen Schadensersatzklagen gem. §§ 97 Abs. 1, 100, 106 UrhG führen.[43]

Ebenso wie bei strafrechtlich relevanten Äußerungen, sollte sich der Arbeitgeber auch hinsichtlich der Sanktionierung wettbewerbs- oder urheberrechtlicher Verstöße klar positionieren. Es kann sinnvoll sein, mögliche Sanktionen bereits in den Social-Media-Guidelines zu benennen, um dem Arbeitnehmer eine gewisse Ernsthaftigkeit zu vermitteln.

8. Begründung neuer Verhaltenspflichten

Schwieriger als die bloße Wiederholung ohnehin geltender Pflichten ist die Regelung zusätzlicher Verhaltenspflichten. Bei deren Ausgestaltung sind dem Arbeitgeber enge Grenzen gesetzt.

Bei der Beantwortung der Frage, inwieweit der Arbeitgeber dem Arbeitnehmer Verhaltenspflichten, die über die gesetzlich festgeschriebenen Regeln hinausgehen, auferlegen kann, ist eine Abwägung zwischen den Interessen des Arbeitgebers und den Interessen des Arbeitnehmers vorzunehmen.

8.1 Interessenspositionen

Der Arbeitnehmer kann sich bei Veröffentlichungen im Internet und auf Social-Media-Plattformen auf sein grundrechtlich geschütztes Recht auf freie Meinungsäußerung gemäß Art. 5 Abs. 1 S. 1 Grundgesetz (GG) berufen. Demgegenüber steht der Arbeitgeber, der unter anderem über Art. 12 Abs. 1 S. 1 GG grundrechtlichen Schutz seiner wirtschaftlichen Betätigungsfreiheit genießt.

8.2 Meinungsfreiheit des Arbeitnehmers

Tragendes Merkmal des Schutzbereichs der Meinungsfreiheit ist die persönliche Meinung. Meinung ist daher jede Äußerung, die durch Elemente der Stellungnahme, des Dafürhaltens und des Meinens im Rahmen einer geistigen Ausein-

---

[41] Ulbricht, Praxishandbuch Social Media und Recht, S. 231.
[42] Schirmbacher, Online-Marketing- und Social-Media-Recht, Kapitel 3.11, S. 174.
[43] Willemsen, in: Social Media im Betrieb, V.4. Rn. 38, S. 113.

andersetzung geprägt ist.[44] Unter den Schutz der Meinungsfreiheit fallen nach ständiger Rechtsprechung des Bundesverfassungsgerichts auch Werturteile und Tatsachenbehauptungen, wenn und soweit sie zur Bildung von Meinungen beitragen.[45] Tatsachenbehauptungen werden dagegen durch die objektive Beziehung zwischen der Äußerung und der Wirklichkeit charakterisiert und sind der Überprüfung mit Mitteln des Beweises zugänglich.[46]

Auf die Bedeutsamkeit der Äußerung kommt es ebenso wenig an wie auf die Richtigkeit oder gar die Vernünftigkeit. Selbst polemische und beleidigende Werturteile oder rechtsextremistische Äußerungen fallen in den Schutzbereich, soweit sie als Teil des Meinungskampfes verstanden werden müssen. Diese Grenze überschreitet erst die sog. „Schmähkritik", die nur noch auf Verunglimpfung einer Person abzielt, für die also Meinungsbildung – und sei es in noch so polemischer und zugespitzter Form – keine Rolle mehr spielt.[47]

9. Eingriff in das Recht auf freie Meinungsäußerung

Ein Eingriff in den grundrechtlich geschützten Bereich liegt immer dann vor, wenn dem Grundrechtsträger – also hier dem Arbeitnehmer – die Ausübung seines grundrechtlich geschützten Verhaltens erschwert oder unmöglich gemacht wird. Grundsätzlich sind Grundrechte zwar Abwehrrechte des Bürgers gegen den Staat, jedoch verkörpert das Grundgesetz eine objektive Werteordnung in Form einer verfassungsrechtlichen Grundentscheidung, die auch in andere Bereiche ausstrahlt.[48]

Verhaltensregeln, die den Arbeitnehmer dazu verpflichten sollen, gewisse Äußerungen im Internet zu unterlassen, stellen daher einen Eingriff in das Grundrecht auf freie Meinungsäußerung des Arbeitnehmers dar.

9.1 Schranken der Meinungsfreiheit

Die Meinungsfreiheit gilt nicht unbeschränkt. Vielmehr stellen insbesondere „allgemeine Gesetze" gemäß Art. 5 Abs. 2 GG Schranken der Meinungsfreiheit dar. Allgemeine Gesetze sind nach ständiger Rechtsprechung des Bundesverfassungsgerichts Gesetze, die nicht eine Meinung als solche verbieten und sich nicht gegen die Äußerung einer Meinung als solche richten, sondern einem an-

---

[44] *Schmidt*, in: Erfurter Kommentar, Art. 5 Rn. 5; BVerfG, Beschluss vom 17.09.2012 – 1 BvR 2979/10.
[45] BVerfG, Beschluss vom 09.10.1991 – 1 BvR 1555/88.
[46] BVerfG, Beschluss vom 13.02.1996 – 1 BvR 262/91.
[47] *Schmidt*, in: Erfurter Kommentar, Art. 5 Rn. 5; BVerfG, Beschluss vom 17.09.2012 – 1 BvR 2979/10.
[48] *Willemsen*, in: Social Media im Betrieb, S. 123, Rn. 44.

deren Rechtsgut dienen.[49] Dies umfasst im arbeitsrechtlichen Kontext insbesondere Treue- und Loyalitätspflichten des Arbeitnehmers nach § 241 Abs. 2 BGB[50] sowie den Schutz von Geschäfts- und Betriebsgeheimnissen. Aus betriebsverfassungsrechtlicher Sicht ist die Wahrung des Betriebsfriedens anzuführen, dessen Einhaltung der unternehmerischen Betätigungsfreiheit und teilweise dem Anwendungsbereich des Art. 5 Abs. 2 GG unterfällt.[51]

9.2 Rechte des Arbeitgebers

Auf der Seite des Arbeitgebers sind die wirtschaftliche Betätigungsfreiheit aus Art. 12 Abs. 1 GG sowie die Achtung der Menschenwürde zu berücksichtigen. Bei beleidigenden Äußerungen kann sich der Arbeitgeber auch auf sein allgemeines Persönlichkeitsrecht berufen.

Aus dem Recht auf wirtschaftliche Betätigungsfreiheit resultiert das Recht am eingerichteten und ausgeübten Gewerbebetrieb, welcher auf den Schutz des Unternehmens abstellt. Wegen der normativen Nähe zum allgemeinen Persönlichkeitsrecht findet sich manchmal auch der Ausdruck „Unternehmenspersönlichkeitsrecht".[52]

Laut dem Bundesgerichtshof ist unter dem Begriff des Gewerbebetriebes all das zu verstehen, „was in seiner Gesamtheit den Gewerbebetrieb zur Entfaltung und Betätigung in der Wirtschaft befähigt, also nicht nur Betriebsräume und -grundstücke, Maschinen und Gerätschaften, Einrichtungsgegenstände und Warenvorräte, sondern auch Geschäftsverbindungen, Kundenkreis und Außenstände",[53] sowie Betriebsgeheimnisse.[54]

9.3 Abwägung der Rechtspositionen

Dem Arbeitnehmer steht es grundsätzlich frei, seine Meinung frei zu äußern. Sind durch die Äußerungen des Arbeitnehmers Rechtspositionen des Arbeitgebers betroffen, ist im Rahmen einer umfassenden Einzelfallabwägung unter Betrachtung der Gesamtumstände zwischen den widerstreitenden Interessen ein Ausgleich anzustreben.[55]

---

[49] BVerfG, Urteil vom 15.01.1958 – 1 BvR 400/57.
[50] *Willemsen*, in: Social Media im Betrieb, S. 125, R. 52; BAG, Urteil vom 12.01.2006 – 2 AZR 21/05.
[51] *Willemsen*, in: Social Media im Betrieb, S. 125, R. 52; BAG, Urteil vom 24.11.2005 – 2 AZR 584/04.
[52] *Förster*, in: BeckOK BGB, § 823 Rn. 179; LG Köln, Urteil vom 20.11.2016 – 28 O 419/15.
[53] *Förster*, in: BeckOK BGB, § 823 Rn. 180; BGH, Urteil vom 09.12.1958 – VI ZR 199/57.
[54] BGH, Urteil vom 09.03.1989 – I ZR 189/86.
[55] *Willemsen*, in: Social Media im Betrieb, S. 125, Rn. 51.

Es bedarf im Einzelfall stets einer Abwägung mit den im Einzelfall konkret kollidierenden Interessen, wobei sich hier im Regelfall das verfassungsrechtlich über Art. 12 Abs. 1 GG geschützte Recht des Betriebsinhabers und die gemäß Art. 5 Abs. 1 S. 1 GG garantierte Meinungsfreiheit des Arbeitnehmers gegenüberstehen. Von einem rechtswidrigen Eingriff kann insofern nur ausgegangen werden, wenn das Interesse des Betriebsinhabers die schutzwürdigen Belange der sich äußernden Arbeitnehmer überwiegt.[56] In der Praxis war dies bislang ausgesprochen selten der Fall.[57]

Eine Besonderheit besteht, wenn es um das Beseitigen von Missständen geht, die im eigenen Interesse des Arbeitgebers liegen und für die deshalb betriebsinterne Zuständigkeits- und Verfahrensregeln vorgesehen sind. Zudem besteht regelmäßig eine institutionelle Interessenvertretung der Arbeitnehmer im Betrieb, die sich solcher Probleme annimmt. Einige Stimmen in Literatur und Rechtsprechung leiten daraus eine Pflicht des Arbeitnehmers ab, betriebsbezogene Kritik zunächst betriebsintern vorzubringen und durch arbeitsrechtliche Instrumente Abhilfe zu schaffen.[58] Allerdings muss die sog. „Flucht in die Öffentlichkeit" als „Notausgang" offen bleiben, zumindest dann, „wenn es um die Aufdeckung von gewichtigen Missständen geht, durch die die Öffentlichkeit betroffen ist und denen durch betriebsinternes Vorstelligwerden nicht erfolgreich begegnet werden kann".[59]

10. Netiquette[60]

Als letzter Punkt sollten die Arbeitnehmer nochmals höflich dazu angehalten werden, auch im Internet gewisse Umgangsformen zu wahren. Ein respektvoller Umgang mit anderen Internetnutzern und Diskussionsteilnehmern sollte selbstverständlich sein. Zudem sollte die eigene Meinung stets auf sachliche Art und Weise kundgetan werden. Ebenfalls sollten andere Meinungen, welche die eigene Meinung nicht widerspiegeln, respektiert werden. Nur wenn diese Punkte eingehalten werden, ist ein ernsthafter Austausch von Erfahrungen und Meinungen möglich.

---

[56] *Förster*, in: BeckOK BGB, § 823 Rn. 222; BGH, Urteil vom 16.12.2014 – VI ZR 39/14.
[57] Beispiele siehe *Förster*, in: BeckOK BGB, § 823 Rn. 222.1 f.
[58] *Schmidt*, in: Erfurter Kommentar, GG, Art. 5, Rn. 37.
[59] *Schmidt*, in: Erfurter Kommentar, GG, Art. 5, Rn. 37; BGH, Urteil vom 20.01.1981 – VI ZR 162/79; EGMR (5. Sektion), Urteil vom 21.07.2011, Az.: 28274/08.
[60] Das Wort Netiquette setzt sich aus dem englischen Wort „net" (Netz; Internet) und dem französischen Wort „etiquette" (Verhaltensregeln) zusammen. Es handelt sich um Verhaltensregeln, die einen angemessenen und respektvollen Umgang von Internetnutzern ermöglichen sollen.

Arbeitsrechtliche Compliance bei agilen (IT-)Projekten

Anne Förster

Literatur

Arnold/Günther, Arbeitsrecht 4.0, 1. Auflage 2018; *Baeck/Winzer,* Drittpersonaleinsatz: Risiko der Fiktion eines Arbeitsverhältnisses mit dem Auftraggeber, NZA 2015, 270; *Förster/Gehrmann,* AÜG: Gesetzesänderung erschwert Scrum-Projekte, Computerwoche 2016, 50; *Günther/Böglmüller,* Einführung agiler Arbeitsmethoden – was ist arbeitsrechtlich zu beachten? (Teil 1), NZA 2019, 273; *Heise,* Sozialversicherungspflicht in der agilen Arbeitswelt, NZA 2017, 1571; *Heise/Friedl,* Flexible („agile") Zusammenarbeit zwischen Unternehmen versus illegale Arbeitnehmerüberlassung – das Ende von Scrum?, NZA 2015, 129; *Henssler,* Fremdpersonaleinsatz durch ON-Site-Werkverträge und Arbeitnehmerüberlassung – offene Fragen und Anwendungsprobleme des neuen Rechts, RdA 2017, 83; *Hoeren/Pinelli,* Agile Programmierung, MMR 2018, 199; *Litschen/Yacoubi,* Arbeitnehmerüberlassung und agile Prozess- und Organisationsmethoden, NZA 2017, 484; *Schüren/Hamann, C.,* Kommentar Gesetz zur Regelung der Arbeitnehmerüberlassung (Arbeitnehmerüberlassungsgesetz AÜG), 5. Auflage 2018; *Zieglmeier,* Werkverträge und Arbeitnehmerüberlassung im Lichte des AÜG 2017, DStR 2016, 2858.

1. Einleitung

Die Arbeitswelt der Zukunft stellt das deutsche Arbeitsrecht auf den Kopf. In einem sich zunehmend digitalisierenden Umfeld sind Flexibilität, Dynamik und kurzfristige Arbeitsergebnisse das Gebot der Stunde. Agile Projektmethoden wie Scrum und Kanban sind dabei seit langem auf dem Vormarsch. Kernelement dieser Methoden ist, dass die Konzeptions- und Programmierleistungen iterativ, also schrittweise, bestimmt und fortentwickelt wird.[1] Hierdurch kann die Produktentwicklung schneller als mit der bis dahin üblichen Wasserfallmethode vorangetrieben werden. In der Praxis (und in der Rechtsprechung soweit ersichtlich bis heute nicht) wurde lange Zeit jedoch nicht die Frage der arbeitsrechtlich rechtskonformen Umsetzung agiler Projekte thematisiert. Obwohl bereits im Jahr 2001 das „Manifest für agile Softwareentwicklung"[2] von einer Gruppe renommierter Softwareentwickler verfasst worden ist und die agile Softwareentwicklung von dort seinen Siegeszug in die Welt antrat, geschah dies (weitgehend) unbemerkt von der deutschen (Arbeitsrecht-)Rechtsprechung. In der Praxis selbst wurden agile Projektmethoden zwar oft angewendet – jedoch

---

[1] Siehe hierzu *Förster/Gehrmann,* Computerwoche 2016, 50 ff.
[2] Abrufbar unter: https://agilemanifesto.org/iso/de/manifesto.html.

oftmals ohne die arbeitsrechtlichen Implikationen zu bedenken. Dies änderte sich erst mit der Gesetzesreform des Arbeitnehmerüberlassungsgesetzes (AÜG) im Jahr 2016, die den rechtskonformen Fremdpersonaleinsatz in den Fokus rückte.[3] Bis zur Reform des AÜG war es üblich, dass der (IT-)Dienstleister eine vorsorgliche Arbeitnehmerüberlassungserlaubnis für den Fall besaß, dass die zwischen ihm und dem jeweiligen Kunden praktizierte Vertragsbeziehung zu einer Arbeitnehmerüberlassung umgedeutet wird. Damit war für den Auftraggeber eine Beauftragung auf Werk-/Dienstvertragsbasis möglich, unabhängig davon, ob die tatsächliche Durchführung der Vertragsbeziehung nachträglich als Arbeitnehmerüberlassung gewertet wurde. Das Vertragsverhältnis wurde in diesem Fall umgedeutet und hatte – jedenfalls für den Auftraggeber – keine weiteren Konsequenzen. Seit dem 1.4.2017 ist ein Rückgriff auf diese sogenannte „Vorrats-Arbeitnehmerüberlassung" nicht mehr möglich. Vielmehr müssen sich die Vertragspartner vor Aufnahme der Tätigkeit entscheiden, ob sie einen Werk- bzw. Dienstvertrag oder einen Arbeitnehmerüberlassungsvertrag abschließen möchten und dies auch entsprechend im Vertrag kenntlich machen.

Eine Fehleinordnung hat – sowohl für den Auftragnehmer wie den Auftraggeber – erhebliche Konsequenzen[4] Liegt ein Tatbestand verdeckter Arbeitnehmerüberlassung vor, kommt gem. §§ 9 Abs. 1 Nr. 1–1b, 10 Abs. 1 S. 1 AÜG kraft Gesetzes ein Arbeitsverhältnis zwischen dem Entleiher und dem eingesetzten Fremdpersonal zustande – und zwar rückwirkend auf den Zeitpunkt der erstmaligen Umsetzung des Scheinwerk- bzw. Scheindienstvertrages. Anderes gilt nur, sofern die eingesetzten Mitarbeiter des Dienstleisters form- und fristgerecht eine Festhaltenserklärung abgeben (§ 9 Abs. 1 Nr. 1b AÜG). Daneben kann der Mitarbeiter Nachvergütungsansprüche geltend machen: Er hat Anspruch auf die gleiche Vergütung wie ein vergleichbarer Stammarbeitnehmer des Kunden (§ 8 Abs. 1 AÜG). Ein solcher Nachvergütungsanspruch verpflichtet zudem den Auftraggeber, Sozialversicherungsabgaben sowie die Lohnsteuer für diese Mitarbeiter abzuführen.[5] Zudem ist der Verstoß gegen die „Falschbezeichnung" des Vertrages bußgeldbewehrt (§ 16 Abs. 1 Nr. 1c und/oder § 16 Abs. 1 Nr. 1d AÜG).[6] Schließlich kann auch eine Strafverfolgung nach § 266a StGB in Betracht kommen, wenn die Art des Tätigwerdens der eingesetzten Mitarbeiter dem (neuen) Arbeitgeber bekannt war. In diesem Fall handelt es sich um eine vorsätzliche Fehlqualifizierung der Einsatzform.

---

[3] Vgl. *Litschen/Yacoubi*, NZA 2017, 484 ff.; *Henssler*, RdA 2017, 83 ff.; *Heise*, NZA 2017, 1571 ff.; *Heise/Friedl*, NZA 2015, 129 ff.; *Schüren/Hamann/Hamann*, § 1 AÜG Rz. 35.

[4] Siehe zu den Risiken des fehlerhaften Fremdpersonaleinsatzes auch ausführlich *Simon*, Rechtssichere Beauftragung von Werk- und Dienstverträgen, S. 41 ff.

[5] *Schüren/Hamann/Hamann*, § 1 AÜG Rz. 141.

[6] Vgl. zum Ganzen *Schüren/Hamann/Schüren*, § 9 AÜG Rz. 94 ff.

Die durch die Reform des AÜG bewirkte Verschärfung der Sanktionen hat somit auch erhebliche Auswirkungen auf die Vertragsgestaltung bei (agilen) IT-Projekten. Da den Parteien der „Ausweg" einer Umbenennung der Vertragsart genommen wurde, bedarf aus Compliance-Sicht die Vertragsgestaltung sowie die spätere Umsetzung des Vertrages großer Sorgfalt.

2. Gestaltung agiler Projekte am Beispiel Scrum

Agile Arbeitsmethoden zeichnen sich dadurch aus, dass in kurzen Zeitabständen Zwischenprodukte entwickelt und mit den Verantwortlichen diskutiert werden. Hierdurch soll sichergestellt werden, dass das entwickelte Produkt auch tatsächlich den Marktbedürfnissen entspricht. Die derzeit meistgenutzte agile Arbeitsmethode ist Scrum.[7] Daher werden nachfolgend die zu beachtenden arbeitsrechtlichen Besonderheiten beim Einsatz agiler Projektmethoden am Beispiel von Scrum dargestellt.

2.1. (Typische) Rollenverteilung bei Scrum

Typischerweise gibt es in einem Scrum-Projekt die folgenden Rollen[8]:
- Product Owner

  Der Product Owner wird üblicherweise vom Auftraggeber gestellt und bestimmt die fachlichen Anforderungen in Hinblick auf Funktionalität, Benutzbarkeit, Performanz und Qualität. Er ist somit verantwortlich, die Vision des Kunden und seine Anforderungen erfolgreich an das Entwicklungsteam zu kommunizieren und zu entscheiden, ob ein Backlog-Eintrag während eines Sprints fertiggestellt wurde.[9]

- Scrum Master

  Agile Prozesse zeichnen sich durch eine hohe Dynamik aus. Um den Prozess zielorientiert abzubilden, nimmt der Scrum Master eine Moderatorenrolle ein. Es ist seine Aufgabe, dafür zu sorgen, dass das Scrum-Team nach der Scrum-Methode arbeitet. Der Scrum Master fungiert dabei als Coach und nicht als Chef oder Organisator für das Team und erteilt somit keinerlei Weisungen – weder fachlicher noch disziplinarischer Natur. Vielmehr ist der Sc-

---

[7] So Bitkom in der Mitteilung von bitkom research vom 21.09.2018, abrufbar unter https://www.bitkom-research.de/Presse/Pressearchiv-2018/Scrum-Koenig-unter-den-agilen-Methoden.

[8] Siehe hierzu auch *Hoeren/Pinelli*, MMR 2018, 199, 200; *Günther/Arnold, Lingemann*, Arbeitsrecht 4.0, S. 57 ff.

[9] *Hoeren/Pinelli*, MMR 2018, 199, 200.

rum Master nur ein Servant Leader für das Scrum Team, der für die Beseitigung der Hindernisse verantwortlich ist, welche eine reibungslose Durchführung des Projekts verhindern können.[10]
- Entwicklungsteam
  Das Entwicklungsteam besteht üblicherweise aus 3–9 Mitgliedern des Auftragnehmers und ist verantwortlich für die Lieferung des Arbeitsergebnisses am Ende eines sogenannten Sprints. Alle Mitglieder eines Entwicklungsteams arbeiten gleichberechtigt, getrennt voneinander an ihren Aufgaben. Ein Weisungsverhältnis besteht unter den Mitgliedern eines Entwicklungsteams nicht.[11]

2.2. (Typischer) Ablauf eines Scrum-Projektes

Nachfolgend wird ein (grober) Überblick des typischen Ablaufs eines Scrum-Projekts gegeben:[12]
- Der Product Owner erstellt funktionale Anforderungen an die jeweilige (Werk-/Dienst-)leistung, (sogenannte „User-Stories"). Hierbei handelt es sich um in Alltagssprache gehaltene Erläuterungen, welche Produkteigenschaften der Product Owner jeweils wünscht und warum (z.B: *„Als Kunde eines Online-Shops möchte ich eine abweichende Lieferadresse angeben können, um ein Geschenk an eine beliebige Person zu verschicken."*).
- Die User-Stories werden sodann durch den Product Owner in das sogenannte Product Backlog überführt. Dabei werden die Produktanforderungen in einzelne Aufgaben zerteilt und priorisiert. Bei dem Product Backlog handelt es sich um eine geordnete Liste aller Anforderungen, von denen bekannt ist, dass sie im angestrebten Projektziel und somit im finalen Arbeitsergebnis enthalten sein sollen. Die Anforderungen an die Arbeitsergebnisse werden allein über das Product Backlog definiert und kommuniziert. Das Product Backlog ist dynamisch und wird ständig weiterentwickelt.
- Im sogenannten Sprint-Planning werden die umzusetzenden Anforderungen für den kommenden Sprint ausgewählt. Zunächst wird der zur Umsetzung dieser Anforderung nötige Aufwand geschätzt werden. Zudem muss die sogenannte „Definition of Done" geklärt werden, d.h. was muss erreicht sein, dass die Anforderung als erfolgreich umgesetzt gilt. Ein Sprint dauert in der Regel zwei bis vier Wochen.

---

[10] Vgl. *Heise/Friedel*, NZA 2015, 129, 131.
[11] Siehe auch *Günther/Böglmüller*, NZA 2019, 273, 275.
[12] Vgl. hierzu auch *Günther/Böglmüller*, NZA 2019, 273, 275; *Arnold/Günther/Lingemann*, Arbeitsrecht 4.0, Kap. 2 Rn. 105 ff.

- Während eins Sprints finden innerhalb des Entwicklungsteams tägliche Besprechungen („Daily Scrum") statt, um den Projektfortschritt zu besprechen.
- Wenn der Sprint abgeschlossen ist, findet ein sogenanntes Sprint-Review statt. Dabei präsentiert das Entwicklungsteam seine Ergebnisse und es wird überprüft, ob die gestellten Anforderungen erfüllt wurden.
- Am Ende eines Sprints erfolgt die Sprint-Retrospektive. Diese gibt den Beteiligten die Möglichkeit die bisherige Arbeitsweise zu überprüfen und ggf. Verbesserungsmöglichkeiten zu finden.
- Nach Durchführung mehrerer Sprints steht am Ende das sogenannte Minimum Viable Product („MVP") – die erste Version des Produkts.

3. Rechtskonformer Fremdpersonaleinsatz bei agilen (IT-)Projekten

Als rechtlicher Rahmen für die agile Softwareentwicklung wird zumeist ein Werk- oder Dienstvertrag gewählt. Aufgrund der eng verzahnten Zusammenarbeit mit den Kunden im Bereich des agilen Programmierens, wie oben beschrieben, besteht jedoch – je nach Ausgestaltung der Vertragsbeziehung – das Risiko, dass die Grenze zur Arbeitnehmerüberlassung überschritten wird. Im Folgenden wird daher der Frage nachgegangen, welche Kriterien bei der Ausgestaltung von agilen IT-Projekten auf Basis von Dienst- bzw. Werkverträgen zu beachten sind, damit diese Grenze nicht überschritten wird.

3.1. Keine Bereichsausnahme im AÜG für (agile) IT-Projekte

Mit Wirkung zum 1.4.2017 wurde das AÜG mit dem Ziel reformiert, die Zeitarbeit „*auf ihre Kernfunktion hin zu orientieren und den Missbrauch von Werkvertragsgestaltungen zu verhindern*".[13] Dabei hatte der Gesetzgeber solche Vertragskonstruktionen im Blick, in denen Werkverträge gezielt eingesetzt wurden, um Arbeitnehmerschutzrechte zu umgehen.[14] In den auch in der Presse vielfach diskutierten Fällen handelte es sich meist um die Vergabe von einfachen Helfertätigkeiten, die (unzulässigerweise) auf Werkvertragsbasis vergeben wurden und in denen die eingesetzten Werkunternehmer oftmals einen Stundenlohn weit unter dem Mindestlohn erhielten. Die IT-Branche mit ihren – im Projektgeschäft weit über dem Mindestlohn – gezahlten Stundenlöhnen war insofern

---

[13] Vgl. Entwurf des Gesetzes zur Änderung des Arbeitnehmerüberlassungsgesetzes und anderer Gesetze v. 20.07.2016, BT-Drucks. 18/9232.
[14] Vgl. Zeit Online v. 02.06.2017 (https://www.zeit.de/politik/deutschland/2017-06/fleisch industrie-bundestag-staerkt-rechte-arbeitnehmer-arbeitsrecht): „Arbeiter in Schlachthöfen erhalten mehr Rechte".

nicht im Fokus der Reform des AÜG. Daher bestand in der IT-Branche zunächst die Hoffnung, dass das reformierte AÜG für Projektgeschäfte eine Bereichsausnahme enthalte. Diese Hoffnung wurde genährt durch Formulierungen in der Beschlussempfehlung des Ausschusses für Arbeit und Soziales vom 19.10.2016, in der es zunächst heißt:

> *„Das Gesetz ziele nicht darauf ab, die unternehmerische Tätigkeit beispielsweise von Beratungsunternehmen einzuschränken. Die Neuregelung solle dem sachgerechten Einsatz von Werk- und Dienstverträgen in den zeitgemäßen Formen des kreativen oder komplexen Projektgeschäfts nicht entgegenstehen, wie sie zum Beispiel in der Unternehmensberatungs-oder IT-Branche in Optimierungs-, Entwicklungs- und IT-Einführungsprojekten anzutreffen seien."*

Allerdings heißt es sodann weiter:

> *„Auch für solche Einsätze und für die Tätigkeit von Beratern sollen die allgemeinen Grundsätze zur Abgrenzung zwischen Dienst- und Werkleistungen auf der einen und Arbeitnehmerüberlassung auf der anderen Seite weiterhin zur Anwendung kommen."*

Damit hat der Gesetzgeber eindeutig klargestellt, dass es bei der Frage der Abgrenzung der Werk-/Dienstverträge von der (verdeckten) Arbeitnehmerüberlassung keine Branchenausnahmen geben wird, sondern vielmehr in jedem Einzelfall – unabhängig von der Branche – geprüft werden muss, ob die von der Rechtsprechung entwickelten Abgrenzungskriterien eingehalten worden sind.

> **Praxistipp**
>
> Von der zuweilen verbreiteten Praxis in den IT-Projektverträgen ausdrücklich auf die (angeblich bestehende) Bereichsausnahme zu verweisen, um eine enge Zusammenarbeit zwischen Auftraggeber- und Auftragnehmer-Mitarbeitern zu rechtfertigen, sollte dringend abgesehen werden. Eine solche Ausnahmeregelung existiert nicht und ist für die Behörden ein Indiz, dass die Abgrenzungskriterien zwischen einem Dienst-/Werkvertrag einerseits und einem Arbeitnehmerüberlassungsvertrag andererseits (möglicherweise) nicht eingehalten werden.

3.2. Anwendung der Abgrenzungskriterien bei agilen IT-Projekten

Die Abgrenzung werk-/dienstvertraglicher Einsätze von der Arbeitnehmerüberlassung beim Einsatz agiler Projektmethoden wie Scrum bereitet besondere Probleme. Bei diesen Projektmethoden geht es um die Abwicklung komplizierter Prozesse über einen längeren Zeitraum. Die Nähe zur Arbeitnehmerüberlassung resultiert daraus, dass die an den Dienstleister vergebenen Projekte oder Sprints oft eng mit der Tätigkeit eigener Mitarbeiter des Auftraggebers verflochten sind und es eines ständigen wechselseitigen Informationsaustausches und einer Abstimmung beim Projektfortschritt bedarf.

Die Grenzziehung folgt jedoch auch bei agilen Projektmethoden nach den allgemeinen Grundsätzen für die Abgrenzung der Arbeitnehmerüberlassung von Dienst-/Werkvertragseinsätzen. Demnach ist entscheidend, ob die Tätigkeit der externen Projektmitarbeiter fremdgesteuert wird, ihre Arbeit also vom Auftraggeber direkt oder über eine zwischengeschaltete Person organisiert wird. Dabei ist zu beachten, dass die rechtliche (vertragliche) Ausgestaltung des Vertragsverhältnisses bei der Abgrenzung zwischen einer Arbeitnehmerüberlassung und einem Dienst-/Werkvertrag zwar herangezogen wird, jedoch nicht die alleinige Entscheidungsgrundlage darstellt. Vielmehr hat eine wertende Gesamtbetrachtung der tatsächlichen Gestaltung des Geschäftsinhalts zu erfolgen, die alle Umstände des Einzelfalls berücksichtigt.

Für die Abgrenzungsfrage beim Einsatz von Fremdpersonal auf Werk-/Dienstvertragsbasis von einer (verdeckten) Arbeitnehmerüberlassung kommt es demnach auch bei agilen Projekten auf den Grad der persönlichen Abhängigkeit des Fremdpersonals zum Auftraggeber an. Für diese Beurteilung sind im Wesentlichen die nachfolgenden Kriterien anzuwenden:

- Konkretisierter Leistungsgegenstand vor Leistungserbringung
- Eingliederung des Fremdpersonals in die Arbeitsorganisation des Auftraggebers sowie
- Weisungsausübung des Auftraggebers gegenüber dem Fremdpersonal.

3.2.1 Vorab abgegrenzter Leistungsgegenstand

Auf den ersten Blick schließen sich agile Projektmethoden und das Erfordernis des vorab definierten Leistungsgegenstandes aus. Eine vorab festgelegte Leistungsbeschreibung – etwa in Form eines Lasten- bzw. Pflichtenhefts – entspricht gerade nicht dem Wesen agiler Projekte, sondern dem „alten" Wasserfallmodell. Es ist bei agilen Projekten nicht möglich, vorab die zu erbringende Leistung bzw. das Werk so konkret zu beschreiben, dass es keiner weiteren Konkretisierung des Auftraggebers bedarf. Insofern kann der zwischen den Parteien geschlossene Vertrag auch nur generisch festlegen, welches Werk bzw. welche Leistung der Auftragnehmer erbringen soll. Die Parteien sollten daher einen Rahmenvertrag schließen, der generisch den Leistungsgegenstand beschreibt und die Art und Weise der Zusammenarbeit der Parteien regelt. Die Konkretisierung der Leistung erfolgt sodann im Rahmen von Einzelabrufen (den „Sprints"). Auf diese Weise ist sichergestellt, dass vor der Leistungserbringung durch den Auftragnehmer die Leistung hinreichend durch den Auftraggeber in Person des Product Owners konkretisiert wurde.[15] Dabei ist darauf zu achten, dass die einzelnen zu erbringenden Leistungen nicht zu Kleinstgewerken atomisiert werden, da solche Kleinstaufträge Indiz für eine verdeckte Arbeitnehmerüberlassung (bzw. Scheinselbstständigkeit) sein sollen.[16]

3.2.2 Keine Eingliederung in die Arbeitsorganisation des Auftraggebers

Darüber hinaus ist bei der Umsetzung agiler Projekte auf Basis von Dienst- bzw. Werkverträgen darauf zu achten, dass es nicht zu einer Eingliederung der Fremdpersonalmitarbeiter in die Arbeitsorganisation des Auftraggebers kommt.[17] Schwierigkeiten bereiten hierbei vor allem die Konstellationen, in denen der Auftraggeber eine Vor-Ort-Tätigkeit des Entwicklungsteams wünscht, um (auch) einen Know-how-Transfer zu seinen Mitarbeitern zu gewährleisten. Aus diesem Grund werden oft „gemischte" Teams bestehend aus Auftraggeber- und Auftragnehmer-Mitarbeitern gebildet, die vor Ort beim Auftraggeber das Projekt realisieren. Allerdings stellt die die Integration des Fremdpersonals in den Auftraggeberbetrieb ein arbeitsteiliges Zusammenwirken des Eigen- und Fremdpersonals dar. Durch die Verzahnung der einzelnen Arbeitsbeiträge wird die Selbstständigkeit und Eigenverantwortlichkeit des Auftragnehmers erheblich eingeschränkt. Die einzelnen Arbeitsbeiträge können nicht mehr eindeutig dem Auftraggeber oder Auftragnehmer zugeordnet werden. Diese abgestimmten Arbeitsprozesse führen zu einer unmittelbaren Einbindung in die Arbeitsorganisation des Fremdbetriebs, da der Auftraggeber über das eingesetzte Fremdpersonal wie über Eigenpersonal verfügt.[18]

Eine solche enge Abstimmung und Zusammenarbeit stellt ein starkes Indiz für die Eingliederung des Fremdpersonals in die Arbeitsorganisation des Auftraggebers dar. Insofern ist darauf zu achten, dass keine gemischten Teams gebildet und auf eine vor-Ort Tätigkeit – bis auf Besprechungen – verzichtet wird. Es muss sichergestellt werden, dass auch in der Rückschau der Leistungsbeitrag des seitens des Auftragnehmers eingesetzten Entwicklungsteams eigenständig erbracht und abgrenzbar von den Leistungen der Auftraggeber-Mitarbeiter ist.

---

[15] Kritisch hierzu *Schüren/Haman/Hamann*, § 1 AÜG Rz. 208.
[16] Siehe hierzu die Fachlichen Weisungen Arbeitnehmerüberlassungsgesetz Bundesagentur für Arbeit, S. 16 (Stand August 2019).
[17] Vgl. zu diesem Abgrenzungsmerkmal auch *Ziegelmeyer*, DStR 2016, 2858, 2859.
[18] BAG v. 09.07.1991, 1 ABR 45/90, NZA 1992, 275; *Baeck/Winzer*, NZA 2015, 270 f.

> **Praxistipp**
>
> Kann auf den Einsatz gemischter (Auftraggeber- und Auftragnehmer-) Teams nicht verzichtet werden, sollte als rechtlicher Rahmen für die Zusammenarbeit die Arbeitnehmerüberlassung gewählt werden. Damit ist man von den „Fesseln" der einzuhaltenden Abgrenzungskriterien befreit und kann die Art und Weise der Zusammenarbeit frei gestalten. Es sind allerdings die formalen Vorgaben des Arbeitnehmerüberlassungsgesetzes zu beachten (Dienstleister benötig eine Arbeitnehmerüberlassungserlaubnis; Einhaltung der (18-monatigen-) Höchstüberlassungsdauer, Zahlung von Equal Pay nach dem 9. Einsatzmonat etc.).

3.2.3 Keine Weisungsbefugnis des Product Owners gegenüber dem Entwicklungsteam

Arbeitsvertragliche Weisungen betreffen die Art und Weise der Leistungsausführung und ermöglichen dem Arbeitgeber das Eigenpersonal inhaltlich, zeitlich und örtlich zu disponieren. Da dieses Recht den Kernbereich eines Arbeitsverhältnisses betrifft, ist die Erteilung arbeitsvertraglicher Weisungen allein dem Arbeitgeber vorbehalten. Fachliche Weisungen, die werkbezogen ausgestaltet sind (z.B. welche Bezahlmethoden bei der Programmierung eines Online-Shops zur Verfügung stehen sollen), sind werkvertragstypisch und führen nicht zu einer verdeckten Arbeitnehmerüberlassung, da diese die Grundlage für eine reibungslose Leistungsdurchführung bilden können.[19] Die Abgrenzung ist in der Praxis häufig schwierig, da sich arbeitsvertragliche und fachliche Weisungen oft überschneiden. Maßgeblich ist daher, dass der Leistungsgegenstand vor Ausführung hinreichend konkret beschrieben wird, sodass eine selbstständige und selbstbestimmte Arbeit des Fremdpersonals gewährleistet werden kann.[20]

Bei einer strikten Befolgung der agilen Projektorganisation kommt es zu keinen arbeitsbezogenen Weisungen des Product Owners gegenüber dem Entwicklungsteam. Dies würde gegen das den agilen Prozessmethoden immanente Grundprinzip der Selbstorganisation verstoßen. Die Verteilung der Aufgaben innerhalb des Entwicklungs-Teams erfolgt gerade einvernehmlich zwischen den Teammitgliedern, und somit sind keine arbeitsrechtlichen Weisungen erforderlich. In Scrum sind die Einflussmöglichkeiten des Product Owners klar um-

---

[19] BAG v. 14.6.2016, 9 AZR 305/15, NZA 2016, 1453; *Heise/Friedl*, NZA 2015, 129, 133 f.
[20] BAG v. 25.09.2013,10 AZR 282/12, NZA 2013, 1348; BAG v. 30.01.1991, 7 AZR 497/89, NZA 1992, 19.

grenzt, in dem er (nur) fachliche, ergebnisbezogene Anforderungen stellen kann, die im Product Backlog hinterlegt werden.

Allerdings ist die Grenzziehung in der gelebten Praxis oft schwierig – sie erfordert ein hohes Maß an Selbstdisziplin unter den Projektbeteiligten.[21] Erteilt der Product Owner – oder andere Mitarbeiter des Auftraggebers – den einzelnen Mitarbeitern des Entwicklungsteams gegenüber unmittelbar Weisungen in fachlicher, örtlicher und zeitlicher Hinsicht, handelt es sich nicht mehr nur um die – zulässige – Konkretisierung des werkvertraglich geschuldeten Leistungsgegenstandes. Wenn sich dann die Leistung des Vertragsarbeitgebers im Ergebnis auf die reine Personalgestellung beschränkt, ist die Grenze zur (verdeckten) Arbeitnehmerüberlassung überschritten.

Praxistipp
Bei der praktischen Umsetzung von Scrum-Projekten bedarf es daher der Einhaltung der oben beschriebenen „Spielregeln", insbesondere:
- Konsequente Einhaltung der Regeln, u.a. Scrum Master sorgt dafür, dass Product Owner keine unmittelbaren Weisungen den Mitgliedern des Entwicklungsteams erteilt;
- Einzelaufträge" werden im Backlog erfasst, ohne dass Product Owner hiermit einzelnen Teammitgliedern unmittelbar Aufgabenzuweist;
- Organisatorische und räumliche Trennung der Projektteams des Dienstleisters sowie des Auftraggebers;
- Kontinuierliche Überprüfung des Projektfortschritts (Abnahme der fertiggestellten Sprints; Nutzung des Change Request- Prozesses; Geltendmachung von Gewährleistungsansprüchen).

4. Fazit

Beim Einsatz agiler Projektmethoden bedarf es der frühzeitigen Berücksichtigung der arbeitsrechtlichen „Spielregeln". Das reformierte AÜG hat insofern keine Rechtssicherheit für die (IT-)Beratungsbranche gebracht. Eine Bereichsausnahme vom AÜG für die (IT)-Beratungsbranche existiert nicht. Deshalb ist bei agilen (Software-)Projekten auf eine klare Aufgabenabgrenzung und strikte

---

[21] Vgl. LAG Baden-Württemberg v. 01.08.2013, 2 Sa 6/13, NZA 2013, 1017: Hier war zwar nach den vertraglichen Regelungen eine Direktbeauftragung des eingesetzten Fremdpersonals durch die Zwischenschaltung eines Ticketsystems ausgeschlossen. Da diese Vorgabe jedoch (beinahe) durchgängig nicht eingehalten wurde, wurde eine Weisungsgebundenheit des Fremdpersonals angenommen.

Einhaltung der „Spielregeln" zu achten. Wenn dies der Fall ist, kann auch ein agiles Projekt rechtskonform als Dienst- oder Werkvertrag umgesetzt werden. Wichtig ist hierbei vor allem, dass sich nicht nur aus dem Vertrag die Einhaltung der Abgrenzungskriterien ergibt, sondern dass der Vertrag in der Praxis auch entsprechend gelebt wird. Hierbei kann die Einführung eines Compliance-Systems, das die rechtskonforme Umsetzung (agiler) Projekte sicherstellt, helfen und den Auftraggeber vor unerwünschten (strafrechtlichen) Sanktionen schützen.

Compliance-Anforderungen bei der Errichtung und Unterhaltung von Whistleblower-Hotlines

Martin Knaup und Jan-Patrick Vogel

Literatur

Ascheid/Preis/Schmidt (Hrsg), Kündigungsrecht, 5. Auflage 2017; Bay/Hastenrath, Compliance-Management-Systeme, 2. Auflage 2016; Wolff/Brink, Beck-OK Datenschutzrecht, 28. Edition, Stand: 01.05.2019; Böhm, Strafrechtliche Verwertbarkeit der Auskünfte von Arbeitnehmern bei unternehmensinternen Untersuchungen- Ein Beitrag zur aktuellen Compliance-Debatte, WM 2009, Seite 1923 ff.; Buchert, Der externe Ombudsmann – ein Erfahrungsbericht, Hinweisgeber brauchen Vertrauen und Schutz, CCZ 2008, Seite 148 ff.; Buchert/Buchert, Privilegien anwaltlicher Ombudspersonen im Strafverfahren, StV 2017, 204; Bürkle/Hauschka, Der Compliance Officer, Ein Handbuch in eigener Sache, 1. Auflage 2015; Dzida, Die Mitbestimmung des Konzernbetriebsrats bei Ethik-Richtlinien, NZA 2008, Seite 1265; Egger, Hinweisgebersysteme und Informantenschutz, CCZ 2018, 126; Esser/Rübenstahl/Saliger/Tsambikakis, Wirtschaftsstrafrecht, 2017; Fahrig, Verhaltenskodex und Whistleblowing im Arbeitsrecht, NJOZ 2010, Seite 975; Fissenewert, Compliance für den Mittelstand, 1. Auflage 2013; Fleischer, Corporate Compliance im aktienrechtlichen Unternehmensverbund, CCZ 2008, Seite 1, Fleischer, Aktienrechtliche Compliance-Pflichten im Praxistest: Das Siemens/Neubürger-Urteil des LG München I, NZG 2014, Seite 321 ff.; Frank/Vogel, Beschlagnahmefreiheit für Unterlagen anwaltlicher Compliance-Ombudspersonen, NStZ 2017, Seite 313 ff.; Gaschler, Whistle Blower Systeme – Unternehmen im Spannungsfeld von Pflicht und Risiken, CB 2018, Seite 81 ff.; Gödrling/Inderst/Bannenberg, Compliance, Aufbau-Management-Risikobereiche, 1. Auflage 2010; Hauschka/Moosmayer/Lösler (Hrsg.), Corporate Compliance, 3. Auflage 2016; Henssler/Willemsen/Kalb (Hrsg.), Arbeitsrechts Kommentar, 8. Aufl., 2018; Hohmuth, Die arbeitsrechtliche Implementierung von Compliance-Pflichten BB 2014, Seite 3061 ff.; Illing/Unmuß, Die arbeitsrechtliche Stellung des Compliance Managers – insbesondere Weisungsunterworfenheit und Reportingpflichten, CCZ 2009, Seite 1 ff.; Jacob,Rezension: Hinweisgebersysteme –Implementierung im Unternehmen, WiJ 2012, 286 ff.; Jahn/Kirsch LG Mannheim: Beurteilung der Beschlagnahmefreiheit von Unterlagen im Gewahrsam eines Zeugen, NStZ 2012, Seite 713 ff.; Johnson, Die Änderungsvorschläge zum Richtlinienentwurf der EU-Kommission zum Schutz von Hinweisgebern, Ein (weiterer) Schritt in die richtige Richtung?, ZRFC 2019 Seite 82 ff.; Keul/Wulf, Rechtliche Rahmenbedingungen des anwaltlichen Ombudsmannes, ZWH 2011, Seite 50 ff.; Klengel/Buchert, Zur Einstufung der Ergebnisse einer „Internal Investigation" als Verteidigungsunterlagen im Sinne der §§ 97, 148 StPO, NStZ 2016, Seite 383; Knierim/Rübenstahl/Tsambikakis (Hrsg.), Internal Investigations, Ermittlungen im Unternehmen, 2. Auflage 2016; Kock, Einführung einer Ethikrichtlinie im Unternehmen, MDR 2006, Seite 673; Krug/Skoupil, Befragungen im Rahmen von internen Untersuchungen, NJW 2017, Seite 2374, 2379; Küttner/Röller (Hrsg.),Küttner Personalbuch 2019, 26. Auflage 2019; Lorenz/Krause, Abpfiff für den Whistleblower – beim Ombudsmann darf beschlagnahmt werden, CB 2017, Seite 39 ff.; Maume/Haffke Whistleblowing als Teil der Unternehmenscompliance – Rechtlicher Rahmen und Best Practice ZIP 2016, Seite 199; Mengel, Arbeitsrechtliche Besonderheiten der Implementierung von Compliance-Programmen in internationalen Konzernen, CCZ 2008, Seite 85; Miege, Einrichtung eines Hinweisgebersystems,

CCZ 2018, Seite 45 ff.; Moll (Hrsg.), Münchener Anwaltshandbuch Arbeitsrecht, 4. Auflage 2017; Müller-Glöge/Preis/Schmidt (Hrsg.), Erfurter Kommentar zum Arbeitsrecht, 19. Aufl., 2019; Neufeld/Knitter, Mitbestimmung des Betriebsrats bei Compliance-Systemen, BB 2013, Seite 821; Ott/Lüneborg, Internal Investigations in der Praxis – Umfang und Grenzen der Aufklärungspflicht, Mindestaufgriffsschwelle und Verdachtsmanagement, CCZ 2019, Seite 71; Reinhard, Mitbestimmungsrecht des Betriebsrates bei der Implementierung von Unternehmens-, insbesondere Verhaltensrichtlinien, NZA 2016, Seite 1233; Reinhard/Kasparek-Denninger, Gutmenschentum als Kündigungsgrund? – Rechtsprechungsupdate und Praxistipps zum Whistleblowing, BB 2018, 2484 ff.; Reufels, Die Implementierung von Whistleblower-Hotlines aus US-amerikanischer, europäischer und deutscher Sicht, CCZ 2009, Seite 201; Richardi (Hrsg.), Betriebsverfassungsgesetz mit Wahlordnung Kommentar, 16. Aufl., 2018; Schneider, LG Braunschweig: Beschlagnahmefreie Unterlagen, NStZ 2016, Seite 309; Schuster/Darsow, Einführung von Ethikrichtlinien durch Direktionsrecht, NZA 2005, Seite 273; Stück, Comply or Die?, GmbHR, 2011, R49; Umnuß, Betriebsratsmitbestimmung bei Verhaltens- bzw. Ethikrichtlinien, CCZ 2009, Seite 88 ff.; Richter, Schutz von Whistleblowern – richtlinienvorschlag der Kommission und dessen Auswirkungen im Arbeitsrecht, ArbRAktuell, 2018, Seite 433 ff.; Rudolph, Verschlüsselung von Daten in der Anwaltskanzlei, Praktische Konsequenzen nach der Jones-Day-Entscheidung des BverfG am Beispiel externer Compliance-Ombudspersonen, StraFo 2019, Seite 57 ff.; Rübenstahl, Zur Durchsuchung beim Unternehmensanwalt im Kontext von „Internal Investigations", Bespr. der Beschlüsse des BVerfG vom 27.6.2018 in Sachen VW AG und Jones Day, ZWH 2018, Seite 273 ff.; Karlsruher Kommentar zum OWiG, 5. Auflage 2018; Schemmel/Ruhmannseder/Witzigmann, Hinweisgebersysteme, Implementierung in Unternehmen, 1. Auflage 2012; Schlachter, Kündigung wegen „Whistleblowing"? Der Schutz der Meinungsfreiheit vor dem EGMR – Besprechung des Urteils EGMR v. 21.7.2011 – 28274/08, RdA 2012, Seite 108 ff.; Schmolke, Der Vorschlag für eine europäische Whistleblower-Richtlinie, Bessere Rechtsdurchsetzung durch besseren Hinweisgeberschutz, AG 2018, Seite 769 ff.; Schulz, Die Verpflichtung zur Meldung von Fehlverhalten Dritter aus den arbeitsvertraglichen Nebenpflichten, BB 2011, Seite 629 ff.; Szesny, Beschlagnahme von Unterlagen beim Ombudsmann? Anmerkungen und Praxishinweise zu LG Bochum, Beschl. v. 16.3.16 – 6 Qs 1/16, CCZ 2017, Seite 25; Thüsing/Rombey, Nachdenken über den Richtlinienvorschlag der EU-Kommission zum Schutz von Whistleblowern, NZG 2018, Seite 1001 ff.; Ulmer/Habersack/Löbbe (Hrsg.), GmbHG Großkommentar Bd. 2, 2. Auflage 2014; Unmuß, Corporate Compliance Checklisten, Rechtliche Risiken im Unternehmen erkennen und vermeiden, 3. Auflage 2017; Vogel/Poth, Steine statt Brot für den Whistleblower, Die neue EU-Richtlinie und ihre Vereinbarkeit mit der staatsanwaltlichen Beschlagnahmepraxis, CB 2019, Seite 45 ff.; Wiedmann/Seyfert, Richtlinienentwurf der EU-Kommission zum Whistleblowing, CCZ 2019, Seite 12 ff.; Wiedmann/Thoma, Whistleblowing – EU-Parlament verlangt stärkeren Schutz von Hinweisgebern, Newsdienst Compliance 2018, Heft 12, Seite 72007 ff.; Wisskirchen/Jordan/Bissels, Arbeitsrechtliche Probleme bei der Einführung internationaler Verhaltens- und Ethikrichtlinien (Codes of Conduct/Codes of Ethics), DB 2005, Seite 2190 ff.; Wisskirchen/Körber/Bissels, „Whistleblowing" und „Ethikhotlines" Probleme des deutschen Arbeits- und Datenschutzrechts, BB 2006, Seite 1567 ff.

1. Der Begriff des Whistleblowings/ Regelungsbedürftigkeit der Thematik

Mit dem Begriff „Whistleblowing"[1] verbindet sich das Bild eines Schiedsrichters, der durch das Blasen seiner Trillerpfeife auf einen sportlichen Regelverstoß reagiert und die beteiligten Spieler sowie die Menschen in der näheren Umgebung, insbesondere die Zuschauer, darauf aufmerksam macht.[2] Eine wörtliche Übersetzung des Begriffs ins Deutsche mit „Verpfeifen", „Aufdecken" o. ä. wird der eigentlichen Bedeutung der Thematik jedoch nicht gerecht. Vielmehr offenbart eine rein sprachliche Ableitung des Begriffs, dass in Deutschland im Unterschied zum anglo-amerikanischen Rechtsraum[3] (noch) keine positiv besetzte Hinweisgeberkultur existiert. Auch eine einheitliche Legaldefinition des Begriffs „Whistleblowing" sucht man daher im deutschen Recht bislang vergeblich.[4] Regelmäßig versteht man unter der Bezeichnung Whistleblowing „das an die Öffentlichkeit bringen von tatsächlichen oder behaupteten Missständen oder Fehlverhalten in Unternehmen, durch kritische Äußerungen, Beschwerden oder Anzeigen eines dort abhängig Beschäftigten".[5] Dabei wird zwischen dem internen und dem externen Whistleblowing unterschieden. Während der Hinweis beim internen Whistleblowing bei Vorgesetzten, Kollegen, der Geschäftsleitung, der Compliance-Abteilung, dem Betriebsrat oder anderen unternehmensinternen Stellen eingeht, erfolgt er beim externen Whistleblowing gegenüber Behörden, Medien, Interessengruppen oder anderen öffentlichen Stellen.[6] Nicht unter den Begriff „Whistleblowing" fallen Hinweise, die erkennbar denunziatorischer Art sind oder Diffamierung, Mobbing oder Intrigen zum Gegenstand haben. Dabei mag es Grenzfälle geben, deren Einordnung Schwierigkeiten bereitet. Die praktischen Erfahrungen zeigen jedoch, dass Whistleblowing-Systeme nur selten in diese Richtung missbraucht werden.[7]

Whistleblowing-Systeme, regelmäßig auch Hinweisgebersysteme genannt, haben sich vielmehr als wirkungsvolles Mittel erwiesen, um Regelverstöße in einem Unternehmen aufzudecken. Viele der in Wirtschaftsunternehmen begangenen Straftaten – insbesondere Korruptionsdelikte, die als „opferlose Straftaten"

---

[1] Von englisch „to blow the whistle".
[2] Buchert in: Hauschka/Moosmayer/Lösler, Corporate Compliance, 3. Auflage 2016, § 42 Rn. 1; vgl. Wiedmann/Seyfert, CCZ 2019, S. 12, 12.
[3] Vgl. zum Umgang mit Whistleblowing in den USA und GB Wiedmann/Seyfert, CCZ 2019, S. 12, 20.
[4] Vogel/Poth, CB 2019, S. 45, 45.
[5] Kania in: Küttner/Röller, Personalbuch 2019, „Whistleblowing", Rn. 1.
[6] Dendorfer-Ditges in: Moll, MAH ArbR, 4. Auflage 2017, § 35 Compliance und Datenschutz Rn. 127; Schulz, BB 2011, S. 629, 630.
[7] Buchert in: Hauschka/Moosmayer/Lösler, Corporate Compliance, 3. Auflage 2016, § 42 Rn. 3.

von zwei Tätern ausgehen – können ohne Hinweise aus der Mitarbeiterschaft, von Geschäftspartnern oder sonstigen Dritten kaum aufgeklärt werden.[8] Erfahrungsgemäß sind es insbesondere die Mitarbeiter, die von Regelverstößen bzw. Fehlverhalten im Unternehmen oder in dessen Umfeld erfahren.[9] Denn der einzelne Mitarbeiter hat in der Regel einen direkten Einblick in die tatsächlichen Prozesse eines Unternehmens und damit einen unmittelbaren Überblick über das konkrete Handeln und Unterlassen seiner Kolleginnen und Kollegen. Daraus ergibt sich ein beachtlicher Wissensvorsprung des Mitarbeiters gegenüber seinem Arbeitgeber und den eigentlich zur Aufdeckung von Regelverstößen berufenen Abteilungen im Unternehmen.[10] Aus diesem Grund haben sich Hinweisgebersysteme – nicht zuletzt auch infolge der generell wachsenden Bedeutung von Compliance im deutschen Wirtschaftsleben – als zentraler Bestandteil eines effektiven Compliance-Management-Systems etabliert und sind aus der Compliance-Praxis vieler Unternehmen nicht mehr hinwegzudenken.

Die Komplexität des Whistleblowings bedingt es, dass mit der Thematik neben zahlreichen positiven Impulsen auch eine Reihe negativer Effekte verbunden sind. So weisen die praktischen Erfahrungen darauf hin, dass Regelverstöße und sonstiges Fehlverhalten in Unternehmen nicht selten deswegen unentdeckt bleiben, weil sich die Mitarbeiter in Ansehung der Gefahr arbeitsrechtlicher Repressalien davor scheuen, ihr Anliegen offen zu äußern („Mauer des Schweigens").[11] Gerade in Kontinentaleuropa ist diese Zurückhaltung verbreitet.[12] Dies dürfte wiederum auf die noch wenig ausgeprägte Hinweisgeberkultur und die im Vergleich zu den USA deutlich geringere Wertschätzung von Hinweisgebern zurückzuführen sein.[13]

Allein aus der unterschiedlichen Auffassung darüber, was einen Regelverstoß oder einen Missstand darstellt, resultiert eine Vielzahl von Problemen und Unsicherheiten zu Lasten eines potenziellen Whistleblowers, die einer Klärung durch den Gesetzgeber bedürfen und auf diese Weise die Chance für einen entsprechenden Kulturwandel bieten. So sollte das Thema Whistleblowing gemäß oben genannter Begriffsbestimmung nicht als eine Bedrohung, sondern viel-

---

[8] Vgl. Buchert in: Hauschka/Moosmayer/Lösler, Corporate Compliance, 3. Auflage 2016, § 42 Rn. 4.
[9] Inderst in: Görling/Inderst/Bannenberg, Compliance – Aufbau – Management – Risikobereiche, 2010, 4. Kapitel, Rn. 34.
[10] de Boer in: Görling/Inderst/Bannenberg, Compliance – Aufbau – Management – Risikobereiche, 2010, 5. Kapitel, Rn. 400.
[11] Inderst in: Görling/Inderst/Bannenberg, Compliance – Aufbau – Management – Risikobereiche, 2010, 4. Kapitel, Rn. 34.
[12] Inderst in: Görling/Inderst/Bannenberg, Compliance – Aufbau – Management – Risikobereiche, 2010, 4. Kapitel, Rn. 34.
[13] Vgl. Wiedmann/Seyfert, CCZ 2019, S. 12, 20.

mehr als Chance für das Unternehmen begriffen werden, frühzeitig Missstände im Unternehmen zu identifizieren und die notwendigen Abhilfemaßnahmen in kanalisierter und geordneter Form zu treffen. Gleichzeitig können Meldungen und Informationen von Whistleblowern im Unternehmen gebündelt und ein unkontrolliertes Auskehren nach außen verhindert werden.[14] Das Unternehmen erlangt so frühzeitig die Deutungshoheit über den in Rede stehenden Sachverhalt, was in einem ggf. nachfolgenden Strafverfahren von erheblicher Bedeutung ist. Eine interne, ergebnisoffen strukturierte Aufklärung dürfte letztlich immer dazu beitragen, das Unternehmen vor einem höheren Reputationsverlust zu bewahren.[15] Gleichzeitig erhöht die Implementierung eines Hinweisgebersystems für potenzielle Täter auch das Entdeckungsrisiko und kann bei einer entsprechenden Kommunikation eine abschreckende Wirkung haben.[16]

2. Rechtspflicht zur Implementierung von Hinweisgebersystemen

Parallel zu der umstrittenen Frage, ob Unternehmen abseits branchenspezifischer Spezialregelungen generell zur Einführung eines Compliance-Management-Systems verpflichtet sind, wird auch das Bestehen einer allgemeinen Rechtspflicht zur Implementierung eines Hinweisgebersystems vielfach diskutiert. Mit Ausnahme weniger Branchen besteht für ein Unternehmen in Deutschland eine explizite Rechtspflicht zur Einrichtung eines Hinweisgebersystems (noch) nicht.

Fragmentarische Ansätze finden sich insbesondere in den folgenden Regelungskomplexen:

2.1. Aktienrecht

Im Rahmen seiner Legalitätspflicht hat ein Vorstandsmitglied dafür Sorge zu tragen, dass das Unternehmen so organisiert und beaufsichtigt wird, dass keine Gesetzesverstöße aus dem Unternehmen heraus erfolgen. Diese Überwachungspflicht wird durch § 91 Abs. 2 AktG dahingehend konkretisiert, dass ein Überwachungssystem einzurichten ist, das geeignet ist, bestandsgefährdende Entwicklungen frühzeitig zu erkennen, wovon auch Verstöße gegen gesetzliche Vorschriften umfasst sind.

---

[14] Vgl. Grambow in: Fissenewert, Compliance für den Mittelstand, 2013, 3. Kapitel, Rn. 198.
[15] Wiedmann/Seyfert, CCZ 2019, S. 12, 13.
[16] Borowa in: Bay/Hastenrath, Compliance-Management-Systeme, 2. Auflage 2016, 5. Kapitel, Rn. 60; vgl. zu den Gründen, die aus Unternehmenssicht für die Einführung von Hinweisgebersystemen sprechen Buchert in: Hauschka/Moosmayer/Lösler, Corporate Compliance, 3. Auflage 2016, § 42 Rn. 69 ff.

In seiner viel beachteten Neubürger-Entscheidung ist das Landgericht München I zu der Auffassung gelangt, dass der Vorstand dieser Organisationspflicht bei entsprechender Gefährdungslage nur genüge, wenn er eine auf Schadensprävention und Risikokontrolle angelegte Compliance-Organisation einrichte.[17] Damit bejaht das Landgericht München I in Bezug auf den von ihm zu beurteilenden Sachverhalt die Frage nach dem „Ob" einer Verpflichtung zur Einrichtung eines Compliance-Management-Systems. Ausdrücklich offen lässt es dabei, ob diese Pflicht bereits unmittelbar aus § 91 Abs. 2 AktG oder aus der allgemeinen Leitungspflicht der §§ 76 Abs. 1, 93 Abs. 1 AktG herzuleiten ist. Im Hinblick auf die Art und Weise (das „Wie") der Ausgestaltung der Compliance-Organisation stellt das Landgericht München I fest, dass dafür die Art, Größe und Organisation des Unternehmens, die zu beachtenden Vorschriften, die geografische Präsenz wie auch Verdachtsfälle aus der Vergangenheit entscheidend seien.[18]

Die vom Landgericht München I angenommene allgemeine Rechtspflicht zur Errichtung einer Compliance-Organisation für sämtliche, in den Anwendungsbereich von § 91 Abs. 2 AktG fallende Unternehmen, stößt in der juristischen Literatur weitestgehend auf Ablehnung.[19] Dagegen spricht nach zutreffender Auffassung vor allem, dass die Unternehmensleitung zwar grundsätzlich verpflichtet ist, rechtswidriges Verhalten durch entsprechende organisatorische Vorkehrungen zu vermeiden, ihr im Rahmen der Ausgestaltung aber ein Ermessen zusteht, durch welche konkreten Strukturmaßnahmen dies geschieht.[20] Dieser Ermessensspielraum ergibt sich insbesondere aus der aus § 93 Abs. 1 Satz 2 AktG abgeleiteten „Business Judgement Rule".[21] Aus der Tatsache, dass es keine generelle gesellschaftsrechtliche Verpflichtung für Unternehmen gibt, standardisierte Compliance-Management-Systeme zu implementieren, folgt konsequenterweise, dass auch keine generelle Verpflichtung für Unternehmen in Deutschland besteht, ein Hinweisgebersystem – als Element eines Compliance-Management-Systems – einzurichten.[22] Schließlich kann das der Geschäftsleitung zustehende Organisationsermessen nicht unabhängig von den jeweiligen unternehmensspezifischen Compliance-Risiken bestimmt werden.[23]

---

[17] LG München I, Urteil vom 10.12.2013 – 5 HK O 1387/10 = AG 2014, S. 332, 334.
[18] LG München I, Urteil vom 10.12.2013 – 5 HK O 1387/10 = AG 2014, S. 332, 334.
[19] Gaschler, CB 2018, S. 81, 81.
[20] Vgl. Buchert in: Hauschka/Moosmayer/Lösler, Corporate Compliance, 3. Auflage 2016, § 42 Rn. 62; Gaschler, CB 2018, S. 81, 81 m.w.N.
[21] Buchert in: Hauschka/Moosmayer/Lösler, Corporate Compliance, 3. Auflage 2016, § 42 Rn. 62.
[22] Thüsing/Rombey, NZG 2018, S. 1001, 1002.
[23] Vgl. Gaschler, CB 2018, S. 81, 82.

2.2. Deutscher Corporate Governance Kodex

Eine allgemeine Rechtspflicht zur Einrichtung eines Hinweisgebersystems lässt sich auch dem Deutschen Corporate Governance Kodex (DCGK) nicht entnehmen. Zwar wird der DCGK in seiner Formulierung in Ziffer 4.1.3 deutlich konkreter: Danach hat der Vorstand im Rahmen des Anwendungsbereichs des DCGK auf die Einhaltung der gesetzlichen Vorgaben und der unternehmensinternen Richtlinien hinzuwirken (Satz 1) und zu diesem Zweck ein angemessenes, an der Risikolage des Unternehmens ausgerichtetes Compliance-Management-System zu schaffen (Satz 2). Zudem soll der Vorstand insbesondere Mitarbeitern, aber auch Dritten die Möglichkeit für geschützte Hinweise auf unternehmensinterne Rechtsverstöße geben (Satz 3). Darin klingt die Verpflichtung zur Implementierung eines Hinweisgebersystems deutlich an. Der DCGK entfaltet allerdings insofern wenig breitenwirksame Bedeutung, als er im Grundsatz nur auf deutsche börsennotierte Gesellschaften Anwendung findet und im Übrigen lediglich unverbindliche Empfehlungen („soll") und Führungsgrundsätze enthält.[24] Allerdings besitzt der Kodex über die Entsprechenserklärung gemäß § 161 AktG eine gesetzliche Grundlage, Abweichungen zu den Empfehlungen (nicht zu den Anregungen) sind zu begründen und mit der jährlich abzugebenden Entsprechenserklärung zu veröffentlichen (sogenannter „Comply or Explain" Mechanismus). Gültigkeit erlangen diese Kodexempfehlungen mit der Veröffentlichung im Bundesanzeiger.

2.3. Finanzsektor und Versicherungswirtschaft

Für den Bereich des Finanzwesens ist im Nachgang zur Finanzmarktkrise zwecks Erneuerung des Vertrauens in die Finanzmärkte § 4d FinDAG (Finanzdienstleistungsaufsichtsgesetz) eingeführt worden. Dieser Regelung zufolge ist die BaFin verpflichtet, ein Meldesystem zu schaffen und zu unterhalten, welches die Anzeige von aufsichtsrechtlichen Gesetzesverstößen ermöglicht. Ein derartiges System hat die BaFin auf ihrer Internetseite eingerichtet. Es ist grundsätzlich für Meldungen jeglicher Art und Quelle zugänglich. Angesichts des auf das Aufsichtsrecht im Finanzdienstleistungssektor beschränkten sachlichen Anwendungsbereichs kann auch diese Regelung jedoch keine breitenwirksame Bedeutung entfalten.

Eine positive gesetzliche Pflicht zur Einführung eines Hinweisgebersystems gilt für Kredit- und Finanzdienstleistungsinstitute. Gemäß § 25a Abs. 1 S. 6 Nr. 3 KWG sind sie gehalten, einen Prozess zu gewährleisten, der es den Mitarbeitern unter Wahrung der Vertraulichkeit ihrer Identität ermöglicht, bestimmte, in der

---

[24] Vgl. Miege, CCZ 2018, S. 45, 45; Gaschler, CB 2018, S. 81, 82.

Vorschrift konkretisierte Verstöße sowie etwaige strafbare Handlungen innerhalb des Unternehmens an geeignete Stellen zu berichten. Eine ebenso branchenspezifische und damit nicht verallgemeinerungsfähige Verpflichtung statuiert mit Blick auf die Einrichtung eines Risikomanagementsystems § 26 VAG.

2.4. Gesetz über Ordnungswidrigkeiten (OWiG)

Die Regelung in § 130 OWiG reiht sich in die Nennung allgemein formulierter Verpflichtungen ohne konkreten Bezug zu Hinweisgebersystemen ein: Gemäß § 130 Abs. 1 OWiG ist der Inhaber eines Betriebs oder Unternehmens verpflichtet, diejenigen Aufsichtsmaßnahmen zu treffen, die erforderlich sind, um die Konformität der Unternehmensaktivitäten mit denjenigen Gesetzen zu gewährleisten, deren Verletzung straf- oder bußgeldbewährt sind. Zumindest im Hinblick auf ihren persönlichen Anwendungsbereich, der nicht auf bestimmte Gesellschaftsformen oder Wirtschaftsbereiche beschränkt ist, weist die Vorschrift somit eine gewisse Breitenwirkung auf. § 130 OWiG hat den spezifisch kriminalpolitischen Zweck, die Strafbarkeitslücke zu beseitigen, die sich daraus ergibt, dass betriebsbezogene Pflichten infolge von Delegation und Arbeitsteilung oftmals von Personen zu erfüllen sind, für die der Unternehmensträger straf- und ordnungsrechtlich nicht ohne weiteres einzustehen hat, obwohl er derjenige ist, dem die Vorteile aus dem arbeitsteiligen Einsatz von Mitarbeitern zufallen.[25] Mit anderen Worten: Bei § 130 OWiG geht es – funktional betrachtet – um die Sicherung von Zurechnung durch Schließung kriminalpolitisch unerwünschter Strafbarkeitslücken.[26] Allein der darin zum Ausdruck kommende Auffangcharakter belegt, dass der Vorschrift keine konkretisierenden Anforderungen an die inhaltliche Ausgestaltung der erforderlichen Aufsichtsmaßnahmen zu entnehmen sind. § 130 OWiG verpflichtet also zwar dem Grunde nach („*Ob*") dazu, Aufsichtsmaßnahmen zu treffen, lässt jedoch das dem Inhaber des betreffenden Betriebs oder Unternehmens zustehende Organisationsermessen unberührt („*Wie*"). Gegen eine unmittelbare Rechtspflicht zur Einführung eines Hinweisgebersystems spricht im Übrigen auch die Rechtsprechung des BGH, wonach ein Compliance-Management-System (CMS) lediglich bei der Bußgeldzumessung zu berücksichtigen ist.[27]

---

[25] Paefgen in: Ulmer/Habersack/Löbbe, GmbHG, 2. Auflage 2014, § 43, Rn. 369.
[26] Rogall in: Karlsruher Kommentar zum OWiG, 5. Auflage 2018, § 130 Rn. 4.
[27] BGH, Urteil vom 09.05.2017 – 1 StR 265/16 = BeckRS 2017, 114578 = Newsdienst Compliance 2017, 21012.

2.5. Unternehmen mit US-Bezug

In den Vereinigten Staaten genießen Whistleblower nicht nur ein deutlich positiveres Ansehen als in Deutschland, sie können sich in diesem Zusammenhang auch auf einen erheblich detaillierteren Rechtsrahmen stützen.[28] Kernelement der Regelungen zum Thema Whistleblowing ist der insbesondere als Konsequenz aus dem Skandal um die Finanzberichte des Enron-Konzerns am 30. Juli 2002 in Kraft gesetzte Sarbanes-Oxley Act (SOX). Ziel des SOX war es, das durch die Finanzskandale zerrüttete Vertrauen der Anleger in die Richtigkeit und Verlässlichkeit der veröffentlichten Finanzdaten von Unternehmen wiederherzustellen.[29] Im Mittelpunkt dessen steht Section 301 SOX, durch den Unternehmen zur Einrichtung eines Hinweisgebersystems verpflichtet werden.

Die Vorschriften des SOX gelten allerdings nur für Unternehmen, die gegenüber der US Securities Exchange Commission (SEC) einer fortwährenden Berichtspflicht unterliegen. Dazu zählen alle Unternehmen, deren Wertpapiere an einer US-amerikanischen Börse gehandelt oder in den USA anderweitig öffentlich angeboten werden, unabhängig davon, ob es sich um amerikanische oder ausländische Unternehmen handelt.[30] Zwar sind hiervon auch diverse in Deutschland ansässige Unternehmen betroffen. Auf eine allgemeine Verpflichtung zur Implementierung von Hinweisgebersystemen kann daraus jedoch nicht geschlossen werden.

3. Faktische Verpflichtung zur Implementierung von Hinweisgebersystemen (Best Practice)

Wenngleich abseits der oben skizzierten Spezialbereiche weder eine allgemeine Rechtspflicht zur Einrichtung eines Compliance-Management-Systems noch zur Implementierung eines konkreten Hinweisgebersystems besteht, ist für die handelnden Unternehmenslenker dennoch Vorsicht geboten, da sich derartige Verpflichtungen im Einzelfall auch faktisch ergeben können.[31] Maßgebend ist insoweit insbesondere die Struktur und das jeweilige konkrete Gefährdungs- und Risikopotenzial eines Unternehmens. Dieses Potenzial bestimmt sich wiederum nach der Branche, der konkreten Art der Geschäftstätigkeit, der Größe eines Unternehmens, seiner Internationalität und Aktivitäten in bestimmten, be-

---

[28] Vgl. zur Rechtslage in Sachen Whistleblowing in den USA Wiedmann/Seyfert, CCZ 2019, S. 12, 15.
[29] Wiedmann/Seyfert, CCZ 2019, S. 12, 15.
[30] Buchert in: Hauschka/Moosmayer/Lösler, Corporate Compliance, 3. Auflage 2016, § 42 Rn. 67; Wiedmann/Seyfert, CCZ 2019, S. 12, 15.
[31] Vgl. Buchert in: Bürkle/Hauschka, Der Compliance Officer, 2005, § 10 Rn. 6.

sonders compliance-relevanten Ländern.³² Erhöhte Rechtspflichten zur Implementierung eines Hinweisgebersystems können sich aber auch daraus ergeben, dass es im betreffenden Unternehmen in der Vergangenheit bereits zu Rechtsverstößen gravierender Art gekommen ist.³³

Im Übrigen ist zu beachten, dass sich unabhängig von einer allgemeinen Rechtspflicht zunehmend die fachliche Auffassung durchsetzt, dass ein Hinweisgebersystem besonders gut geeignet ist, die Rechtstreue von Mitarbeitern sicherzustellen und etwaigem Fehlverhalten vorzubeugen.³⁴ Je mehr sich diese Ansicht als „Best Practice" etabliert und durch entsprechende Rechtsprechung gestützt wird, umso mehr wird künftig das der Geschäftsleitung zustehende Organisationsermessen eingeschränkt und die Einrichtung von Hinweisgebersystemen zu einer allgemeinen Verpflichtung.³⁵

4. Inhaltliche Anforderungen an die Ausgestaltung von Hinweisgebersystemen

Die Bezeichnung „System" verdient nur eine Struktur, in der es über die bestehenden Funktionen innerhalb einer Hierarchie hinaus Regelungen und Prozesse zur Abgabe von Hinweisen, ihrer Bearbeitung und zum Hinweisgeberschutz gibt.³⁶ Bei der Ausgestaltung eines Hinweisgebersystems gilt es eine Vielzahl von Faktoren zu beachten und die jeweils einschlägigen Rechtsvorschriften zu berücksichtigen.

4.1. Bisherige deutsche Rechtslage

In Deutschland sind bislang weder das Thema Whistleblowing noch der Schutz der betroffenen Personen gesetzlich geregelt. Sämtliche bisherigen Gesetzgebungsinitiativen in diese Richtung müssen als gescheitert betrachtet werden.³⁷ Während in der zurückliegenden 18. Legislaturperiode (2013–2017) die Prüfung, ob der deutsche Hinweisgeberschutz den internationalen Anforderungen

---

[32] Buchert in: Bürkle/Hauschka, Der Compliance Officer, 2005, § 10 Rn. 6; Buchert in: Hauschka/Moosmayer/Lösler, Corporate Compliance, 3. Auflage 2016, § 42 Rn. 63.
[33] Buchert in: Bürkle/Hauschka, Der Compliance Officer, 2005, § 10 Rn. 6; Buchert in: Hauschka/Moosmayer/Lösler, Corporate Compliance, 3. Auflage 2016, § 42 Rn. 63.
[34] Buchert in: Hauschka/Moosmayer/Lösler, Corporate Compliance, 3. Auflage 2016, § 42 Rn. 65 m. w. N.
[35] Buchert in: Hauschka/Moosmayer/Lösler, Corporate Compliance, 3. Auflage 2016, § 42 Rn. 6.
[36] Buchert in: Hauschka/Moosmayer/Lösler, Corporate Compliance, 3. Auflage 2016, § 42 Rn. 6.
[37] Wiedmann/Seyfert, CCZ 2019, S. 12, 13 f. m. w. N.

entspricht, von den Koalitionspartnern der Bundesregierung zwar vereinbart, aber nicht umgesetzt wurde, ist im Koalitionsvertrag vom 12. März 2018[38] davon noch nicht einmal mehr die Rede.[39] Dieser Zustand wird auch von der OECD ausdrücklich kritisiert.[40] Die OECD mahnt seit geraumer Zeit, dass Deutschland ein umfassendes System zum Schutz von Whistleblowern einführen sollte, zuletzt in ihrem Deutschland-Bericht der Stufe 4 der OECD-Arbeitsgruppe zur Korruptionsbekämpfung vom 14. Juni 2018.[41]

Die Herausforderung für den Gesetzgeber dürfte auch darin begründet liegen, dass es sich beim Thema Whistleblowing um eine enorm weitreichende Querschnittsmaterie handelt, die Berührungspunkte zu einer Vielzahl, teilweise sehr unterschiedlicher Rechtsbereiche aufweist. Ganz aktuell wird dies am Beispiel des Schutzes von Geschäftsgeheimnissen deutlich. Seit dem 26. April 2019 können sich Unternehmen in Deutschland auf das Gesetz zum Schutz von Geschäftsgeheimnissen (GeschGehG) berufen, das die europäische Richtlinie zum Schutz von Geschäftsgeheimnissen (Richtlinie (EU) 2016/943)[42] umsetzt. Die Richtlinie, die eigentlich bereits bis zum 9. Juni 2018 in nationales Recht hätte umgesetzt werden müssen, vereinheitlicht in Europa den Schutz von geheimem Know-how. Die im Rahmen der Umsetzung eingetretene Verzögerung hängt auch mit der aktuellen Whistleblowing-Debatte zusammen. Denn gerade im Bereich von Geschäftsgeheimnissen besteht ein natürliches Spannungsfeld zwischen dem Interesse an ihrem Schutz einerseits und an der Offenlegung von Problemen und möglicherweise strafbewährten Vorgängen andererseits. Getragen vom Versuch, dieses Spannungsfeld aufzulösen, enthält § 5 Nr. 2 GeschGehG eine Ausnahmeregelung zu Gunsten des Whistleblowers. Danach fällt die Erlangung, die Nutzung oder die Offenlegung eines Geschäftsgeheimnisses nicht unter die Verbote des § 4 GeschGehG, wenn dies zum Schutz eines berechtigten Interesses erfolgt, insbesondere *„zur Aufdeckung einer rechtswidrigen Handlung oder eines beruflichen oder sonstigen Fehlverhaltens, wenn die Erlangung, Nutzung oder Offenlegung geeignet ist, das allgemeine öffentliche Interesse zu schützen"*.

---

[38] Koalitionsvertrag vom 12.03.2018, Link: https://www.bundesregierung.de/breg-de/themen/koalitionsvertrag-zwischen-cdu-csu-und-spd-195906.
[39] Vgl. Wiedmann/Seyfert, CCZ 2019, S. 12, 14.
[40] Pressemitteilung der OECD vom 21.06.2018, Link: http://www.oecd.org/newsroom/das-harte-durchgreifen-deutschlands-gegenueber-korrupten-einzelpersonen-muss-mit-gleicher-haerte-auch-gegenueber-unternehmen-erfolgen.htm.
[41] Deutschland Bericht der Stufe 4, Link: www.oecd.org/corruption/anti-bribery/Germany-Phase-4-Report-ENG.pdf; Wiedmann/Seyfert, CCZ 2019, S. 12, 14.
[42] Richtlinie (EU) 2016/943 vom 08.06.2016 über den Schutz vertraulichen Know-hows und vertraulicher Geschäftsinformationen (Geschäftsgeheimnisse) vor rechtswidrigem Erwerb sowie rechtswidriger Nutzung und Offenlegung, Link: https://eur-lex.europa.eu/legal-content/DE/TXT/PDF/?uri=CELEX:32016L0943&from=DE.

4.2. Anforderungen nach der Whistleblowing-Richtlinie

Die Richtlinie zum Schutz von Personen, die Verstöße gegen das Unionsrecht melden, kurz die Whistleblowing-Richtlinie, (im Folgenden „WRL")[43] ist am 16. Dezember 2019 in Kraft getreten. Sie ist von den EU-Mitgliedstaaten binnen einer Frist von zwei Jahren (Art. 26 Abs. 1 RLE) umzusetzen.

4.2.1. Regelungszweck und gesetzgeberischer Wille

Gegenwärtig besteht innerhalb der Europäischen Union ein unterschiedliches Schutzniveau in den einzelnen Mitgliedstaaten. Durch eine Verbesserung und Vereinheitlichung des Schutzes von Whistleblowern sollen Wirtschaftsstraftaten und -skandale künftig deutlich effektiver aufgedeckt werden. Zur Begründung der Notwendigkeit ihres Richtlinienentwurfs verweist die Europäische Kommission darauf, dass die potenziellen, durch einen unzureichenden Hinweisgeberschutz bedingten Ertragsausfälle in einer im Jahr 2017 für die Kommission durchgeführten Studie allein für den Bereich des öffentlichen Auftragswesens auf EU-weit jährlich 5,8 Mrd. bis 9,6 Mrd. Euro geschätzt werden. Ziel der Richtlinie ist eine „bessere Umsetzung des Unionsrechts und der Unionspolitik in bestimmten Bereichen durch die Festlegung gemeinsamer Mindeststandards, die ein hohes Schutzniveau für Personen sicherstellen, die Verstöße gegen das Unionsrecht melden" (Art. 1 WRL).

4.2.2. Anwendungsbereich

Gemäß Art. 2 Abs. 1 WRL können sich Whistleblower nur dann auf den sachlichen Schutzbereich des Entwurfs berufen, wenn sie Missstände in bestimmten Bereichen des Unionsrechts melden, die durch den Richtlinienentwurf festgelegt werden; dazu gehören insbesondere das öffentliche Auftragswesen, die Bekämpfung von Geldwäsche und Terrorismusfinanzierung, Produktsicherheit, Verkehrssicherheit, Umweltschutz und der Verbraucherschutz. Darüber hinaus räumt der Richtlinienentwurf den Mitgliedstaaten ausdrücklich die Möglichkeit ein, den Anwendungsbereich der nationalen Bestimmungen auf andere Bereiche oder Rechtsakte zu erweitern, Art. 2 Abs. 2 WRL.[44] Dies erscheint auch angezeigt, um ein einheitliches und transparentes Schutzniveau und damit Rechtssicherheit zu schaffen. Es ist dem juristischen Laien kaum zuzumuten, zu beurtei-

---

[43] Richtlinie (EU) 2019/1937 des Europäischen Parlaments und des Rates vom 23.10.2019 zum Schutz von Personen, die Verstöße gegen das Unionsrecht melden, Link: https://eur-lex.europa.eu/legal-content/DE/TXT/PDF/?uri=CELEX:32019L1937&from=EN.

[44] Vgl. Erwägungsgrund Nr. 5, Nr. 22; BT-Drucksache 19/4713, S. 2; BT-Drucksache 19/5526, S. 2.

len ob eine Norm europäischen Ursprungs ist, zumal der Meldegegenstand vielschichtig und damit auch rechtlich multidimensional sein kann. Das Wertungsrisiko verbliebe ansonsten beim Hinweisgeber.

> **Praxishinweis**
>
> Es bleibt abzuwarten, ob der nationale Gesetzgeber den Anwendungsbereich der WRL übernimmt oder auf das nationale Recht und/oder weitere Bereiche erweitert. Unternehmen sollten jedoch bereits jetzt erwägen, ob der Schutzbereich in der unternehmensinternen Whistleblowing-Policy umfassend ausgestaltet werden soll, um das Wertungsrisiko des Hinweisgebers, ob ein vermeintlicher Rechtsverstoß in den Anwendungsbereich der Richtlinie fällt, entsprechend zu minimieren.

Der persönliche Anwendungsbereich des Richtlinienentwurfs bestimmt sich nach Art. 4 WRL. Wie Erwägungsgrund 37 ausdrücklich verlauten lässt, soll der Kreis der geschützten Personen „ein möglichst breites Spektrum von Personengruppen" erfassen, um eine wirksame Durchsetzung des Unionsrechts zu erzielen. Deshalb soll sich der Schutz neben Unionsbürgern auch auf Drittstaatsangehörige erstrecken. Außerdem soll nicht nur der klassische Arbeitnehmer im Sinne von Art. 45 AEUV geschützt werden, sondern u. a. auch Teilzeitarbeitnehmer, befristet Beschäftigte, Freiberufler, Auftragnehmer, Unterauftragnehmer, Lieferanten, Bewerber, Freiwillige, Beamte und unbezahlte Praktikanten.

4.2.3. Geschützte Meldungen

Laut den Erwägungsgründen 42 und 43 soll der Hinweisgeberschutz nicht nur bei der Meldung rechtswidriger Handlungen und Unterlassungen zur Anwendung kommen, sondern auch bei der Meldung von Rechtsmissbrauch, also Handlungen oder Unterlassungen, die in formaler Hinsicht nicht als rechtswidrig erscheinen, die jedoch mit dem Ziel oder Zweck der einschlägigen Rechtsvorschriften unvereinbar sind. Geschützt werden auch Meldungen von Versuchen der Verschleierung solcher Vorgänge. Eine Legaldefinition der erfassten Verstöße findet sich in Art. 5 Nr. 1 WRL. Um Verstöße gegen das Unionsrecht wirksam zu unterbinden, sollen auch Personen geschützt werden, die Informationen zu potenziellen Verstößen melden, die zwar noch nicht eingetreten sind, mit deren Eintreten aber zu rechnen ist. Aus den gleichen Erwägungen soll es auch nicht erforderlich sein, eindeutige Beweise für einen Verstoß beizubringen. Um in den Schutzbereich der Richtlinie zu gelangen, soll es für den betroffenen Whistleblower vielmehr ausreichen, begründete Bedenken oder Verdachtsmomente zu äußern. Mit anderen Worten: Der Hinweisgeber sollte lediglich hinreichenden Grund zu der Annahme haben, dass der von ihm gemeldete Sachverhalt der Wahrheit entspricht.[45] Aus welchen Gründen der Whistleblower einen Hinweis abgibt, soll bei der Entscheidung, ob er in den Anwendungsbereich des gesetzlichen Schutzes fällt, keine Rolle spielen.[46]

> **Praxishinweis**
>
> Eine sorgfältige und v. a. sachlich richtige bzw. jedenfalls den eigenen Kenntnissen entsprechende Berichterstattung ist jedem Whistleblower dringend zu empfehlen.

4.2.4. Verpflichtete zur Einrichtung eines Hinweisgebersystems

Die besondere praktische Relevanz der Richtlinien resultiert daraus, dass damit – außerhalb der vorgenannten, bereits in gewissem Maße regulierten Spezialbereiche – erstmals eine konkrete Verpflichtung zur Implementierung eines Hinweisgebersystems gesetzlich normiert wird. Gemäß Art. 8 Abs. 1 WRL sind juristische Personen des privaten und des öffentlichen Sektors verpflichtet, interne Kanäle und Verfahren für die Übermittlung und Weiterverfolgung von Meldungen einzurichten.

Besonders beachtlich ist, dass die Verpflichtung juristische Personen des Privatrechts mit mindestens 50 Beschäftigten trifft. Damit dürften auch zahlreiche Unternehmen erfasst werden, die bislang nicht über ein Hinweisgebersystem verfügen und aufgrund der vorgenannten Verpflichtung gehalten sein werden, Neuland zu betreten. Allerdings steht es den Mitgliedstaaten aber frei, Unternehmen mit bis zu 249 Mitarbeitern noch bis zum 17. Dezember 2023 von der Verpflichtung zu befreien (Art. 26 Abs. 2 WRL). Nach Ablauf dieser zwei Jahre über die reguläre Umsetzungsfrist hinausgehenden Frist sind jedoch auch Unternehmen, die in den Genuss dieser Schonfrist gekommen sind und hiervon Gebrauch gemacht haben, zur Implementierung entsprechender Hinweiskanäle verpflichtet. Eine weitere Erleichterung soll für Unternehmen in dieser Größenordnung in der Möglichkeit bestehen, Kooperationen zwecks gemeinsamer Nutzung von Ressourcen zur Entgegennahme und Untersuchung von Meldungen einzugehen (Art. 8 Abs. 6 WRL).

---

[45] Auf diese Weise wird eine Schutzvorkehrung gegen böswillige oder missbräuchliche Meldungen getroffen, vgl. Erwägungsgrund 32.
[46] So ausdrücklich Erwägungsgrund 32.

> **Praxishinweis**
>
> Die Pflicht zur Einführung eines Hinweisgebersystems trifft auch viele vergleichsweise kleine Unternehmen. Dies sollte Anlass geben, (ggf. erstmals) ein umfassendes Compliance-Systeme zu implementieren oder ein bereits bestehendes System umfassend auf den Prüfstand zu stellen. Der rechtliche, administrative und technische Aufwand ein Hinweisgebersystem zu implementieren, das den Anforderungen der WRL entspricht, sollte nicht unterschätzt werden. Insofern sollten Unternehmen die WRL inhaltlich bereits antizipieren, um ein ähnliches „Überrollen" durch die Regulatorik wie seinerzeit bei der Implementierung der DSGVO zu vermeiden.

Für Unternehmen, die im Finanzdienstleistungsbereich tätig oder für Geldwäsche- oder Terrorismusfinanzierungstätigkeiten anfällig sind und die aus diesem Grund den entsprechenden unionsrechtlichen Regelungen unterfallen, gilt die Verpflichtung zur Einführung eines Hinweisgebersystems unabhängig von ihrer Mitarbeiteranzahl oder ihren wirtschaftlichen Kennzahlen. Darüber hinaus können die Mitgliedstaaten nach einer geeigneten Risikobewertung auch für andere Unternehmen mit weniger als 50 Mitarbeitern diese Verpflichtung einführen. Art. 8 Abs. 7 WRL nimmt hierbei explizit Bezug auf das von den Unternehmen ausgehende Risiko für die Umwelt und die öffentliche Gesundheit.

4.2.5. Ausgestaltung von Hinweisgebersystemen

Die Richtlinie enthält erstmals Vorgaben für konkrete gesetzliche Leitplanken für die Ausgestaltung von Hinweisgebersystemen.

4.2.5.1. Abkehr vom strengen dreistufigen Meldesystem

Ursprünglich sah der Richtlinienentwurf ein starres dreistufiges Meldesystem vor, das auf dem Prinzip des Vorrangs der innerbetrieblichen Meldung basiert. Erst nach drei Monaten der Untätigkeit seitens des Unternehmens infolge des Hinweises sollte sich der Hinweisgeber an die zuständigen Behörden, nach weiteren drei (in besonderen Fällen sechs) Monaten der Untätigkeit an die Öffentlichkeit wenden dürfen. Nur bei Einhaltung dieses Eskalationsmechanismus sollte der Hinweisgeber nach Maßgabe des ersten Entwurfs der Richtlinie geschützt sein. Dieser strenge dreistufige Aufbau erfuhr in der öffentlichen Diskussion scharfe Kritik. Insbesondere wurde darauf verwiesen, dass ein potenzieller Hinweisgeber selbst die Beurteilungshoheit darüber haben solle, ob eine vorrangige interne oder eine unmittelbare externe Meldung sinnvoll und zielführend ist.

Im Ergebnis hat man vom strengen dreistufigen Meldesystem Abstand genommen und sich in der Richtlinie auf ein weiches Eskalationssystem verständigt. Gemäß Art. 7 Abs. 1 WRL können Hinweise über interne Kanäle und Verfahren abgegeben werden, eine konkrete Verpflichtung zu einer derartigen vorrangigen internen Meldung besteht allerdings nicht mehr. Vielmehr stehen nun die vormals als erste (interne) und zweite (externe) Stufe konzipierten Meldemöglichkeiten gleichrangig nebeneinander. Konkret bedeutet dies, dass eine (sofortige) Information der Öffentlichkeit nur dann legitim ist, wenn der Verstoß zunächst intern und/oder extern gemeldet und keine geeigneten Maßnahmen ergriffen wurden oder wenn der Hinweisgeber glaubt, dass der zu meldende Verstoß eine Gefahr für das öffentliche Interesse darstellt oder etwa von einem kollusiven Zusammenwirken mit den Behörden ausgegangen werden kann (Art. 15 WRL). Die nationalen Gesetzgeber werden gemäß Art. 7 Abs. 2 WRL allerdings ausdrücklich aufgerufen, die Nutzung interner Kanäle in Bezug auf solche Fälle zu fördern, in denen intern wirksam gegen den jeweiligen Verstoß vorgegangen werden kann und der Hinweisgeber keine Repressalien befürchtet. Eine Aussage dazu, wie eine derartige Förderung auszugestalten sein soll, ist weder der Richtlinie noch den betreffenden Erwägungsgründen zu entnehmen.

4.2.5.2. Schutz der Identität des Hinweisgebers

Ein weiterer Schwerpunkt der Richtlinie liegt auf dem Schutz der Identität des Hinweisgebers.[47] Die Entscheidung, ob private und öffentliche Unternehmen in den nationalen Umsetzungsgesetzten dazu verpflichtet werden, auch anonyme Meldungen entgegenzunehmen und diesen nachzugehen, verbleibt bei den Mitgliedstaaten.[48] Jedenfalls ist bei Einrichtung eines Hinweisgebersystems durch organisatorische Maßnahmen sicherzustellen, dass die Identität des Meldenden geschützt und die Vertraulichkeit der Meldung gewahrt wird. Art. 16 Abs. 1 WRL betont insofern, dass die Identität des Hinweisgebers ohne dessen ausdrückliche Zustimmung keinen anderen Personen gegenüber offengelegt werden darf als den Mitarbeitern, die zur Entgegennahme und Verfolgung von Hinweisen befugt sind. Dies gilt auch dann, wenn im Falle von anonymen Meldungen die Identität im Laufe des Verfahrens aufgedeckt wird.[49]

Eine Ausnahme greift allerdings ein, wenn EU-Vorschriften oder nationales Recht unter Beachtung des Grundsatzes der Verhältnismäßigkeit vorsehen, dass im Rahmen behördlicher Untersuchungen oder Gerichtsverfahren entsprechende Informationen offenzulegen sind oder dies für die Wahrung der Verteidigungs-

---

[47] Vgl. Art. 16 Abs. 1, 23 Abs. 1 lit. d WRL.
[48] Art. 6 Abs. 2 WRL und Erwägungsgrund 34.
[49] Art. 6 Abs. 3 WRL; Erwägungsgrund 34.

rechte erforderlich wird (vgl. Art. 16 Abs. 2 WRL). In einem solchen Falle ist der Hinweisgeber vorab zu informieren, soweit dies die Untersuchung oder Gerichtsverfahren nicht gefährdet. Hierbei ist ihm auch eine schriftliche Begründung für die Offenlegung der betreffenden vertraulichen Daten zu übermitteln (Art. 16 Abs. 3 WRL).

Weitere Berührungspunkte gibt es zum Datenschutz, namentlich der DSGVO. Deren Vorgaben sind auch im Rahmen der Bearbeitung von Whistleblower-Meldungen einzuhalten.[50] Daraus resultiert erhebliches Konfliktpotenzial, wie die Entscheidung des LAG Baden-Württemberg vom 20. Dezember 2018[51] eindrucksvoll belegt. Darin hat das LAG festgestellt, dass der von einer Meldung Betroffene gemäß Art. 15 Abs. 3 Satz 2 DSGVO einen unbeschränkten Anspruch auf Herausgabe einer Kopie der zu seiner Person im Hinweisgebersystem des Unternehmens gespeicherten Informationen hat.

Einen Weg zur Herstellung der Balance zwischen dem Identitätsschutz im Sinne der Whistleblowerrichtlinie und den umfassenden Auskunfts- und Informationspflichten gemäß der DSGVO weist Erwägungsgrund 84 auf. Danach ist der wirksame Schutz der Vertraulichkeit der Identität der Hinweisgeber als „wichtiger Grund" i. S. v. Art. 23 Abs. 1 lit. e, i DSGVO mit der Folge anzusehen, dass die Rechte und Pflichten aus der DSGVO, insbesondere deren Auskunftsrecht, eingeschränkt sind. Auf diese Weise soll vermieden werden, dass betroffene Personen ohne Weiteres durch bloße Einsicht in die Unterlagen die Identität des Hinweisgebers erfahren.

Praxishinweis
Wegen der Sanktionsandrohung in Art. 23 Abs. 1 lit. d WRL sollten organisatorische Maßnahmen zur Sicherstellung der Anonymität frühzeitig ergriffen werden. Die Herausgabe von Informationen an Betroffene, Behörden und Gerichte sollte restriktiv sowie unter Abwägung jedes Einzelfalls erfolgen und stets dem Vier-Augen-Prinzip unterliegen.

4.2.5.3. Rückkopplungsprozess

Da ein erfolgreiches Whistleblowing erfahrungsgemäß häufig am mangelnden Vertrauen potenzieller Hinweisgeber scheitert, ist der Richtlinienentwurf darauf ausgerichtet, durch die Regelung eines geordneten Rückkopplungsprozesses das

---

[50] Vgl. Art. 17 WRL; Erwägungsgrund 84.
[51] LAG Baden-Württemberg, Urteil vom 20.12.2018 – 17 Sa 11/18 = NZA-RR 2019, S. 242 ff.

Vertrauen in die Wirksamkeit des Meldeverfahrens aufzubauen und auf diese Weise die Gefahr unerwünschter Entwicklungen zu senken. Ziel ist es, den Hinweisgeber – soweit rechtlich zulässig – möglichst umfassend über den Stand des Verfahrens zu informieren.[52] So soll der Hinweisgeber innerhalb einer Frist von sieben Tagen eine Bestätigung über den Eingang seiner Meldung erhalten.[53] Darüber hinaus soll der Hinweisgeber innerhalb von drei Monaten nach Eingang der Meldung eine Information über die geplanten oder ergriffenen Folgemaßnahmen zu der Meldung (z. B. Einleitung interner Untersuchungen, Einbeziehung von Behörden zwecks weiterer Untersuchung, Maßnahmen zur Wiedereinziehung von Mitteln, Problemlösungen oder auch Einstellung des Verfahrens wegen mangelnder Beweise oder abweichender rechtlicher Würdigung)[54] und die Gründe für die betreffenden Maßnahmen erhalten.

> **Praxishinweis**
> Die Etablierung und Einhaltung eines Rückkoppelungsprozesses entspricht dem Interesse des Unternehmens. Ohne Rückmeldung des Unternehmens ist der Hinweisgeber berechtigt unmittelbar an die Öffentlichkeit zu treten und es drohen irreversible Reputationsschäden.

4.2.5.4. Dokumentationspflichten

Auch die Aufzeichnung und Dokumentation eingehender Hinweise soll geregelt werden. Gemäß Art. 18 der Richtlinie sind Meldungen umfangreich zu dokumentieren, worunter auch Tonaufzeichnung und vollständige Transkriptionen des Gesprächs in dauerhafter und abrufbarer Form fallen. Im Falle einer Transkription ist dem Hinweisgeber die Möglichkeit einzuräumen, diese zu überprüfen, zu korrigieren und durch Unterschrift zu bestätigen. Hierbei sind die Vertraulichkeitspflichten aus Art. 16 der Richtlinie zu berücksichtigen und der Identitätsschutz des Hinweisgebers ist zu wahren. Irrelevante Daten dürfen nicht gespeichert werden, sondern sind unverzüglich zu löschen.

---

[52] Erwägungsgrund 57 WRL.
[53] Art. 9 Abs. 1 lit. b WRL.
[54] Vgl. Art. 9 Abs. 1 lit. f WRL.

4.2.6. Verbot von Repressalien, Schutz des Hinweisgebers

Der Zweck der Richtlinie ist der Schutz von unternehmensinternen Hinweisgebern, insbesondere in arbeitsrechtlicher Hinsicht. Im deutschen Recht fehlen bislang allgemeingültige und übergreifende Vorschriften zum Schutz von Hinweisgebern.[55] Ob Hinweisgeber berechtigt waren, Informationen oder Hinweise, insbesondere in Form von gegen den Arbeitgeber gerichteten Strafanzeigen, preiszugeben und ob sie daher vor Vergeltungsmaßnahmen des Arbeitgebers geschützt sind, ist in Deutschland bislang Gegenstand von gerichtlichen Einzelentscheidungen.[56] Gemeinsam ist diesen Entscheidungen, dass stets eine fallbezogene Interessenabwägung zwischen dem Grundrecht der Meinungsfreiheit einerseits und den gem. § 241 Abs. 2 BGB bestehenden Rücksichtnahme-/und Loyalitätspflichten gegenüber dem Arbeitgeber andererseits zu erfolgen habe.[57]

In der Regel sind arbeitsrechtliche Maßnahmen des Arbeitgebers gegen den Hinweisgeber gerechtfertigt, wenn sich die Anzeige oder der externe Hinweis des Arbeitnehmers als unverhältnismäßige Reaktion auf das Verhalten des Arbeitgebers oder das seines Repräsentanten darstellt.[58] Das bekannte und vieldiskutierte Urteil des EGMR in der Rechtssache Heinisch hatte die Meinungsfreiheit des Hinweisgebers zwar gestärkt.[59] Allerdings hatte es die in der deutschen Rechtsprechung vorgenommene Einzelfallabwägung nicht grundsätzlich abgelehnt. Das Erfordernis der Einzelfallabwägung führt jedoch zu enormer Rechtsunsicherheit potenzieller Hinweisgeber, inwieweit die Offenlegung von Informationen geschützt ist und hält sie so eher davon ab, unternehmensinterne Rechtsverstöße zu melden.[60]

Ausdrücklicher Beweggrund der EU-Institutionen bei der Implementierung der Whistleblower-Richtlinie war es, diese Rechtsunsicherheit auf Seiten der Hinweisgeber zu beseitigen. Durch die Abkehr vom strengen dreistufigen Meldesystem, das die Zulässigkeit von Meldungen an klare prozedurale und daher vorhersehbare Voraussetzungen knüpfte, ist dies jedoch nur in Teilen gelungen. Die nachfolgend aufgezeigten Sanktionsmechanismen sind in der Rechtsfolgenbetrachtung zwar weitreichend, greifen jedoch nicht, sofern nicht die Meldung tatbestandlich im Sinne des WRL geschützt ist.

---

[55] Schutzvorschriften bestehen lediglich fragmentarisch, z. B. § 17 Abs. 2 ArbSchG, § 67 Abs. 1 Nr. 3 BBG.
[56] Vogel/Poth, CB 2019, S. 46 ff.; einen umfassenden Überblick zur arbeitsgerichtlichen Kasuistik bieten Reinhard/Kasparek-Denninger in BB 2018, S. 2484 ff.
[57] BAG, Urteil vom 15.12.2016 – 2 AZR 42/16 = NZA 2017, S. 703 ff. = BeckRS 2016, 119684.
[58] Vogel/Poth CB, 2019, S. 46 ff.
[59] EGMR, Urteil vom 21.07.2011 – 28274/08 = NJW 2011, S. 3501 ff. = BeckRS 2011, 21659.
[60] Vgl. Vogel/Poth CB 2019, S. 46 ff.

In der WRL ist einerseits ein umfassendes System von Schutz-, Informations- und Unterstützungsmaßnahmen zugunsten der Hinweisgeber vorgesehen. Andererseits wurden auch abschreckende Sanktionen für natürliche oder juristische Personen, welche Meldungen behindern oder zu behindern versuchen, eingeführt. Gleiches gilt für den Fall, dass Repressalien gegen geschützte Personen[61] erlassen werden, mutwillig Gerichtsverfahren gegen sie anstrengt werden oder gegen den Identitätsschutz verstoßen wird.[62]

Hinweisgeber erhalten eine Rechtsschutzgarantie[63] im Sinne geeigneter Abhilfemaßnahmen gegen Repressalien einschließlich einstweiligen Rechtsschutzes und sollen für die Beschaffung und den Zugang zu Informationen nicht haftbar gemacht werden können, soweit dieser Beschaffungsvorgang selbst nicht eine eigenständige Straftat darstellt (z.B. Hausfriedensbruch, Ausspähen von Daten, Hacking)[64].

Die Art. 19 und 21 WRL versprechen dem Hinweisgeber umfangreichen Schutz vor einer Vielzahl denkbarer Repressalien (etwa Suspendierung, Entlassung, Herabstufung, Verlagerung des Arbeitsplatzes, Versagung von Weiterbildungsmaßnahmen, Änderung von Arbeitszeiten, Rufschädigung etc.).

Gemäß Art. 20 WRL haben die Mietgliedstaaten Unterstützungsmaßnahmen und Informationsmöglichkeiten für Hinweisgeber zu schaffen, worunter insbesondere ein einfacher, kostenloser Zugang der Öffentlichkeit zu umfassender Information und Beratung über die verfügbaren Abhilfemöglichkeiten und Verfahren gegen Repressalien und die Rechte der betroffenen Person, Vermittlung zwischen den verschiedenen Behörden sowie Zugang zu Prozesskostenhilfe, psychologischer Betreuung u.ä. gehören.

Weiterhin sieht Art. 21 Abs. 5 WRL eine Beweislastumkehr vor, wonach der Unternehmer im Falle einer angeblichen Benachteiligung beweisen muss, dass diese nicht aufgrund des Whistleblowings erfolgte, sofern der Hinweisgeber die Voraussetzungen der Richtlinie erfüllt hat.[65]

> **Praxishinweis**
>
> Aus der vorgesehenen Beweislastumkehr ergibt sich eine nicht zu unterschätzende kündigungsschutzrechtliche Dimension. Dem Arbeitgeber wird es schwerfallen nachzuweisen, dass eine dem „Whistleblowing" zeitlich

---

[61] Für geschützten Personenkreis vgl, Art. 4 WRL.
[62] Siehe zur Pflicht zur Wahrung der Vertraulichkeit der Identität Art. 16 WRL.
[63] Siehe Art. 21 Abs. 6 WRL.
[64] Vgl. Erwägungsgrund 93; §§ 123, 202a StGB.
[65] Zur Begründung vgl. Erwägungsgründe 95, 99.

> nachfolgende Kündigung nicht zumindest auch hierdurch motiviert war. Zugleich bietet dieser besondere Schutz des Hinweisgebers beachtlichen Anreiz, einer drohenden Kündigung durch Whistleblowing zuvor zu kommen und sich so eine faktisch unkündbare Position zu schaffen.[66]

Letztlich sieht Art. 21 Abs. 8 WRL einen entsprechenden Schadensersatzanspruch zu Gunsten des Hinweisgebers für Folgen aus verbotenen Repressalien vor. Diese durch die Richtlinie verliehenen Rechte können nicht abbedungen werden, auch nicht im Rahmen eines Arbeitsvertrags oder einer Vorab-Schiedsvereinbarung (Art. 24 WRL).

Um sich des Schutzes durch die Richtlinie vergewissern zu können, sieht Art. 20 Abs. 1 lit. b WRL aE zugunsten des Hinweisgebers eine Bescheinigung über das Vorliegen der Voraussetzungen für einen Schutz gemäß der Richtlinie vor.

4.2.7. Sanktion Missbräuchlichen Verhaltens

Der umfassende Schutz von Hinweisgebern ohne effektive Gegenregulierung begegnet gewissen Vorbehalten, insbesondere der Sorge vor Missbrauch. Dies ist dem Richtliniengeber nicht entgangen. Nicht ohne Grund war es Gegenstand der Diskussion, ob und wie die Motive des Hinweisgebers für die Meldung zu berücksichtigen sind – was letztendlich in die Richtlinie keinen Eingang gefunden hat.[67]

Die Richtlinie sieht jedoch vor, dass angemessene abschreckende Sanktionen für Personen festgelegt werden, denen nachgewiesen wird, dass sie wissentlich falsche Meldungen vorgenommen haben.[68] In diesem Zusammenhang sind auch entsprechende Schadensersatzansprüche gegen den „Hinweisgeber" vorgesehen. Gleichzeitig soll der Schutz durch die Richtlinie verwehrt bleiben, wenn der Hinweisgeber im Zeitpunkt der Meldung angesichts der Umstände und der verfügbaren Informationen keinen hinreichenden Grund zu der Annahme hatte, dass die von ihm gemeldeten Sachverhalten der Wahrheit entsprechen.[69]

---

[66] Dieser Schutz geht weit über die bestehenden Regelungen der §§ 17 Abs. 2 ArbschG, 48 GwG, 37 Abs. 2 BeamtStG, 67 Abs. 2 BBG, 23 Abs. 3 WpHG, 612a BGB hinaus.
[67] Erwägungsgrund 33 aE.
[68] Art. 23 Abs. 2 WRL.
[69] Vgl. Erwägungsgrund 33.

4.2.8. Schutz des Beschuldigten/Betroffenen

Doch auch der Schutz des durch die Meldung Betroffenen bzw. Beschuldigten („*concerned person*") darf in einem Rechtsstaat nicht unberücksichtigt bleiben. Hierzu reicht die bloße Sanktion missbräuchlichen Verhaltens seitens vermeintlicher Hinweisgeber nicht aus. Vielmehr gilt es, die Verteidigungsrechte des Betroffenen umfassend zu wahren. Konsequenterweise gilt zu Gunsten des Betroffenen bis zum Beweis des Gegenteils die Unschuldsvermutung sowie das Recht auf Anhörung und Einsicht in die Akte. Betroffenen Personen sind wirksame Rechtsbehelfe und faire Gerichtsverfahren im Sinne der EU-Grundrechte Charta zugänglich zu machen. Hierzu finden sich in Art. 22 WRL grundlegende Klarstellungen. Gleichfalls ist die Identität des Betroffenen während der Dauer der Untersuchung entsprechend dem einzelstaatlichen Recht zu schützen[70], die Verfahren zum Schutz der Identität aus den Art. 12 (Gestaltung externer Meldekanäle), Art. 17 (Verarbeitung personenbezogener Daten) und Art. 18 WRL (Dokumentation der Meldungen) gelten gemäß Art. 22 Abs. 3 des WRL auch für die Betroffenen.

Hinsichtlich etwaiger Unterstützungsmaßnahmen ist ein kostenloser und einfacher Zugang zu Informationen über die Rechte der Betroffenen vorgesehen,[71] was indes einer entsprechenden Ausgestaltung durch die Mitgliedstaaten bedarf. Gleiches gilt für den Zugang zu Prozesskostenhilfe in Strafverfahren und in grenzüberschreitenden Zivilverfahren.[72]

Auskunftsansprüche der betroffenen Personen können mit dem Identitätsschutz des Hinweisgebers kollidieren (s. o.). Hierzu sieht Art. 16 Abs. 2, 3 WRL explizit eine Ausnahme vom Identitätsschutz des Hinweisgebers zugunsten des Betroffenen vor, soweit dies unter Beachtung des Grundsatzes der Verhältnismäßigkeit im Rahmen von behördlichen Untersuchungen oder Gerichtsverfahren in Hinblick auf die Wahrung der Verteidigungsrechte erforderlich ist. Nicht gemeint sind hiermit allgemeine Auskunftsansprüche nach der DSGVO.

5. Organisationsformen von Hinweisgebersystemen

Die Einrichtung von Hinweisgebersystemen ist grundsätzlich nicht darauf ausgerichtet, bestehende Meldewege und Ansprechpartner zu ersetzen. Vielmehr soll ein zusätzliches Angebot geschaffen werden.[73] Für die strukturelle Organi-

---

[70] Art. 22 Abs. 2 WRL.
[71] Art. 20 Abs. 1 lit. a WRL.
[72] Art. 20 Abs. 1 lit. c WRL.
[73] Vgl. Buchert/Jacob-Hofbauer in: Knierim/Rübenstahl/Tsambikakis, Internal Investigations, 2. Auflage 2016, 9. Kapitel, Rn. 15.

sation eines Hinweisgebersystems bestehen unterschiedliche Möglichkeiten. Zu differenzieren sind zunächst interne- und externe Hinweisgebersysteme sowie eine zentrale und dezentrale Organisation.

> **Praxishinweis**
>
> Bei der Wahl des für die individuellen Bedürfnisse passenden Systems sollten insbesondere die Unternehmensstruktur und -größe, bereits vorhandene Compliance-Systeme, das Bedürfnis nach Abschirmung vor Ermittlungsbehörden sowie entstehende Kosten berücksichtigt werden.

5.1. Interne Hinweisgebersysteme

Interne Hinweisgebersysteme zeichnen sich üblicherweise dadurch aus, dass eine unternehmensinterne Stelle wie etwa der Vorgesetzte, die Compliance-Abteilung, der Betriebsrat oder die Rechtsabteilung mit der Entgegennahme eingehender Hinweise betraut ist. Hierzu gehören auch interne Hotlines, über die telefonische Hinweise abgegeben werden können, welche regelmäßig in der Compliance- oder Rechtsabteilung eingehen.[74]

> **Praxishinweis**
>
> Die Einbettung des Hinweisgebersystems in bereits vorhandene interne Strukturen birgt den Vorteil einer möglichen Kosteneinsparung; allerdings ist der Mehraufwand im Falle eingehender Hinweise auch schon bei kleineren Unternehmen nicht zu unterschätzen.

Diesen internen Systemen stehen viele potenzielle Hinweisgeber skeptisch bzw. zurückhaltend gegenüber. Dies beruht zum einen auf dem objektiv erhöhten Risiko einer Enttarnung, zum anderen auf der subjektiven Sorge vor einer aktiven Nachverfolgung.[75] Diese Bedenken erscheinen angesichts bestehender Beschlagnahmerisiken im Falle staatsanwaltlicher Ermittlungen sowie technischer Herausforderungen – etwa bei der Anonymisierung von internen Anrufen – nicht unbegründet.[76]

---

[74] Vgl. Buchert/Jacob-Hofbauer in: Knierim/Rübenstahl/Tsambikakis, Internal Investigations, 2. Auflage 2016, 9. Kapitel, Rn. 17.
[75] Buchert/Jacob-Hofbauer in: Knierim/Rübenstahl/Tsambikakis, Internal Investigations, 2. Auflage 2016, 9. Kapitel, Rn. 18.
[76] Buchert/Jacob-Hofbauer in: Knierim/Rübenstahl/Tsambikakis, Internal Investigations, 2. Auflage 2016, 9. Kapitel, Rn. 17 f.

5.1.1. Gesellschaftsorgane, Betriebsrat, Personalabteilung

Gesellschaftsorgane wie der Vorstand, der Aufsichtsrat, die Geschäftsführung oder auch der Betriebsrat eignen sich regelmäßig nicht als Anlaufstelle für interne Hinweisgeber. Dem Aufsichtsrat kommt gemäß § 111 Abs. 1 AktG eine Überwachungsfunktion zu. Ein Mitglied des Aufsichtsrates oder ein von diesem gebildeter Prüfungsausschuss (§ 107 Abs. 3 AktG) ließe sich zwar mit der Entgegennahme von Hinweisen betrauen.[77] Allerdings dürfte hier ein nicht unerheblicher Interessenkonflikt des Aufsichtsratsmitglieds bestehen, einerseits ausschließlich zum Wohle des Unternehmens handeln zu müssen, andererseits die Schutzinteressen des Hinweisgebers aber zu berücksichtigen.

Auch der Betriebsrat ist keine geeignete Anlaufstelle eines betriebsinternen Hinweisgebersystems. Der Betriebsrat steht den Mitarbeitern zwar gemäß §§ 80 Abs. 1 Nr. 3, 82 Abs. 1 S. 1, 85 BetrVG ohnehin als Anlaufstelle für Beschwerden zur Verfügung. Bei diesem betriebsverfassungsrechtlichen Beschwerderecht geht es aber weniger um die Entgegenahme von Hinweisen auf innerbetriebliche Rechtsverstöße durch den Betriebsrat. Vielmehr steht im Fokus, dass der Arbeitnehmer sich an den Betriebsrat wenden kann, wenn er persönlich betroffen, sich vom Arbeitgeber benachteiligt fühlt.[78] Hauptargument gegen den Betriebsrat als Anlaufstelle ist jedoch seine betriebsverfassungsrechtliche Stellung als kontradiktorisches Gegenteil des Arbeitgebers und seine Pflicht, ausschließlich die Interessen der Belegschaft wahrzunehmen. Hiermit lässt sich nicht vereinbaren als Anlaufstelle für Whistleblowing-Meldungen einerseits Rechtsverstößen im Unternehmen nachzugehen und hierbei andererseits die Identität des Whistleblowers selbst zu schützen.

Durch die Berufung der vorbenannten Stellen als Empfänger der Hinweise könnte das empfindliche Gleichgewicht der Organe untereinander negativ beeinträchtigt werden, wenn hier neue Kompetenzen geschaffen werden. Bedenken bestehen auch gegenüber der Berufung der Personalabteilung oder der internen Revision zum Hinweisempfänger. Diese sind regelmäßig eng mit Vorstand oder Aufsichtsrat verbunden, es kann zu Zweifeln hinsichtlich der Neutralität und zu Loyalitätskonflikten kommen. Da das Hinweisgebersystem insbesondere auch Nachforschungs- und Aufklärungsarbeit mit sich bringt, also eher die Reaktion als die Prävention zum Gegenstand hat, ist es auch bei dem grundsätzlich präventiv orientierten Risikomanagement nicht zwingend gut platziert.

---

[77] Str., Vgl. Schemmel/Ruhmannseder/Witzigmann, Hinweisgebersysteme, 2012, 5. Kapitel, II a), Rn. 16 f.
[78] Thüsing in: Richardi, Betriebsverfassungsgesetz, 16. Auflage 2018, § 85, Rn. 3 ff.

5.1.2. Einbettung in Compliance-Abteilung

Naheliegender erscheint es daher, interne Hinweisgebersysteme in bestehende Compliance-Abteilungen einzubetten. Die Mitarbeiter in der Compliance-Abteilung eines Unternehmens sind fachlich versiert mit Compliance-Sachverhalten umzugehen. Bedenken bestehen jedoch hinsichtlich der Unabhängigkeit von Compliance-Mitarbeitern gegenüber der Geschäftsleitung sowie hinsichtlich deren eigenen Strafbarkeitsrisiken im Zusammenhang mit der Kenntniserlangung von Compliance-Sachverhalten, ggf. vermittelt durch Whistleblower-Meldungen.

Der Geschäftsleitung gegenüber ist der Compliance-Beauftragte grundsätzlich auch arbeitsvertraglich zur Auskunft über alles, was ihm im Rahmen seiner Tätigkeit zur Kenntnis gelangt, verpflichtet.[79] Außerdem besteht ein struktureller Interessenkonflikt bei einem Compliance-Mitarbeiter, der Kenntnis von einem ggf. strafbaren Sachverhalt erlangt, einerseits den Sachverhalt uneingeschränkt aufklären zu müssen, um sich nicht selbst einem Strafbarkeitsrisiko auszusetzen, und andererseits die Identität des Whistleblowers zu schützen.[80]

> **Praxishinweis**
> Jedenfalls der arbeitsrechtliche Interessenkonflikt zwischen dem Identitätsschutz des Hinweisgebers einerseits und der Auskunftsverpflichtung gegenüber dem Arbeitgeber andererseits lässt sich lösen, indem der Arbeitgeber gegenüber dem Compliance-Beauftragten auf sein arbeitsvertragliches Auskunftsrecht verzichtet, soweit es um die Identität von Hinweisgebern geht.

Um den potenziellen Interessenkonflikt innerhalb der Compliance-Abteilung abzumildern, ist es sinnvoll die Entgegennahme von Whistleblower-Meldungen und die Aufklärung der damit gemeldeten Rechtsverstöße organisatorisch voneinander zu trennen. Ein zur Wahrung der Anonymität verpflichteter Mitarbeiter könnte ausschließlich mit der Entgegennahme und dem Management von Whistleblower-Meldungen betraut werden, nicht jedoch mit der Aufklärungsarbeit an sich. Er könnte dann als Schnittstelle an die jeweils ausschließlich mit der Aufklärungsarbeit betrauten Mitarbeiter der Compliance-Abteilung berichten. Der Konflikt zwischen Aufklärungsinteresse einerseits und Anonymitäts-

---

[79] Aus §§ 666, 675 BGB als vertragliche Hauptpflicht oder aus §§ 611a, 241 II BGB als Nebenpflicht; Vgl. Böhm, WM 2009, S. 1923, 1924; Illing/Umnuß, CCZ 2009, S. 1, 5.
[80] Vgl. zur möglichen Garantenstellung eines Compliance-Officers BGH, Urteil v. 17.07.2009 – 5 StR 394/08 = NJW 2009, S. 3173 ff.; Wessing/Dann in: Bürkle/Hauschka, Der Compliance Officer, 2015, § 9, Rn. 77 ff.

schutz andererseits könnte so durch eine klare Aufgabenzuteilung innerhalb der Compliance-Abteilung entschärft werden.[81]

> **Praxishinweis**
>
> Die jeweiligen Pflichten der Compliance-Mitarbeiter sollten jeweils im Arbeitsvertrag oder in darauf bezugnehmenden Stellenbeschreibungen ausdrücklich festgehalten werden.

5.2. Externe Hinweisgebersysteme

Externe Hinweisgebersysteme werden von Dienstleistern betrieben und angeboten. Die an sie gegebenen Informationen fließen (regelmäßig anonymisiert) an den Auftraggeber zurück. Übliche Systeme sind Ombudspersonen, Internetbasierte (E-Mail) Systeme, Callcenter und weitere Dienstleister.

5.2.1. Ombudsperson als externer Hinweisempfänger

Die Institution der Ombudsperson hat sich jedenfalls bis zu der vielbeachteten Entscheidung des Landgerichts Bochum zum Beschlagnahmeschutz[82] in der Praxis der Hinweisgebersysteme bewährt („best practice").[83]

Ombudspersonen nehmen eingehende Hinweise entgegen und leiten diese unter gewissen Voraussetzungen (insbesondere der Entbindung von der Schweigepflicht) in anonymisierter Weise in Form eines Berichtes an eine im Unternehmen festgelegte Stelle weiter. Hierbei sollen sie in aller Regel keine Filterfunktion hinsichtlich der weiterzugebenden Sachverhalte ausüben. Zu diesem Zwecke muss der Ombudsperson im Unternehmen ein Ansprechpartner verbindlich genannt sein (z.B. Compliance-Officer/-Büro, Revisionsleitung, Ethikbeauftragter). Bestehen (von Unternehmensseite) weitere Fragen, so dient die Ombudsperson als Schnittstelle für den weiteren Dialog.

---

[81] Siehe zu den Aufklärungspflichten Ziffer 7.1.
[82] LG Bochum, Beschluss v. 16.03.2016 – II-6 Qs 1/16 = NStZ 2016, S. 500 ff. (m. Anm. Sotelsek).
[83] Jacob, WiJ 2012, S. 286, 287; Buchert in: Bürkle/Hauschka, Der Compliance Officer, 2015, § 10 Rn. 16.

> **Praxishinweis**
>
> Die Ombudsperson sollte über den weiteren Verlauf der Untersuchung und getroffene Maßnahmen laufend informiert werden, um dem Hinweisgeber vermitteln zu können, dass dessen Anliegen ernstgenommen wird und ihn ggf. im Einklang mit Art. 9 Abs. 1, 5 Nr. 13 WRL über die ergriffenen Folgemaßnahmen im Sinne des Rückkopplungsprozesses[84] zu unterrichten.

Ombudspersonen sind klassischerweise selbstständige Anwälte. Das Auftrags- und Mandatsverhältnis besteht (ausschließlich) zwischen der Ombudsperson und dem beauftragenden Unternehmen. Der Hinweisgeber ist in diesem Fall regelmäßig durch einen Vertrag zugunsten Dritter (§ 328 BGB) einbezogen,[85] womit jedem potenziellen Hinweisgeber ein eigenes Recht zustünde, die allgemeine Beratungsleistung und Entgegennahme von Hinweisen ohne eigene Kostentragungspflicht in Anspruch zu nehmen. Denkbar ist aber auch eine Ausgestaltung als Vertrag mit Schutzwirkung für Dritte, wenn dem Hinweisgeber kein eigener (rechtlicher) Anspruch auf Beratung eingeräumt werden soll.

Seit einer vielbeachteten Entscheidung des Landgerichts Bochums zum (fehlenden) Beschlagnahmeschutz von Whistleblowermeldungen bei der Ombudsperson sowie der sog. Jones Day Entscheidung des Bundesverfassungsgerichts mehren sich Zweifel am Ombudssystem. Beide Entscheidungen lehnen den Beschlagnahmeschutz von Compliance-Unterlagen, die sich bei einem vom Unternehmen beauftragten Rechtsanwalt befinden, mit der Begründung ab, es fehle an einer beschuldigtenähnlichen Stellung des Unternehmens beziehungsweise des Whistleblowers, die für den Beschlagnahmeschutz gemäß § 97 Abs. 1 Nr. 3 StPO nach dieser Rechtsprechung aber vorausgesetzt wird.[86]

Zwar begegnet diese Auffassung in Rechtsprechung und Literatur erheblicher Kritik.[87] Dennoch sollte sich die Praxis auf eine mögliche Beschlagnahme der Whistleblowermeldungen einstellen und ihre Mandatsbeziehungen zu den als

---

[84] Siehe 4.2.5.3.
[85] Buchert, CCZ 2008, S. 148, 150; Gaschler, CB 2018, S. 81, 83 f. m.w.N.; Schemmel/Ruhmannseder/Witzigmann, Hinweisgebersysteme, 2012, 5. Kapitel, II Nr. 4 c), Rn. 47.
[86] LG Bochum, Beschluss vom 16.03.2016 – II-6 Qs 1/16 = NStZ 2016, S. 500 (m. Anm. Sotelsek); BVerfG, Beschluss vom 27.06.2018 – 2 BvR 1562/17 („Jones Day") = NJW 2018, S. 2395 ff.
[87] Vgl. LG Mannheim, Beschluss vom 03.07.2012 – 24 Qs 1/12, 24 Qs 2/12 = BeckRS 2012, S. 15309 ff.; mit Anm. (zustimmend) Jahn/Kirsch, NStZ 2012, S. 713, 718 ff.; Vogel/Poth CB 2017, S. 49; Egger, CCZ 2018, S. 126 ff.; Szesny CCZ 2017, S. 25 ff.; Lorenz/Krause, CB 2017, S. 39 ff.; Frank/Vogel, NStZ 2017, S. 313 ff.; Buchert/Buchert, StV 2017, S. 204; von Saucken in: Esser/Rübenstahl/Saliger/Tsambikakis, Wirtschaftsstrafrecht, 2017, StPO, § 97, Rn. 10.

Ombudspersonen bestellten Rechtsanwälten so strukturieren, dass einer möglichen Beschlagnahme rechtlich soweit wie möglich vorgebeugt wird.[88]

5.2.2. Internetbasierte externe (E-Mail-)Systeme

Mehr Sicherheit in Bezug auf einen möglichen Zugriff der Strafverfolgungsbehörden verspricht ein internetbasiertes Hinweisgebersystem, bei welchem die Meldungen in einer eigenen Infrastruktur erfasst und bearbeitet werden. Der Zugriff auf diese einer Vielzahl von Nutzern zur Verfügung stehenden Infrastruktur mittels staatlicher Zwangsmaßnahmen dürfte einen unverhältnismäßigen Eingriff darstellen.[89] Stark verschlüsselte Internetplattformen von Fremdanbietern schließen regelmäßig eine Rückverfolgung aus und versprechen ein hohes Maß an Datensicherheit (zertifizierte Rechenzentren). Sie stellen eine sicherere Alternative zum einfachen internen Hinweisgebersystem per E-Mail dar.[90] Diese Systeme sind rund um die Uhr erreichbar und können in einer Vielzahl von Sprachen angeboten werden. Inzwischen bieten diese Systeme die Möglichkeit zum Dialog mit dem Hinweisgeber (z.B. Chatfunktion, Registrierung mit eigenem Account zum Hochladen von Dokumenten und Empfang von Nachrichten für den Hinweisgeber). Vorteilhaft für den Hinweisgeber ist, dass dieser die Preisgabe seiner Identität weitestgehend selbst in der Hand hat. Das Gefühl von Anonymität ist gegenüber einem (wenn auch anonymen) Telefongespräch deutlich erhöht. Auch ist der Umstand, dass es sich für die „Generation Facebook" um einen üblichen, niederschwelligen Kommunikationsweg handelt nicht zu ignorieren.

5.2.3. Externe Callcenter

Callcenter nehmen die Informationen an und geben diese in mehr oder weniger aufgearbeiteter Form weiter. Der Einsatz von nicht spezialisierten Callcentern ist kritisch zu sehen. Regelmäßig verfügen die dortigen Mitarbeiter nicht über die erforderlichen Qualifikationen (vgl. die Anforderungen an Ombudspersonen unter 5.2.1). Mit der bloßen Entgegennahme von Hinweisen ist es gerade nicht getan, ein qualifizierter Dialog ist ohne Fachkenntnisse in den einschlägigen Rechtsgebieten und ohne ein Grundverständnis für die Tätigkeit und Struktur des betroffenen Unternehmens nicht denkbar. Weiterhin mangelt es hier typi-

---

[88] Zur Struktur der Mandatsbeziehungen im Ombudspersonensystem vgl. Vogel/Poth, CB 2019, S. 49.
[89] Wiedemann/Seyfert, CCZ 2019, S. 12, 17.
[90] Buchert/Jacob-Hofbauer in: Knierim/Rübenstahl/Tsambikakis, Internal Investigations, 2. Auflage 2016, 9. Kapitel, Rn. 25.

scherweise an einem Zeugnisverweigerungsrecht der Mitarbeiter, es droht die erhöhte Gefahr der Zeugenvernehmung, Durchsuchung der Betriebsräume und Beschlagnahme von Beweismitteln.

6. Arbeitsrechtliche Implementierung von Hinweisgebersystemen

Nach der WRL müssen Unternehmen ein Regelwerk erstellen, das als Entscheidungsgrundlage dafür dienen soll, ob, wann, wie und über welchen Kanal Meldung erstattet werden soll.[91] In arbeitsrechtlicher Hinsicht stellt sich damit die Frage, inwieweit eine solche „Whistleblowing-Policy" verbindlich in das Arbeitsverhältnis implementiert werden kann, insbesondere inwieweit eine arbeitsvertragliche Pflicht besteht bzw. begründet werden kann, Regelverstöße über das implementierte Hinweisgebersystem zu melden. Weiterhin ist zu diskutieren, ob der Betriebsrat bei der Einführung des Hinweisgebersystems sowie der Whistleblowing-Policy zu beteiligen ist.

6.1. Arbeitsrechtliche Verbindlichkeit

Es ist allgemein anerkannt, dass Arbeitnehmer ihrem Arbeitgeber über alle wesentlichen Vorkommnisse im Betrieb in Kenntnis zu setzen haben, um Schaden vom Arbeitgeber abzuwenden.[92] Dies gilt bereits als Nebenpflicht aus dem Arbeitsvertrag und bedarf somit keiner ausdrücklichen Abrede oder Weisung seitens des Arbeitgebers. Eine grundsätzliche Pflicht zum „Whistleblowing" ist somit dem Arbeitsverhältnis bereits immanent.

6.1.1. *Arbeitgeberseitiges Direktionsrecht*

Die Ausgestaltung dieser Pflicht kann im Rahmen des Direktionsrechts (§ 106 GewO) nach billigem Ermessen vom Arbeitgeber näher konkretisiert werden.[93] Durch Ausübung des Direktionsrechts dürfen jedoch nicht völlig neue Pflichten begründet werden, die im Arbeitsvertrag nicht zumindest rahmenmäßig bereits umschrieben sind.[94] Sofern in der jeweiligen Whistleblowing-Policy nur auf die ohnehin bestehende arbeitsvertragliche Meldepflicht hingewiesen wird, ist dies daher ohne weiteres jederzeit zulässig. Allerdings fehlt einer solchen rein dekla-

---

[91] Erwägungsgrund Nr. 59.
[92] BAG, Urteil v. 03.07.2003 – 2 AZR 235/02 = NZA 2004, S. 427 ff.
[93] Reinhard, NZA 2016, S. 1233, 1235; Mengel in: Hauschka/Moosmayer/Lösler, Corporate Compliance, 3. Auflage 2016, S. 1239, Rn. 35; Wisskirchen/Körber/Bissels, BB 2006, S. 1567, 1571.
[94] Hohmuth, BB 2014, S. 3061, 3066.

ratorisch wirkenden Bezugnahme auf bereits bestehende Pflichten jegliche Steuerungsfunktion. Das Unternehmen kann jedoch durchaus auch einseitig konstitutiv wirkende Regelungen einführen, soweit diese im Einzelfall billigem Ermessen entsprechen.[95] Bei der Ermessensausübung sind insbesondere folgende Abwägungsgesichtspunkte maßgebend:

- *Schwere des Verstoßes*: Bei Straftaten, Ordnungswidrigkeiten oder erheblichen Schäden überwiegt in der Regel das Arbeitgeberinteresse. Eine Meldepflicht in Bezug auf diese Gegenstände kann daher in der Regel einseitig vom Arbeitgeber kraft Direktionsrecht vorgegeben werden. Hingegen dürften Regelungen, die eine generelle Meldepflicht bei jeder Form des Verstoßes unabhängig von seiner Schwere vorsehen, unverhältnismäßig sein und demnach nicht einseitig vom Arbeitgeber vorgegeben werden.[96]
- *Selbstbezichtigung*: Eine Weisung des Arbeitgebers, wonach ein Arbeitnehmer auch dann Meldung erstatten muss, wenn er sich dabei der Gefahr aussetzt, sich selbst zu belasten, dürfte die Grenzen der Zumutbarkeit überschreiten und wäre in einer nur durch Direktionsrecht vorgegebenen Whistleblowing-Policy entsprechend unwirksam.[97]
- *Berücksichtigung von Position- und Hierarchieebene:* Arbeitnehmern in leitenden Positionen, insbesondere soweit diese Überwachungs- und/oder Kontrollpflichten gegenüber nachgeordneten Arbeitnehmern haben, kann eine weitergehende Meldepflicht einseitig vorgegeben werden.[98]
- *Eigener Arbeitsbereich:* Eine Meldepflicht ist eher zumutbar, sofern der Rechtsverstoß dem eigenen Arbeitsbereich des jeweiligen Arbeitnehmers entspringt. Allerdings kann die Pflicht bei schwerwiegenden Gefahren, insbesondere Straftaten, auch auf andere Bereiche des Betriebs ausgedehnt werden.[99] Eine Pflicht außerbetriebliche Vorgänge zu melden, kann jedoch in der Regel nicht einseitig begründet werden, sofern sich diese nicht unmittelbar auf den Betrieb auswirken.

---

[95] Fahrig, NJOZ 2010, S. 975, 977.
[96] Schuster/Darsow, NZA 2005, S. 273 ff.
[97] BGH, Urteil vom 23.02.1989 – IX ZR 236/86 = NJW-RR 1989, S. 614 f. in Bezug auf eine solche Verpflichtung eines freien Mitarbeiters.
[98] Vgl. BAG, Urteil vom 18.06.1970 – 1 AZR 520/69 = NJW 1970, S. 1861 f.; Maume/Haffke, ZIP 2016, S. 199.
[99] Reinhard, NZA 2016, S. 1233 ff.

> **Praxishinweis**
>
> Vor der Implementierung einer Whistleblowing-Policy sollten deren Regelungen im Einzelnen daraufhin untersucht werden, ob diese durch einseitige arbeitgeberseitige Weisung in das Arbeitsverhältnis implementiert werden können. Sofern eine Meldepflicht nicht wirksam in das Arbeitsverhältnis implementiert wurde, kann deren Verletzung nicht durch arbeitsrechtliche Maßnahmen sanktioniert werden.

6.1.2. Arbeitsvertragliche Regelung

Soweit die Whistleblowing-Policy, insbesondere eine Meldepflicht, nicht durch einseitiges Ausüben des Direktionsrechts in das Arbeitsverhältnis integriert werden kann, bedarf es hierfür einer einvernehmlichen vertraglichen Abrede zwischen Arbeitgeber und Arbeitnehmer.

Bei Neueinstellungen kann die jeweilige Whistleblowing-Policy durch eine Bezugnahmeklausel im Arbeitsvertrag konstitutiv in das Arbeitsverhältnis implementiert werden. Dem praktischen Bedürfnis des Arbeitgebers, die Whistleblowing-Policy anpassen zu können zum Beispiel, weil dies durch regulatorische Anforderungen erforderlich wird, werden aber ausschließlich dynamische Bezugnahmeklauseln gerecht, die auf die „jeweils gültige Fassung" der Whistleblowing-Policy verweisen. Solche Klauseln sind AGB-rechtlich jedoch unwirksam, sofern diese als einseitiges Vertragsänderungsrecht des Arbeitgebers zu qualifizieren sind. Dies ist der Fall, wenn die einseitige Änderung nahezu sämtlicher Arbeitsbedingungen durch Anpassung des Bezugnahmeobjekts ermöglicht wird und keinerlei Gründe für eine Änderung genannt oder erkennbar sind.[100]

> **Praxishinweis**
>
> Bei der Gestaltung des Arbeitsvertrages und der Whistleblowing-Policy sind auf die AGB-rechtlichen Grenzen der Vertragsgestaltung zu achten.

In ein laufendes Arbeitsverhältnis kann die Whistleblowing-Policy nur durch eine einvernehmliche Änderungsvereinbarung wirksam implementiert werden. Der administrative Aufwand hierfür ist jedoch erheblich. Für die Wirksamkeit der Änderungsvereinbarung muss von jedem Arbeitnehmer jeweils eine Zustimmungserklärung vorliegen. Auf den Zugang einer ausdrücklichen Zustimmungs-

---

[100] BAG, Urteil vom 11.02.2009 – 10 AZR 222/08 = NZA 2009, S. 428 ff.

erklärung kann auch nicht gemäß § 151 BGB verzichtet werden, weil die Whistleblowing-Policy keine einseitige den Arbeitnehmer begünstigende Zusage darstellt.[101] Eine Änderungskündigung, mit welcher das Regelwerk zum Gegenstand des Arbeitsvertrages gemacht werden könnte, dürfte in aller Regel mangels Kündigungsgrund im Sinne von § 1 KSchG ausscheiden. Zu denken wäre an eine Änderungskündigung allenfalls, wenn die Einführung des Regelwerkes zwingenden gesetzlichen Verpflichtungen des Unternehmens folgt.[102]

6.1.3. Betriebsvereinbarung

Die Whistleblowing-Policy kann ungeachtet der Mitbestimmungsrechte des Betriebsrates (hierzu sogleich in Ziffer 6.2) in eine (ggf. freiwillige) Betriebsvereinbarung mit dem Betriebsrat gekleidet werden. Wegen der normativen Wirkung einer Betriebsvereinbarung (vgl. § 77 Abs. 4 BetrVG) bestünde der Vorteil, dass die Regelungen der Whistleblowing-Policy dann ohne eine gesonderte Vereinbarung im jeweiligen Arbeitsverhältnis wirken würden.[103] Zudem böte eine Betriebsvereinbarung den Betriebsparteien die Flexibilität, die Whistleblowing-Policy nachträglich zu ändern, ohne dabei jeweils die Zustimmung des Arbeitnehmers einholen zu müssen. Es gilt das Ablösungsprinzip, wonach eine neue Betriebsvereinbarung denselben Gegenstand betreffend an die Stelle der bisherigen tritt.[104] Dabei kann die nachfolgende Betriebsvereinbarung im Verhältnis zu der vorherigen auch für den Arbeitnehmer nachteilige Regelungen enthalten, soweit jedenfalls die Grundsätze der Verhältnismäßigkeit und des Vertrauensschutzes gewahrt sind.[105] Das Günstigkeitsprinzip findet bei Rechtsquellen auf derselben Rangstufe keine Anwendung.

Allerdings geht eine individuelle Vereinbarung einer Betriebsvereinbarung vor, wenn und soweit sie eine für den Arbeitnehmer günstigere Regelung beinhaltet.[106] Dies setzt aber voraus, dass der Arbeitsvertrag die Frage selbst konstitutiv geregelt hat.

---

[101] Mengel in: Hauschka/Moosmayer/Lösler, Corporate Compliance, 3. Auflage 2016, S. 1242, Rn. 44.
[102] Mengel in: Hauschka/Moosmayer/Lösler, Corporate Compliance, 3. Auflage 2016, S. 1242, Rn. 44.
[103] Vgl. Gaul in: Henssler/Willemsen/Kalb, Arbeitsrecht Kommentar, 8. Auflage 2018, BetrVG, § 77, Rn. 54.
[104] BAG, Urteil vom 10.02.2009 – 3 AZR 653/07 = NZA 2009, S. 796 ff.
[105] Kania in: Erfurter Kommentar zum Arbeitsrecht, 19. Auflage 2019, BetrVG, § 77, Rn. 64.
[106] BAG, Urteil vom 05.03.2013 – 1 AZR 417/12 = FD-ArbR 2013, 343952.

> **Praxishinweis**
>
> Bevor eine Whistleblowing-Policy in einer Betriebsvereinbarung geregelt wird, sollte geprüft werden, ob die jeweilig im Unternehmen genutzten Arbeitsvertragsmuster Regelungen in Bezug auf das Whistleblowing (z.B. Meldepflichten, Meldekanäle, Verantwortlichkeiten) beinhalten.

6.1.4. Zusammenfassender Praxishinweis

Soweit eine Whistleblowing-Policy nicht bereits durch die Ausübung des Direktionsrechts einseitig in das Arbeitsverhältnis eingeführt werden kann, bietet eine Betriebsvereinbarung die effizienteste Möglichkeit für das Unternehmen, deren Regelungen, insbesondere eine Meldepflicht, verbindlich zu gestalten. Außerdem erhöht die Beteiligung des Betriebsrates an der Whistleblowing-Policy auch deren Akzeptanz durch die Belegschaft. Der berühmte „Tone from the Top" wird so auch von den Mitbestimmungsgremien vorgelebt. Ebenfalls vorteilhaft an einer Betriebsvereinbarung ist, dass ein größerer inhaltlicher Regelungsspielraum gegenüber einer Regelung durch Direktionsrecht oder Arbeitsvertrag besteht. Allerdings bestehen auch Nachteile, die im Entscheidungsprozess sorgsam mit den Vorteilen abgewogen werden sollten. Nachteilig aus Sicht des Unternehmens ist, dass auch nicht mitbestimmungspflichtige Teile der Whistleblowing-Policy dem Direktionsrecht des Arbeitgebers entzogen werden.[107] Außerdem werden Verhandlungen über eine an sich betriebspolitisch neutrale Whistleblowing-Policy häufig mit Kopplungsgeschäften über andere Themen, wie beispielsweise Vergütungsfragen, Standortsicherungen oder Ähnlichem, überfrachtet.

Letztlich bietet sich eine Betriebsvereinbarung als Regelungsrahmen insbesondere dann an, wenn nach dem generellen Compliance-Konzept die unternehmensinternen Whistleblowing Regelungen nicht bloß appellativen Charakter haben sollen und ein Mitbestimmungsrecht des Betriebsrats an weiten Teilen der Whistleblowing-Policy naheliegt.

6.2. Mitbestimmungsrecht des Betriebsrates

Eine Verkennung der Mitbestimmungsrechte des Betriebsrates bei der Einführung einer Whistleblower-Policy hätte fatale Konsequenzen. Insofern sollen

---

[107] Vgl. Mengel in: Hauschka/Moosmayer/Lösler, Corporate Compliance, 3. Auflage 2016, S. 1242, Rn. 44.

diese zuerst dargestellt werden, bevor auf die Voraussetzungen von Mitbestimmungsrechten eingegangen wird.

6.2.1. Konsequenzen der Verletzung von Mitbestimmungsrechten

Rechtliche Konsequenz der Einführung eines Hinweisgebersystems ohne Beteiligung des Betriebsrates – dessen Mitbestimmungsrecht vorausgesetzt – wäre zunächst die Unwirksamkeit der damit einhergehenden Regelungen, insbesondere der Whistleblowing-Policy (sog. Theorie der Wirksamkeitsvoraussetzung).[108] Die Arbeitnehmer wären schlicht nicht an die betreffenden Regelungen gebunden und müssten etwaige Anweisungen, zum Beispiel eine Meldepflicht, sofern diese nicht bereits auf arbeitsvertraglicher Ebene besteht, nicht befolgen. Zuwiderhandlungen könnten vom Arbeitgeber nicht sanktioniert werden. Zudem hat der Betriebsrat bei mitbestimmungswidriger Einführung des Hinweisgebersystems einen Unterlassungsanspruch gegen den Arbeitgeber.[109] Er könnte daher die Einführung des Hinweisgebersystems unterbinden, was aus Arbeitgebersicht insbesondere dann kritisch wird, wenn der Arbeitgeber nach Umsetzung der WRL in das nationale Recht – ggf. sogar bußgeldbewährt – einerseits verpflichtet wird, ein Hinweisgebersystem zu implementieren, diese Verpflichtung andererseits aber wegen eines Unterlassungstitels des Betriebsrates nicht umsetzen kann. Als nicht rechtliche, aber dennoch ebenso gewichtige Folge sollte die Signalwirkung einer mitbestimmungswidrig eingeführten Whistleblowing-Policy nicht unterschätzt werden. Compliance-Regelungen, die ihrerseits bereits geltendes Recht wie die Mitbestimmungsrechte des Betriebsrates verletzen, fehlt jegliche Glaubwürdigkeit.

6.2.2. Mitbestimmungsrechte

6.2.2.1. Honeywell und Wal-Mart: Meldepflicht entscheidend

Die Frage, ob bei der Einführung von Whistleblower-Systemen und/oder -Richtlinien Mitbestimmungsrechte des Betriebsrates ausgelöst werden, ist in Deutschland stark durch die Rechtsprechung des Bundesarbeitsgerichtes in den Rechtssachen Honeywell und Wal-Mart geprägt.[110] In diesen Entscheidungen ging es

---

[108] Vgl. Richardi in: Richardi, Betriebsverfassungsgesetz, 16. Auflage 2018, BetrVG, § 87, Rn. 102 f.
[109] Vgl. Kania in: Müller-Glöge/Preis/Schmidt, Erfurter Kommentar zum Arbeitsrecht, 19. Auflage 2019, BetrVG, § 87, Rn. 138.
[110] BAG, Beschluss vom 22.07.2008 – 1 ABR 40/07 = NZA 2008, S. 1248 ff. („Honeywell"); LAG Düsseldorf, Beschluss vom 14.11.2005 – 10 TaBV 46/05 = NZA-RR 2006, S. 81 ff. („Wal-Mart").

in erster Linie um die Mitbestimmungsrechte des Betriebsrates bei der Einführung von Ethik-/ oder Compliance-Richtlinien. Hieraus wird allgemein gefolgert, dass jedenfalls dann ein Mitbestimmungsrecht des Betriebsrates nach § 87 Abs. 1 Nr. 1 BetrVG besteht, wenn in einer Compliance- und/ oder Ethik-Richtlinie im Unternehmen eine Pflicht der Arbeitnehmer begründet wird, *jeden* Verstoß gegen die Regelungen der Richtlinie zu melden, da die Pflicht der Arbeitnehmer, sich an das Unternehmen zu wenden, zwangsnotwendig auch das Miteinander der Arbeitnehmer im Unternehmen beeinflusst.[111]

6.2.2.2. Ermessenentscheidung in Bezug auf das „Ob"

Allerdings dürfte auch bereits dann ein Mitbestimmungsrecht des Betriebsrates bestehen, wenn die Whistleblowing-Policy eine Meldung des Arbeitnehmers in sein Ermessen stellt und insofern keine Meldepflicht konstituiert wird.[112] Denn mitbestimmungspflichtig sind nach § 87 Abs. 1 Nr. 1 BetrVG nicht nur verbindliche Verhaltensregeln, sondern auch alle sonstigen auf das Ordnungsverhalten der Arbeitnehmer bezogenen Maßnahmen ohne verpflichtenden Charakter.[113] Eine vom Arbeitgeber in Form eines Hinweisgebersystems eröffnete Möglichkeit potenzielle Regelverstöße anderer Arbeitnehmer zu melden, berührt das Ordnungsverhalten der Arbeitnehmer in gleichem Maße wie eine dahingehende Meldepflicht.[114]

6.2.2.3. Mitbestimmungsrecht in Bezug auf das „Wie"

Ein Mitbestimmungsrecht des Betriebsrates dürfte nach Implementierung der Whistleblowing-Richtlinie jedoch stets auch in Bezug auf das „Wie" eines Hinweisgebersystems bestehen. Nach der WRL genügt es nicht bloß faktisch eine Whistleblower-Hotline im Unternehmen einzuführen. Vielmehr müssen Unternehmen zukünftig in einer Whistleblowing-Policy auch definieren, *wie* und *über* welche Kanäle Mitarbeiter Hinweise über Rechtsverstöße im Unternehmen abgeben können.[115] Legt das Unternehmen aber ein Verfahren fest, wie Mitarbeiter auf Rechtsverstöße im Unternehmen reagieren müssen, so wie das

---

[111] Vgl. Umnuß, CCZ 2009, S. 88 ff.; Reinhard NZA 2016, S. 1233 ff., Neufeld/Knitter BB 2013, S. 821 ff.
[112] aA Mengel in: Hauschka/Moosmayer/Lösler, Corporate Compliance, 3. Auflage 2016, S. 1242, Rn. 44; Kock, MDR 2006, S. 673 ff.; Wisskirchen/Jordan/Bissels DB 2005, S. 2190 ff.
[113] BAG, Beschluss vom 24.03.1981 – 1 ABR 32/78 = NJW 1982, S. 404 f.
[114] Reinhard, NZA 2016, S. 1233 ff.; Dzida, NZA 2008, S. 1265 ff.; Reufels, CCZ 2009, S. 201 ff.; Stück, GmbHR 2011, S. 49 ff.; aA. Mengel, CCZ 2008, S. 85 ff.
[115] Vgl. hierzu Ziffer 4.

die WRL von den Unternehmen fordert, ist das betriebliche Zusammenleben und Zusammenwirken der Arbeitnehmer und damit die betriebliche Ordnung im Sinne von § 87 Abs. 1 Nr. 1 BetrVG betroffen.

6.2.2.4. Gesetzesvorbehalt des § 87 Abs. 1 BetrVG

Ein Mitbestimmungsrecht des Betriebsrates besteht nicht, soweit eine gesetzliche Regelung in dieser Angelegenheit besteht. Es ist jedoch anerkannt, dass ausländische Rechtsnormen, insbesondere der Sarbanes Oxley Act 2002, wonach an der New York Stock Exchange notierte Unternehmen ein Hinweisgebersystem einführen müssen, die Mitbestimmung nach § 87 Abs. 1 BetrVG nicht ausschließen. Nach Umsetzung der WRL in das nationale Recht besteht die Verpflichtung zur Implementierung eines Hinweisgebersystems aber nach nationalen Vorschriften, so dass der Anwendungsbereich des Gesetzesvorbehalts des § 87 Abs. 1 BetrVG dem Grunde nach greift. Dennoch ist unwahrscheinlich, dass das Mitbestimmungsrecht der betrieblichen Mitbestimmungsorgane entfallen würde. Denn die WRL konstituiert ausdrücklich, dass (bisherige) nationale Mitbestimmungsrechte von ihr unberührt bleiben sollen, vgl. Art. 4 Abs. 3 der WRL.

> **Praxishinweis**
> Nach Umsetzung der WRL in das nationale Recht dürften kaum noch Sachverhalte denkbar sein, in denen ein Mitbestimmungsrecht des Betriebsrates nicht besteht. Eine frühzeitige Kontaktaufnahme mit den betrieblichen Mitbestimmungsorganen ist daher ratsam.

7. Konsequenzen von Whistleblowermeldungen

Eine Whistleblowermeldung schwebt rechtlich nicht im luftleeren Raum, sondern löst durchaus „harte" Rechtsfolgen aus. Anknüpfungspunkt für die Rechtsfolgen einer Whistleblowermeldung ist, inwieweit der Verdacht einer unternehmensinternen Rechtsverletzung vermittelt wird. Die rechtlichen Folgen einer verdachtsbegründenden Whistleblowermeldung berührt vier Ebenen: (1.) Die Pflicht zur Sachverhaltsaufklärung; (2.) Das Recht zur Datenerhebung; (3.) Eine beschuldigtenähnliche Stellung des Unternehmens; (4.) Ggf. eine Rechtfertigung einer Verdachtskündigung.

7.1. Pflicht zur Sachverhaltsaufklärung

Spätestens seit der bekannten Neubürger-Entscheidung des Landgerichts München I ist allgemein anerkannt, dass aus der Legalitätspflicht der Unternehmensleitung ihre konkrete Rechtspflicht folgt, bei konkreten Verdachtsmomenten den zugrundeliegenden Sachverhalt aufzuklären.[116] Diese Pflicht ist nicht disponibel und reduziert das Ermessen der Unternehmensleitung hinsichtlich des „Ob" der Sachverhaltsaufklärung auf null.[117] Werden durch eine Whistleblowermeldung Informationen vermittelt, die einen solchen Verdachtsgrad begründen, muss die Unternehmensleitung und/oder die Compliance-Abteilung eines Unternehmens mit der Sachverhaltsaufklärung beginnen. Anderenfalls bestehen für beide erhebliche strafrechtliche und/oder zivilrechtliche Haftungsrisiken.

Allerdings greift bei dem „Wie" der Sachverhaltsaufklärung im Anschluss an eine Whistleblowermeldung die „Business Judgement Rule" gemäß § 93 Abs. 1 S. 2 AktG. Insofern steht die Wahl der Aufklärungsmethode, die Bestimmung der gebotenen Aufklärungstiefe sowie die organisatorische Umsetzung der Aufklärungsmaßnahme im pflichtgemäßen Ermessen der Unternehmensleitung.[118] Nicht jede verdachtsbegründende Whistleblowermeldung macht eine umfangreiche und kostenintensive *internal investigation* erforderlich. Die notwendigen Aufklärungsmaßnahmen sind vielmehr nach der jeweiligen Schwere des Rechtsverstoßes, Plausibilität der Meldung sowie des Verdachtsgrades differenziert zu bestimmen. Insbesondere kann auch eine gestufte Herangehensweise angezeigt sein, wonach auf der ersten Stufe eine reine Plausibilitätsprüfung vorgelagert wird und entsprechend der Ergebnisse dieser Prüfung der Ermittlungsumfang und die Ermittlungstiefe festgelegt werden.[119]

> **Praxishinweis**
>
> Es ist sinnvoll, bereits in der Whistleblower-Policy eine Investigation-Policy zu integrieren, die Verdachtsschwellen definiert, die Schwere des jeweiligen Regelverstoßes kategorisiert und daran abstrakt die jeweilige Ermittlungsmethode anknüpft. Die Aufklärungspflichten stehen im Interessenkonflikt mit der Pflicht, die Anonymität des Hinweisgebers zu schützen. Die Auflösung dieses Konfliktes sollte im Rahmen der Policies geregelt werden.[120]

---

[116] LG München I, Urteil v. 10.12.2013 – 5 HK O 1387/10 = NZG 2014, S. 345 ff.; Ott/Lüneborg, CCZ 2019, S. 71 ff.; Fleischer, NZG 2014, S. 321 ff.
[117] Fleischer, CCZ 2008, S. 1 ff.
[118] Ott/Lüneborg, CCZ 2019, S. 71 ff., Wessing in: Hauschka/Moosmayer/Lösler, Corporate Compliance, 3. Auflage 2016, § 46, Rn. 16.
[119] Zum Vorgehen bei einer gestuften Investigation: Ott/Lüneborg CCZ 2019, S. 71, 74.
[120] Siehe Ziffer 5.1.2.

7.2. Recht zur Datenerhebung

Korrespondierend mit der Pflicht zur Sachverhaltsaufklärung kann eine verdachtsbezogene Whistleblowermeldung das Recht eines Unternehmens begründen, auf die personenbezogenen Daten von Arbeitnehmern zuzugreifen. Gemäß § 26 Abs. 1 S. 2 BDSG n. F. dürfen zur Aufdeckung von Straftaten personenbezogene Daten von Beschäftigten nur dann verarbeitet werden, wenn zu dokumentierende tatsächliche Anhaltspunkte den Verdacht begründen, dass die Person im Beschäftigungsverhältnis eine Straftat begangen hat und die Datenverarbeitung nicht unverhältnismäßig ist. Die Erlaubnis zum Datenzugriff ist jedoch auf denjenigen Arbeitnehmer beschränkt, der durch die Whistleblower-Meldung unter Verdacht geraten ist.[121] Nach der Rechtsprechung des Bundesarbeitsgerichts kann ein Datenzugriff aber auch bereits dann berechtigt sein, wenn keine Straftat, jedoch eine schwere Pflichtverletzung des Arbeitnehmers im Raum steht.[122] Weniger intensiv in das allgemeine Persönlichkeitsrecht des Arbeitnehmers eingreifende Datenerhebungen können jedoch bereits ohne Vorliegen eines Anfangsverdachts begründet sein. Dies gilt insbesondere für nach abstrakten Kriterien durchgeführte, keinen Arbeitnehmer unter Verdacht stellende offene Überwachungsmaßnahmen, die der Verhinderung von Pflichtverletzungen dienen.[123]

> **Praxishinweis**
>
> Oftmals sind Aufklärungsmaßnahmen dadurch beschränkt, dass der Datenzugriff nur im Hinblick auf den Verdächtigen erfolgen darf. Das Bundesarbeitsgericht hat jüngst jedoch interne Untersuchungen erheblich erleichtert, sofern das Unternehmen abstrakte Kriterien für den Datenzugriff auch bei Nichtverdächtigen definiert hat. Insofern sollten Unternehmen in eine Whistleblowing-Policy bereits einen abstrakten Kriterienkatalog für Ermittlungsmaßnahmen aufnehmen.

7.3. Beschuldigtenähnliche Stellung des Unternehmens

Im Lichte der vielbeachteten Jones-Day Entscheidung soll den strafprozessualen Auswirkungen eines durch eine Whistleblowermeldung vermittelten Verdachtes besondere Aufmerksamkeit gewidmet werden. Die strafprozessuale Stellung von juristischen Personen ist im Einzelnen höchst umstritten.[124] Jeden-

---

[121] Riesenhuber in: Wolff/Brink, Beck-OK Datenschutzrecht, 28. Edition, Stand: 01.05.2019, BDSG, § 26, Rn. 132.
[122] BAG, Urteil vom 29.06.2017 – 2 AZR 597/16 = NJW 2017, S. 2853 ff.
[123] BAG, Urteil vom 31.01.2019 – 2 AZR 426/18 = NJW 2019, S. 893 ff.
[124] BVerfG, Beschluss vom 27.06.2018 – 2 BvR 1405/17, 2 BvR 1780/17 = NJW 2018, S. 2385 ff.

falls sollen jedoch strafprozessuale Rechte, insbesondere der Beschlagnahmeschutz nach § 97 StPO, auch für eine juristische Person bestehen, soweit ihr eine beschuldigtenähnliche Verfahrensstellung zukommt.[125] Dafür ist nach herrschender Meinung weder eine förmliche Verfahrensstellung der juristischen Person noch die Einleitung eines Straf- oder Bußgeldverfahrens gegen Leitungspersonen dieses Unternehmens erforderlich.[126] Es genügt bereits, wenn sich die Einleitung eines Verfahrens gegen die juristische Person objektiv abzeichnet, weil Anhaltspunkte dafür bestehen, dass die juristische Person als Adressatin einer Verbandsgeldbuße oder als Einziehungsbeteiligte in Betracht kommt.[127] Dies ist jedenfalls dann der Fall, sofern ein „hinreichender" Verdacht für eine durch eine konkrete Leitungsperson begangene Straftat oder Aufsichtspflichtverletzung im Sinne von § 130 OWiG besteht.

Praxishinweis

Je nach Gehalt der Whistleblowermeldung kann diese strafprozessuale Rechte des Unternehmens begründen und sollte daher auch vor diesem Hintergrund dokumentiert und entsprechend vom Unternehmen rechtlich eingeordnet werden.

7.4. Arbeitsrechtliche Verdachtskündigung

Eine Whistleblower-Meldung, die einen entsprechenden Verdachtsgrad begründet, kann auch Ausgangspunkt für arbeitsrechtliche Maßnahmen sein.

Nach der Rechtsprechung des Bundesarbeitsgerichts kann eine außerordentliche Kündigung nicht nur bei einer erwiesenen Pflichtverletzung des Arbeitnehmers gerechtfertigt sein. Als selbstständiger Kündigungsgrund trägt ebenfalls der Verdacht einer schwerwiegenden Pflichtverletzung seitens des Arbeitnehmers. Dahinter steht der Gedanke, dass es gerade der Verdacht ist, der das zur Fortsetzung des Arbeitsverhältnisses notwendige Vertrauen des Arbeitgebers in die Redlichkeit des Arbeitnehmers zerstört oder zu einer unerträglichen Belastung des Arbeitsverhältnisses geführt hat.[128] Allerdings ist bei der Verdachtskündigung ein höherer Verdachtsgrad als bei den vorstehend benannten Rechtsfolgen erfor-

---

[125] BVerfG, Beschluss vom 27.06.2018 – 2 BvR 1405/17, 2 BvR 1780/17 = NJW 2018, S. 2385, 2389 f. m. w. N.
[126] BVerfG, Beschluss vom 27.06.2018 – 2 BvR 1405/17, 2 BvR 1780/17 = NJW 2018, S. 2385 ff.; Schneider, NStZ 2016, S. 309 ff.; Klengel/Buchert, NStZ 2016, S. 383 ff.; aA LG Bonn, Beschluss vom 21.06.2012 – 27 Qs 2/12 = NZKart 2013, S. 204 ff.
[127] BVerfG, Beschluss vom 27.06.2018 – 2 BvR 1405/17, 2 BvR 1780/17 = NJW 2018, S. 2385 ff.
[128] BAG, Urteil vom 27.11.2008 – 2 AZR 98/07 = NZA 2009, S. 604 ff.

derlich. Während für diese ein Anfangsverdacht im Sinne von § 152 StPO (wohl) genügt, muss für eine Verdachtskündigung der Verdacht dringend sein, das heißt, es muss eine große Wahrscheinlichkeit dafür bestehen, dass der gekündigte Arbeitnehmer die Straftat oder Pflichtverletzung begangen hat.[129]

8. Abschließende Empfehlungen

Das rechtliche Umfeld von Hinweisgebersystemen wird durch die WRL erheblich verändert. Sie bringt eine Vielzahl von Herausforderungen rechtlicher, wirtschaftlicher sowie technischer Art mit sich, welche proaktiv und frühzeitig in Angriff genommen werden sollten. Sowohl der Entwurf als auch die Implementierung eines individuell auf das Unternehmen abgestimmten Hinweisgebersystems benötigen eine gewisse Zeit und Expertise. Geschieht dies nicht rechtzeitig, so drohen dem Unternehmen erhebliche Nachteile. Es besteht die Gefahr, dass sich etwaige Hinweisgeber unkontrolliert direkt an Behörden oder die Öffentlichkeit wenden, was regelmäßig mit einem erheblichen Imageverlust einhergeht. Zugleich entgeht die Chance, Verstöße und rechtswidrige Praktiken intern abzustellen und damit Schaden – auch in Form von Straf- und Bußgeldern, Ermittlungs- und Gerichtsverfahren – vom Unternehmen abzuwenden. Eine späte Auseinandersetzung mit der Thematik erzeugt einen höheren und unnötigen Zeitdruck, welcher die Kosten intensivieren und die Qualität des Systems beeinträchtigen kann, wie zuletzt praktische Erfahrungen mit der DSGVO eindrucksvoll gezeigt haben.

Gleichzeitig lassen sich die neuen Vorgaben aber auch als Chance begreifen, einen offenen und konsequenten Umgang mit Hinweisen zu initiieren. Auch Unternehmen, welche bereits über ein Hinweisgebersystem verfügen, werden frühzeitig prüfen und sicherstellen müssen, dass dieses den neuen rechtlichen Vorgaben entspricht. Kleinere Unternehmen sollten die Verpflichtung zum Anlass nehmen, ggf. erstmals ein umfassendes Compliance-System einzuführen.

---

[129] Vgl. Vossen in: Ascheid/Preis/Schmidt, Kündigungsrecht, 5. Auflage 2017, BGB, § 626, Rn. 345a.

Compliance und Unternehmensführung

Harald Schloßmacher und Tatjana Gohritz

Literatur

Bay, Karl-Christian/Hastenrath, Katharina, Compliance-Management-Systeme, Praxiserprobte Elemente, Prozesse und Tools, München 2014; Bussmann, Kai-D., Nestler, Claudia, Salvenmoser, Steffen, Wirtschaftskriminalität in der analogen und der digitalen Wirtschaft, Studie herausgegeben von der PricewaterhouseCoopers AG Wirtschaftsprüfungsgesellschaft und der Martin-Luther-Universität Halle-Wittenberg, https://www.pwc.de/de/risk/studie-wirtschaftskriminalitaet-2016.pdf; Dieners, Peter, Handbuch Compliance im Gesundheitswesen, Kooperation von Ärzten, Industrie und Patienten, 3. Auflage, München 2010; Ernsthaler, Jürgen, Haftungsrechtliche Bedeutung von Qualitätssicherungsvereinbarungen, NJW 1994, 817; Fissenewert, Peter, Compliance für den Mittelstand, 2. Auflage, München 2018; Frenz, Walter, Normgebung und Wettbewerbsrecht, NJOZ 2018, 1321; Gößwein, Georg, Konflikte aus *Compliance*-Vereinbarungen – Weshalb mittels Eskalationsklauseln vereinbarte ADR das Mittel der Wahl ist, diese beizulegen, SchiedsVZ 2018, 331; Grundei, Jens, Lopper, Elisa, Seidenglanz, René, Führung und Organisation der Compliance, Berlin 2017, https://www.bvdcm.de/sites/default/files/dateien/bcm_berufsfeldstudie_2017_issu.pdf; Hauschka, Christoph E., Corporate Compliance, Handbuch der Haftungsvermeidung im Unternehmen, 2. Auflage, München 2010; Heinlein, Ingrid, Zivilrechtliche Verantwortung transnationaler Unternehmen für sichere und gesunde Arbeitsbedingungen in den Betrieben ihrer Lieferanten, NZA 2018, 276; Institut der Wirtschaftsprüfer in Deutschland, Prüfungsstandard 980, Grundsätze ordnungsmäßiger Prüfung von Compliance Management Systemen, WPg Supplement 2/2011, S. 78 ff., FN-IDW 4/2011, S. 203 ff.; Köhler, Matthias/Häferer, Katja, Mitbestimmungsrechte des Betriebsrats im Zusammenhang mit Compliance-Systemen, GWR 2015, 159; Koyuncu, Adem, Schmidt, Jens Peter, Der „Informationsaustausch zwischen Wettbewerbern" im Wettbewerbs- und Kartellrecht, MPR 2009, 145; Loepke, Noreen, Compliance im Einkauf und in der Lieferkette, Sicher agieren in globalen Supply Chains, Compliance-Initiative des Bundesverbands Materialwirtschaft, Einkauf und Logistik e.V., https://www.bme.de/fileadmin/user_upload/_imported/fileadmin/pdf/Compliance/BME-Compliance_Initiative_24092018_final.pdf; Lösler, Thomas, Das moderne Verständnis von Compliance im Finanzmarktrecht, NZG 2005, 104; Makowicz, Bartosz, Globale Compliance Management Standards, Werteorientierte Umsetzung von DIN ISO 19600 und ISO 37001, München 2018; Nothhelfer, Robert, Die Einführung eines Compliance Management Systems als organisatorischer Lernprozess, CCZ 2013, 23; Scherber, Philipp, „Das Wichtigste ist der tone from the top", Interview mit Dr. Cornelia Nett, Artikel vom 01.12.2017, https://www.bankingclub.de/news/personal/das-wichtigste-ist-der-tone-from-the-top; Wygoda, Jeanette, „Tone in the Middle" Wie Führungskräften der Aufbau einer Compliance-Kultur gelingt, 7. Juni 2017, https://wygoda.de/blog/tone-in-the-middle.

1. Einleitung: Compliance als Führungsaufgabe

Die Organe eines Unternehmens sind rechtlich verpflichtet, das Unternehmen so zu organisieren und zu beaufsichtigen, dass Gesetzesverstöße vermieden werden können[1]. Compliance ist also eine Führungsaufgabe[2]. Der folgende Beitrag geht der Frage nach, wie es in der Praxis der Unternehmensführung gelingen kann, Compliance so zu einem Bestandteil der Unternehmenskultur zu machen, dass sie im Unternehmensalltag aktiv gelebt und zusätzlich auch für die Unternehmenszwecke genutzt werden kann.

Zunächst gibt es in jeder Unternehmensbranche bestimmte spezifische Organisationserfordernisse und entsprechend ausgeprägte Formen der Zusammenarbeit. Die Zusammenarbeit etwa zwischen der Medizinprodukte- und der pharmazeutischen Industrie einerseits sowie öffentlichen und auch privaten Gesundheitseinrichtungen, wie Krankenkassen oder Kliniken und deren Mitarbeitern andererseits, steht in einem Spannungsverhältnis. Einerseits ist eine enge Zusammenarbeit der medizinischen Einrichtungen, Kliniken, Ärzten und Industrie unerlässlich für die Entwicklung neuer Medizinprodukte, die Gesundheitsversorgung und für die klinische Forschung. Andererseits ziehen das Strafrecht, das öffentliche Dienstrecht sowie das ärztliche Berufsrecht eine strikte Trennungslinie für die Zusammenarbeit[3].

Ein weiteres Beispiel ist die Zusammenarbeit von Wettbewerbern bei der Setzung von Normen und Standards[4]. Die Maßgaben des Kartellrechts bestimmen hier die die Organisation und die Grenzen der möglichen Zusammenarbeit.

In diesem Spannungsverhältnis ist die Umsetzung aller einschlägigen rechtlichen Anforderungen in der Praxis nicht immer einfach und stellt hohe Anforderungen an die Mitarbeiter. Um die Anforderungen zu erfüllen, obliegt es den Unternehmen ein entsprechendes System und Arbeitsumfeld zu schaffen.

Den Rahmen setzt dabei das Compliance-Management-System, welches sich die Unternehmen geben. Darüber hinaus bestimmen die Leistungs- und Maßnahmenstrukturen, die Haltung der Führungskräfte und Mitarbeiter (Mind-Set) und die Speak-Up Kultur der Unternehmen, wie Mitarbeiter mit den Anforderungen an ihre Leistung und wirtschaftlichem Druck umgehen.

---

[1] LG München I, NZG 2014, 345; Pelz in: Hauschka, Corporate Compliance, § 6 Rn. 1 ff., 18.
[2] Lampert in: Hauschka, Corporate Compliance, § 9 Rn. 9.
[3] Dieners, Handbuch Compliance im Gesundheitswesen, München 2010, S. 3,4.
[4] Dazu Frenz, Normgebung und Wettbewerbsrecht, NJOZ 2018, 1321; Koyuncu/Schmidt, Der „Informationsaustausch zwischen Wettbewerbern" im Wettbewerbs- und Kartellrecht, MPR 2009, 145.

Mit den Leistungs- und Maßnahmestrukturen wird insbesondere HR angesprochen. Die Einhaltung von Regeln und das Ausrichten des Handelns an bestimmten Leistungsstrukturen zu fördern, ist nicht nur die Aufgabe der Businesskollegen, sie stellt auch HR-Verantwortliche vor neue Fragen. Gewolltes und ungewolltes Handeln müssen den Mitarbeitern vermittelt und transparent gemacht werden. Im Umfeld des Aufeinander-Verlassens, der Gruppendynamik und des Erfordernisses nicht nur wirtschaftlich Verantwortung zu übernehmen, wird daher die Schulung und Entwicklung der Mitarbeiter immer komplexer und ist eine sehr große gemeinsame Schnittstelle von HR und Compliance. Diese gemeinsame Aufgabe im Sinne des Unternehmens zu konzeptionieren, kann dann aber auch Möglichkeiten für bereichsübergreifendes Denken, Effektivität und Wirtschaftlichkeit schaffen.

2. Symptomatik des Normal- und Sonderfalls

Die Symptomatik der Normal- und Sonderfälle im Schnittstellenbereich von Leistungs- und Führungsmanagement zeigt sich etwa in folgenden Sachverhalten:

Beispiel 1 – Leistungsmanagement der arbeitsrechtliche Normalfall:

Mitarbeiter A arbeitet seit 25 Jahren im Unternehmen U. Seit 22 Jahren schätzen seine bisherigen Vorgesetzen und Kollegen ihn als sogenannten Low Performer ein. In Gesprächen, in denen die jeweiligen Vorgesetzen versucht haben A zu motivieren oder zu kritisch zu hinterfragen, hat A jedes Mal abgeblockt. Um einer größeren Auseinandersetzung im Arbeitsalltag und dem Aufwand, die Stelle wieder neu besetzen zu müssen aus dem Weg zu gehen, hat A bei den jährlichen Beurteilungen stets volle Leistungspunkte erhalten. Ein echtes Bewertungs- oder Kritikgespräch wurde nicht mit ihm geführt. Als A eines Tages um ein Zwischenzeugnis bittet keimt Hoffnung auf, dass er das Unternehmen selbst verlassen möchte. Der Vorgesetze V stellt ihm daher ein sehr gutes Zeugnis aus, in der Hoffnung ihm damit die Suche zu erleichtern. Aber A erfüllt die Hoffnungen nicht und ist auch 2019 noch im Unternehmen. Eines Tages kommt der V in A's Büro um den Stand der Bearbeitung einer Arbeitsaufgabe mit ihm zu besprechen. A surft privat im Internet und antwortet V auf dessen Nachfrage, warum er während der Arbeitszeit im Internet surfe, dass er dies seit 5 Jahren vormittags mache, weil er ja nicht genug Arbeit erhalte. Nun platzt V der Kragen und er möchte A sofort fristlos kündigen.

Beispiel 2 – Der gegenteilige Normalfall:

Führungskraft M führt das Unternehmen B seit 30 Jahren. Er kennt jeden wirtschaftlichen Aspekt des Unternehmens und der Branche. Er hat schon viele Mitarbeiter und Kollegen kommen und gehen sehen und ist sich sicher, dass Mitarbeiter lediglich motiviert sind, wenn sie stets einen entsprechenden Druck empfinden. Daher setzt er Ziele, die er selbst für kaum erreichbar hält, um je nach wirtschaftlicher Lage auch weniger zahlen zu müssen. Bei einigen der Ziele und Aufgaben behält er sich eine rein subjektive Bewertung nach seinem Empfinden bei Fertigstellung der Aufgabe vor. Ist die Aufgabe dann nicht zu seiner Zufriedenheit gelöst, wird der verantwortliche Projektmitarbeiter regelmäßig gekündigt. Die Mitarbeiter sind daher täglich auf der Hut und versuchen möglichst wenig Fehler zu machen und nicht aufzufallen. Mitarbeiter B merkt, dass er nicht mehr gerne zur Arbeit geht, da er so keine Chance auf Weiterentwicklung hat und wegen Kleinigkeiten Abmahnungen erhält. Er möchte seine Arbeit aber nicht verlieren und versucht selbst Fehler des M „zu sammeln", um eine Mittel zum Gegendruck zu haben.

Beispiel 3 – Symptomatik des vermeintlichen Führens:

Mitarbeiter N ist seit 2 Jahren im Vertrieb des Unternehmens B beschäftigt. Zuvor hat er bereits bei einigen anderen Unternehmen Berufserfahrung gesammelt. Er hat in sehr vielen Vertriebsseminaren und Schulungen gelernt, wie man Verkaufsgespräche führt und möglichst viele Waren an den Kunden bringt. Eines Tages unterhält er sich mit dem Leiter der Rechtsabteilung von B und erzählt diesem, dass es in seiner Branche vollkommen üblich sei, mit anderen Kollegen über Preise zu sprechen. Der L ist ziemlich erschrocken und weist N darauf hin, dass es eine Kartellrechts-Guideline bei B gebe. N antwortet L, dass er diese Guideline nicht kenne und er gehört habe, dass die letzte Schulung zum Kartellrecht bei B vor drei Jahren stattfand, also als er noch nicht im Unternehmen tätig gewesen sei. Im Übrigen wisse er was das Management tatsächlich wolle und das sei eben Waren verkaufen, egal wie.

L wird noch ernster und ermahnt N sich an die rechtlichen Vorgaben zu halten. Er berichtet N, dass er noch eine Woche zuvor mit dem Aufsichtsrat des Unternehmens gesprochen habe und von dort die klare Erwartung bestehe, sich an die rechtlichen Vorgaben des Kartellrechts zu halten. N lächelt und sagt L daraufhin, dass er denke der Aufsichtsrat habe dies lediglich zu L als Leiter der Legal-Abteilung gesagt. In Wahrheit interessiere das Kartell- und Wettbewerbsrecht auch den Aufsichtsrat nicht.

3. Verankerung von Compliance im Unternehmen durch Führung

Den Rahmen für Compliance im Unternehmen setzt das jeweilige Compliance-Managementsystem. Darüber hinaus bestimmen die Leistungsstrukturen, so etwa Bonussysteme und Führungsleitlinien, die Haltung und das Verhalten der Unternehmensleitung und der Führungskräfte und die Speak-Up-Kultur der Unternehmen. Damit wird der Rahmen gesetzt, wie Mitarbeiter mit den Anforderungen an ihre Leistung und etwa wirtschaftlichem Druck umgehen.

Compliance ist daher eine Herausforderung für die gesamte Unternehmenskultur. Jenseits von Compliance-Regeln und Verhaltenskodizes müssen sich Führungskräfte für eine integre Kultur stärker mit ihrem Führungsverhalten auseinandersetzen[5].

Anforderungen an die Führungskräfte sind dabei zunächst die nicht zahlenmäßig messbaren Fähigkeiten, wie zum Beispiel Authentizität, Weitsicht, Kritik- und Teamfähigkeit. Die Frage ist, wie man diese Fähigkeiten nachweisbar dokumentieren kann. In größeren Unternehmen werden in den Performance-Management-Programmen des Human Resources Bereichs bereits heute diese Fähigkeiten bzw. Soft-Skills gemessen und dokumentiert. Die geforderten Aspekte müssen sich dabei in der gesamten Kultur des Unternehmens wiederfinden.[6]

3.1 Verankerung durch ein gelebtes Compliance-Management-System

Für die Einhaltung der Compliance-Anforderungen im Unternehmen essentiell ist ein Compliance-Management-System.

3.1.1 Grundelemente und Wirkungen

Das Compliance-Management-System bezeichnet und umfasst die Gesamtheit der in einer Organisation eingerichteten Maßnahmen, Strukturen und Prozesse, um Regelkonformität sicherzustellen[7]. Darunter fallen sowohl rechtsverbindliche als auch ethische Regelungen und Maßgaben[8].

---

[5] Scherber, Philipp, „Das Wichtigste ist der tone from the top", Interview mit Dr. Cornelia Nett, Artikel vom 01.12.2017, https://www.bankingclub.de/news/personal/das-wichtigste-ist-der-tone-from-the-top.
[6] So auch Scherber, a. a. O.
[7] Institut der Wirtschaftsprüfer in Deutschland. Prüfungsstandard 980. Grundsätze ordnungsgemäßer Prüfung von Compliance Management Systemen. WPg Supplement „/2011, S. 78 ff., FN-IDW 4/2011, S. 203 ff.
[8] Makowicz, Globale Compliance Management Standards – werteorientierte Umsetzung von DIN ISO 19600 und ISO 37001, S. 18, Rn. 78.

Die Grundelemente eines effektiven und effizienten Compliance-Management-Systems werden dabei insbesondere aus der Norm DIN ISO 19600 aus dem Jahre 1996 entnommen. Das Institut der Wirtschaftsprüfer in Deutschland e.V. (IDW) verweist für die Ausgestaltung eines Compliance-Management-Systems auf allgemein anerkannte Rahmenkonzepte (z.B. COSO, ERM). Auf der Basis unterschiedlicher Rahmenkonzepte hat das IDW in seinem Standard sieben Grundelemente eines Compliance-Management-Systems identifiziert, anhand derer ein solches System organisiert und beschrieben werden kann. Wenn man sich die Elemente der verschiedenen Konzepte ansieht, findet man neben den Punkten der Compliance Organisation, des Compliance Programms und der Compliance Risiken auch etwa folgende Punkte, die ganz besonders Führungsaufgaben ansprechen:

- Unterstützung und Bekenntnis durch die Organisationsleitung
- Erstellung der Compliance-Politik mit Festlegung des Anwendungsbereichs
- Compliance Kultur
- Compliance Kommunikation und Information
- Compliance Überwachung und Verbesserung

In das interdisziplinäre Feld der Compliance und des Compliance-Managements fallen entsprechend Teilgebiete von Rechtswissenschaften, Verhaltenspsychologie, Wirtschaftethik, BWL, VWL, Kommunikationswissenschaften und anderen Disziplinen. Das Compliance-Management-System hat daher auch verschiedene Dimensionen.

Mit Blick auf die rechtliche Bedeutung des Compliance-Managementsystems ist ein ganz zentrales Urteil dabei das Urteil des Landgerichts München vom 10.12.2013[9]. Wie bereits eingangs angesprochen hat das Gericht in seinen ersten beiden amtlichen Leitsätzen festgestellt, dass ein Vorstandsmitglied im Rahmen seiner Legalitätspflicht dafür Sorge zu tragen hat, dass das Unternehmen so organisiert und beaufsichtigt wird, dass bestimmte Gesetzesverstöße nicht stattfinden können. Seiner Organisationspflicht genügt ein Vorstandsmitglied bei entsprechender Gefährdungslage nur dann, wenn er eine auf Schadensprävention und Risikokontrolle angelegte Compliance-Organisation einrichtet. Entscheidend für den Umfang im Einzelnen sind dabei Art, Größe und Organisation des Unternehmens, die zu beachtenden Vorschriften, die geografische Präsenz wie auch Verdachtsfälle aus der Vergangenheit. Die Einrichtung eines funktionierenden Compliance-Systems gehört demgemäß zur Gesamtverantwortung des Vorstands[10].

---

[9] S.o. Fn. 1.
[10] LG München I, a.a.O., LS 2; Makowicz, a.a.O., S. 100, Rn. 69.

Weiter urteilte der Bundesgerichtshof am 9. Mai 2017[11], dass ein effizientes Compliance-Management-System bei der Zumessung einer Sanktion gegen Unternehmen mindernd berücksichtigt werden sollte. Ein interdisziplinäres, angemessenes Compliance-Management-System entfaltet also eine nicht zu unterschätzende rechtliche Sicherungswirkung.

Neben diesen rechtlichen Aspekten sollten Unternehmen mehr noch dazu übergehen die notwendigerweise bereichsübergreifende Wirkung eines Compliance-Management-Systems zur Verbesserung der Unternehmensorganisation zu nutzen. Durch einen bereichsübergreifenden Blick auf die gesamte Kette eines Prozesses, werden nicht nur Prozesse ganzheitlich und einheitlich betrachtet, sondern es können auch „Silos" in der Zusammenarbeit abgebaut werden.

Compliance-Management-Systeme werden wegen ihrer vielfältigen positiven Wirkungen zunehmend nicht nur in großen privatwirtschaftlichen Unternehmen, sondern auch in mittelständischen Unternehmen[12] sowie in Verwaltungen, Verbänden, Stiftungen und anderen Organisationsarten[13] eingeführt.

Durch die Compliance-Organisation wird vom Unternehmen ein Rahmen gesetzt. Die Aussagewirkung dieses Rahmens sollte nicht unterschätzt werden. Versucht ein Unternehmen durch minimale Organisation ein „Feigenblatt" alleine zur rechtlichen Absicherung zu erhalten, ist dies genauso ein negatives Zeichen, wie wenn in maximaler Kontrollabsicht den Mitarbeitern jede Verantwortung für ihr Handeln aus der Hand genommen wird. Die landgerichtliche Umschreibung[14] eines erforderlichen „angemessenen" Systems für jedes Unternehmen ist daher nicht nur Pflicht, sondern gleichzeitig Möglichkeit für jedes Unternehmen in einem gewissen Rahmen zu entscheiden, welche Organisation die Wichtigkeit von Compliance unterstreicht und gleichzeitig einen positiven Aspekt auf die Effektivität und Effizienz der Prozesse haben kann.

3.1.2 Angemessene Organisation

Für die konkrete „angemessene Struktur" des Compliance-Management-Systems hat das Unternehmen die Möglichkeit und die Pflicht, den Umfang und die Ausgestaltung zu bestimmen. Zu berücksichtigen sind insbesondere die Branche, die Mitarbeiterzahl, die Frage, ob ein Vertrieb, ein Marketing

---

[11] BeckRS 2017, 114578.
[12] Fissenewert, Compliance für den Mittelstand, S. 17, Rn. 1 ff.
[13] Makowicz, a.a.O., S. 10, Rn. 43.
[14] LG München I, a.a.O., LS 1:„Entscheidend für den Umfang im Einzelnen sind dabei Art, Größe und Organisation des Unternehmens, die zu beachtenden Vorschriften, die geografische Präsenz wie auch die Verdachtsfälle aus der Vergangenheit."

und eine Produktion vorhanden sind und ob das Unternehmen international agiert[15].

Es sind zunächst grundsätzlich zwei Ausgestaltungsvarianten denkbar, zwischen denen sich die Unternehmen bewegen. Die Variante mit der größtmöglichen Ausgestaltung auf der einen Seite ist der Großkonzern, der für Compliance ein eigenes Vorstandsressort einrichtet und dabei neben der eigentlichen Compliance Abteilung (Compliance-Office) etwa das Personal- und das Rechtsressort vereint. Die zentrale Compliance-Abteilung umfasst im Sinne einer funktionalen Zuständigkeit meist auch die Bereichscompliance durch Mitarbeiter. So werden etwa im Bereich Tax oder im Bereich Quality die Mitarbeiter selbstverständlich dezentral bzw. fachlich spezialisiert auch mit der jeweiligen Compliance beschäftigt sein, aber gleichzeitig werden auch Mitarbeiter der Compliance Abteilung die Themen zentral bearbeiten.

Auf der anderen Seite des Ausgestaltungsrahmens findet man meist die kleineren Unternehmen, welche eine Person auswählen, die sich neben ihrer Hauptaufgabe zusätzlich um Compliance kümmert. In dieser Variante liegt die operative Umsetzung der Compliance weitestgehend in einer dezentralen Aufgabe der einzelnen Bereiche des Unternehmens, während der (nebenamtliche) Compliance-Officer eine Koordinations- und Beratungsfunktion hat und die Weiterentwicklung des Compliance-Management-Systems verantwortet[16].

Ein wesentliches Element einer Compliance-Organisation ist die Bereitstellung der erforderlichen Fachkompetenz zu den für das jeweilige Unternehmen relevanten Compliance-Regelungen. Die Sicherstellung eines qualifizierten Beratungsangebots zu diesen Themen kann entweder unternehmensintern durch die Compliance-Abteilung bzw. den Compliance-Officer oder durch externe Fachkräfte sichergestellt werden.

In dieser Bandbreite der Ausgestaltung kann das Unternehmen die Compliance-Aspekte und Module im Umfang in gewissem Maße variabel einsetzen und nutzen, um ein angemessenes Compliance-Management-System einzurichten und seiner Organisationspflicht nachzukommen.

3.1.3 Stellung der Compliance-Einheiten bzw. -Funktionen

Schließlich ist auch die Stellung und das Empowerment der Compliance-Funktionen im Unternehmen ein Aspekt für die Wahrnehmung bei den Mitarbeitern und Führungskräften. Die Verortung von Compliance in einer hierarchisch und

---

[15] Vgl. Borowa in: Bay/Hastenrath, Compliance-Management-Systeme, Kap. 5, Rn. 71 ff.; Hauschka in: Hauschka, Corporate Compliance, § 1 Rn. 36.
[16] Borowa in: Bay/Hastenrath, Compliance-Management-Systeme, Kap. 5 Rn. 127.

strategisch wichtigen Position ist dabei ein Mittel des Unternehmens, um die Wichtigkeit von Compliance zu unterstreichen.

Für den Beitrag „Führung und Organisation der Compliance"[17] aus dem Jahr 2017 fragten die Verfasser nicht umsonst danach, wie viele Compliance-Funktionen funktionale oder gar disziplinarische Weisungsbefugnisse besitzen. Zusammen etwa 44 % der Compliance-Einheiten verfügten nach der Befragung über solche Weisungsbefugnisse. Beachtenswert war dabei für die Verfasser zudem der deutliche Rückgang der bereits gering ausgeprägten Informationsbefugnis von Compliance auf der einen Seite und die zunehmende Einräumung eines Vetorechts der Compliance-Einheiten auf der anderen Seite.

Zwei weitere Fragen des Beitrags[18] sind in diesem Zusammenhang interessant, nämlich die nach der Beteiligung am Strategieprozess in der Organisation und die nach der Möglichkeit zur Durchsetzung der Ziele des Compliance-Bereichs im Gesamtunternehmen. Nur 37 % der Compliance-Bereiche sind danach maßgeblich am Strategieprozess des Unternehmens beteiligt. Insgesamt 41 % der befragten Einheiten gaben an, ihre Ziele lediglich teilweise durchsetzen zu können[19]. Die strategische Relevanz der Compliance-Bereiche, die sich aus der Gesamtschau der beiden Aspekte ergibt, wird im Beitrag daher zutreffend als verbesserungswürdig angesehen. Es zeige sich aber zudem, dass eine hohe strukturelle Positionierung einer Abteilung und deren strategische Relevanz moderat positiv zusammenhängen[20].

3.1.4 Weitere Führungs- bzw. Compliance-Elemente

Neben den genannten Bausteinen des Compliance-Management-Systems gibt es Compliance-Prinzipien, die insbesondere die Unternehmens- und Führungskultur betreffen. Neben der Organisation kommen aus dem Compliance – Toolkasten Kulturelemente wie der „Tone from the Top" und die „Speak-Up-Mentalität". Der Führungsstil der Manager ist als Soft-Skill zudem ein wichtiger Pfeiler für eine positive Compliance-Kultur.

3.1.4.1 Tone from the Top

Der „Tone from the Top", also die Art und Weise, wie die Unternehmensleitung das Compliance-Management-System im Unternehmen kommuniziert und vor-

---

[17] Grundei, Jens, Lopper, Elisa, Seidenglanz, René, Führung und Organisation der Compliance, Berlin 2017, S. 38 ff.
[18] Dies. a. a. O.
[19] Dies. a. a. O.
[20] Dies. a. a. O.

lebt, ist unabdingbarer Bestandteil der Compliance-Kommunikation[21]. Mit einem klaren „Tone from the Top", der auf die Einhaltung der rechtlichen Vorgaben Wert legt, wird die Wahrscheinlichkeit für unethisches und pflichtwidriges Verhalten vielfach als deutlich reduziert eingeschätzt[22].

Bei der Etablierung einer entsprechenden Unternehmenskultur kommt es so maßgebend auf die Bekenntnisse und die Authentizität der Führungsverantwortlichen im Unternehmen an[23].

Der „Tone from the Top" muss authentisch sein. Dazu gehören eine konsequente Aufklärung und Sanktionierung von Compliance-Verstößen, um die die Glaubwürdigkeit des Unternehmens zu erhalten und zu stärken. Vorstands- und Aufsichtsratsmandate müssen an der Erfüllung der entsprechenden Anforderungsprofile gemessen werden und eine Vorbildfunktion in der Organisation übernehmen[24]. Durch eine transparente Diskussion über Ethik und Moral kann es für Führungskräfte ganz selbstverständlich sein an Soft-Skills gemessen zu werden und sich mit den ethischen Fragen der Unternehmensführung auseinanderzusetzen[25].

3.1.4.2 Speak-up-Kultur

Der „Tone from the Top" beginnt an der Spitze des Unternehmens. Der Unternehmensleitung muss es gelingen, die Mitarbeiter grundsätzlich von der Erforderlichkeit und dem Sinn von Compliance zu überzeugen. Die Mitarbeiter haben eine hohe Sensibilität dafür, ob und inwieweit das, was im Unternehmen „offiziell" über Compliance gesagt und geschrieben wird, sich im Ernstfall auch als tragfähig erweist. Wenn das tatsächliche Handeln der Unternehmensleitung zu ihren offiziellen Verlautbarungen in einem zu großen Spannungsverhältnis steht, nehmen die Mitarbeiter Compliance nicht wirklich an. Nur wenn die Unternehmensleitung nachhaltig und glaubhaft vermittelt, dass Compliance kein „nice-to-have" ist, sondern im Geschäftsalltag hohe Relevanz besitzt, werden sich Führungskräfte und Mitarbeiter daran orientieren.[26]

Wenn demnach Compliance bei der Unternehmensleitung beginnt, so spielen doch auch die Führungskräfte unterhalb der Organebene eine wichtige Rolle.

---

[21] Daum in: Bay/Hastenrath, Compliance-Management-Systeme Kapitel 3, Rn. 60.
[22] Vgl. Borowa in: Bay/Hastenrath, Compliance-Management-Systeme Kapitel 5, Rn. 125; Hauschka in: Hauschka, Corporate Compliance, § 1 Rn. 35.
[23] So auch Scherber, s. o. Fn. 5.
[24] So auch Scherber, a. a. O.
[25] So auch Scherber, a. a. O.
[26] Wygoda, „Tone in the Middle" Wie Führungskräften der Aufbau einer Compliance-Kultur gelingt, 7. Juni 2017, https://wygoda.de/blog/tone-in-the-middle/.

Sie sind bei allen Compliance-Fragen der erste Ansprechpartner der Mitarbeiter. Dem mittleren Management ist deshalb beim Aufbau von Ethik und Integrität eine größere Bedeutung zuzuerkennen als dies in der Vergangenheit häufig der Fall war. Führungskräfte sind insoweit nicht einfach Weisungsempfänger, sondern sie sind Manager mit Personalverantwortung und entscheiden durch die Art der Ausführung ihrer Aufgabe, ob das Management zum „Clay-Layer" oder zum „Change-Facilitator" wird[27].

Die Einführung von Compliance-Strukturen stellt Abteilungsleiter und Teamverantwortliche häufig vor große Herausforderungen. Neben den bestehenden anspruchsvollen Finanz-, Vertriebs- und Kostenzielen wird von den Führungskräften auch erwartet, dass sie eine Compliance-Kultur in ihren Abteilungen entwickeln. Dies führt häufig zu einer Situation, in der die Führungskraft eine Mittlerfunktion zwischen Unternehmensleitung und Mitarbeitern wahrnimmt und die Unternehmenshaltung zu bestimmten Compliance-Themen den Mitarbeitern verdeutlicht und bestätigt. Dies kann eine Führungskraft nur dann erfolgreich tun, wenn sie sich selbst die Haltung der Unternehmensleitung zu Compliance zu eigen gemacht hat. Eine einheitliche Haltung zu Compliance im ganzen Unternehmen ist nur erreichbar, wenn die Führungskräfte als „Verstärker" und „Übersetzer" des „Tone from the Top" fungieren und mit einer Stimme sprechen.

Glaubwürdigkeit und Authentizität sind dabei wichtig, denn wie bei der Unternehmensleitung spüren Mitarbeiter unmittelbar, wenn Führungskräfte nur Lippenbekenntnisse von sich geben, sich aber den Unternehmenswerten nicht ernsthaft verpflichtet fühlen. Auch hier gilt: Die Organisation ist nur so stark wie ihr schwächstes Glied[28].

Managern mit Personalverantwortung kommt daher eine wichtige Aufgabe zu. Nur wenn sie sich intensiv mit dem Thema Compliance-Kultur auseinandersetzen, kann es ihnen gelingen, die Richtlinien gemeinsam mit ihren Mitarbeitern eigenverantwortlich und proaktiv umzusetzen. Führungskräfte sollten daher, bei Compliance eine „Pull- und Push-Strategie" verfolgen[29]. Zum einen sollten sie fehlenden „Tone from the Top" von der Geschäftsleitung einfordern. Zum anderen sollten sie den Mitarbeitern proaktiv wichtige Informationen zu Ethik, Werten und der Integrität vermitteln und ihnen bei der Interpretation der Richtlinien Unterstützung zukommen lassen[30].

Aus der glaubwürdig von Unternehmensleitung und Führungskräften vermittelten Überzeugung, dass Compliance im Unternehmen gelebt werden muss, er-

---

[27] Wygoda, a.a.O.
[28] Wygoda, a.a.O.
[29] Wygoda, a.a.O.
[30] Wygoda, a.a.O.

gibt sich als notwendiger Bestandteil einer umfassenden Compliance-Kultur, dass über Compliance-Themen offen kommuniziert werden kann und muss. Eine entsprechende „Speak-Up-Kultur" erlaubt es den Mitarbeitern, Probleme und Konflikte rund um Compliance offen anzusprechen. Nur in einer vertrauensvollen Gesprächsatmosphäre können Fragen, Zweifel oder mögliche Fehler adressiert werden.

3.2 Die tatsächliche Umsetzung der Compliance- und Führungskultur

Zwischen der Compliance- und der Führungskultur bestehen also Wechselbeziehungen. Die Compliance-Organisation wird durch eine richtige Führungskultur realisiert. Aber auch umgekehrt realisiert sich eine gute Führungskultur durch die Compliance-Elemente.

Die Wechselbeziehungen zwischen Unternehmenskultur und Leistungsmanagement werden durch die Compliance-Organisation und deren Aufbau maßgebend beeinflusst. Aber allein die formale Installation einer Organisation und von Führungsleitlinien kann die Umsetzung in Form eines gelebten Systems im operativen Geschäft nicht gewährleisten. Die Umsetzung der Organisationsaspekte kann insbesondere durch folgende Maßnahmen gelebt werden:

3.2.1 Schulungen und Workshops

Wichtig für eine nachhaltige Verankerung des Compliance-Management-Systems im Unternehmen sind Compliance-Schulungen. Viele Unternehmen verfügen über eine eigene Schulungsorganisation, die auch Compliance-Trainings anbietet. Diese bestehen vielfach aus Online-Schulungen und E-Learning-Tests, bei denen die Gefahr besteht, dass sie in einer eher passiven Haltung absolviert und die Inhalte nicht nachhaltig bei den Mitarbeitern verankert werden. Transfer- und Lerneffekte sind dagegen deutlich größer, wenn Workshops zu fachspezifischen Fragestellungen durchgeführt und von den Mitarbeitern aktiv mitgestaltet werden. Die Mitarbeiter beantworten dann selber Fragen und diskutieren, oder Führungskräfte oder Mitarbeiter bereiten die Inhalte selbstständig vor und präsentieren sie den Kollegen[31]. Einmalige Schulungen reichen für eine wirksame und nachhaltige Verankerung der Compliance-relevanten Kenntnisse und Fähigkeiten nicht aus[32]. Mitarbeiter nehmen die Inhalte deutlich ernster, wenn Sie sie wiederholt und persönlich vermittelt bekommen[33]. So können etwa auch

---

[31] Wygoda, a. a. O.
[32] Vgl. Köhler/Häferer, GWR 2015, 159 (160)
[33] Vgl. Nothelfer, CCZ 2013, 23 (26) zur Bedeutung von Lernen in Gruppen in einem sozialen Kontext durch Kommunikation.

in *Beispielfall 3* regelmäßige aktive Schulungen dem Mitarbeiter die Ernsthaftigkeit der Inhalte vermitteln.

Neue Guidelines, Richtlinien und Vorschriften lösen bei Mitarbeitern zu Beginn häufig Argwohn und Verunsicherung aus. Auch hier ist der geschilderte *Fall 3* ein gutes Beispiel. Änderungen des Verhaltens und der Anschauung sind nicht einfach. Führungskräfte sollten daher regelmäßig Mitarbeiter- oder Team-Gespräche sowie Workshops organisieren, um über Compliance-Fragen ins Gespräch zu kommen. Sicherheit im Umgang mit den Regeln entsteht nur durch eine gute Kenntnis der Materie. Die Anwendung von Regeln im Arbeitsalltag ist dazu nicht immer leicht, denn die Sachlage ist nicht immer eindeutig erkennbar. Gerade in diesen Grauzonen können sich unerkannte Compliance-Risiken verstecken. Und nur wenn die Mitarbeiter sich sicher in diesen Situationen fühlen, können sie proaktiv handeln[34]. In diesem Zusammenhang muss den Führungskräften und Mitarbeitern immer wieder deutlich gemacht werden, dass sie das fachliche Beratungsangebot der (internen oder externen) Compliance-Experten proaktiv nutzen können und sollen, um compliance-konformes Verhalten sicherstellen zu können.

Neben „klassischen" Maßnahmen wie Schulungen sollten die Führungsverantwortlichen dem „Tone from the Top" eine individuelle Note verleihen, damit ihre Aussagen bei den Mitarbeitern authentisch und glaubwürdig ankommen. Integrität entsteht dabei in einer Diskussionskultur, die auch bisweilen Fehler zulässt und zu offenen Fragen einlädt[35]. So hätten in den *Beispielfällen 1 und 2* die Wahrnehmung der Führungsaufgabe mit transparenten und klaren Maßgaben die weitere Eskalation verhindern und das Selbstbewusstsein der Mitarbeiter fördern können.

Schulungen und Workshops sind mithin wichtiger Teil der Führungsverantwortung im Rahmen von Compliance; die Führungskräfte müssen darauf achten und dafür sorgen, dass die passenden Schulungen und Workshops stattfinden und sich dem Dialog mit den Mitarbeitern stellen.

3.2.2 Umsetzung in Personalsystemen

Die Führungsleitlinien und Tools des Leistungsmanagements müssen zudem von den Führungskräften in einer zur Compliance-Kultur passenden Weise wahrgenommen werden damit Situationen wie in den *Beispielfällen* vermieden werden können. Dazu gehören realistische Ziele bei Bonussystemen, die in Zielvereinbarungen transparent und möglichst messbar niedergelegt werden.

---

[34] Wygoda, a.a.O.
[35] Wygoda, a.a.O.

Eine wichtige Rolle spielt auch das gelebte Führungsverständnis und die damit verbundene Feedback-Kultur im Unternehmen. Das Vertrauen der Mitarbeiter zu stärken bedeutet dabei nicht ihnen nachzugeben, sondern ihnen aktiv und mit transparenter Führung zu begegnen. So sind Kontrollen jedenfalls erforderlich; sie müssen aber begleitet werden von einer kooperativen Kommunikation. Insoweit sind Feedbackgespräche zu nutzen und dabei auch sachliche Auseinandersetzungen nicht zu scheuen. Dies kann insbesondere für die Führungskraft eine Herausforderung darstellen, bedeutet es doch die vermeintliche Harmonie aufzugeben und in eine unter Umständen inhaltlich wie zeitlich anstrengende Auseinandersetzung zu gehen. Auf diesem Wege erhält der Mitarbeiter Klarheit über die an ihn gestellten Erwartungen und kann sich entsprechend verhalten, so dass arbeitsrechtliche Maßnahmen wie Abmahnung oder Kündigung vermieden werden können. Nimmt die Führungskraft diese Verantwortung angemessen wahr sollte sie ihrerseits ein positives Feedback der Unternehmensleitung erhalten.

3.3 Betriebswirtschaftliche und strategische Aspekte von Compliance

Für die nachhaltige Umsetzung von Compliance in einem Unternehmen ist es hilfreich, wenn Compliance nicht nur als Wahrnehmung einer rechtlichen Verpflichtung und damit als kostenträchtiges und die Unternehmensorganisation belastendes „notwendiges Übel" gesehen wird, sondern ihr ein betriebswirtschaftlicher Nutzen zuerkannt werden kann. Dieser liegt zunächst darin, dass durch ein funktionierendes Compliance-Management-System Regelverstöße und daraus folgende materielle und immaterielle Schäden vermieden werden können und dadurch das Unternehmen präventiv geschützt wird[36]. Dieser Aspekt ist allerdings eher abstrakt. Konkreter wird der betriebswirtschaftliche Nutzen eines Compliance-Management-Systems, wenn sich daraus ein Wettbewerbsvorteil ergibt. Wie könnte ein solcher Wettbewerbsvorteil aussehen?

Ansatzpunkt ist hier zunächst die Überlegung, dass ein Unternehmen, das für sich selbst ein Compliance-Management-System eingerichtet hat, im Wirtschaftsverkehr in ständigem Austausch mit Lieferanten und Kunden steht und dabei auch selbst Kunde und Lieferant ist. Wenn in einer Lieferkette Unternehmen beteiligt sind, die über kein Compliance-Management-System verfügen, können sich von diesen Unternehmen ausgehend Risiken innerhalb der gesamten Lieferkette manifestieren. Verspricht z.B. ein Bekleidungshersteller, dass seine Waren unter Beachtung von Arbeitsschutz- und Arbeitssicherheitsvorschriften hergestellt werden und verstößt ein Zulieferer des Herstellers dagegen[37] und ent-

---

[36] Lösler, Das moderne Verständnis von Compliance im Finanzmarktrecht, NZG 2005, 104.
[37] Ein Beispiel ist das schwere Brandunglück, das sich am 11.09.2012 im Betrieb des pakistanischen Bekleidungsherstellers ALI Enterprises ereignete, vgl dazu Heinlein: Zivilrecht-

steht dadurch ein Schaden, so droht dem Bekleidungshersteller zumindest ein erheblicher Imageschaden[38]. Wenn ein Unternehmen selbst über ein Compliance-Management-System verfügt und dafür sorgt, dass dies auch für seine Lieferanten gilt, kann das Unternehmen mit dem Argument gegenüber seinen Kunden werben, dass im Hinblick auf die nachgewiesene „Compliance-Kette" über die gesamte Lieferkette hinweg geprüft ist, dass die Lieferunternehmen alle für ihre Geschäftstätigkeit – und damit auch für das von ihnen gelieferte Produkt – alle rechtlichen Anforderungen, die daran zu stellen sind, erfüllt haben. Diese Aussage hat für den Kunden einen Mehrwert insbesondere dann, wenn er selbst ebenfalls hohen Compliance-Anforderungen unterliegt und wenn eine Überprüfung aller Anforderungen für den Kunden mit einem erheblichen Aufwand verbunden wäre.

Hier ergeben sich Parallelen zur Absicherung der Qualität von Produkten oder Dienstleistungen durch Qualitätssicherungsvereinbarungen[39]. Ein Compliance-Management-System umfasst allerdings eine Vielzahl von Risiken, während Qualitätssicherungsvereinbarungen auf die Produkteigenschaften begrenzt sind.

Die zunehmende Regulierungsdichte und Komplexität der rechtlichen Rahmenbedingungen der Tätigkeit von Unternehmen[40] verstärkt den Bedarf nach effizienten Lösungen. Hier kann eine „Compliance-Kette" ein sinnvolles Lösungsmodell sein.

Als Beispiel sei die Compliance-Initiative des Bundesverbands Materialwirtschaft, Einkauf und Logistik e.V. (BME) genannt[41]. Ansatzpunkt ist hier, mittelständische Unternehmen durch einen branchenübergreifenden Code of Conduct in die Lage zu versetzen, einen durch den BME zertifizierbaren Compliance-Mindeststandard einzuführen und umzusetzen.

Einrichtung und Unterhaltung eines Compliance-Management-Systems erfordern entsprechende Ressourcen und verursachen Kosten, was sich auf den Preis von Produkten und Dienstleistungen auswirkt. Dieses Element muss bei den

---

liche Verantwortung transnationaler Unternehmen für sichere und gesunde Arbeitsbedingungen in den Betrieben ihrer Lieferanten, NZA 2018, 276.

[38] Weitere Verpflichtungen auf Schadensersatz wegen Tötung, Körperverletzung und auf Schmerzensgeld sind möglich, vgl. die anhängige Klage vor dem LG Dortmund, zitiert bei Heinlein, a.a.O.

[39] Vgl. nur Ensthaler, Haftungsrechtliche Bedeutung von Qualitätssicherungsvereinbarungen, NJW 1994, 817.

[40] Gößwein, Konflikte aus Compliance-Vereinbarungen – Weshalb mittels Eskalationsklauseln vereinbarte ADR das Mittel der Wahl ist, diese beizulegen, SchiedsVZ 2018, 331.

[41] Loepke, Compliance im Einkauf und in der Lieferkette, Sicher agieren in globalen Supply Chains, Compliance-Initiative des Bundesverbands Materialwirtschaft, Einkauf und Logistik e.V., https://www.bme.de/fileadmin/user_upload/_imported/fileadmin/pdf/Compliance/BME-Compliance_Initiative_24092018_final.pdf.

Preisverhandlungen mit dem aufgezeigten Effizienzvorteil einer geschlossenen „Compliance-Kette" argumentiert werden. Schließlich ist in Zusammenhang mit dem betriebswirtschaftlichen Nutzen von Compliance, die zunehmende Zahl von Unternehmen zu erwähnen, die Compliance-Management-Systeme eingeführt haben. In einer Studie von Price Waterhouse[42] wird gezeigt, dass von den befragten 720 Unternehmen im Jahr 2015 ein Anteil von 76 % ein Compliance-Management-System installiert hatte und weitere 13 % die Einführung beabsichtigten. Ferner wird darauf hingewiesen, dass von Großunternehmen ein erheblicher Druck auf mittelständische Zulieferer ausgeübt wird, ein Compliance-Management-System einzurichten[43]. Daraus lässt sich ableiten, dass ein Verzicht darauf in zunehmendem Maße Wettbewerbsnachteile mit sich bringen dürfte, insbesondere im Verhältnis zu Großunternehmen.

4. Fazit

Compliance und ihre Umsetzung im Unternehmen ist in hohem Maße ein Führungsthema. Gefragt ist ein glaubwürdiges Commitment von Unternehmensleitung und Führungskräften. Wenn der Tone from the Top durch die Führungskräfte aufgegriffen und an die Mitarbeiter weitergegeben wird, entsteht ein Klima, in dem eine „Speak-up Kultur" möglich wird.

Führung bedeutet auch Organisationsverantwortung. Ein auf das Unternehmen, sein Umfeld, seine Größe und seine spezifischen Risiken passendes Compliance-Management-System muss nicht nur einmalig implementiert, sondern dauerhaft weiterentwickelt werden. Um Compliance nachhaltig bei den Mitarbeitern zu verankern, sind neben der Vermittlung von Kenntnissen über die relevanten Regelungen in Schulungen Workshops oder Teambesprechungen zu empfehlen, in denen aktuelle Themen und Fälle diskutiert werden.

Ein Compliance-Management-System ist über den Schutz der Integrität des Unternehmens hinaus für die Wettbewerbsfähigkeit eines Unternehmens relevant. Zum einen verbreitet sich die Forderung nach einem Compliance-Management-System in der Wirtschaft immer mehr, so dass ein Wettbewerbsnachteil droht, wenn ein Unternehmen sich dem verweigert. Positiv betrachtet kann eine Compliance-Kette der Lieferanten als echter Mehrwert für den Kunden argumentiert werden.

---

[42] Bussmann, Nestler, Salvenmoser, Wirtschaftskriminalität in der analogen und der digitalen Wirtschaft, Studie herausgegeben von der PricewaterhouseCoopers AG Wirtschaftsprüfungsgesellschaft und der Martin-Luther-Universität Halle-Wittenberg, https://www.pwc.de/de/risk/studie-wirtschaftskriminalitaet-2016.pdf, s. dort S. 54 ff.

[43] dies. a. a. O. S. 57 ff.

Compliance und Verstöße im Arbeitsverhältnis

Volker Vogt

Literatur

Kommentare: *Erfurter Kommentar zum Arbeitsrecht, Müller-Glöge/Preis/Schmidt* (Hrsg.), 19. Auflage 2019 (zitiert: ErK/*Bearbeiter*); *Münchener Anwaltshandbuch Arbeitsrecht, Moll* (Hrsg.), 4. Auflage 2017 (zitiert: MAH ArbR/*Bearbeiter*); *Kündigungsrecht, Großkommentar zum gesamten Recht der Beendigung von Arbeitsverhältnissen, Ascheid/Preis/Schmidt* (Hrsg.), 4. Auflage 2017 (zitiert: APS/*Bearbeiter*); *Münchener Kommentar zum Bürgerlichen Gesetzbuch, Säcker/Rixecker/Oetker/Limperg,* 7. Auflage 2016 (zitiert: MüKoBGB/*Bearbeiter*); *Arbeitsrecht, Kommentar, Henssler/Willemsen/Kalb* (Hrsg.), 6. Auflage 2014, (zitiert: HWK/ Bearbeiter); *Gesamtes Arbeitsrecht, Boecken/Düwell/Diller/Hanau* (Hrsg.), 1. Auflage 2016, (zitiert: BDDH/*Bearbeiter*)

Bücher: Compliance und Arbeitsrecht, Anja Mengel, 1. Aufl. 2009, (zitiert: Mengel/Compliance und Arbeitsrecht); *Personalhandbuch, Küttner* (Hrsg.) 18. Auflage 2011, (zitiert: Küttner/*Bearbeiter*); *Compliance Praxisleitfaden für Unternehmen, Klaus Moosmayer*, 3. Auflage 2015 (zitiert: *Moosmayer/Kapitelüberschrift*)

Aufsätze: *Schuster/Darsow* in Einführung von Ethikrichtlinien durch Direktionsrecht, NZA 2005, 273; *Mengel/Hagemeister*, BB 2007, 1386; *Schreiber* in Implementierung von Compliance-Richtlinien, NZA-RR 2010, 617; *Kempter/Steinat* in Compliance – arbeitsrechtliche Gestaltungsinstrumente und Auswirkungen in der Praxis, NZA 2017, 1505; *Wisskirchen/Schumacher/Bissels* in „Vorweggenommene Abmahnung" – statt des Mantras der unentbehrlichen Abmahnung, BB 2012, 1473; *Eufinger* in Rechtliche Aspekte Compliance-indizierter Sanktionsmaßnahmen im Arbeitsverhältnis, RdA 2017, 223; *Benecke/Groß*, in Druck von Dritten nach Compliance-Verstößen, BB 2015, 693; *Bergwitz/Vollstädt*, DB 2015, 2635; *Bissels/Lützeler/Wisskirchen,* BB 2010, 2433, 2434; *Bauer/Günther* in Kündigung wegen beleidigender Äußerungen auf Facebook, NZA 2013, 67; *Schulz* in Verflixte Verdachtskündigung!, ArbR-Aktuell 2016, 365.

Dieses Kapitel behandelt die arbeitsrechtlichen Maßnahmen, die einem Arbeitgeber bei Verstößen gegen Compliance-Regelungen zur Verfügung stehen. Compliance-Regelungen entfalten dabei nicht nur im Innenverhältnis von Arbeitgeber und Arbeitnehmer Wirkung. Sie können auch im Außenverhältnis arbeitsrechtlich relevante Verhaltensregeln darstellen. Auch ein Verstoß hiergegen kann den Arbeitgeber zu einem Handeln berechtigen oder sogar zwingen.

Doch nicht nur Arbeitnehmer haben sich an das implementierte Compliance-System ihrer Arbeitgeber zu halten. Die Einhaltung muss vielmehr im Rahmen des Vorbildcharakters gerade auch vom Führungspersonal eingehalten werden. Verstößt ein Mitglied des Führungspersonals gegen die aufgestellten Compliance-Regelungen, so vermindert sich gleichsam u. a. ihre Warnfunktion.

1. Tabellarische Übersicht der relevanten Regeln

Es gibt eine Vielzahl arbeitsrechtlicher Vorschriften, denen im Rahmen der Compliance vereinzelte Bedeutung zukommen kann. Diese vollständig zu erfassen, würde den Rahmen dieses Kapitels sprengen. Die hervorzuhebenden arbeitsrechtlichen Bereiche, bei denen Compliance eine besondere Rolle spielt, sind nachfolgend wiedergegeben:

Arbeitsrechtliche Vorschrift	Gültig seit	Regelungsbereich Kurzerläuterung	Relevant für
Allgemeines Gleichbehandlungsgesetz (AGG)	14.08.2006	Verhinderung oder Beseitigung arbeitsrechtlicher Benachteiligungen aus Gründen der Rasse oder wegen der ethnischen Herkunft, des Geschlechts, der Religion oder Weltanschauung, einer Behinderung, des Alters oder der sexuellen Identität	Alle Arbeitgeber
Arbeitsschutzgesetz (ArbSchG)	07.08.1996	Gestaltung des Arbeitsschutzes im Betrieb zur Verhütung von Unfällen bei der Arbeit und arbeitsbedingten Gesundheitsgefahren; Gefährdungsbeurteilung und Dokumentation	Alle Arbeitgeber
Arbeitszeitgesetz (ArbZG)	06.06.1994	Gewährleistung der Sicherheit und des Gesundheitsschutzes der Arbeitnehmer bei der Arbeitszeitgestaltung; Schutz des Sonntags und der Feiertage als Tage der Arbeitsruhe	Alle Arbeitgeber
Arbeitssicherheitsgesetz (ASiG)	12.12.1973	Bestellung von Betriebsärzten und Fachkräften für Arbeitssicherheit zur Unterstützung bei der Unfallverhütung	Alle Arbeitgeber
Arbeitnehmerüberlassungsgesetz (AÜG)	03.02.1995	Rechtliche Vorgaben zur gewerbsmäßigen Überlassung von Arbeitnehmern; Bekämpfung illegaler Fälle der Arbeitnehmerüberlassung	Alle Arbeitgeber
Betriebsverfassungsgesetz (BetrVG)	23.12.1988	Ausgleich zwischen der unternehmerischen Entscheidungsfreiheit und dem Recht auf Selbstbestimmung der in einer fremdbestimmten Arbeitsorganisation tätigen Arbeitnehmer; Begründung von Beteiligungsrechten des Betriebsrats	Alle Arbeitgeber, die einen Betriebsrat haben (gewisse Regelungen gelten jedoch auch unabhängig vom Bestehen eines Betriebsrates)

Arbeitsrechtliche Vorschrift	Gültig seit	Regelungsbereich Kurzerläuterung	Relevant für
EU-Datenschutzgrundverordnung und Bundesdatenschutzgesetz (neu) (DSGVO und BDSG)	25.05.2018	Schutz natürlicher Personen bei der Verarbeitung personenbezogener Daten und zum freien Verkehr solcher Daten	Alle Arbeitgeber
Mindestlohngesetz (MiLoG)	11.08.2014	Gesetz zur Regelung eines allgemeinen Mindestlohns	Alle Arbeitgeber
Nachweisgesetz (NachwG)	20.07.1995	Schriftliche Niederlegung der wesentlichen Arbeitsbedingungen	Alle Arbeitgeber
Viertes Sozialgesetzbuch (SGB IV)	23.01.2006	Gewährleistung, dass abhängig Beschäftigte der Sozialversicherungspflicht unterliegen	Alle Arbeitgeber
Teilzeit- und Befristungsgesetz (TzBfG)	21.12.2000	Förderung der Teilzeitarbeit und Verhinderung der Diskriminierung teilzeitbeschäftigter und befristet beschäftigter Arbeitnehmer	Alle Arbeitgeber

2. Inhalt von Compliance-Regelungen

Compliance-Regelungen, die üblicherweise in Verhaltenskodizes niedergelegt sind, enthalten häufig sehr unterschiedliche Verhaltensregelungen, deren rechtliche Beurteilung mitunter stark differiert. Der wichtigste Inhalt von Compliance-Regelungen ist die Aufstellung gesetzlicher Ge- und Verbote, die von den jeweils betroffenen Mitarbeiterkreisen zwingend zu beachten sind. Eine sprachlich verständliche Aufbereitung gesetzlicher Regelungen ist sinnvoll, um bspw. den Mitarbeitern zu verdeutlichen, wann die Annahme von Geschenken eine nach § 299 StGB strafrechtlich relevante Bestechlichkeit im Rechtsverkehr darstellt. Gleiches gilt etwa im Hinblick auf § 3 AGG, der durch die Darstellung bestimmter Verhaltensweisen gegenüber den Mitarbeitern „mit Leben erfüllt" werden kann. Eine Mitbestimmung des Betriebsrats scheidet aus, wenn Compliance-Regelungen nur auf gesetzlich bestehende Pflichten verweisen.

Häufig beinhalten Compliance-Regelungen auch dienstliche Weisungen gemäß § 106 GewO i.V.m. § 315 BGB bzw. § 611a BGB. Hierzu gehören z.B. Vorschriften, die das Verhalten der Arbeitnehmer bei Interessenkonflikten betreffen. Ferner sind Regelungen denkbar, mit denen die vertraglichen Nebenpflichten der Arbeitnehmer aus §§ 241 Abs. 2, 242 BGB konkretisiert werden. Zu denken ist hier etwa an Geheimhaltungspflichten. Sofern derartige Konkretisierungen lediglich das Arbeitsverhalten betreffen (leistungsbezogene Nebenpflichten), liegen keine Mitbestimmungsrechte des Betriebsrats vor. Anders ist dies, wenn das Ordnungsverhalten der Arbeitnehmer im Betrieb betroffen ist (Nebenpflichten mit Sozialbezug). In diesem Fall ist § 87 Abs. 1 Nr. 1 BetrVG einschlägig.

Die Implementierung von Compliance-Richtlinien hat neben der schriftlichen Fixierung von Verhaltensregeln noch eine weitere Funktion. Mittels einer Compliance-Richtlinie wird der Arbeitnehmer durch den Arbeitgeber zu einem gesetzeskonformen Verhalten aufgefordert. Sollte der Arbeitnehmer dennoch eine (schuldhafte) Pflichtverletzung i. S. d. § 1 Abs. 2 S. 1 KSchG begehen, so kann zumindest der Argumentation, der Arbeitnehmer hätte die genaue Rechtslage nicht gekannt und dadurch nicht gewusst, dass sein Verhalten pflichtwidrig sei, vorgebeugt werden.

Zuletzt sei noch auf Internal-Investigations-Regelungen hingewiesen. Im Gegensatz zu Compliance-Regelungen befassen sich Internal Investigations-Regelungen mit den Befugnisnormen und Ermittlungsmethoden der Ermittler compliance-relevanter Sachverhalte. Solche Regelungen können eine Vielzahl von Mitbestimmungsrechten des Betriebsrats auslösen. Umso erstaunlicher ist es, dass die den Ermittlern zugestandenen Befugnisnormen (bspw. betriebliche „Ermittlungshandbücher") seitens der Unternehmen häufig eher als vertrauliche und interne Regelungen behandelt werden, ohne den Betriebsrat oder die Belegschaft hierüber zu informieren. Dies führt regelmäßig spätestens bei erstmaliger Durchführung einer Internal Investigation zu Konflikten mit dem Betriebsrat.

3. Sanktionsmöglichkeiten und Maßnahmen bei Compliance-Verstoß

Der Nutzen von Compliance-Systemen kann nur dann volle Wirkung entfalten, wenn diese regelmäßig nicht nur einer inhaltlichen Überprüfung unterzogen werden, sondern gleichsam die Einhaltung der Regeln kontrolliert werden und etwaige Verstöße nicht folgenlos bleiben. Kontrolliert der Arbeitgeber die Einhaltung der Compliance-Regelungen und stellt er dabei ein Fehlverhalten eines Arbeitnehmers fest, so stehen ihm verschiedene arbeitsrechtliche Maßnahmen zur Verfügung. Hierzu zählen die Ermahnung, Abmahnung, der Verlust von freiwilligen oder variablen Entgeltbestandteilen, die Versetzung auf eine andere Funktion oder bei schweren Verstößen die ordentliche verhaltensbedingte Kündigung sowie in besonders schweren Fällen, die außerordentliche Kündigung.[1]

Zumeist ist in Compliance-Richtlinien bereits die Warnung, dass Pflichtverletzungen arbeitsrechtliche Konsequenzen auslösen, implementiert. Solange nicht auch Bagatellverstöße zwingend mit arbeitsrechtlichen Konsequenzen geahndet

---

[1] *Moosmayer*, Compliance, E. Maßnahmen zur Kontrolle sowie zur Aufklärung und Ahndung von Compliance Verstößen, Rn. 339.

werden, ist die Androhung von Konsequenzen bei Verstößen zulässig. Denn mit einer solchen Regelung weist der Arbeitgeber lediglich auf seine gesetzlichen Rechte zur Abmahnung und Kündigung hin.[2]

> **Praxistipp**
>
> Damit Compliance-Richtlinien auch weiterhin ein effektiver Bestandteil im Unternehmen bleiben, ist eine regelmäßige Überprüfung und Einhaltung der Regelungen geboten. Zudem ist das Führungspersonal dringend mit Blick auf ihre Vorbildfunktion gehalten, die Regelungen einzuhalten. Verstöße durch Mitarbeiter auf Führungsebene müssen genauso konsequent für ihr Fehlverhalten herangezogen werden.

4. Überwachung der Einhaltung von Compliance-Richtlinien

Die Implementierung von Compliance-Richtlinien alleine genügt jedoch nicht. Um eine effektive Verhaltenskultur umzusetzen, muss die Einhaltung der Regeln durch den Arbeitgeber überprüft werden. Die Umsetzung arbeitsrechtlicher Compliance-Regelungen geschieht durch die bekannten Instrumentarien des Direktionsrechts, der arbeitsvertraglichen Vereinbarung oder der Betriebsvereinbarung.[3]

Für größere Unternehmen bietet sich die Schaffung einer eigenen Compliance-Abteilung an. Diese trägt für die Einhaltung der Regelungen und deren erforderliche Kontrolle Sorge.[4]

Gibt es einen Betriebsrat, empfiehlt sich fast immer eine Betriebsvereinbarung für die zu regelnden Gegenstände. Denn ein erheblicher Teil der Ermittlungsmaßnahmen (bspw. Mitarbeiterbefragungen, der Einsatz von Fragebögen, die Verwendung technischer Einrichtungen, Inaugenscheinnahmen privater Gegenstände) und Compliance-Regelungen unterliegt der Mitbestimmung des Betriebsrats. Eine Regelung über Betriebsvereinbarungen birgt auch die Vorteile der Erfassung aller Arbeitnehmer und der größeren Akzeptanz unter den Mitarbeitern. Zudem sind spätere, auch nachteilige Änderungen durch ablösende Betriebsvereinbarungen verhältnismäßig leicht möglich. Denkbar ist auch, die mitbestimmungspflichtigen und -freien Regelungsgegenstände von Compliance- und Ermittlungsmaßnahmen aufzuteilen und nur den mitbestimmungspflichtigen Teil per Betriebsvereinbarung zu regeln, während die verbleibenden Themen

---

[2] *Schuster/Darsow*, NZA 2005, 273, 277.
[3] *Mengel/Hagemeister*, BB 2007, 1386 und 1387 ff.; *Schreiber*, NZA-RR 2010, 617.
[4] *Kempter/Steinat*, NZA 2017, 1505, 1506.

per Weisung oder vertraglicher Vereinbarung erfasst werden. Dies mag in der Praxis freilich etwas mühsam sein, hat jedoch den Vorteil, dass durch die Nichteinbeziehung in die Betriebsvereinbarung die mitbestimmungsfreien Teile auch künftig einer einseitigen Regelung per Direktionsrecht zugänglich sind.

Für betriebsratslose Unternehmen empfiehlt sich hingegen die Umsetzung der Maßnahmen per Direktionsrecht. Nur auf diesem Wege können Compliance- und Investigations-Regelungen jederzeit an sich wandelnde Vorgaben angepasst werden. Das Weisungsrecht ist jedoch auf die Konkretisierung bestehender Pflichten begrenzt. Folglich sollten Unternehmen immer dann auf vertragliche Regelungen mit Arbeitnehmern zurückgreifen, wenn das Direktionsrecht nicht mehr ausreicht. Mangels Abschlusspflicht der Mitarbeiter kann dies jedoch dazu führen, dass innerhalb der bestehenden Belegschaft kein einheitlicher Standard erzielt werden kann. Eine „zwangsweise" arbeitsvertragliche Einführung aufgrund Änderungskündigung gem. § 2 KSchG kommt hingegen nur in seltenen Ausnahmefällen in Betracht. Will der Arbeitgeber die Aufnahme entsprechender Regelungen in den Arbeitsvertrag vermeiden, muss er sich daher auf die dem Weisungsrecht unterliegenden Vorschriften beschränken, was eine genaue vorherige Prüfung der jeweiligen Regelungen anhand der Grenzen des Direktionsrechts erfordert.

5. Konkrete arbeitsrechtliche Maßnahmen bei Compliance-Verstößen

Die arbeitsrechtlich bedeutsamsten Sanktionsmaßnahmen für den Arbeitgeber sind die Abmahnung und die ordentliche bzw. außerordentliche verhaltensbedingte Kündigung. Nicht zu verkennen ist jedoch, dass auch bei einem etwaigen Fehlverhalten gegen Compliance-Regelungen eine personenbedingte Kündigung in Betracht zu ziehen ist.

Die gewählte arbeitsrechtliche Maßnahme muss sich am Ultima-ratio-Prinzip messen lassen. Daher ist zunächst auf die Abmahnung, als verhältnismäßig mildestes Mittel hinzuweisen. Bei schwerwiegenderen oder auch wiederholten Pflichtverletzungen stehen dem Arbeitgeber sowohl die ordentliche als auch die außerordentliche verhaltensbedingte Kündigung zur Verfügung. Auch an die ordentliche bzw. außerordentliche personenbedingte Kündigung ist bei compliance-relevantem Fehlverhalten zu denken.

Bevor arbeitsrechtliche Maßnahmen ergriffen werden, muss der Arbeitgeber eine Sachverhaltsaufklärung sowie eine Interessenabwägung durchführen. Sofern ein Betriebsrat im Unternehmen vorhanden ist, so ist auch dieser zu beteiligen.[5]

---

[5] Vgl. § 102 BetrVG.

5.1 Abmahnung

Je nach Schwere des Compliance-Verstoßes des Arbeitnehmers, kann bzw. muss der Arbeitgeber zunächst mit einer arbeitsrechtlichen Abmahnung reagieren. Die Abmahnung muss dabei die durch die Rechtsprechung des BAG definierten drei Funktionen erfüllen: die Dokumentations-, die Rüge- und die Warnfunktion.[6] Die verhaltensbedingte Abmahnung stellt eine zukunftsorientierte Prognose dar.[7] Der Arbeitgeber muss im Folgenden einen gewissen Zeitraum abwarten, währenddessen der Arbeitnehmer seine Bereitschaft zur Einhaltung der vertraglichen Pflichten zum Ausdruck bringen kann. Verletzt der Arbeitnehmer jedoch trotz Abmahnung erneut seine vertraglichen Pflichten, so kann der Arbeitgeber das Arbeitsverhältnis beenden.[8]

Praxistipp

Zu beachten ist, dass eine Vielzahl von Abmahnungen die Warnfunktion herabsetzt. Der Arbeitgeber bringt damit die Toleranz des Fehlverhaltens zum Ausdruck. Ein Arbeitgeber sollte bedenken, dass wenn er sich einmal für eine arbeitsrechtliche Maßnahme aufgrund einer Pflichtverletzung durch den Arbeitnehmer entschieden hat, er sich nicht nachträglich noch umentscheiden kann. Hat der Arbeitgeber also das Verhalten des Arbeitnehmers abgemahnt, so kann dieses Fehlverhalten keine Kündigung mehr begründen, da diese nun „verbraucht" ist.

Exkurs: Die vorweggenommene Abmahnung

In diesem Zusammenhang sei auf die Funktion der Compliance-Richtlinien als vorweggenommene Abmahnung hinzuweisen. Eine vorweggenommene Abmahnung kann indes nur dann die gleichen arbeitsrechtlichen Konsequenzen auslösen, wenn sie die gleichen Funktionen wie die nachträgliche Abmahnung erfüllt.[9]

Die Wirkung der Rügefunktion einer Compliance-Richtlinie als vorweggenommene Abmahnung wird von Literatur und Rechtsprechung unterschiedlich beantwortet.

Einige Stimmen der Literatur weisen darauf hin, dass eine Compliance-Richtlinie oder ähnliche allgemeine Weisungen gerade nicht eindeutig genug sind.[10]

---

[6] BAG Urt. v. 18.11.1986 – 7 AZR 674/84, NZA 1987, 418.
[7] MAH ArbR/*Moll*, § 43, Rn. 308.
[8] ErfK/*Niemann*, BGB § 626, Rn. 29a.
[9] *Wisskirchen/Schumacher/Bissels*, BB 2012, 1473, 1474.
[10] Küttner/*Eisemann*, Personalbuch 2011, Abmahnung, Rn. 19.

Die Rechtsprechung und einige andere Stimmen der Literatur sehen hingegen die Rügefunktion als gewahrt. Dies gilt allerdings nur, solange die konkret zu befürchtende Pflichtverletzung zu erkennen sei und der Arbeitnehmer sich entsprechend verhalten könne.[11] Die notwendige Konkretisierung des eingeforderten Verhaltens muss derart erfolgen, dass der Arbeitnehmer nicht mehr mit der Erteilung einer Abmahnung rechnen durfte.[12] Darüber hinaus müssen gleichzeitig entsprechende arbeitsrechtliche Konsequenzen mit angedroht werden.

5.2 Ordentliche verhaltensbedingte Kündigung

Dem Arbeitgeber steht als weitere arbeitsrechtliche Maßnahme die ordentliche verhaltensbedingte Kündigung zur Verfügung. Der Grund für eine verhaltensbedingte Kündigung muss sich in dem steuerbaren Verhalten des Arbeitnehmers wiederspiegeln. Ein Verhalten ist dann steuerbar, wenn es vom Willen des Arbeitnehmers beeinflusst werden kann.[13] Als Kontrollfrage kann sich der Arbeitgeber die Frage stellen, ob der Arbeitnehmer sich auch hätte anders entscheiden können und er sich dennoch willentlich dagegen entschieden hätte.

Ein Arbeitnehmer hat wiederholt gegen Compliance-Richtlinien verstoßen und kommt der Aufforderung des Arbeitgebers – im Wege der Abmahnung – sich vertragskonform zu verhalten nicht nach. In diesen Fällen bringt der Arbeitnehmer zum Ausdruck, sich künftig weiterhin nicht an die Compliance-Richtlinien halten zu werden. Als nächstes Mittel im Rahmen dieser „Eskalation" steht dem Arbeitgeber folglich die verhaltensbedingte Kündigung zur Verfügung.

Im Einzelfall kann eine Abmahnung als vorgeschaltetes milderes Mittel entbehrlich sein, beispielsweise dann, wenn der Arbeitnehmer zum Ausdruck bringt, sein Verhalten auch künftig nicht wieder den vertraglichen Absprachen anzupassen.[14]

Im Hinblick auf Compliance-Richtlinien ist es dem Arbeitgeber daneben möglich, ein bestimmtes Verhalten des Arbeitnehmers einzufordern bzw. konkrete Verhaltensweisen zu unterbinden. Durch die wirksame Einbeziehung von Compliance-Richtlinien in den Arbeitsvertrag kann sich der Schwerpunkt einer erforderlichen Interessenabwägung verschieben. Hat der Arbeitgeber durch Compliance-Richtlinien zum Ausdruck gebracht, dass ein gewisses Verhalten gegen

---

[11] LAG Köln, 06.08.1999 – 11 Sa 1085/98; LAG Hamm, 16.12.1982 – 10 Sa 965/82; *Mengel*, Compliance und Arbeitsrecht, Kap. 5, Rn. 9 f.; *Wisskirchen/Schumacher/Bissels*, BB 2012, 1473, 1475.
[12] BAG Urt. v. 05.04.2011 – 2 AZR 580/99; *Eufinger*, RdA 2017, 223, 227.
[13] BAG Urt. v. 03.11.2011 – 2 AZR 748/10.
[14] ErfK/*Niemann*, BGB § 626, Rn. 29c.

das Unternehmens-Credo verstoße, so ist ein Verstoß hiergegen schwerwiegender als er es ohne die Compliance-Richtlinie gewesen wäre. Die ordentliche verhaltensbedingte Kündigung ist am Maßstab des § 1 Abs. 2 KSchG zu messen. Nur wenn die Voraussetzungen der Vorschrift nicht vorliegen, ist eine Kündigung sozial gerechtfertigt.

5.2.1 Vertragswidriges Verhalten

Die ordentliche verhaltensbedingte Kündigung setzt zunächst ein schuldhaftes vertragswidriges Fehlverhalten voraus. Diese Verletzung kann entweder die Hauptpflichten oder die Nebenpflichten aus dem Arbeitsverhältnis betreffen.

Nachfolgend werden beispielhaft Verstöße gegen Haupt- bzw. Nebenpflichten aufgeführt:

Hauptpflichten

– Schlecht- bzw. Minderleistung;
– Arbeitsverweigerung;
– Verspätungen;
– Vorzeitiges Verlassen der Arbeitsstätte.

Nebenpflichten

– Beleidigungen und sonstige Störungen des Betriebsfriedens;
– Rücksichtnahmepflichten;
– Pflichten bei Arbeitsunfähigkeit;
– Annahme und Forderung von Schmiergeldern;
– Nach Beendigung: Verstoß gegen Wettbewerbsverbote.

Bei beiden Alternativen ist für die Bewertung der Pflichtverletzung ein objektiver Maßstab anzuwenden. Weiterhin ist es erforderlich, dass es durch die Pflichtverletzung zu einer konkreten Störung des Arbeitsverhältnisses gekommen ist. Ob die Störung derart gravierend war, dass eine ordentliche verhaltensbedingte Kündigung auszusprechen ist, ist anhand einer umfassenden Interessenabwägung auszumachen.

5.2.1.1 Prognoseprinzip

Die erste Voraussetzung für eine ordentliche verhaltensbedingte Kündigung ist eine negative Prognose. Zweck einer verhaltensbedingten Kündigung ist nicht die Sanktion für eine begangene Pflichtverletzung, sondern soll künftigen

Pflichtverstößen vorbeugen.[15] Aus diesem Grund erfolgt zu Beginn eine Prognosebeurteilung: Das vertragswidrige Verhalten des Arbeitnehmers muss im Rahmen einer vorausschauenden Betrachtung (Prognoseprinzip) beurteilt werden. Ausgangspunkt der Beurteilung ist, ob auch in Zukunft eine gleichartige Pflichtverletzung zu erwarten ist (Wiederholungsgefahr) oder ob sich die Pflichtverletzung auch ohne erneutes Auftreten, belastend auf das Arbeitsverhältnis auswirkt.[16]

In diesem Zusammenhang sei erneut auf die Bedeutung einer ggf. vorangegangenen Abmahnung hinzuweisen: Gelangt der Arbeitgeber zu dem Ergebnis einer als nicht gravierend zu bewertenden Pflichtverletzung, so kann eine vorherige Abmahnung derselben Pflichtverletzung dennoch eine verhaltensbedingte Kündigung rechtfertigen.[17]

5.2.1.2 Anderweitige Beschäftigungsmöglichkeit

Weiter hat der Arbeitgeber auf zweiter Ebene zu überprüfen, ob für den Arbeitnehmer eine anderweitige Beschäftigungsmöglichkeit in Betracht kommt. Der anzuwendende Maßstab ist hierbei die Störungsbeseitigung durch eine Umsetzung bzw. Versetzung des Arbeitnehmers. Die Um- bzw. Versetzung kann entweder im Rahmen des Direktionsrechts nach § 611a S. 2 BGB oder u. U. auch im Wege einer Änderungskündigung zu schlechteren Arbeitsbedingungen erfolgen.[18] Kann der Arbeitnehmer ohne die Gefahr einer erneuten gleichartigen Pflichtverletzung anderweitig eingesetzt werden, so entfällt der Kündigungsgrund.[19]

5.2.1.3 Interessenabwägung

Auf letzter Ebene ist abschließend eine Interessenabwägung durchzuführen. Nach Rechtsprechung des BAG ist eine verhaltensbedingte Kündigung nur dann sozial gerechtfertigt, wenn sie bei vollständiger Würdigung und Abwägung der Interessen beider Vertragsparteien billigenswert und angemessen erscheint.[20] Es ist also das Interesse des Arbeitnehmers am Fortbestand des Arbeitsverhältnisses gegen das Interesse des Arbeitgebers an dessen Beendigung abzuwägen.

---

[15] BAG Urt. v. 26.11.2009 – 2 AZR 751/08, NZA 2010, 823, Rn. 10.
[16] APS/*Vossen*, KSchG § 1, Rn. 272a.
[17] ErfK/*Oetker*, KSchG § 1, Rn. 198.
[18] APS/*Vossen*, KSchG § 1, Rn. 273; vgl. zur Änderungskündigung zu schlechteren Arbeitsbedingungen BAG Urt. v. 20.06.2013, NJW 2014, 244, Rn. 19.
[19] APS/*Vossen*, KSchG § 1, RN. 273.
[20] BAG Urt. v. 24.06.2004 – 2 AZR 63/03, NZA 2005, 158; BAG Urt. v. 10.12.2009 – 2 AZR 400/08, NZA-RR 2010, 383, Rn. 35.

5.3 Personenbedingte Kündigung

Ein Verstoß gegen Compliance-Regelung kann darüber hinaus auch einen Grund zur personenbedingten Kündigung darstellen. Der Arbeitgeber kann sich im Rahmen einer personenbedingten Kündigung von Arbeitnehmern trennen, wenn diese die erforderlichen Fähigkeiten und Eignungen nicht (mehr) aufweisen.[21] Es kommen hierbei insbesondere die folgenden Fallgruppen zum Tragen: Krankheit, rechtliche Hindernisse (Fehlen von Arbeitserlaubnis etc.), mangelnde geistige oder körperliche Geeignetheit.[22]

Eine personenbedingte Kündigung kann nach § 1 Abs. 2 KSchG sozial gerechtfertigt sein, wenn der Arbeitnehmer nicht mehr in der Lage ist, die geschuldete Arbeitsleistung zu erbringen. Die kündigungsrechtfertigenden Gründe liegen hier zwar auch in der Sphäre des Arbeitnehmers. Im Gegensatz zur verhaltensbedingten Kündigung wird eine schuldhafte Handlung nicht vorausgesetzt.[23]

Erfordert die Ausübung der Tätigkeit eine bestimmte gesetzliche Ermächtigung, beispielsweise die Fahrerlaubnis bei einem Kraftfahrer, die dem Arbeitnehmer entzogen wird, so kann dies den Arbeitgeber zu einer personenbedingten Kündigung berechtigen. Gleichsam dem Prüfungsschema der verhaltensbedingten Kündigung ist ebenfalls zu überprüfen, ob der Arbeitnehmer nicht auf einem anderen Arbeitsplatz weiterbeschäftigt werden kann.[24] Besteht keine Weiterbeschäftigungsmöglichkeit für den Arbeitnehmer, so ist der Arbeitgeber berechtigt, eine personenbedingte Kündigung auszusprechen.

Nicht nur Compliance-Verstöße auf Seiten des Arbeitnehmers vermögen eine personenbedingte Kündigung zu rechtfertigen. Droht auf Seiten des Arbeitgebers ein Verstoß gegen Compliance-Vorschriften bei Beschäftigung eines Arbeitnehmers, so kann die Kündigung ebenfalls sozial gerechtfertigt sein. Als Beispiel ist die Nichtgewährung von gesetzlich vorgeschriebenen Ruhetagen anzuführen.[25] Geht der Arbeitnehmer nicht nur einer Beschäftigung, sondern mehreren Beschäftigungen nach, kann es dem Arbeitgeber rechtlich unmöglich sein, die Arbeitskraft des Arbeitnehmers entgegen zu nehmen. Der Arbeitgeber wäre in diesem Fall daran gehindert, dem Arbeitnehmer einen Ersatzruhetag (bei sonntäglicher Arbeit) nach § 11 Abs. 3 ArbZG zu gewähren. Nach der Rechtsprechung des BAG muss das Gebot der Gewährung eines Ersatzruhetages objektiv erfüllt werden. Es darf an dem Ersatzruhetag überhaupt keine Ar-

---

[21] AP KSchG 1969 § 1 Nr. 35.
[22] MüKoBGB/*Hergenröder*, KSchG § 1, Rn. 123.
[23] *Eufinger*, RdA 2017, 223, 227.
[24] BAG Urt. v. 26.11.2009 – 2 AZR 751/08, NZA 2010, 628; *Eufinger*, RdA 2017, 223, 227.
[25] BAG Urt. v. 24.02.2005 – 2 AZR 211/04, NZA 2005, 759, 760.

beit aus irgendeinem Arbeitsverhältnis erbracht werden.[26] Aus diesem Grund bleibt dem Arbeitgeber nur die personenbedingte Kündigung, um nicht selbst gegen gesetzlich zwingende Vorschriften zu verstoßen.

Zu den Fällen, in denen Ermittlungs- oder Aufsichtsbehörden signalisieren, dass sie die Entlassung verdächtiger Mitarbeiter erwarten, oder vergaberechtlich das Erfordernis einer „personellen Selbstreinigung" zu erfüllen ist, siehe im Einzelnen im folgenden Beitrag „Die ‚personelle Selbstreinigung' und ihre Einordnung im Kündigungsschutzrecht – Kann arbeitsrechtlich umgesetzt werden, was vergaberechtlich geboten ist?"

> **Praxistipp**
>
> Eine Abgrenzung zwischen verhaltensbedingter und personenbedingter Kündigung kann mitunter schwierig sein. Der Unterscheidung beider Kündigungsformen kommt gleichwohl eine signifikante Bedeutung zu. Die verhaltensbedingte Kündigung rügt ein durch den Arbeitnehmer steuerbares und willentlich geleitetes Verhalten. Die personenbedingte Kündigung hingegen richtet sich gegen Gründe die in der Person des Arbeitnehmers selbst liegen. Im Rahmen der Interessenabwägung kann bei einer personenbedingten Kündigung nicht von vornherein ein solch strenger Abwägungsmaßstab, wie er bei der verhaltensbedingten Kündigung gefordert wird, angewendet werden.[27]

5.4 Sonderfall: Druckkündigung

Das Verhalten eines Arbeitnehmers kann überdies Anlass dazu bieten, dass von anderen Arbeitnehmern oder Dritten dessen Kündigung verlangt wird (Druckkündigung). Das BAG unterscheidet dabei zwischen der unechten und der echten Druckkündigung.[28] Verlangen Dritte bzw. andere Arbeitnehmer aufgrund des Verhaltens eines Arbeitnehmers dessen Kündigung, so liegt es im Ermessen des Arbeitgebers entweder eine verhaltensbedingte oder eine personenbedingte Kündigung auszusprechen.[29] In diesem Fall wird von einer unechten Druckkündigung gesprochen. Die Kündigung wird faktisch nicht primär aufgrund des Drucks des Dritten ausgesprochen, sondern beruht auf dem Verhalten des Arbeitnehmers.[30] Um eine echte Druckkündigung handelt es sich hingegen, wenn

---

[26] BAG Urt. v. 24.02.2005 – 2 AZR 211/04, NZA 2005.
[27] APS/*Vossen*, KSchG § 1, Rn. 432.
[28] BAG Urt. v. 18.07.2013 – 6 AZR 420/12, NZA 2014, 109, Rn. 38, 39.
[29] BAG Urt. v. 21.07.1986 – 2 AZR 563/85, NJW 1987, 211.
[30] BAG Urt. v. 18.07.2013 – 6 AZR 420/12, NZA 2014, 109, Rn. 38.

objektiv kein Kündigungsgrund aufgrund des Verhaltens oder der Person des Arbeitnehmers vorliegt.

5.4.1 Unechte Druckkündigung

Insbesondere im Bereich der Wirtschaftskriminalität kann sich das Verhalten eines Arbeitnehmers nicht nur im Innenverhältnis zu seinem Arbeitgeber auswirken. Der Betriebs- bzw. Personalrat oder auch die übrigen Mitarbeiter können auf den Arbeitgeber in der Weise Druck ausüben, dass ihm als personelle Maßnahme nur die Kündigung des Arbeitnehmers bleibt.[31] Auch die Außenwirkung zu Behörden, Geschäftspartnern und Kunden kann von dem Fehlverhalten betroffen sein. Hier besteht ebenfalls die Möglichkeit, dass Druck auf den Arbeitgeber hinsichtlich personeller Konsequenzen ausgeübt wird.[32]

Es stellt sich die Frage, wodurch der Arbeitgeber faktisch seiner Entscheidungsfreiheit hinsichtlich der Kündigung des Arbeitnehmers beraubt sein kann. Zunächst kommt als Druck auslösender Faktor im Verhältnis von Arbeitgeber und Behörde das kartellrechtliche Erfordernis zur sog. Selbstreinigung nach § 125 Abs. 1 S. 1 GWB in Betracht. Denn der öffentliche Auftraggeber schließt dann Unternehmen von der Auftragsvergabe aus, wenn bei ihnen ein Ausschlussgrund nach § 123 oder § 124 GWB vorliegt.[33] Sofern der Arbeitgeber also weiterhin bei der öffentlichen Auftragsvergabe berücksichtigt werden möchte, muss er u.a. nach § 125 Abs. 1 S. 1 Nr. 3 GWB geeignete personelle Maßnahmen treffen. Im Erwägungsgrund Nr. 102 zur RL 2014/24/EU führt der Richtliniengeber als Beispiel für Personalmaßnahmen den Abbruch aller Verbindungen zu dem Fehlverhalten beteiligter Arbeitnehmer an. Mit anderen Worten bedeutet dies den Ausspruch einer (außerordentlichen) personenbedingten Kündigung.

Der Arbeitgeber kann auch für die Handhabung strafrechtlicher Verstöße oder Fehlverhalten mit Blick auf die kartellrechtliche Bedeutung, Compliance-Regelungen aufstellen. Die Compliance-Regelung soll auch in diesem Zusammenhang die Folgen eines Verstoßes klar aufzeigen, beheben und weiterem Fehlverhalten vorbeugen.[34]

Ein Verstoß kann beispielsweise gegen speziell implementierte sog. „Third Party Compliance" bzw. „Geschäftspartner-Compliance" vorliegen.[35] Die Geschäftspartner-Compliance soll das Verhalten zwischen den Arbeitnehmern und den Geschäftspartnern des Arbeitgebers regeln.

---

[31] HWK/*Thies*, KSchG § 1, Rn. 126.
[32] *Benecke/Groß*, BB, 693, 693.
[33] Vgl. § 125 Abs. 1 S. 1 GWB.
[34] Erwägungsgrund Nr. 102 der RL 2014/24/EU.
[35] *Eufinger*, RdA 2017, 223, 228.

Ob die unechte Kündigung sozial gerechtfertigt ist, ist anhand des oben erläuterten Prüfungsschemas zu beurteilen. Das Fehlverhalten des Arbeitnehmers muss zunächst geeignet sein, Druck auf den Arbeitgeber auszulösen. Maßgeblich ist insoweit, ob es sich um unberechtigten oder berechtigten Druck gehandelt hat.[36] Fehlt es an einer objektiven Rechtfertigung der Drohung durch personen- oder verhaltensbedingten Gründe, so kommt eine Kündigung aus betriebsbedingten Gründen gem. § 1 Abs. 2 KSchG in Betracht (echte Druckkündigung).[37]

5.4.2 Echte Druckkündigung

Fehlt es an einer objektiven Rechtfertigung der Drohung des Dritten, ist nach der Rechtsprechung des BAG dennoch eine Kündigung als echte Druckkündigung möglich.[38] Diese wird zumeist als betriebsbedingte Kündigung eingeordnet.[39] Die echte Druckkündigung unterliegt strengen Anforderungen. Der Arbeitgeber darf dem Verlangen des Dritten bzw. der anderen Arbeitnehmer erst dann nachgeben, wenn er alles Zumutbare unternommen hat, um die Androhung abzuwenden. Er hat sich im Rahmen seiner arbeitgeberseitigen Fürsorgepflicht zunächst schützend vor seinen Arbeitnehmer zu stellen.[40] Gelingt die Abwendung nicht und hätte die Verwirklichung der Drohung schwere wirtschaftliche Schäden zur Folge, kann der Arbeitgeber auf die echte Druckkündigung zurückgreifen.[41] Der Arbeitnehmer kann sich jedoch nicht auf die echte Druckkündigung berufen, wenn er mit seinem Verhalten Anlass für die drohende Haltung der anderen Arbeitnehmer gegenüber dem zu kündigenden Arbeitnehmer geschaffen hat.[42]

5.5 Außerordentliche Kündigung

Zuletzt besteht je nach Sachverhalt die Möglichkeit, das Arbeitsverhältnis im Rahmen einer außerordentlichen Kündigung zu beenden. Dafür muss ein „an sich geeigneter Grund" i. S. v. § 626 Abs. 1 BGB vorliegen, der das Abwarten

---

[36] *Benecke/Groß*, BB, 693, 693.
[37] BAG Urt. v. 18.07.2013 – 6 AZR 420/12, NZA 2014, 109.
[38] BAG Urt. v. 19.07.2016 – 2 AZR 637/15, NZA 2017, 116, Rn. 28.
[39] So zuletzt BAG Urt. v. 18.07.2013 – 6 AZR 420/12, NZA 2014, 109; *Bergwitz/Vollstädt*, DB 2015, 2635; In der Lit. wird die echte Druckkündigung hingegen als personenbedingte Kündigung behandelt, beispielsweise: ErfK/*Oetker* § 1 KSchG, Rn. 184; APS/*Kiel* § 1 KSchG, Rn. 521.
[40] BAG Urt. v. 4.10.1990 – 2 AZR 201/90, NJW 1992, 2307.
[41] BAG Urt. v. 19.07.2016 – 2 AZR 637/15, NZA 2017, 116, Rn. 28.
[42] BAG Urt. v. 18.07.2013 – 6 AZR 420/12, NZA 2014, 109, Rn. 39.

der Kündigungsfrist im Rahmen einer ordentlichen Kündigung als unzumutbar erscheinen lässt.[43]

Das BAG hat zur Prüfung der Wirksamkeit einer außerordentlichen Kündigung ein zweistufiges Prüfungsschema aufgestellt:[44] Der erste Schritt umfasst die Prüfung, ob der Kündigungsgrund an sich geeignet ist, die außerordentliche Kündigung zu begründen. Dabei ist der Kündigungsgrund losgelöst von den Besonderheiten des Einzelfalles zu betrachten. Der zweite Prüfungsschritt berücksichtigt sodann die konkreten Umstände des Einzelfalles und beinhaltet eine umfassende Interessenabwägung beider Parteien.

Die Einzelfallprüfung verbietet es im Rahmen von § 626 BGB sog. absolute Kündigungsgründe zu formulieren, bei deren Vorkommen per se eine außerordentliche Kündigung gerechtfertigt wäre.[45] Nach der Auffassung des BAG können nicht indes Fallgruppen gebildet werden, die Anhaltspunkte dafür bieten können, welche Kündigungssachverhalte generell geeignet sind, einen wichtigen Grund i. S. d. § 626 BGB zu bilden.[46]

5.5.1 An sich geeigneter Grund

Der Arbeitgeber hat zunächst Nachforschungen bei dem Verdacht, der eine außerordentliche Kündigung nach § 626 BGB rechtfertigen könnte, anzustellen. Er muss den Arbeitnehmer im Rahmen einer außerordentlichen Verdachtskündigung vorab (vgl. hierzu unter 5. d)) zu den Vorwürfen anhören. Die Zwei-Wochenfrist des § 626 Abs. 2 S. 1 BGB beginnt dabei allerdings noch nicht zu laufen.[47] Die Ausschlussfrist beginnt vielmehr erst ab dem Zeitpunkt, ab dem die Ermittlungen zu dem Verdacht abgeschlossen sind, zu laufen.[48]

5.5.2 Interessenabwägung

Zu den genauen Anforderungen, die bei einer Interessenabwägung im Rahmen der außerordentlichen Kündigung zu beachten sind, kann auf die Ausführungen zur ordentlichen Kündigung verwiesen werden. Anstelle der Abwägung, ob das Interesse des Arbeitgebers an der Beendigung des Arbeitsverhältnisses das Weiterbeschäftigungsinteresse des Arbeitnehmers überwiegt, tritt die Abwägung, ob ein Abwarten der Kündigungsfrist für den Arbeitgeber unzumutbar ist, hinzu.

---

[43] ErfK/*Niemann*, BGB § 626, Rn. 60.
[44] BAG Urt. v. 05.04.2001 – 2 AZR 217/00, NJW 2001, 3068.
[45] MüKoBGB/*Henssler*, BGB § 626, Rn. 74.
[46] BAG Urt. v. 15.11.1984 – 2 AZR 613/83, NZA 1985, 661.
[47] BAG Urt. v. 20.03.2014 – 2 AZR 1037/12.
[48] BAG Urt. v. 28.11.2007 – 5 AZR 952/06.

Die Interessenabwägung umfasst dabei insbesondere, die Beharrlichkeit des Fehlverhaltens,[49] die Anzahl der Verstöße[50] sowie das Ausmaß der eingetretenen Vertrauensstörung.[51]

5.5.3 Fallgruppen

Unter der gebotenen Vorsicht lassen sich Fallgruppen bilden, die generell geeignet sind, einen „wichtigen Grund an sich" zu bilden.

Arbeitsverweigerung

Der Arbeitnehmer, der dauernd, schuldhaft und nicht berechtigt die geschuldete Arbeitsleistung verweigert, verletzt in der wohl unmittelbarsten Weise seine arbeitsvertraglichen Pflichten.[52] Eine solche Verletzung kann an sich einen wichtigen Grund i. S. d. § 626 Abs. 1 BGB darstellen. Je nach der Schwere der Pflichtverletzung, kann es unter Umständen geboten sein, zunächst eine Abmahnung auszusprechen. Zeigt der Arbeitnehmer weiterhin, dass er sich nicht vertragstreu verhalten will, kann eine außerordentliche Kündigung geboten sein.

Wiederholte Unpünktlichkeit

Erscheint ein Arbeitnehmer wiederholt unpünktlich an seinem Arbeitsplatz, kann dieses Verhalten einen an sich geeigneten Grund zur außerordentlichen Kündigung darstellen. Doch auch hier muss der Arbeitnehmer die Grenze zur beharrlichen Weigerung vertraglicher Pflichten erreicht haben. Auch muss es durch das Fehlverhalten zu nachteiligen Auswirkungen im betrieblichen Bereich gekommen sein.[53] Hat der Arbeitgeber zur Ausführung der Arbeitsaufgaben auf eine Ersatzperson zurückgreifen müssen, wird die Arbeitsleistung nachträglich teilweise unmöglich. Eine vertragskonforme Erbringung der geschuldeten Arbeitsleistung ist mithin nicht möglich. Damit tritt eine Störung des Arbeitsverhältnisses im Leistungsbereich und eine Beeinträchtigung von Leistung und Gegenleistung ein, mit der Konsequenz des Verlustes des Lohnanspruchs.[54]

---

[49] BAG Urt. v. 21.01.1999 – 2 AZR 665/98, NZA 1999, 863.
[50] BAG Urt. v. 27.01.2011 – 2 AZR 825/09, NZA 2011, 798:
[51] BAG Urt. v. 21.10.2010 – 2 AZR 541/09, NZA 2010, 1227.
[52] ErfK/*Niemann*, BGB § 626, Rn. 69.
[53] BAG Urt. v. 17.03.1988 – 2 AZR 576/87, NZA 1989, 261.
[54] BAG Urt. v. 17.03.1988 – 2 AZR 576/87, NZA 1989, 261; APS/*Vossen*, BGB § 626, Rn. 215.

Arbeitsunfähigkeit

Im Bereich einer arbeitsunfähigen Erkrankung des Arbeitnehmers ist besonders das genesungswidrige Verhalten zu erwähnen. Während einer Arbeitsunfähigkeit besteht für den Arbeitnehmer die Pflicht, jedes genesungswidrige Verhalten zu unterlassen. Die Pflicht hierzu ergibt sich aus § 241 Abs. 2 BGB (Rücksichtnahmepflichten aus dem Arbeitsverhältnis). Ein solches Verhalten kann z.B. in der Ausübung einer anderen Beschäftigung bei einem anderen Arbeitgeber liegen.[55] Mitunter kann dadurch sogar der Verdacht einer vorgetäuschten Arbeitsunfähigkeit aufkommen. Selbst wenn der Arbeitnehmer ein ärztliches Attest vorgelegt hat, ist der Beweiswert erschüttert. In diesem Fall hat der Arbeitnehmer konkret darzulegen, weshalb er krankheitsbedingt gefehlt hat, gleichzeitig jedoch Arbeitsleistungen bei einem anderen Arbeitgeber erbringen konnte.[56]

Nutzung von Social Media während der Arbeitszeit

Ist dem Arbeitnehmer die Privatnutzung des Internets am Arbeitsplatz verboten, kann die Nutzung von Social Media-Netzwerken am Arbeitsplatz für private Zwecke grundsätzlich einen wichtigen Grund zur außerordentlichen Kündigung des Arbeitsverhältnisses darstellen. Dies gilt auch hinsichtlich der Nutzung von Internetangeboten außerhalb des Rechners am Arbeitsplatz. Nutzt der Arbeitnehmer folglich während der Arbeitszeit sein dienstliches Smartphone, um darüber z.B. Facebook-Kommentare zu posten, so kann dies ebenso einen wichtigen Grund für eine außerordentliche Kündigung bieten, wie das Twittern am Büro-Rechner. Wenn ein Unternehmen überhaupt keine Vorgaben zur Nutzung des Internets für private Zwecke trifft, ist nach der derzeit noch herrschenden BAG-Rechtsprechung davon auszugehen, dass die Privatnutzung verboten ist.[57] Das BAG lässt jedoch eine wichtige Ausnahme für eine private Internetnutzung bei Unklarheit über ein Verbot der Privatnutzung zu. In solchen Fällen soll eine kurzfristige private Nutzung des Internets während der Arbeitszeit noch hinnehmbar sein. In diesen Fällen ist im Zweifel nur eine Abmahnung gerechtfertigt.[58]

Vermögensdelikte

Strafbare Handlungen können zwar zur außerordentlichen Kündigung berechtigen, doch nicht jede Straftat ist per se ein „an sich wichtiger Grund". Es kommt vielmehr darauf an, ob durch die Straftat die arbeitsvertragliche Beziehung konkret beeinträchtigt wird. Davon kann ausgegangen werden, sofern durch die Straftat die Zuverlässigkeit des Arbeitnehmers in Abrede steht oder ernsthafte

---

[55] APS/*Vossen*, BGB § 626, Rn. 244.
[56] BAG Urt. v. 26.08.1993 – 2 AZR 154/93, NZA 1994, 63.
[57] BAG Urt. v. 07.07.2005 – 2 AZR 581/04, NZA 2006, 98.
[58] *Bissels/Lützeler/Wisskirchen*, BB 2010, 2433, 2434.

Zweifel an der Eignung zur Ausübung der Tätigkeit entstanden sind.[59] Insbesondere sind Straftaten, die sich gegen das Vermögen des Arbeitgebers richten, zu erwähnen. Hierzu zählen beispielsweise Betrug, Diebstahl, Unterschlagung und Erschleichen von Leistungen. Auf die Bagatellgrenze der §§ 248a, 265a Abs. 3 StGB kommt es hier allerdings nicht an.[60]

Beleidigung

Grobe und erheblich ehrverletzende Beleidigung des Arbeitgebers, der Arbeitskollegen oder von Kunden und Vertragspartnern des Arbeitgebers können an sich geeignet sein eine außerordentliche Kündigung zu rechtfertigen.[61] Es sind zudem die Umstände, in denen die beleidigende Äußerung getätigt wurde, wie z.B. persönliches Gespräch unter Kollegen, zu berücksichtigen.[62] Auch öffentliche Äußerungen auf Social Media Plattformen, können eine grobe Beleidigung darstellen und zu einer außerordentlichen Kündigung führen. Es ist jedoch einzelfallabhängig zu überprüfen, ob eine Äußerung auf Social Media Plattformen noch vom Schutz der vertraulichen Kommunikation umfasst ist oder nicht. Dies wird in der Regel jedoch nicht anzunehmen sein. Der Annahme einer vertraulichen Äußerung steht die hohe Verbreitungsgeschwindigkeit sowie der Kontrollverlust über den veröffentlichten Text auf der (eigenen) Facebook-Seite gegenüber.[63] Diese finden bei der Interessenabwägung Berücksichtigung.

5.5.4 Verdachtskündigung

Ist eine vollständige Sachverhaltsaufklärung nicht möglich, so kann der Arbeitgeber auf die Möglichkeit der Verdachtskündigung zurückgreifen. Die Verdachtskündigung zeichnet sich dadurch aus, dass der Arbeitgeber ein strafbares oder vertragswidriges Verhalten des Arbeitnehmers gerade nicht nachweisen kann, das Vertrauensverhältnis aber dennoch für die Fortsetzung des Arbeitsverhältnisses zerstört ist.[64] Zur Orientierung der erforderlichen Schwere des Fehlverhaltens kann festgehalten werden, dass der Arbeitgeber bei Vorliegen von Nachweisen zur Tatkündigung berechtigt wäre.[65]

---

[59] BAG Urt. v. 10.09.2009 – 2 AZR 257/08, NZA 2010, 220; ErfK/*Niemann*, BGB § 626, Rn. 85.
[60] Das bekannteste Beispiel in diesem Zusammenhang ist wohl die „Emmely"-Entscheidung des BAG Urt. v. 10.06.2010 – 2 AZR 541/09. In diesem Fall hatte eine Kassiererin einen Pfandbon i.H.v. 1,30 € gefunden und eingelöst. Daraufhin wurde ihr wirksam die außerordentliche Kündigung erklärt.
[61] ErfK/*Niemann*, BGB § 626, Rn. 86.
[62] *Bauer/Günther,* NZA 2013, 67, 68.
[63] *Bauer/Günther,* NZA 2013, 67, 73.
[64] BDDH/*Kerwer*, § 1 KSchG, Rn. 665.
[65] BDDH/*Kerwer*, § 1 KSchG, Rn. 670.

Allerdings berechtigt den Arbeitgeber nicht jede strafbare Handlung eines Arbeitnehmers zu einer Verdachtskündigung. Die Straftat muss vielmehr in irgendeiner Form einen Bezug zum Arbeitsverhältnis aufweisen.[66]

Der Arbeitgeber hat dem Arbeitnehmer die Möglichkeit zu bieten, sich zu den Vorwürfen zu äußern. Dies geschieht durch eine Anhörung des Arbeitnehmers und ist Wirksamkeitsvoraussetzung.[67] Die Regelfrist hierfür beträgt eine Woche, die jedoch einzelfallbezogen anzuwenden ist.[68] Zudem sind an diese Anhörung nicht die gleichen Anforderungen, wie bei einer Anhörung nach § 102 Abs. 1 BetrVG zu stellen.[69] Es ist darüber hinaus auch ausreichend, wenn die Anhörung schriftlich durchgeführt wird.[70]

Spricht der Arbeitgeber eine außerordentliche Verdachtskündigung aus, so ist zu prüfen, ob es dem Arbeitgeber nicht zumutbar ist, bis zum Ablauf der Kündigungsfrist den Arbeitnehmer zu beschäftigen.[71]

6. Besonderheiten bei Tendenzbetrieben

Besonders zu beachten sind die kündigungsrechtlichen Besonderheiten bei Tendenzbetrieben. Ein Tendenzbetrieb zeichnet sich nach § 118 BetrVG durch die unmittelbar und überwiegenden politischen, koalitionspolitischen, konfessionellen, karitativen, erzieherischen, wissenschaftlichen oder künstlerischen Bestimmungen oder Zwecken der Berichterstattung oder Meinungsäußerung, auf die Artikel 5 Abs. 1 S. 2 des Grundgesetzes Anwendung findet, aus. Dadurch werden an Arbeitnehmer von Tendenzbetrieben strengere Anforderungen an das innerbetriebliche sowie außerbetriebliche Verhalten gestellt.

Dabei sind insbesondere kündigungsrechtliche Streitigkeiten aus kirchlichen Arbeitsverhältnissen Gegenstand von gerichtlichen Entscheidungen. Das verfassungsrechtlich verankerte kirchliche Selbstbestimmungsrecht gem. Art. 137 Abs. 3 WRV i.V.m. Art. 140 GG gebietet es, arbeitsrechtliche Bestimmungen nur unter Berücksichtigung des kirchlichen Selbstbestimmungsrechts auf kirchliche Arbeitsverhältnisse anzuwenden. Das BVerfG hat in diesem Zusammenhang ein zweistufiges Prüfungsschema erstellt:[72]

Auf erster Stufe ist eine Plausibilitätskontrolle auf der Grundlage des glaubensdefinierten Selbstverständnisses der verfassten Kirche durchzuführen. Zu über-

---
[66] APS/*Vossen*, KSchG § 1, Rn. 345c.
[67] ErfK/*Niemann*, BGB § 626, Rn. 178c.
[68] BAG Urt. v. 20.03.2014 – 2 AZR 1037/12, NZA 2014, 1015, Rn. 14.
[69] ErfK/*Niemann*, BGB § 626, Rn. 178.
[70] BAG Urt. v. 23.05.2013 – 2 AZR 102/12, NZA 2013, 1416, Rn. 29.
[71] *Schulz*, ArbRAktuell 2016, 365, 366.
[72] BVerfG Beschl. v. 22.10.2014 – 2 BvR 661/12, NZA 2014, 1387, Rn. 81.

prüfen ist dabei, ob eine Organisation oder Einrichtung an der Verwirklichung des kirchlichen Grundauftrags teilhat, ob eine bestimmte Loyalitätsobliegenheit Ausdruck eines kirchlichen Glaubenssatzes ist und welches Gewicht dieser Loyalitätsobliegenheit und einem Verstoß hiergegen nach dem kirchlichen Selbstverständnis zukommt.

Auf zweiter Ebene ist sodann eine Gesamtabwägung vorzunehmen, die die Schranken des „für alle geltenden Gesetzes", in der die – im Lichte des Selbstbestimmungsrechts der Kirchen verstandenen – kirchlichen Belange und die korporative Religionsfreiheit mit den Grundrechten der betroffenen Arbeitnehmer und deren in den allgemeinen arbeitsrechtlichen Schutzbestimmungen enthaltenen Interessen auszugleichen sind.[73]

Zuletzt hat sich das BAG – nach Vorlage beim EuGH – mit der Frage einer wirksamen ordentlichen Kündigung aufgrund eines Loyalitätsverstoßes eines Arbeitnehmers befasst.[74] Konkret ging es um die Wiederheirat eines Chefarztes und der Frage, ob hierin ein Verstoß gegen Loyalitätspflichten gesehen werden kann, der zur ordentlichen Kündigung berechtigt. Nach Auffassung des BAG können jedoch nur solche Erwartungen kündigungsrelevant sein, die „wesentliche, rechtmäßige und gerechtfertigte berufliche Anforderungen" darstellen.[75]

7. Fazit

Sobald der Arbeitgeber Compliance-Richtlinien arbeitsrechtlich wirksam implementiert hat, muss er die Einhaltung dieser Regeln sicherstellen. Doch allein die schriftliche Niederlegung der Verhaltensrichtlinien genügt nicht. Unternehmensleitung, Führungskräfte und Mitarbeiter müssen die Compliance-Richtlinien verinnerlichen, im betrieblichen Alltag umsetzen und eine entsprechende Weiterentwicklung fördern. In diesem Zusammenhang ist auf die einheitliche und konsequente Sanktionierung von Compliance-Verstößen hinzuweisen. Wird beispielsweise das Fehlverhalten einer Führungskraft weniger streng sanktioniert als das eines Mitarbeiters, so geht die Glaubwürdigkeit der Compliance-Richtlinien in kürzester Zeit verloren.[76] Die Unternehmensleitung und Führungskräfte haben eine Vorbildfunktion inne, derer sie sich stets bewusst sein müssen.

---

[73] BVerfG Beschl. v. 22.10.2014 – 2 BvR 661/12, NZA 2014, 1387, Rn. 81.
[74] EuGH (Große Kammer) Urt. v. 11.09.2018 – C-68/17 (IR/JQ); BAG Urt. v. 20.02.2019 – 2 AZR 746/14.
[75] BAG Urt. v. 20.02.2019 – 2 AZR 746/14, NZA 2019, 901.
[76] *Moosmayer*, Compliance, E. Maßnahmen zur Kontrolle sowie zur Aufklärung und Ahndung von Compliance Verstößen, Rn. 342.

Es gilt eine Vielzahl von arbeitsrechtlichen Vorschriften zu beachten. Ein Verstoß kann nicht nur finanzielle Einschnitte darstellen, sondern durch strafrechtlich relevantes Verhalten mitunter eine Freiheitsstrafe nach sich ziehen.

Aus diesem Grund ist ein Unternehmen gut beraten, wenn es ein Compliance-System entwickelt. Dieses muss nicht nur einer regelmäßigen Kontrolle unterzogen werden, es muss daneben die Einhaltung der Verhaltensregeln sowohl auf Mitarbeiter- als auch auf Führungsebene sichergestellt werden. Insbesondere bei risikobehafteten Sachverhalten ist ein strukturiertes und gezieltes Vorgehen von besonderer Bedeutung.

Die „personelle Selbstreinigung" und ihre Einordnung im Kündigungsschutzrecht – Kann arbeitsrechtlich umgesetzt werden, was vergaberechtlich geboten ist?

Katrin Haußmann und Christiane Freytag

Literatur

Brüggemann/Vogel, Wettbewerbsregister und Selbstreinigung im Spannungsfeld zwischen Arbeits- und Vergaberecht, NZBau 2018, 263; Eufinger, Rechtliche Aspekte Compliance-indizierter Sanktionsmaßnahmen im Arbeitsverhältnis, RdA 2017, 223; Eufinger, Verletzung der Fürsorgepflicht durch arbeitgeberseitiges Whistleblowing, NZA 2017, 619; Freytag/Steinle, Vergaberechtliche Selbstreinigung nach Kartellverstößen – aktuelle Entwicklungen, eBook Vergaberecht 2020, 49; Fritz, Selbstreinigung bei nicht rechtskräftiger Verurteilung eines früheren Geschäftsführers, NZBau 2018, 735; Haußmann/Merten, Kündigungspflicht und ihre arbeitsrechtliche Umsetzung, NZA 2015, 258, 260; Haußmann/Kaufmann Gesetzliche Beschäftigungsverbote DB 2015, 1223,1224; Henssler, Generalbericht zum Deutschen Arbeitsrechtstag, NZA-Beilage 2018, 31; Horn/Götz, Ausschluss vom Vergabeverfahren aufgrund von Kartellrechtsverstößen und die vergaberechtliche Selbstreinigung, EuZW 2018, 13; Mundt, Wettbewerbsregister und Compliance: Der Ansatz des Bundeskartellamts, Der Betrieb Sonderausgabe Corporate Compliance 2020, 39; Opitz, Wenn Schlieren bleiben: Die Gründlichkeit einer Selbstreinigung, NZBau 2018, 662;

1. Einleitung

Nach Gesetzes- oder Regelverstößen („Compliance-Verstößen") in Unternehmen können zuständige Behörden u. U. Maßnahmen gegen einzelne Arbeitnehmer oder das Unternehmen ergreifen, z. B. die Erlaubnis zur Ausübung bestimmter Tätigkeiten entziehen. Unterhalb dieser Schwelle können behördliche Erwartungen bestehen, dass das Unternehmen selbst tätig wird. Diese unausgesprochen oder mündlich angedeuteten, aber nicht verschriftlichen oder jedenfalls nicht als Verwaltungsakt formalisierten „Erwartungen" an das Unternehmen sind, zu zeigen, dass es ein Umdenken für die Zukunft gibt. Dazu gehört auch, sich personell neu aufzustellen. Diese „Erwartungen an die Selbstreinigung" haben in der Praxis eine erhebliche Bedeutung. Sie prägen die öffentliche Berichterstattung über Reaktionen auf Gesetzesverstöße in Unternehmen. Der Austausch von Personal wird recht unbefangen für den Schlüssel zum Erfolg eines Kulturwandels gehalten. Für das Unternehmen eröffnet sich die Chance, weiterreichenden Sanktionen zu entgehen, wenn sie zeigen, dass sich für die

Zukunft etwas geändert hat. In Vergabeverfahren werden derartige spezialgesetzliche Vorgaben und „formlose behördlichen Erwartungen" zu einer Obliegenheit des Unternehmens, sich „personell selbst zu reinigen", wenn es nicht den Ausschluss aus dem Vergabeverfahren oder eine weitergehende Vergabesperre riskieren möchte. Damit ist die Frage aufgeworfen, ob sich diese Erwartungen im Kündigungsschutzrecht auch verwirklichen lassen:

2. Die „personelle Selbstreinigung"

Öffentliche Aufträge sind an fachkundige, leistungsfähige sowie gesetzestreue und zuverlässige Unternehmen zu vergeben. Die Vergabe beruht wiederum auf einer Prognoseentscheidung[1], die regelmäßig auf dem Verhalten des Unternehmens in der Vergangenheit aufsetzt.

Fragen zur Eignung und Zuverlässigkeit von Mitarbeitern stellen nicht nur spezialgesetzlich zuständige Aufsichtsbehörden von der BaFin bis zur Heimaufsichtsbehörde. Sie können sich für Unternehmen auch außerhalb der klassischen Aufsichtskonstellationen in Vergabeverfahren stellen, wenn sie sich dort mit der vergaberechtlichen Erwartung einer sog. „personellen Selbstreinigung" nach Compliance-Verstößen konfrontiert sehen. Bedeutung gewinnt dieser vergaberechtliche Ansatz dadurch, dass öffentliche Auftraggeber Unternehmen nach kartellrechtlichen Compliance-Vorfällen von öffentlichen Aufträgen ausschließen können (§ 124 Abs. 1 Nr. 3, 4 GWB) und bei rechtskräftiger Verurteilung leitungsverantwortlicher Personen wegen bestimmter Straftaten sogar ausschließen müssen (§ 123 GWB). Einem Ausschluss können die Unternehmen dann nur durch den Nachweis ausreichender Selbstreinigungsmaßnahmen nach § 125 GWB entgehen.[2] Dazu zählt auch der Nachweis einer „personellen Selbstreinigung": Das Unternehmen muss gegenüber dem öffentlichen Auftraggeber nachweisen, dass es „konkrete technische, organisatorische und personelle Maßnahmen ergriffen hat, die geeignet sind, weitere Straftaten oder weiteres Fehlverhalten zu vermeiden" (§ 125 Abs. 1 Nr. 3 GWB). Weitreichende Bedeutung wird in diesem Zusammenhang auch die Einführung des Wettbewerbsregisters, einer bundesweiten elektronischen Datenbank zur Erfassung von Compliance-Verstößen, bis voraussichtlich Ende 2020 haben, bei der öffentliche Auftraggeber vor Auftragserteilung Auskünfte einholen können oder ab bestimmten Auftragswerten sogar müssen. **Wie** der Nachweis einer personellen Selbstreinigung i.S.d. § 125 GWB gegenüber dem Bundeskartellamt, das Registerbehörde ist, zu erbringen sein wird, wird durch eine Rechtsverord-

---

[1] Vgl. Dreher/Hoffmann, NZBau 2014, 67.
[2] Zur aktuellen Rechtsprechung zum Nachweis der Selbstreinigung nach Kartellverstößen vgl. Freytag/Steinle, eBook Vergaberecht 2020, 49 ff.

nung bestimmt, § 10 Abs. 7 WRegG und durch vom Bundeskartellamt zu erlassende Leitlinien präzisiert (vgl. § 8 Abs. 5 WRegG). Deren Erlass steht an[3]. Die Vorgaben des Verordnungsgebers zu Anforderungen an „vorzulegende Gutachten und Unterlagen" haben zu berücksichtigen, dass der „personellen Selbstreinigung" kündigungsschutzrechtliche Grenzen gesetzt sind. Es gilt insbesondere zu verhindern, dass die Erfüllung von „Sanktionskatalogen" erwartet wird und in der Folge aussichtslose Kündigungsschutzprozesse durch zwei Instanzen geführt werden, um für vergaberechtliche Zwecke oder gegenüber Aufsichts- oder Ermittlungsbehörden besonders eindrucksvolle Selbstreinigungsbemühungen zu dokumentieren. Hier bedarf es der grundlegenden Klarstellung, dass die wirksame Kündigung wegen einer Pflichtverletzung in der Vergangenheit weitere Voraussetzungen hat als nur den Nachweis oder Verdacht einer Pflichtverletzung. Der Nachweis sollte daher durch eine Bewertung der Erfolgsaussichten einer evtl. Kündigung zu erbringen sein.

Das Vergaberecht gibt nicht vor, welche arbeitsrechtlichen Reaktionen für seine Zwecke mindestens erforderlich sind. Die vergaberechtliche Literatur verlangte in der Vergangenheit teilweise „Kündigungen ohne Abfindungen".[4] Solche Kündigungen kann es nur geben, wenn das Arbeitsgericht eine personen- oder verhaltensbedingte Kündigung für wirksam erklärt und der Rechtsstreit durch die Instanzen geführt wird. In der Praxis üblich ist es, solche Verfahren gegen Zahlung einer den Prozessrisiken angemessene Abfindung zu vergleichen. Ist in solchen Fällen der Ausspruch einer Kündigung losgelöst von Prozessrisiken vorgegeben, oder nur solcher Beendigungs- oder Änderungskündigungen, die auch einer arbeitsgerichtlichen Überprüfung sicher Stand hielten?

Die vergaberechtliche Rechtsprechung erkennt eine differenzierte Vorgehensweise des Unternehmens im Rahmen der personellen Selbstreinigung an, die auch den Abschluss von Aufhebungsverträgen und die Versetzung von Mitarbeitern als „personelle Selbstreinigung" umfassen kann.[5] So nimmt das OLG Düsseldorf eine Gesamtbetrachtung der im Zusammenhang mit der Aufarbeitung eines Korruptionsskandals ergriffenen personellen Maßnahmen vor und hat es für ausreichend befunden, dass das Unternehmen diejenigen Personen, die in die „Machenschaften" verwickelt waren, unverzüglich von ihren bisherigen Funktionen und Befugnissen im Unternehmen entbunden und ihnen gekündigt hat, während es sich darüber hinaus durch den Abschluss von Aufhebungsverträgen von denjenigen Mitarbeitern getrennt hat, gegen die ein gewisser Verdacht der Mitwisserschaft bestand. Berücksichtigt wurde auch der Umstand, dass weitere leitende Mitarbeiter das Unternehmen aus eigenem Entschluss

---

[3] Vgl. dazu Mundt, Der Betrieb 2020, 39 ff.
[4] Dicks, Vergaberecht und Kartellrecht, in 16. forum Vergabe-Gespräche 2013, S. 95, 104.
[5] OLG Düsseldorf, Beschluss vom 09.04.2003 – Verg 43/02, NZBau 2003, 578, 580.

verlassen haben, sich das Unternehmen vom gesamten Vorstand getrennt hat und Prokura und Handlungsvollmacht nur noch denjenigen Personen erteilt wurde, gegen die keinerlei Verdacht bestand, an den vorgeworfenen gesetzwidrigen Handlungen beteiligt gewesen zu sein oder von ihnen gewusst zu haben.[6] Auch wurde dem Unternehmen zugebilligt, das Vorliegen konkreter Verdachtsmomente – insbesondere das Ergebnis staatsanwaltlicher Ermittlungen – abzuwarten, bevor es personelle Konsequenzen zieht.[7]

Richten sich die Compliance-Vorwürfe gegen den Alleingesellschafter und (Mit-)Geschäftsführer eines Unternehmens, so genügt für die personelle Selbstreinigung nach der Vergaberechtsprechung nicht die Abberufung als Geschäftsführer; erforderlich sind vielmehr Maßnahmen, die sicherstellen, dass die Person keinen Einfluss auf das operative Geschäft mehr hat.[8] Daher wurde von der Vergaberechtsprechung beispielsweise beanstandet, dass eine in einen Korruptionsverdacht involvierte Geschäftsführerin zwar abberufen worden, aber weiterhin in einer untergeordneten Funktion für das Unternehmen tätig war. Auch wurde für nicht ausreichend erachtet, dass ein Beschuldigter zwar seine Stellung als Geschäftsführer aufgegeben bzw. sich als Alleingesellschafter sogar ganz aus dem operativen Geschäft zurückgezogen hatte, wenn zugleich nahe Angehörige oder Vertraute die Geschäftsführung übernahmen oder über Einzelprokura verfügten oder der Beschuldigte weiterhin über Treuhandverträge einen bestimmenden Einfluss auf die Gesellschaft ausüben konnte.[9]

Mit Blick auf die vergaberechtlichen Konsequenzen von Compliance-Verstößen ist damit wichtig, dass das Unternehmen darlegen kann, dass es sich ernsthaft und nachhaltig darum bemüht hat, die Vorgänge aufzuklären und die erforderlichen personellen und organisatorischen Konsequenzen zu ziehen. Bei der Beurteilung der erforderlichen personellen Maßnahmen sind u. E. die arbeitsrechtlichen Grenzen zu berücksichtigen.

3. Qualifizierte Eignungsmerkmale Zuverlässigkeit und Fachkunde

Eine Vielzahl öffentlich-rechtlicher, insbesondere gewerberechtlicher Spezialgesetze formuliert Anforderungen an Arbeitnehmer, die in Unternehmen bestimmter Wirtschaftszweige beschäftigt sind oder besondere Funktionen wahrnehmen. Zweck ist jeweils Gefahrenabwehr bezogen auf die spezifischen spezialgesetzlichen Schutzgüter. Diese Anforderungen können als klare persönliche

---

[6] OLG Düsseldorf, Beschluss vom 09.04.2003 – Verg 43/02, NZBau 2003, 578, 580.
[7] OLG Düsseldorf, Beschluss vom 09.04.2003 – Verg 43/02, NZBau 2003, 578, 581.
[8] OLG Düsseldorf, Beschluss vom 18.04.2018, VII-Verg 28/17, NZBau 2018, 486, 491 Rn. 73 m. w. N.
[9] Übersicht zum Stand der Rechtsprechung bei Opitz, NZBau 2018, 662, 664 m. w. N.

und fachliche Eignungsmerkmale oder als persönliche Ausschlussgründe gestaltet und mit einem Beschäftigungs- oder Tätigkeitsverbot für ungeeignete Mitarbeiter verknüpft sein. Teilweise wird lediglich mit unbestimmten Rechtsbegriffen gesetzlich vorgegeben, dass Mitarbeiter fachlich geeignet und zuverlässig sein müssen. Die Begriffe sind anhand des geschützten Rechtsguts auszulegen. Öffentlich-rechtliche Vorschriften definieren verbindliche Eignungsmerkmale und Anforderungen an Mitarbeiter für bestimmte Tätigkeiten und Aufgaben (**siehe Anhang**). Fehlen sie, darf der Mitarbeiter nicht beschäftigt werden. Es gibt Regelungen zu verhältnismäßig klar abgrenzbaren Beschäftigungsmerkmalen. Daneben gibt es weniger klar umrissene, aber teilweise auch mit Beschäftigungsverboten verknüpfte Vorgaben. Darüber hinaus finden sich Zuverlässigkeitserfordernisse und Anforderungen an die Fachkunde.

4. Entscheidungsmaßstäbe

Fachliche Eignungsmängel oder persönliche Ausschlussgründe im Sinne spezialgesetzlicher Regelungen lassen sich rückblickend bewerten, wenn sie an das Fehlen bestimmter Qualifikationen oder an konkrete Tatsachen wie z. B. eine strafrechtliche Verurteilung wegen bestimmter Delikte anknüpfen. Bewertungen der persönlichen Eignung oder Zuverlässigkeit im Sinne dieser Vorschriften beruhen dagegen regelmäßig auf einer Prognose gestützt auf Verhalten in der Vergangenheit (z. B. Gesetzesverstöße) oder in der Vergangenheit aufgetretene Umstände.

Das Prognoseprinzip gilt auch im Kündigungsschutzgesetz.[10] Während sich die Prognoseentscheidungen nach den öffentlich-rechtlichen Spezialgesetzen vorrangig an dem jeweils geschützten Rechtsgut orientieren, dient die kündigungsschutzrechtliche Prognoseentscheidung in erster Linie dem Arbeitnehmerschutz. Das Risiko verschiedener Ergebnisse dieser Prognoseentscheidungen ist aufgrund der verschiedenen Schutzgüter angelegt. Der Arbeitgeber kann nicht ausschließen, dass er die Kündigung eines Arbeitsverhältnisses nicht durchsetzen kann, obwohl sie von ihm erwartet wird. Der Arbeitgeber ist zudem mit verschiedenen Anforderungen an den Grad der Darlegung der (Un)Zuverlässigkeit oder (Un)Geeignetheit in den Spezialgesetzen einerseits und dem Kündigungsschutzrecht andererseits konfrontiert. Sein Risiko ist, dass verfahrensrechtlich oder prozessual der Amtsermittlungsgrundsatz einerseits und der Beibringungsgrundsatz andererseits zu abweichenden Tatsachengrundlagen für die Prognoseentscheidung führen können. Um Wertungswidersprüche zwischen spezialgesetzlichen Eignungsanforderungen und arbeitsrechtlichen Sanktionsmöglichkei-

---

[10] ErfK-Oetker, § 1 KSchG, Rn. 78 m. w. N.

ten bei Eignungsmängeln zu vermeiden, muss das kündigungsschutzrechtliche Prognoseprinzip den spezialgesetzlichen Prognosemaßstab berücksichtigen. Dies gilt nicht erst dann, wenn die zuständige Behörde bereits eine Prognoseentscheidung getroffen hat und darauf Sanktionen zur Gefahrenabwehr stützt.

4.1 Spezialgesetzliche Zuverlässigkeitsbewertung

Nach einigen spezialgesetzlichen Regelungen können Behörden erst Maßnahmen ergreifen oder Anordnungen treffen, wenn sich aus Tatsachen ergibt, dass ein Arbeitnehmer nicht die zur Erfüllung seiner Aufgaben erforderliche Fachkunde oder Zuverlässigkeit besitzt.[11] Abhängig von der Bedeutung des Schutzguts oder der drohenden Gefahr lassen andere spezialgesetzliche Regelungen dagegen schon Tatsachen genügen, die „die Annahme rechtfertigen", dass der Mitarbeiter nicht geeignet ist, oder Zweifel an der Zuverlässigkeit begründen. Die auf Tatsachen gestützte Annahme fehlender Eignung oder auf Tatsachen begründete Zweifel an der Zuverlässigkeit sind qualitativ etwas anderes als ein aufgrund von Tatsachen lückenlos nachgewiesener Eignungs- oder Zuverlässigkeitsmangel. Im behördlichen Verfahren steht anders als im Kündigungsschutzverfahren der Amtsermittlungsgrundsatz für die Aufklärung des Sachverhalts zur Verfügung.

4.2 Prognoseprinzip im Kündigungsschutzrecht

Auch im Kündigungsschutzrecht werden aus Pflichtverletzungen oder ohne ein Verschulden des Mitarbeiters in der Vergangenheit aufgetretenen Umständen Schlussfolgerungen für die Zukunft gezogen. Pflichtverstöße in der Vergangenheit können die Einschätzung begründen, dass in der Zukunft mit weiteren vergleichbaren Vertragsstörungen zu rechnen ist. Wiederholte gleichartige Pflichtverstöße könnten sogar die Prognose stützen, dass ein Mitarbeiter seine Aufgaben künftig nicht vertragsgemäß erfüllen wird, da es ihm an der dafür erforderlichen Eignung fehlt. Allerdings stellt das Kündigungsschutzrecht seinem Schutzzweck entsprechend höhere Erwartungen an Geduld und Optimismus des Arbeitgebers. Vor allem aber ist der Arbeitgeber für die negative Prognose voll darlegungs- und beweispflichtig.

Selbst wiederholte Pflichtverletzungen führen nicht ohne Weiteres zu der negativen Prognose, dass mit vergleichbaren Pflichtverletzungen in der Zukunft na-

---

[11] Bsp.: Nach § 55 Abs. 2 Satz 2 BImSchG kann die zuständige Behörde verlangen, dass der Betreiber einer genehmigungsbedürftigen Anlage einen anderen Immissionsschutzbeauftragten bestellt, wenn ihr Tatsachen bekannt werden, aus denen sich die fehlende Fachkunde oder Zuverlässigkeit ergibt.

hezu zwangsläufig zu rechnen ist. Vielmehr muss nach dem ultima-ratio-Prinzip jeder verhaltensbedingten Kündigung in aller Regel mindestens eine Abmahnung vorausgehen, die den Pflichtverstoß beanstandet (Rügefunktion) und Konsequenzen für den Fall der Wiederholung androht (Warnfunktion).[12] Sie soll dem Arbeitnehmer ausreichend Gelegenheit geben zu zeigen, dass er künftig vergleichbare Pflichtverletzungen vermeiden kann, nachdem ihm die Bedeutung seiner Pflicht und die Folgen einer Verletzung mit der Abmahnung vor Augen geführt wurden. Gleichermaßen dürfte mindestens eine Abmahnung erforderlich sein, wenn der Arbeitgeber auf Pflichtverstöße in der Vergangenheit eine personenbedingte Kündigung mit der Prognose begründen möchte, in den wiederholten Verstößen zeige sich ein Eignungsmangel. Die Wiederholung zeigt in diesen Fällen, dass der Arbeitnehmer trotz Abmahnung zu einer Verhaltensänderung nicht in der Lage und deshalb ungeeignet ist.

Hat ein Arbeitnehmer bereits eine oder mehrere Abmahnungen erhalten, wird bei einschlägigen Pflichtverstößen regelmäßig auch seine Unzuverlässigkeit nach spezialgesetzlichen Bestimmungen feststehen, so dass ein Gleichklang zwischen den Prognoseentscheidungen bestünde. Umgekehrt könnten insbesondere dort, wo das Spezialgesetz „Zweifel" an der Zuverlässigkeit genügen lässt, vergabe- oder aufsichtsrechtlich geforderte arbeitsrechtliche Sanktionen schon vor Erreichen dieser Schwelle zu ergreifen sein.

5. Auflösungsantrag im Kündigungsschutzverfahren

Veranlassen spezialgesetzliche Vorgaben für die Eignung oder Zuverlässigkeit der Arbeitnehmer den Arbeitgeber zu einer personen- oder verhaltensbedingten Kündigung und genügen die Kündigungsgründe den arbeitsgerichtlichen Maßstäben im Ergebnis nicht, bietet der Auflösungsantrag nach §§ 9, 10 KSchG einen Ausweg. Er setzt voraus, dass

- zuvor eine Kündigung ausgesprochen wurde,
- es sich nicht um eine fristlose außerordentliche Kündigung handelt und
- die Kündigung nur deshalb für unwirksam gehalten wird, weil die Kündigungsgründe nicht ausreichen, d.h.
- die Wirksamkeit der Kündigung nicht an formalen Mängeln, z.B. der Betriebsratsanhörung scheitert.

In Arbeitsverhältnissen leitender Angestellter i.S.d. Kündigungsschutzgesetzes kann der Auflösungsantrag ohne weitere Begründung gestellt werden (§ 14 Abs. 2 Satz 2 i.V.m. § 9 Abs. 1 Satz 2 KSchG). Er führt zur Auflösung des

---

[12] ErfK-Müller-Glöge, § 626 BGB, Rn. 19 ff.

Arbeitsverhältnisses gegen Zahlung einer Abfindung durch arbeitsgerichtliche Entscheidung. Die Abfindungsbeträge sind abhängig von Lebensalter und Dauer der Betriebszugehörigkeit begrenzt auf 12, 15 oder 18 Monatsverdienste (§ 10 KSchG).

In der Praxis greift diese Ausnahme von dem Begründungserfordernis selten. Wenige leitende Angestellte erfüllen die Voraussetzungen des § 14 Abs. 2 Satz 1 KSchG. Danach müssen leitende Angestellte z. B. als Betriebsleiter oder in einer vergleichbaren Schlüsselfunktion besonders bedeutsame Aufgaben und Verantwortung für Bestand und Entwicklung des Unternehmens wahrnehmen und die Führung des Unternehmens oder des Betriebs maßgeblich beeinflussen. Hinzutreten muss die Berechtigung zur selbstständigen Einstellung oder Entlassung.

In allen anderen Arbeitsverhältnissen setzt ein Auflösungsantrag des Arbeitgebers voraus, dass eine den Betriebszwecken dienliche Zusammenarbeit nicht mehr zu erwarten ist. Diese Formulierung setzt **kein Verschulden des Arbeitnehmers** voraus. Auch objektive Hindernisse können der den Betriebszwecken dienlichen Zusammenarbeit entgegenstehen. Hier ist eine differenzierte Würdigung geboten.[13] Wenn sich aus einem bestimmten Betriebszweck verstärkte Anforderungen an das Personal eines Unternehmens und dessen Verhalten ergeben, kann dies auch das Interesse des Arbeitgebers an der Vertragsauflösung verstärken.[14] Hier lassen sich Eignungs- und Zuverlässigkeitserwartungen an Mitarbeiter einordnen. Es ist den Betriebszwecken nicht dienlich, wenn der Arbeitgeber befürchten muss, dass eine Behörde das Unternehmen für die Beschäftigung eines Mitarbeiters sanktionieren wird, das Unternehmen aus Vergabeverfahren ausgeschlossen wird, Betriebserlaubnisse für die Zukunft nicht verlängert oder entzogen werden usw.

Die Darlegungslast für die Auflösungsgründe trägt der Arbeitgeber im arbeitsgerichtlichen Verfahren. Hier muss es aber genügen, solche Tatsachen vorzutragen, die schlüssig begründen, warum Sanktionen gegenüber dem Unternehmen jedenfalls als Ergebnis einer Ermessensentscheidung nicht auszuschließen sind. Das Arbeitsrecht muss hier angemessen berücksichtigen, dass es der Arbeitgeber ist, dem als Normadressat die Verantwortung für die spezialgesetzlichen Compliance-Schutzgüter (wie die Luftsicherheit, das Wohl von Heimbewohnern, der Verbraucherschutz im Lebensmittelrecht und der Gesundheitsschutz sowie die Arzneimittelsicherheit im Arzneimittelrecht) zugewiesen ist, und er – nicht der Arbeitnehmer – den sich aus dieser Verantwortung ergebenden Risiken ausgesetzt ist. Ihm muss ein normgerechtes Verhalten ermöglicht werden. Der

---

[13] APS/Biebl, KSchG § 9, Rn. 4 und 5.
[14] BVG, Urteil vom 09.02.1990, NJW 1990, 2053.

Arbeitgeber kann nicht darauf verwiesen werden, abzuwarten, ob zum Teil weitreichende Sanktionen tatsächlich eintreten, nachdem die Gefahren sich realisiert haben, die mit dem Spezialgesetz abgewendet werden sollen. Wenn ein Beschäftigungsverbot oder ein gesetzliches Eignungsmerkmal nicht an vollendete Tatsachen oder eine strafrechtliche Verurteilung anknüpft, sondern die Feststellung von Tatsachen genügt, die eine „Annahme rechtfertigen, dass Arbeitnehmer nicht die erforderliche Eignung" haben, können die Anforderungen an den Auflösungsgrund und die Darlegungslast des Arbeitgebers nicht höher sein. In diesem Fall liegt ein Auflösungsgrund nicht erst dann vor, wenn der Arbeitgeber lückenlos darlegen und beweisen kann, dass der Arbeitnehmer zweifellos objektiv ungeeignet ist. Tatsachen, die eine Annahme von Eignungsmängeln rechtfertigen, sind nach der verwaltungsgerichtlichen Rechtsprechung zu spezialgesetzlichen Beschäftigungsverboten typischerweise Pflichtverstöße, die eine Neigung zur Missachtung tätigkeitsspezifischer Rechtsverordnungen erkennen lassen. So sprechen gegen die Eignung eines Heimleiters nach dem Heimgesetz z. B. konkret nachweisbare Fehler in der Ausgabe von Medikamenten und in der (Überwachung der) pflegerischen Versorgung, Dokumentationsmängel bei der Abgabe von verordneten Medikamenten und in der Erstellung von Dienstplänen, die aus pflegefachlicher Sicht die adäquate Versorgung von Heimbewohnern nicht sicherstellen.[15]

6. Eignungs- und Zuverlässigkeitsmerkmale als personenbedingter Kündigungsgrund

Jede messbare und belegbare Anforderung an die Qualifikation und Eignung eines Mitarbeiters, die sich aus gesetzlichen Bestimmungen ergibt, veranlasst vorrangig zu der Prüfung, ob bei Nichterfüllung dieser Voraussetzungen eine personenbedingte Kündigung gerechtfertigt ist.[16] Sind die Eignungsmängel und/oder die Anwendbarkeit eines gesetzlichen Beschäftigungsverbots bereits behördlich oder verwaltungsgerichtlich festgestellt, legt das Arbeitsgericht diese Bewertung zugrunde und nimmt keine eigenständige Prüfung der Eignung oder Zuverlässigkeit vor.[17] Diesen Zeitpunkt abzuwarten, wird der Verantwortung des Unternehmens in vielen Fällen nicht gerecht. Wie bereits dargelegt, dienen öffentlich-rechtliche Eignungs- und Zuverlässigkeitsanforderungen der Gefahrenabwehr. Daher ist es einem Unternehmen nicht zumutbar, bei konkreten Anhaltspunkten bezüglich der Unzuverlässigkeit eines Mitarbeiters die daraus möglicherweise entstehenden Risiken für Dritte sehenden Auges in Kauf zu

---

[15] VG Gelsenkirchen, Beschluss vom 31.07.2010 – 10 L 828/12RDG 2012, 284.
[16] Haußmann/Merten, NZA 2015, 258.
[17] BAG, Urteil vom 26.11.2009 – 2 AZR 272/08, BAGE 132, 299.

nehmen, solange die zuständigen Behörden noch nicht eingeschritten sind. Nicht ausgeschlossen wäre in derartigen Fällen auch, dass sich die bewusste Duldung unzuverlässiger Mitarbeiter und Inkaufnahme der daraus für Dritte oder die Allgemeinheit resultierenden Risiken negativ auf die eigene Zuverlässigkeitsbeurteilung des Geschäftsinhabers auswirkte. Auch gibt es Konstellationen, in denen die Betriebsgenehmigung oder Gewerbeerlaubnis von der persönlichen Zuverlässigkeit bestimmter Personen abhängt und Untersagungsanordnungen wegen Unzuverlässigkeit in Betracht kommen (z. B. § 35 GewO). In diesen Fällen wird es dem Unternehmen kaum zumutbar sein, eine verwaltungsbehördliche oder gar -gerichtliche Entscheidung abzuwarten und die Genehmigung bzw. Gewerbeerlaubnis bis dahin aufs Spiel zu setzen oder eine Betriebs-/Gewerbeuntersagung zu riskieren. Kündigungsschutzrechtlich erscheint jedenfalls nicht ausgeschlossen, eine Kündigung wegen solcher Eignungsmängel auch auszusprechen, bevor es zu einer solchen behördlichen oder gerichtlichen Feststellung kommt. Dann obliegt dem Arbeitgeber im Kündigungsschutzverfahren die Darlegung und der Beweis dafür, dass im Sinne der einschlägigen spezialgesetzlichen Regelung Tatsachen die Annahme rechtfertigen, dass der Arbeitnehmer die Eignung nicht besitzt. Die damit verbundene Bewertung der Tatsachen muss sich an den spezialgesetzlichen Normen, deren Kommentierung und der dazu ergangenen verwaltungsgerichtlichen Rechtsprechung orientieren.

Soweit die Eignungseinschränkungen nur vorübergehend sind, steht das Kündigungsschutzrecht einer personenbedingten Kündigung entgegen. Wie lange aber z. B. einer Bank ein unzuverlässiger Wertpapierhändler oder einer Fluggesellschaft ein wegen Alkoholkonsums vorübergehend nicht flugtauglicher Pilot zuzumuten ist, muss im Einzelfall bewertet werden. Selbst bei dauerhaften Eignungsmängeln ist eine Kündigung nach dem Ultima-Ratio-Prinzip ausgeschlossen, solange eine Weiterbeschäftigung auf einem anderen Arbeitsplatz möglich ist, auf dem die Eignungs- oder Zuverlässigkeitsmerkmale nicht gefordert sind.

7. Pflichtverletzungen zur Begründung einer verhaltensbedingten Tat- oder Verdachtskündigung

Die hohen Anforderungen an die Darlegungs- und Beweislast für einen verhaltensbedingten Kündigungsgrund, die Notwendigkeit einer oder mehrerer Abmahnungen für vorangegangene vergleichbare Pflichtverletzungen und die Schwierigkeiten, die Pflichtverletzungen so lückenlos darzulegen und zu beweisen, dass jeder andere Verlauf eines Geschehens ausgeschlossen erscheint, führen in der Praxis häufig zur arbeitsgerichtlichen Feststellung der Unwirksamkeit von verhaltensbedingten Kündigungen, obgleich dieser Weg als die näher liegende Reaktion empfunden wird. Auch die Verdachtskündigung überbrückt die damit verbundenen Schwierigkeiten nur teilweise.

Eine außerordentliche, fristlose Tat- oder Verdachtskündigung wegen eines Fehlverhaltens in komplexeren compliance-relevanten Zusammenhängen wie Kartellen oder Korruptionsskandalen ist häufig mit erheblichen Risiken aus der Berechnung der Zweiwochenfrist des § 626 BGB behaftet[18] und schneidet zugleich dem Arbeitgeber den möglicherweise aussichtsreicheren Weg eines Auflösungsantrages ab.

8. Die betriebsbedingte Druckkündigung

Der verallgemeinernde Begriff der „Druckkündigung" fasst drei verschiedene Fallgruppen zusammen. Die sog. „personenbedingte Druckkündigung" beschreibt Fälle, in denen personenbedingte Kündigungsgründe, insbesondere Eignungsmängel erkannt und damit an den Arbeitgeber die Erwartung herangetragen wird, einen Mitarbeiter zu entlassen. Die „verhaltensbedingte Druckkündigung" erfasst solche Fälle, in denen ein verhaltensbedingter Kündigungsgrund für eine Tat- oder Verdachtskündigung vorliegt und im Zusammenhang damit eine Kündigungserwartung auf den Arbeitgeber einwirkt. Eine eigenständige Bedeutung hat die sog. „betriebsbedingte Druckkündigung"[19]. Mit diesem Begriff beschreibt das Bundesarbeitsgericht einen Kündigungsgrund, der von außen auf das Unternehmen einwirkt, ohne dass Person oder Verhalten des Arbeitnehmers einen eigenständigen Kündigungsgrund liefern. In dem zu entscheidenden Fall hatte das Bundesarbeitsgericht eine sehr konkret formulierte Kündigungserwartung eines Kunden zu bewerten, die verbunden war mit der Drohung des Kunden, Entscheidungen zu treffen, die das Unternehmen des Arbeitgebers in seinem Bestand gefährdet hätten.

9. Auswirkungen von strafrechtlichen Ermittlungsverfahren, einer Anklage oder Haft

Die arbeitsgerichtliche Rechtsprechung[20] trennt zwischen den strafrechtlichen Bewertungen eines Sachverhalts und der arbeitsrechtlichen Einordnung als Kündigungsgrund. Ob ein Verhalten eine fristlose oder ordentliche verhaltensbedingte Kündigung rechtfertigt, ob eine Tat erwiesen ist oder ein Verdacht begründet ist, bestimmt sich nach arbeitsrechtlichen Maßstäben.[21] Als personenbedingter Kündigungsgrund kann sowohl Untersuchungshaft oder die Abwe-

---

[18] Vgl. dazu im Einzelnen Benecke/Groß, BB 2015, 693, 697.
[19] BAG, Urteil vom 18.07.2013 – 6 AZR 420/12, NZA 2014, 109.
[20] BAG v. 29.11.2007 – 2 AZR 724/96; v. 24.05.2012 – 2 AZR 206/11, v. 25.10.2012 – 2 AZR 700/11.
[21] BAG v. 20.08.1997 – 2 AZR 620/96; v. 24.01.1985 – 2 AZR 317/84.

senheit wegen einer Haftstrafe Bedeutung gewinnen. Dies gilt unabhängig davon, ob der Mitarbeiter durch außerbetriebliches oder innerbetriebliches Verhalten in Haft genommen wird. Hier ist entscheidend, ob und wie lange er daran gehindert ist, seine Arbeitsleistung zu erbringen[22]. Ist er jedenfalls länger daran gehindert als eine Ersatzkraft eingestellt werden könnte, kann eine personenbedingte Kündigung begründet sein. Je größer und kritischer die öffentliche Wahrnehmung der strafrechtlichen Aufarbeitung von Compliance-Verstößen ist, desto eher wird sich auch die Frage stellen, ob laufende Ermittlungsverfahren trotz der strafrechtlichen Unschuldsvermutung vereinzelt eine betriebsbedingte Druckkündigung rechtfertigen können. Auch hier können die vergaberechtlichen Bewertungen und die staatsanwaltschaftlichen Erwartungen an eine „personelle Selbstreinigung" in die Einzelfallbewertung einzubeziehen sein.

10. Zusammenfassung

Auch wenn mit der verhaltensbedingten Verdachts- oder Tatkündigung und der personenbedingten Kündigung sowie der betriebsbedingten Druckkündigung auf Compliance-Verstöße reagiert werden kann, scheitern viele Fälle in der Praxis an der Darlegungs- und Beweislast des Arbeitgebers für die Kündigungsgründe oder an deren Gewichtung durch die Gerichte. Die präzise Aufarbeitung insbesondere des Schutzzwecks spezialgesetzlicher Regelungen im Kündigungsschutzprozess lässt häufig erst das eigentliche Gewicht eines Kündigungsgrundes erkennen. Dabei zeigt sich auch, dass viele spezialgesetzliche Regelungen im Ergebnis dazu führen können, dass Verhaltensfehler in Eignungsmängel umschlagen und dies nicht erst dann, wenn suchtartiges Verhalten wie das eines spielsüchtigen Croupier oder eines alkoholabhängigen Beschäftigten einer Gaststätte einer Verhaltensänderung entgegenstehen. Kommt der Arbeitgeber einer zu erwartenden behördlichen Sanktion mit der Kündigung zuvor, ist eine Kündigung gerechtfertigt, wenn eine entsprechende behördliche Ermessensentscheidung zu erwarten wäre. Werden die kündigungsschutzrechtlichen Maßstäbe damit nicht erreicht, muss sich u. E. der Auflösungsantrag des Arbeitgebers mit der Gefahrenlage unter Beachtung des spezialgesetzlichen Schutzzwecks begründen lassen.

---

[22] BAG v. 24.3.2011 – 2 AZR 790/09; v. 23.05.2012, 2 AZR 120/12; v. 25.11.2010 – 2 AZR 984/08.

Anhang

§ 42 Abs. 1 Satz 1 und Satz 2 Infektionsschutzgesetz (IfSG).
Diese Vorschrift verbietet die Beschäftigung von Arbeitnehmern, die an bestimmten Krankheiten erkrankt oder einer Erkrankung verdächtigt sind. Sie dürfen in der Herstellung von Lebensmitteln nicht eingesetzt werden.

§ 34 d Abs. 4 WpHG. Die BaFin kann den Einsatz von Anlageberatern, Vertriebsbeauftragten und Compliance-Beauftragten untersagen, die aufgrund einer in § 6 WpHGMaAnzV genannten Straftat rechtskräftig verurteilt worden sind.

§ 18 Abs. 1 Heimgesetz[21] (HeimG)
kann die zuständige Behörde die weitere Beschäftigung von Leitern oder Mitarbeitern untersagen, „wenn Tatsachen die Annahme rechtfertigen, dass sie die für ihre Tätigkeit die erforderliche Eignung nicht besitzen".

Die Genehmigung für die Beförderung von Kernbrennstoffen setzt nach § 4 Atomgesetz (AtG) voraus, dass die den Transport durchführenden Personen zuverlässig sind und die notwendigen Kenntnisse über mögliche Strahlengefährdung und anzuwendende Schutzmaßnahmen besitzen. Der Inhaber einer Genehmigung für eine kerntechnische Anlage muss für die Aus- und Fortbildung seines Personals in der nuklearen Sicherheit sorgen, soweit es auf diesem Gebiet Aufgaben wahrnimmt (§ 7c AtG).

§§ 28, 29 Bundesbildungsgesetz (BBiG). In § 29 BBiG ist die persönliche Eignung eines Ausbilders definiert. Nicht geeignet ist insbesondere, wer „wiederholt und schwer" gegen das Berufsbildungsgesetz verstoßen hat. Von der Rechtsprechung anerkannt sind als weitere Gründe für die Nichteignung die „allgemeine Unzuverlässigkeit" oder die sexuelle Belästigung von Auszubildenden. Wer diese Eignungsmängel aufweist, darf nicht als Ausbilder in einem Ausbildungsbetrieb bestellt werden, § 28 BBiG.

§ 14 Abs. 3 i. V. m. § 5 Sicherheitsüberprüfungsgesetz (SÜG). Der Gemeinschutzbeauftragte/Sabotagebeauftragte kann die Zulassung zu einer sicherheitsrelevanten Tätigkeit ablehnen, wenn tatsächliche Anhaltspunkte Zweifel an der Zuverlässigkeit des Betroffenen bei der Wahrnehmung einer sicherheitsempfindlichen Tätigkeit oder eine besondere Gefährdung durch Anbahnungs- und Werbungsversuche fremder Nachrichtendienste oder Zweifel am Bekenntnis des Betroffenen zur freiheitlichen demokratischen Grundordnung begründen. Die Vorschriften sind nicht nur für Bundesbedienstete relevant, sondern gelten z. B. auch für Fremdpersonal in Sicherheitsbereichen oder Beschäftigte von Unternehmen, die Aufträge mit Verschlusssachen ausführen.

---

[23] Diese bundesrechtliche Regelung ist zwar noch in Kraft. Sie wurde aber – wie zumindest auch die übrigen öffentlich-rechtlichen Regelungen des Bundesheimgesetzes einschließlich der hierzu ergangenen Verordnungen – aufgrund der Föderalismusreform 2006 und der in diesem Zusammenhang in Kraft getretenen Übertragung der Gesetzgebungszuständigkeit für die öffentliche Fürsorge (zuvor konkurrierende Gesetzgebungszuständigkeit gem. Art. 74 Abs. 1 Nr. 7 GG a. F.) in den letzten Jahren weitgehend durch (vergleichbare) landesgesetzliche Regelungen verdrängt, etwa in Baden-Württemberg zunächst durch § 13 Abs. 1 des Heimgesetzes für Baden-Württemberg (Landesheimgesetz – HeimG) vom 10. Juni 2008 (GBl. S. 169) und seit 1. Juni 2014 durch § 23 Abs. 1 Satz 1 des Gesetzes für unterstützende Wohnformen, Teilhabe und Pflege (Wohn-, Teilhabe- und Pflegegesetz – WTPG) vom 20. Mai 2014 (GBl. S. 241); s. näher Fuchs, in: Landmann/Rohmer, Gewerbeordnung, Loseblatt Stand August 2014, Vorbem. Rn. 5 ff.

§ 7 LuftSiG. Die Vorschrift verlangt zum Schutz der Luftsicherheit Zuverlässigkeitsprüfungen für Luftfahrer. „Anhaltspunkte für Zweifel an der Zuverlässigkeit des Betroffenen" berechtigen die zuständige Behörde, von Strafverfolgungsbehörden Auskünfte einzuholen.

§ 4 f Abs. 2 Satz 1 BDSG. Zum Beauftragten für den Datenschutz darf nur bestellt werden, wer die zur Erfüllung seiner Aufgaben erforderliche Fachkunde und Zuverlässigkeit besitzt.

§ 55 Abs. 2 Satz 1 BImSchG. Der Betreiber darf zum Immissionsschutzbeauftragten nur bestellen, wer die zur Erfüllung seiner Aufgaben erforderliche Fachkunde und Zuverlässigkeit besitzt. Werden der zuständigen Behörde Tatsachen bekannt, aus denen sich ergibt, dass der Immissionsschutzbeauftragte nicht die zur Erfüllung seiner Aufgaben erforderliche Fachkunde oder Zuverlässigkeit besitzt, kann sie verlangen, dass der Betreiber einen anderen Immissionsschutzbeauftragten bestellt.

§ 9 Bewachungsverordnung. Mit Bewachungsaufgaben dürfen nur Personen beschäftigt werden, die zuverlässig sind.

§ 21 Abs. 1 GastG. In einem Gaststättenbetrieb kann die Beschäftigung einer Person untersagt werden, wenn Tatsachen die Annahme rechtfertigen, dass diese Person die für ihre Tätigkeit erforderliche Zuverlässigkeit nicht besitzt.

Tax-Compliance

Martin Zackor

Literatur

Besch/Starck in *Hauschka/Moosmayer/Lösler*, Corporate Compliance, 3. Aufl. 2016, § 33 Tax Compliance; *Bracke/Maciuca*, Tax-Compliance – ausschließlich ein Thema der Steuerabteilung?, CB 2017, 146; *Dahlke*, Risikobewertung in einem Tax-Compliance-Management-System, BB 2019, 619; *Ditz/Bärsch/Engelen*, Gesetzesentwurf zur Mitteilungspflicht von Steuergestaltungen – Ein erster Überblick, DStR 2019, 815; *Ditz/Engelen*, Neue Anzeigepflichten für Steuergestaltungen – Überblick und erste Handlungsempfehlungen, DStR 2019, 352; *Handel*, Tax Compliance – Voraussetzungen und Enthaftung nach IDW PS 980, DStR 2017, 1945; *Hilsebein*, Anwendung der Grundsätze des IDW PS 980 auf die Einrichtung eines innerbetrieblichen Tax Compliance Management Systems, BC 2016, 472; *Hunsmann*, Die Aufsichtspflichtverletzung (§ 130 OWiG) unter besonderer Berücksichtigung des Steuerrechts, DStR 2014, 855; *Kromer/Henschel* in *Kessler/Kröner/Köhler*, Konzernsteuerrecht, 3. Aufl. 2018, § 1 B Tax Compliance; *Petrak/Schneider*, Compliance und Steuern: Praxistipps zur Vermeidung wirtschaftlicher Risiken, BC 2008, 11; *Schwahn/Cziupka* in *Lüdicke/Sistermann*, Unternehmenssteuerrecht, 2. Aufl. 2018, § 7 Tax Compliance und Risikomanagement; *Streck/Binneweis*, Tax Compliance, DStR 2009, 229.

1. Überblick

In den letzten Jahren hat sich **Tax-Compliance** zu einem wichtigen und umfassenden Bereich innerhalb des Steuerrechts entwickelt. Dieser Bereich ist nicht neu, da schon immer (formelle und materielle) steuerrechtliche Pflichten bestanden haben – allerdings hat sich das Umfeld geändert. Inhaltlich meint der Begriff das Einhalten steuerlicher Regelungen, also neben der allgemeinen Beachtung der Steuergesetze insbesondere die Abgabe von Steuererklärungen und Steueranmeldungen, die umfassende Dokumentation und das Vermeiden von steuerlichen Risiken[1]. Für Unternehmen bedeutet dies, ein System umzusetzen, das sicherstellt, dass das jeweilige Unternehmen und seine Mitarbeiter die steuerlichen Vorschriften im Unternehmensinteresse befolgen. Ob eine konkrete Rechtspflicht existiert, ein solches **Tax-Compliance-Management-System (TCMS)** einzurichten, ist umstritten. Faktisch bleibt Unternehmen aber bereits aus betriebswirtschaftlichen Gründen keine andere Wahl als sich korrekt – auch unter Tax-Compliance-Aspekten – zu verhalten und ein TCMS zu installieren.

---

[1] Vgl. *Kromer/Henschel* in *Kessler/Kröner/Köhler*, Konzernsteuerrecht, 3. Aufl. 2018, § 1 Rn. 85; *Schwahn/Cziupka* in *Lüdicke/Sistermann*, Unternehmenssteuerrecht, 2. Aufl. 2018, § 7 Rn. 5.

Dies gilt vor allem, weil sich in den letzten Jahren zum einen die Steuergesetzgebung weiter verschärft hat[2], zum anderen aber auch weil die mediale Berichterstattung über Fehlverhalten sowohl von Unternehmen als auch ihren Beratern eine kritische Wahrnehmung durch die Öffentlichkeit zur Folge hatte[3]. Gleichzeitig hat die Finanzverwaltung umfassende Regelungen hinsichtlich der steuerrechtlichen Kontrolle getroffen[4].

Allgemein lässt sich Tax-Compliance als Unterbereich der allgemeinen Compliance bzw. der Corporate Governance begreifen. Ferner ist Tax-Compliance nicht auf nationales Steuerrecht beschränkt. Vielmehr sind die (steuerlichen) Vorschriften auch im Ausland zu beachten, sofern das Unternehmen dort tätig wird (z.B. durch Tochtergesellschaften oder Niederlassungen, Exporte oder ins Ausland entsandte Mitarbeiter)[5].

Dieser Artikel soll im Folgenden eine Einführung in den Bereich Tax-Compliance geben, insbesondere aus HR-Perspektive. Die Darstellung beschränkt sich auf nationales (deutsches) Recht[6]. Zunächst werden Funktionen und Ziele eines TCMS dargestellt. Es folgen einzelne Pflichten gegenüber den Steuerbehörden. Im Anschluss werden die Rechtsfolgen von Verstößen gegen solche Pflichten erläutert.

2. Tax-Compliance-Management-System

2.1 Funktionen und Zielsetzung

Sofern Unternehmen Steuererklärungen nicht rechtzeitig beim Finanzamt einreichen, drohen als Sanktionen Verspätungs- und Säumniszuschläge sowie Zinsen. Im Fall von leichtfertiger Steuerverkürzung oder Steuerhinterziehung drohen Bußgelder bzw. Strafen. Daneben kann das Unternehmen für Steuern von Dritten – wie z.B. die Lohnsteuer seiner Arbeitnehmer – haften. Neben diesen

---

[2] Insbesondere die seit 2015 geltende Verschärfung des Steuerstrafrecht und die damit verbundene Selbstanzeige hatten eine öffentlichkeitswirksame Resonanz.

[3] Z.B. der Erwerb von sog. „Steuer-CDs" durch die Finanzverwaltung, die sog. „Panama Papers" oder fragwürdige „Cum-Ex-(Kapitalertragsteuererstattungs-)Gestaltungen" zu Lasten des Fiskus. Insoweit besteht ein Spannungsbereich zwischen legaler Steuerplanung und Steuergestaltung sowie sanktionierten Steuerverkürzungen.

[4] Am 30.01.2019 hat das BMF einen Referentenentwurf eines Gesetzes zur Einführung einer Pflicht zur Mitteilung von Steuergestaltungen veröffentlicht. Eine solche Mitteilungspflicht dürfte zu einem erheblichen Mehraufwand für die Bereiche Compliance und Steuern in Unternehmen führen, vgl. *Ditz/Engelen*, DStR 2019, 352; *Ditz/Bärsch/Engelen*, DStR 2019, 815.

[5] Vgl. *Kromer/Henschel* in *Kessler/Kröner/Köhler*, Konzernsteuerrecht, 3. Aufl. 2018, § 1 Rn. 90.

[6] Zu internationalen Aspekten vgl. z.B. Kromer/Henschel in Kessler/Kröner/Köhler, Konzernsteuerrecht, 3. Aufl. 2018, § 1 Rn. 151 ff.

finanziellen Risiken ist ein Reputationsverlust in der Öffentlichkeit eine besonders gravierende Folge eines nicht ordnungsgemäßen Verhaltens aus steuerlicher Sicht[7].

Ziel eines TCMS ist es somit, die eben genannten Risiken zu vermeiden, indem Unternehmen und ihre Mitarbeiter ihre jeweiligen steuerlichen Pflichten befolgen. Es geht also darum, präventiv Steuernachteile, aber auch Ordnungswidrigkeiten und Straftaten, zu verhindern. Daneben besteht für Unternehmen gleichzeitig die Möglichkeit, sich gegenüber der Finanzverwaltung und der Öffentlichkeit durch ein ordentlich funktionierendes TCMS positiv zu präsentieren und sich insoweit eine gute Reputation zu erarbeiten.

Die Bereiche Tax-Risk-Management und Tax-Compliance können sich überschneiden, weil sie sich nicht vollständig voneinander abgrenzen lassen. Das Tax-Risk-Management beinhaltet Steuerrisiken zu ermitteln, zu bewerten und zu vermeiden. Dagegen ist es Ziel der Tax-Compliance, Steuerrisiken durch die strikte Befolgung der Steuergesetze (vollständig) zu vermeiden[8].

2.2 Verpflichtung zur Einführung eines Tax-Compliance-Management-System

Bei dem Begriff Compliance-Management-System handelt es sich nicht um einen rechtlichen Begriff. Er umfasst die auf der Grundlage der von der Unternehmensführung festgelegten Ziele eingeführten Grundsätze und Maßnahmen des jeweiligen Unternehmens, die auf die Sicherstellung eines regelkonformen Verhaltens der gesetzlichen Vertreter und der Mitarbeiter des Unternehmens sowie ggf. von Dritten abzielen; konkret geht es um die Einhaltung bestimmter Regeln bzw. darum, wesentliche Verstöße gegen diese Regeln zu verhindern[9].

Ob eine Pflicht zur Einführung eines TCMS im Unternehmen nach deutschem Recht besteht, war umstritten. Nach h. M. lässt sich aus § 130 OWiG aber keine allgemeine Pflicht zur Einrichtung eines TCMS ableiten[10]. In der **Rechtsprechung** wird die Auffassung vertreten, dass ein Vorstandsmitglied seiner Organisationspflicht bei entsprechender Gefährdungslage nur genüge, wenn es eine auf Schadensprävention und Risikokontrolle angelegte Compliance-Organisation einrichte. Entscheidend für den Umfang seien dabei Art, Größe und Organisation des Unternehmens, die zu beachtenden Vorschriften, die geographische

---

[7] Dazu im Detail unter C.
[8] Zur Abgrenzung der Bereiche Tax-Compliance und Risikomanagement sowie zur Risikobewertung vgl. *Dahlke*, BB 2019, 619.
[9] Vgl. auch IDW Praxishinweis 1/2016 zu PS 980; dazu *Bracke/Maciuca*, CB 2017, 146; *Hilsebein*, CB 2016, 472.
[10] *Hunsmann*, DStR 2014, 855 (858).

Präsenz und Verdachtsfälle aus der Vergangenheit[11]. Für den BGH ist entscheidend, ob bei Verstößen im Bereich Tax-Compliance das betroffenen Unternehmen ein TCMS eingerichtet hat, um angemessen auf Verstöße zu reagieren – sowohl hinsichtlich der Aufklärung von Defiziten als auch präventiv. Dies soll sich auch in der Bußgeldbemessung niederschlagen[12].

Im Aktienrecht ist mittlerweile eine entsprechende Compliance-Pflicht allgemein anerkannt, was unter Rückgriff auf die Business Judgement Rule[13] bzw. den Deutschen Corporate Governance Kodex begründet[14] wird. Für GmbHen geht die **Literatur** auch mit Bezug auf § 43 Abs. 1 GmbHG von einer Pflicht aus, die erforderlichen Compliance-Maßnahmen umzusetzen, schränkt dies aber bei kleinen Gesellschaften ein[15]. Vor dem Hintergrund der negativen Konsequenzen ist allerdings der Geschäftsleitung nachdrücklich zu empfehlen, eine entsprechende Compliance-Organisation zu installieren, um Haftungsrisiken zu vermeiden.

Speziell für den Bereich Tax-Compliance vertritt die **Finanzverwaltung** seit 2016 die Auffassung, dass ein von dem Unternehmen eingerichtetes innerbetriebliches Kontrollsystem, das der Erfüllung steuerlicher Pflichten dient, ggf. ein Indiz darstellen, das gegen das Vorliegen von Vorsatzes oder Leichtfertigkeit sprechen kann, falls es zu Compliance-Verstößen im Unternehmen gekommen ist[16]. Zwar ist in der AO ein solches innerbetriebliches Kontrollsystem nicht vorgeschrieben, allerdings ergeben sich mittelbar aus den im Folgenden dargestellten steuerrechtlichen Pflichten gewissen Anforderungen an eine (steuer)gesetzeskonforme innerbetriebliche Organisation.

2.3 Tatsächliche Einrichtung eines Tax-Compliance-Management-Systems

In einem ersten Schritt müssen Unternehmen eine interne Risikoanalyse durchführen, um eventuelle Schwachstellen zu entdecken. Anschließend haben sie ein internes Steuerungssystem aufzubauen, das durch Maßnahmen und Kontrol-

---

[11] LG München I (Urt. v. 10.12.2013 – 5 HK O 1387/10 „Siemens/Neubürger-Urteil"), NZG 2014, 345; a.A. *Streck* in *Streck/Mack/Schwedhelm*, Kapitel 1 A V.
[12] BGH (Urt. v. 09.05.2017 – 1 StR 265/16), AG 2018, 39; vgl. Anm. v. *Jenne/Martens*, CCZ 2017, 285.
[13] Zum Begriff z.B. *Weitermeyer* in *Säcker/Rixecker/Oetker/Limperg*, Münchener Kommentar zum BGB, 8. Aufl. 2018, § 86 Rn. 49f.
[14] BMJV, Bekanntmachung des „Deutschen Corporate Governance Kodex" (in der Fassung vom 07.02.2017), BAnz AT 24.04.2017 B2.
[15] *Fleischer* in *Fleischer/Goette*, Münchner Kommentar zum GmbHG, 3. Aufl. 2019, § 43 Rn. 143 ff.
[16] AEAO zu § 153 Ziff. 2.6.

len sicherstellt, dass die entsprechenden Unternehmensrichtlinien intern umgesetzt werden, aber auch externe Schäden von Dritten verhindert. Parallel dazu sind diese Maßnahmen permanent zu überwachen.

Das Institut der Wirtschaftsprüfer in Deutschland e.V. (IDW) hat als Antwort auf den AEAO zu § 153 AO den **IDW Praxishinweis 1/2016 zu PS 980**[17] veröffentlicht, der Leitlinien zum Aufbau eines innerbetrieblichen Kontrollsystems geben soll. Danach sind die gesetzlichen Vertreter des Unternehmens für die Einrichtung eines TCMS verantwortlich[18]. Der Umfang ist im Wesentlichen abhängig von den Tax-Compliance-Zielen des Unternehmens, von seiner Größe, Branche und Geschäftstätigkeit, internen Prozessen und Aufgaben(delegation); aber auch Anteilseigner des Unternehmens sowie seine Kunden können diesen Umfang bestimmen. Einen großen Einfluss auf die erfolgreiche und fehlerfrei Umsetzung dieses TCMS hat die gelebte Tax-Compliance-Kultur: Bereits die Unternehmensführung muss relevante Themen adressieren und ihre Mitarbeiter für steuerliche Pflichten sensibilisieren. Konkret bedeutet dies auch, dass die Steuerabteilung des Unternehmens aktiv und rechtzeitig in betroffene Projekte und Unternehmensbereiche eingebunden wird und Ergebnisse/Regelungen zutreffend sowie verständlich z.B. in steuerlichen Unternehmensrichtlinien dokumentiert werden. Ferner empfiehlt es sich, eine klare Steuerstrategie des Unternehmens zu bestimmen und auch zu definieren, wie Mitarbeiter (extern) mit den Finanzbehörden kommunizieren bzw. wie (intern) steuerliche Compliance-Verstöße zu behandeln sind.

Neben der Zieldefinition müssen Tax-Compliance-Risiken identifiziert und bewertet werden. Diese ergeben sich zum einen aus den Geschäftsbereichen, zum anderen allein aufgrund der Größe des Unternehmens bzw. der Tatsache, dass z.B. Umsatzsteuer praktisch durch jede ein- und ausgehende Rechnung ausgelöst wird.

Aus den ermittelten Risiken ist dann ein Tax-Compliance-Programm zu entwickeln, um diese Risiken beherrschen zu können und damit die strategischen Ziele umzusetzen. Aus HR-Sicht besonders relevant ist die Aus- und Fortbildung von Mitarbeitern – und zwar zum einen, um ein allgemeines Bewusstsein für compliance-gemäßes Verhalten zu schaffen und zu erhalten, zum anderen, um Spezialwissen auf dem aktuellen Stand zu halten (nicht nur im Bereich Steuern)[19]. Daneben sind klare Funktionsabgrenzungen von Zuständigkeiten einzelner Mitarbeiter, allgemeine Richtlinien und konkrete Anweisungen für einzelne Pro-

---

[17] IDW Life 2017, 837 ff.
[18] Vgl. auch *Handel*, DStR 2017, 1945; *Petrak/Schneider*, BC 2008, 11.
[19] Neben dem Bereich Steuern sind meistens auch andere Unternehmensbereiche betroffen, z.B. wenn Risiken wie Geldwäsche, Korruption, Ausfuhrbeschränkungen oder Kartelle berührt werden könnten.

zesse (z. B. in Form von Checklisten oder Formularen) sinnvoll. Zur Kontrolle bietet sich ein „Vier-Augen-Prinzip" mit Dokumentationspflichten, Stichprobenkontrollen und Plausibilitätskontrollen mittels Software an. Gerade im Rahmen der zunehmenden Digitalisierung einerseits und der kaum überschaubaren Datenmenge andererseits empfiehlt es sich auch, den Bereich IT aktiv in die Umsetzung eines TCMS einzubinden. Dies trifft ebenfalls vor dem Hintergrund der permanenten Änderung steuerrechtlicher Vorschriften auf die Aktualisierung und praktikable Umsetzung dieser Kontrollen zu. Allgemein lassen sich die zu realisierenden Aufgaben in zwei Bereiche gliedern: Erstens müssen präventive Maßnahmen umgesetzt werden, um sicherzustellen, dass insbesondere alle Erklärungen abgegeben werden, alle Steuern fristgemäß gezahlt und alle relevanten Vorgänge umfassend dokumentiert werden. Zweitens müssen faktisch auch korrigierende Maßnahmen getroffen werden, weil kein Unternehmen fehlerfrei arbeiten wird. Es muss sichergestellt werden, dass Verstöße aufgedeckt und so schnell wie möglich behoben werden, um (finanzielle) Konsequenzen für das betroffene Unternehmen möglichst gering zu halten. Hilfsreich ist insoweit eine klare Kommunikation (nicht nur in dem Bereich Steuern) sowie eine konsequente Überwachung und Verbesserung/Aktualisierung der Prozesse.

3. Allgemeine Pflichten

Dieser Abschnitt erläutert allgemeine steuerliche Pflichten, die Steuerpflichtige – und damit auch Unternehmen – zu beachten haben. Als Mittel für die konkrete Umsetzung bietet sich insbesondere ein – wie eben geschildert – TCMS an.

3.1 Dokumentationspflichten

§ 140 AO verpflichtet Personen, die nach anderen Gesetzen als den Steuergesetzen Bücher und Aufzeichnungen zu führen haben, die für die Besteuerung von Bedeutung sind, diese Verpflichtungen auch für die Besteuerung zu erfüllen. Grundsätzlich sind gewerbliche Unternehmer zur Buchführung verpflichtet (vgl. § 141 AO), sie haben Warenein- und -ausgänge aufzuzeichnen (§§ 143 f. AO).

Gem. § 146 Abs. 2 AO sind Bücher und sonst erforderliche Aufzeichnungen grundsätzlich in Deutschland zu führen und aufzubewahren. Allerdings besteht gem. § 146 Abs. 2a AO für Steuerpflichtige die Möglichkeit, schriftlich bei den zuständigen Finanzbehörden zu beantragen, dass elektronische Bücher oder sonst erforderliche elektronische Aufzeichnungen im Ausland geführt und aufbewahrt werden können. Hier bietet es sich betriebswirtschaftlich an, „Shared Service Center"-Einheiten konzernweit zu nutzen und die entsprechenden Daten zu bündeln oder externe Dritte mit diesen Dienstleistungen zu beauftragen. Schließlich können die Daten auch dezentral in einer Cloud gespeichert werden. Insoweit haben Unternehmen jedoch sicherzustellen, dass die Daten jederzeit verfügbar und in dem erforderlichen Format lesbar sind. § 146a AO schreibt insoweit Details zu elektronischen Aufzeichnungssystemen vor und ist für den Gesetzgeber gleichzeitig eine Ermächtigungsvorlage für eine entsprechende Rechtsverordnung.

§ 147 AO bildet den Rahmen für die Unterlagen, die geordnet aufbewahrt werden müssen. Gem. § 147 Abs. 3 AO sind die Unterlagen sechs bzw. zehn Jahre lang aufzubewahren, sofern keine spezielleren Aufbewahrungszeiträume vorgegeben sind.

Aus Tax-Compliance-Sicht haben Unternehmen die „Grundsätze zur ordnungsgemäßen Führung und Aufbewahrung von Büchern, Aufzeichnungen und Unterlagen in elektronischer Form sowie zum Datenzugriff (GoBD)"[20] zu beachten. Dies betritt vor allem die rechtzeitige und unveränderbare Datenerfassung sowie die Installation eines internen Kontrollsystems. Unternehmen haben daher für die Einhaltung der Vorgaben des § 146 AO Kontrollen einzurichten, auszuüben und zu protokollieren. Hierbei ist die konkrete Ausgestaltung dieser Kontrollen von der Geschäftstätigkeit des betroffenen Unternehmens abhängig und ggf. auch anlassbezogen. Konkret gehören zu diesen Kontrollen insbesondere Zugangs- und Zugriffsberechtigungskontrollen, Funktionstrennungen, Erfassungskontrollen (wie z.B. Plausibilitätsprüfungen) und auch Schutzmaßnahmen, um Datenveränderungen zu verhindern.

3.2 Abgabe von Steuererklärungen

Unternehmen, die in der Form einer Kapitalgesellschaft (Aktiengesellschaft, GmbH, KGaA) betrieben werden, haben typischerweise eine Körperschaft- (§ 31 KStG) und Gewerbesteuererklärung (§ 14a GewStG) abzugeben (vgl. §§ 149 ff. AO). Ferner haben sie (monatlich) Umsatzsteuer-Voranmeldungen und Umsatzsteuerjahreserklärungen abzugeben (§ 18 UStG). Sofern Immobilien erworben werden, ergibt sich eine Steuererklärungspflicht gem. § 19 GrEStG. Hinsichtlich ihrer Arbeitnehmer haben Unternehmen Lohnsteuervoranmeldungen einzureichen (§ 41a EStG). Im Fall von Gewinnausschüttungen sind entsprechende Kapitalertragsteueranmeldungen zu beachten (§ 45a EStG).

Diese Steuererklärungen müssen formell rechtzeitig und vollständig abgegeben werden; materiell müssen sie wahrheitsgemäß nach bestem Wissen und Gewissen abgegeben werden (§ 150 Abs. 2 S. 1 AO). Wenn dies nicht der Fall sein

---

[20] BMF (Schr. v. 14.11.2014 – IV A 4 – S 0316/13/10003), BStBl. I 2014, 1450.

sollte, können die Tatbestände einer leichtfertigen Steuerverkürzung (§ 378 AO) oder sogar Steuerhinterziehung (§ 370 AO) erfüllt sein.

3.3 Anzeigepflichten

Gem. § 137 AO haben Körperschaften (und damit insbesondere die ebengenannten Unternehmen in Form einer AG, GmbH oder KGaA) ihre Gründung, Rechtsfähigkeit, Änderung der Rechtsform, Verlegung der Geschäftsleitung oder des Sitzes und Auflösung innerhalb von einem Monat anzuzeigen. Dies gilt gem. § 138 AO auch für die Eröffnung eines Gewerbebetriebs oder einer Betriebsstätte bzw. den Erwerb eines Betriebes, einer Personengesellschaft oder Kapitalgesellschaft im Ausland; hier kann ggf. bereits ein beherrschender oder bestimmender Einfluss ausreichend sein. Für multinationale Unternehmensgruppen, deren Konzernobergesellschaft in Deutschland ist, hat das Unternehmen ferner einen länderbezogenen Bericht an das Bundeszentralamt für Steuern (BZSt) zu übermitteln (§ 138a AO). Des Weiteren haben mitteilungspflichtige Stellen gem. § 2 Abs. 1 GeldwäscheG den zuständigen Finanzämtern von ihnen hergestellte oder vermittelte Beziehungen von inländischen Steuerpflichtigen (§ 138 Abs. 2 S. 1 AO) zu Drittstaat-Gesellschaften mitzuteilen (§ 138b Abs. 1 AO). Schließlich bestehen Anzeigepflichten beim Vertrieb von verbrauchsteuerpflichtigen Waren bzw. im Fall von besonderen Verkehrssteuern (§ 139 Abs. 1 AO)[21].

Daneben können sich spezialgesetzliche Anzeigepflichten ergeben: Z. B. sind bei Unternehmensumstrukturierungen unter dem gemeinen Wert eingebrachte Anteile für einen Zeitraum von sieben Jahren sperrfristbehaftet, so dass der Einbringende jährlich nachweisen muss, wem diese Anteile zuzurechnen sind, um eine Realisierung eines Einbringungsgewinns zu vermeiden (§ 22 Abs. 2, 3 UmwStG). Ebenso sind (bereits wirtschaftliche) Grundstücksübertragungen von den Steuerschuldner den zuständigen Finanzämtern innerhalb von zwei Wochen anzuzeigen (§ 19 GrEStG), selbst wenn dieser Vorgang von der Besteuerung ausgenommen sein sollte.

3.4 Steuerentrichtungspflichten

Wie eben erläutert wurde, treffen Unternehmen Steuererklärungspflichten, aufgrund deren Steuerbescheide erlassen werden und die fälligen Steuern (vgl. § 220 AO) anschließend zu zahlen sind. Als Steuerschuldner hat das Unternehmen Körperschaft-, Gewerbe-, Umsatzsteuer und ggf. Grunderwerbsteuer zu

---

[21] Hingewiesen wird auf den in Fn. 4 erwähnten Referentenentwurf des BMF eines Gesetzes zur Einführung einer Pflicht zur Mitteilung von Steuergestaltungen. Die neue Anzeigepflicht soll in den §§ 138d bis 138i AO geregelt werden.

zahlen. Zur Sicherung des Steueraufkommens treffen Unternehmen aber auch Steuereinbehaltungs- und -abführungspflichten – namentlich z. B. für die Lohnsteuer ihrer Arbeitnehmer (§ 38 Abs. 3 S. 1, § 41a Abs. 1 EStG) oder die Kapitalertragsteuer ihrer Anteilseigner (§ 44 Abs. 1 S. 3 EStG).

3.5 Mitwirkungspflichten

Eine allgemeine Mitwirkungspflicht bei der Sachverhaltsermittlung ergibt sich aus § 90 Abs. 1 AO, insbesondere durch die vollständige und wahrheitsgemäße Offenlegung der erheblichen Besteuerungstatsachen und die Angabe von Beweismitteln. Speziell bei Außenprüfungen (§§ 193 ff. AO) haben Steuerpflichtige bei der Sachverhaltsfeststellung mitzuwirken, insbesondere Auskünfte zu erteilen, Aufzeichnungen, Bücher, Geschäftspapiere und andere Urkunden zur Einsicht und Prüfung vorzulegen und die zum Verständnis der Aufzeichnungen erforderlichen Erläuterungen zu geben und die Finanzbehörden zu unterstützen (§ 200 Abs. 1 S. 1 AO). Außerdem regelt § 147 AO, dass elektronisch gespeicherte Daten im Rahmen einer Außenprüfung den Finanzbehörden zur Verfügung gestellt werden müssen bzw. dass Betriebsprüfer die entsprechenden Datenverarbeitungssysteme zur Prüfung nutzen dürfen.

3.6 Anzeige- und Berichtigungspflichten von Steuererklärungen

Wenn Steuerpflichtige nachträglich erkennen, dass sie falsche oder unvollständige Steuererklärungen abgegeben haben, sind sie verpflichtet, dies unverzüglich anzuzeigen und zu berichtigen (§ 153 Abs. 1 AO). Hintergrund dieser Regelung ist, dass allein wegen der hohen Komplexität des Steuerrechts ein umfassend compliance-gemäßes Verhalten unmöglich ist. Bei Entdeckung von Fehlern haben Steuerpflichtige aber eine Garantenpflicht, betroffene Erklärungen korrigiert bei den Finanzbehörden einzureichen. Wenn dies nicht geschieht, droht im schlimmsten Fall die Verwirklichung von Steuerhinterziehungen durch Unterlassen (§ 370 Abs. 1 Nr. 2 AO). Allerdings geht die Finanzverwaltung davon aus, dass es ein Indiz gegen vorsätzliches oder leichtfertiges Verhalten sein kann, wenn Unternehmen ein innerbetriebliches Kontrollsystem eingerichtet haben, das der Erfüllung der steuerlichen Pflichten dient; jedoch befreie dies nicht von einer Einzelfallprüfung[22]. In der Praxis ist immer auch zu prüfen, ob eine Anzeige und Berichtigung gem. § 153 AO genügt oder eine Selbstanzeige gem. § 371 AO erforderlich ist. Im Zweifel sollte von letzterem ausgegangen werden, um Folgerisiken auszuschließen.

---

[22] Vgl. AEAO zu § 153 AO, Tz. 2.6 (BMF v. 31.01.2014 – IV A 4 – S 0062/14/10002; DOK 2014/0108334, BStBl. I 2014, 290).

4. Rechtsfolgen

Im folgenden Abschnitt werden die Rechtsfolgen der Nichtbeachtung bzw. Verletzung der eben geschilderten Pflichten erläutert. Während hier nur das deutsche Steuerrecht dargestellt wird, können ebenso im Ausland bestehende Pflichten – gerade bei internationalen Konzernen – weiterreichende Konsequenzen haben, auch für dort tätige Mitarbeiter, was wiederum für HR-Abteilungen besonders relevant sein kann[23]. Ferner sind neben den rechtlichen zusätzlich wirtschaftliche Folgen von Verstößen zu bedenken: Aufgrund der Komplexität sind meistens externe Berater hinzuzuziehen, die neben langwierigen Betriebsprüfungen, internen Aufarbeitungen und ggf. Verwaltungs- und Gerichtsverfahren erhebliche Zusatzkosten verursachen.

Grob lassen sich die Rechtsfolgen in finanzielle (Zusatz-)Kosten, Steuerordnungswidrigkeiten und -straftaten sowie Haftungsfolgen einteilen.

4.1 Finanzielle Sanktionen

Grundsätzlich können die zuständigen Finanzbehörden **Verspätungszuschläge** gegen Steuerpflichtige festsetzen, wenn diese ihre Steuererklärungsabgabepflicht nicht (fristgemäß) nachkommen (§ 152 Abs. 1 S. 1 AO). Für Unternehmen ist zu beachten, dass ihnen das Verschulden ihrer Vertreter oder Erfüllungsgehilfen zugerechnet wird (§ 152 Abs. 1 S. 2 AO). Der Verspätungszuschlag beträgt für jeden angefangenen Monat der eingetretenen Verspätung 0,25 % der festgesetzten Steuer, mindestens aber 10 Euro (§ 152 Abs. 5 AO).

Ein **Säumniszuschlag** ist zu entrichten, wenn eine Steuer mit einer Säumnis von mehr als drei Tagen entrichtet wird). Er beträgt für jeden angefangenen Monat 1 % des rückständigen Steuerbetrages (§ 240 Abs. 1, 3 AO).

Zur Erzwingung der Steuererklärungsabgabe oder anderer Handlungen können die zuständigen Finanzbehörden **Zwangsgeld** von bis zu 25.000 Euro festsetzen (§§ 328, 329 AO). Daneben kommt eine Ersatzvornahme von (vertretbaren) Handlungen durch Dritte auf Kosten der Steuerpflichtigen in Betracht (§ 330 AO).

Vom Zwangsgeld ist das **Verzögerungsgeld** abzugrenzen, das die zuständigen Finanzbehörden gegen die Steuerpflichtigen festsetzen können, wenn diese gegen Mitwirkungspflichten insbesondere im Rahmen der elektronischen Buch-

---

[23] Doppelbesteuerungen bei internationalen Sachverhalten können ggf. auch bei Beachtung steuerlicher Pflichten entstehen, weil sich Qualifikationskonflikte nicht lösen lassen. Hier kommt es folglich auch zu finanziellen Belastungen, die aber keinen „Sanktionscharakter" besitzen. Gleichwohl lassen sich solche Nachteile durch ein guten TCMS und die Abstimmung von grenzüberschreitenden Sachverhalten zumindest verringern.

führung verstoßen (§ 146 Abs. 2b AO). Vom Umfang her kann es zwischen 2.500 und 250.000 Euro betragen.

4.2 Zinsen

Sowohl Steuernachforderungen als auch -erstattungen sind zu verzinsen (§ 233a AO). Der Zinssatz beträgt 6% pro Jahr (vgl. § 238 Abs. 1 AO), so dass bereits aus wirtschaftlichen Gründen Zinszahlungen des Steuerpflichtigen zu vermeiden sind[24].

4.3 Schätzung von Besteuerungsgrundlagen

Soweit Finanzbehörden die Besteuerungsgrundlagen nicht ermitteln oder berechnen können, haben sie sie zu schätzen (§ 162 AO). In der Praxis trifft dies insbesondere bei der Verletzung von Mitwirkungspflichten des Steuerpflichtigen zu. Es ist davon auszugehen, dass Finanzbehörden eher zu Lasten der Steuerpflichtigen schätzen werden, um diese das nächste Mal zur fristgerechten Mitwirkung zu veranlassen.

4.4 Geldbußen bei (allgemeinen) Ordnungswidrigkeiten

§ 30 OWiG ermöglicht die Festsetzung von Geldbußen von bis zu EUR 10 Mio. gegen juristische Personen und Personenvereinigungen. Der Anwendungsbereich des § 30 OWiG ist relativ weit gefasst und betrifft alle Verantwortlichen, die für eine juristische Person oder eine rechtsfähigen Personengesellschaft handeln und insoweit eine Pflichtverletzung durch eine Ordnungswidrigkeit oder Straftat begangen haben. Praktisch sind dies insbesondere Vorstände, Geschäftsführer, Prokuristen, Handlungsbevollmächtigte oder allgemein Personen, die für einen bestimmten Bereich verantwortlich sind. Zu beachten ist, dass diese Vorschrift neben den Steuerordnungswidrigkeiten (§§ 377 ff. AO) anwendbar ist, es reicht also ein relevanter Verstoß gegen allgemeine Pflichten, ein steuerlicher Bezug ist nicht erforderlich. Allerdings hat der BGH[25] entschieden, dass bei der Anwendung des § 30 OWiG zumindest eine bußgeldmindernde Wirkung eines TCMS eingreift – selbst wenn unternehmensinterne Maßnahmen erst nach Bekanntwerden dieser Verstöße ergriffen werden.

---

[24] Der BFH (Beschl. v. 25.04.2018 – IX B 21/18), DStR 2018, 1020, hat hinsichtlich des Zinssatzes jedenfalls ab dem Verzinsungszeitraum 2015 schwerwiegende verfassungsrechtliche Zweifel. Folglich hat das BMF (Schr. v. 14.12.2018 – IV A 3 – S 0465/18/10005-01, DOK 2018/1019336, DStR 2018, 2702, die Gewährung der Aussetzung der Vollziehung für Verzinsungsräume ab April 2012 angeordnet.

[25] BGH (Urt. v. 09.05.2017 – 1 StR 265/16), AG 2018, 39.

Ferner können Geldbußen von bis zu einer Mio. Euro wegen der Verletzung der Aufsichtspflicht in Betrieben und Unternehmen verhängt werden (§ 130 OWiG). Diese Vorschrift ahndet also das persönliche Unterlassen von Aufsichtsmaßnahmen durch die Inhaber bzw. Vertreter des Unternehmens drohen. Z. B. können Verstöße gegen Aufsichtsmaßnahmen in den folgenden Fällen vorliegen: Fehlen oder unzureichende Ausstattung einer Compliance-Organisation, unvollständige oder fehlerhafte Unternehmensrichtlinie bzw. entsprechende Schulungen der Mitarbeiter, keine ordnungsgemäße Kontroll(möglichkeit)en von Geschäfts- und Verdachtsfällen bzw. deren konsequente Ahndung[26].

Da § 130 OWiG sehr niedrige Voraussetzungen besitzt, um das Verschulden eines Mitarbeiters dem Unternehmen zuzurechnen, sollte ein TCMS des Unternehmens diese Vorschrift als Maßstab verwenden, um notfalls nachweisen zu können, dass Aufsichtspflichten (bzw. auch die Auswahl und Überwachung von Aufsichtspersonen im Unternehmen) gerade nicht verletzt wurden. Um die eigenen Mitarbeiter vor diesen (persönlichen) Konsequenzen zu schützen, empfiehlt es sich primär, Mitarbeiter umfassend aus- und fortzubilden und wichtige Aufgaben an kompetente Mitarbeiter zu delegieren. Ferner können Unternehmen für ihre Führungskräfte D&O-Versicherungen abschließen. Außerdem können Unternehmen bei bereits begonnenen Ermittlungen versuchen, das Verfahren der Behörden auf das Unternehmen selbst und nicht auf einzelne Mitarbeiter zu lenken.

4.5 Steuerordnungswidrigkeiten

Neben den eben erwähnten (allgemeinen) Ordnungswidrigkeiten bestehen Steuerordnungswidrigkeiten, die in der AO und weiteren Steuergesetzen geregelt sind.

§ 378 Abs. 1 AO ahndet die leichtfertige Steuerverkürzung mit einer Geldbuße von bis zu 50.000 Euro. Allerdings wird eine Geldbuße nicht festgesetzt, wenn rechtzeitig eine Selbstanzeige erfolgt (§ 378 Abs. 3 AO).

Daneben existieren verschiedene Steuerordnungswidrigkeiten im Zusammenhang mit Steuergefährdungen oder dem unzulässigen Erwerb von Steuererstattungs- und Vergütungsansprüchen (§§ 379 ff. AO). Im Umsatzsteuerrecht werden bestimmte Verstöße gegen Ausstellungs- und Aufbewahrungspflichten sowie die Schädigung des Umsatzsteueraufkommens als Ordnungswidrigkeiten geahndet (§§ 26a f. UStG).

---

[26] Vgl. *Hunsmann*, DStR 2014, 855.

4.6 Steuerstraftaten

Steuerstraftaten sind ebenfalls in der AO (§§ 369 ff. AO) geregelt. Als wichtigste davon ist die Steuerhinterziehung (§ 370 AO) sowie die damit verbundene Selbstanzeige (§ 371 AO) zu nennen.

Die Verkürzung von Steuern bzw. das Erlangen von nicht gerechtfertigten Steuervorteilen stellt eine Straftat dar, wobei es ausreicht, dass Steuern nicht rechtzeitig (auch unter Vorbehalt) festgesetzt werde; auch der Versuch einer Steuerhinterziehung ist bereits strafbar (§ 370 Abs. 1, 2, 4 AO). Diese Straftat wird mit Freiheitsstrafe bis zu fünf Jahren oder mit Geldstrafe bestraft, in besonders schweren Fällen ist eine Freiheitsstrafe von sechs Monaten bis zu zehn Jahren vorgesehen (§ 370 Abs. 3 AO). Eine Verkürzung von Steuern in einem großen Ausmaß liegt laut BGH vor, wenn der Hinterziehungsbetrag 50.000 Euro übersteigt[27]. Für Unternehmen bedeutet dies, dass nicht nur Vorstand und Geschäftsführung, sondern jeder Mitarbeiter, den entsprechende Pflichten treffen, potenzieller Täter einer Steuerhinterziehung sein kann.

Aus Compliance-Sicht sind für Unternehmen besonders die rechtzeitige Lohnsteuer-Anmeldungen (§ 41a Abs. 1 EStG) und Umsatzsteuervoranmeldungen (§ 18 Abs. 1 UStG). Unternehmen haben grundsätzlich spätestens am zehnten Tag jedes Monats die entsprechenden Anmeldungen beim Finanzamt einzureichen und die Steuer zu entrichten. Wurde die Anmeldung (nur einen Tag) zu spät durchgeführt, ist bereits eine Steuerverkürzung eingetreten, so dass zur Straffreiheit eine Selbstanzeige (§ 371 AO) erforderlich ist[28].

Wer gegenüber den Finanzbehörden im Fall einer Steuerhinterziehung vollständig die falschen oder unvollständigen Angaben durch eine Selbstanzeige berichtigt und ggf. die entsprechenden Steuern und Zinsen fristgemäß entrichtet, wird grundsätzlich nicht nach § 370 AO bestraft (§ 371 AO). Hierbei handelt es sich um einen persönlichen Strafaufhebungsgrund, d.h. der an einer Steuerhinterziehung Beteiligte wird nachträglich straflos. Weil es sich um eine Ausnahmeregelung handelt, ist sie restriktiv auszulegen. Zuletzt wurde diese Vorschrift mit Wirkung zum 1. Januar 2015 deutlich verschärft. Kennzeichnend für die Straffreiheit sind insbesondere die vollständige Berichtigung, d.h., die Selbstanzeige muss sich auf alle unverjährten Steuerstraftaten einer Steuerart, mindestens aber auf alle Steuerstraftaten einer Steuerart innerhalb der letzten zehn Kalenderjahre beziehen. Zudem ist eine Selbstanzeige u.a. ausgeschlossen, wenn die Tat bereits (zum Teil) entdeckt war oder die Steuerverkürzung einen Betrag von 25.000 Euro pro Tat übersteigt (vgl. § 371 Abs. 2 AO).

---

[27] BGH (Urt. v. 02.12.2008 – 1 StR 344/08), BGHSt 53, 71; BGH (Urt. v. 27.10.2015 – 1 StR 373/15), BGHSt 61, 28.
[28] Vgl. *Jäger* in *Klein*, AO, 14. Aufl. 2018, § 371 Rn. 370b, 410.

Weitere Steuerstraftaten sind Bannbruch, Schmuggel und Steuerhehlerei (§§ 372 ff. AO) sowie insbesondere die gewerbs- oder bandenmäßige Begehung von Steuerordnungswidrigkeiten (wie z. B. die Schädigung des Umsatzsteueraufkommens gem. § 26c UStG).

4.7 Haftung

Haftung bedeutet das Einstehenmüssen für eine fremde Steuerschuld[29].

Gesetzliche Vertreter haften für Steueransprüche, soweit diese aufgrund von zumindest grob fahrlässigen Pflichtverletzungen nicht (rechtzeitig) festgesetzt oder erfüllt worden sind (§ 69 AO). Konkret bedeutet dies, dass insbesondere gesetzliche Vertreter von Kapitalgesellschaften unter diesen Voraussetzungen persönlich für Steuern des Unternehmens haften – auch wenn diese Steuern erst nach dem Verlassen des Unternehmens festgesetzt worden sind. Folglich müssen Geschäftsführer und Vorstände bereits aus diesem Grund ein persönliches Interesse an einem funktionierenden TCMS haben[30].

Im Fall einer Betriebsübernahme im Ganzen haftet der Erwerber für Steuern für betriebliche Steuern, allerdings ist die Haftung auf den Bestand des übernommenen Vermögens beschränkt (vgl. § 75 Abs. 1 AO). Hier bietet es sich an, im Rahmen der Due Diligence bei einem Unternehmenskauf eventuelle Risiken zu identifizieren und im Kaufvertrag dem Verkäufer dieses Risiko zuzuweisen.

Ferner haften Unternehmen als Arbeitgeber für einzubehaltende und abzuführende Lohnsteuer ihrer Arbeitnehmer bzw. im Fall der Arbeitnehmerüberlassung neben dem Entleiher für die entsprechende Lohnsteuer (vgl. § 42d Abs. 1, 6 EStG).

Daneben existieren weitere Haftungstatbestände für einzubehaltende und abzuführende Kapitalertragsteuer (§§ 43 Abs. 1, 44 Abs. 5 EStG) und schuldhaft nicht abgeführte, aber in Rechnungen ausgewiesene Umsatzsteuer (§ 25d UStG).

Schließlich haften Beteiligte an einer Steuerhinterziehung für die verkürzten Steuern und Zinsen (§ 75 AO) – also auch Unternehmen für ein Fehlverhalten ihrer Mitarbeiter in diesem Zusammenhang.

---

[29] Vgl. *Rüsken* in *Klein*, AO, 14. Aufl. 2018, § 69 Rn. 2.
[30] *Kromer/Henschel* in *Kessler/Kröner/Köhler*, Konzernsteuerrecht, 3. Aufl. 2018 § 1 Rn. 142.

4.8 Sonstiges

Als größtes nichtfinanzielles Risiko (jedenfalls unmittelbar) dürfte eine negative mediale Wahrnehmung des betroffenen Unternehmens anzuführen sein. Dies kann zu einem Verlust an Kunden und (potenziellen) Mitarbeitern führen. Ferner können erhebliche Kosten für die Unternehmenskommunikation entstehen, um gegen eine negative Reputation anzukämpfen[31]. Schließlich können solche Unternehmen bei öffentlichen Ausschreibungen aus eine „schwarze Liste" gesetzt werden, d. h., öffentliche Aufträge werden an solche Unternehmen nicht (mehr) vergeben.

Da Unternehmen Handelsgeschäfte betreiben, trifft sie die erhöhte Sorgfaltspflicht von Kaufleuten (§ 347 HGB)[32]. Im Bereich des Steuerrechts müssen also qualifizierte Mitarbeiter die entsprechenden Pflichten umsetzen oder diese Aufgaben müssen externe Berater (Rechtsanwälte, Steuerberater) übernehmen. Insbesondere müssen die Unternehmen qualifizierte Personen auswählen, weil sie sich ansonsten dem Vorwurf einer nicht Compliance-gemäßen Auswahl ausgesetzt sehen. Bei der Auswahl von Abschlussprüfern von Jahresabschlüssen und Lageberichten sind z. B. die §§ 319 ff. HGB einzuhalten. Für Regressfälle haben Unternehmen außerdem sicherzustellen, dass die Deckungssumme ausreichend ist, um eventuelle Schäden zu kompensieren. Erneut wird für international tätige Unternehmen darauf hingewiesen, dass im Bereich des Steuerrechts gerade die OECD in den letzten Jahren umfangreiche Maßnahmen getroffen hat, um das Steuerrecht international zu harmonisieren und insbesondere unerwünschte Nicht- und Geringbesteuerungen aufgrund von Qualifikationskonflikten oder Verrechnungspreisen zu unterbinden. Dieser Beitrag behandelt die eben erwähnten Punkte nicht – sie sind komplex und aus Compliance-Sicht wichtig und arbeitsintensiv.

5. Zusammenfassung

Tax-Compliance ist kein neuer, aber ein wichtiger und komplexer Bereich des Steuerrechts. Inhaltlich geht es darum, dass Unternehmen ihre steuerlichen Pflichten möglichst vollständig und fristgerecht erfüllen. Dies ist praktisch unmöglich, aber durch qualifizierte Mitarbeiter in den Bereichen Compliance und Steuern lässt sich dies weitgehend bewältigen, notfalls sind externe Berater zu mandatieren. Bereits aufgrund von finanziellen Zusatzbelastungen sollte die

---

[31] Z. B. aufgrund von zweifelhaften Finanzgeschäften von Großbanken zu Lasten des Fiskus, vor allem im Zusammenhang mit der Finanzkrise, als der Staat gleichzeitig viele Banken „retten" musste, die in eine finanzielle Schieflage geraten waren.
[32] Zum Begriff z. B. *Schmidt* in *Schmidt*, Münchener Kommentar zum HGB, 4. Aufl. 2018, § 347 Rn. 9 ff.

Unternehmensführung diesem Thema die nötige Aufmerksamkeit widmen, im schlimmsten Fall drohen schwere Reputationsschäden. Gerade mit einem Tax-Compliance-Management-System lassen sich viele Pflichten routiniert bearbeiten – vorausgesetzt dieses ist umfassend und stets auf aktuellem Stand.

Autorenverzeichnis

Dr. David Albrecht ist Fachanwalt für Strafrecht in Berlin und arbeitet ausschließlich im Bereich des Wirtschaftsstrafrechts. Ein Schwerpunkt seiner Tätigkeit liegt im Arbeitsstrafrecht und dort sowohl in der Präventivberatung von Unternehmen mit dem Ziel der Minimierung von Sanktions- und Haftungsrisiken als auch in der Verteidigung von Organisationen und Leitungspersonen in gegen sie geführten Straf- und Ordnungswidrigkeitenverfahren.

 **Dr. Yvonne Conzelmann** ist als Rechtsanwältin in Frankfurt am Main tätig. Davor arbeitete sie als wissenschaftliche Mitarbeiterin promotionsbegleitend am Lehrstuhl für Straf- und Strafprozessrecht an der Eberhard-Karls-Universität Tübingen. Ihre Spezialgebiete sind Litigation, Compliance sowie Arbeitsrecht. Regelmäßig veröffentlicht sie Zeitschriftenbeiträge in Fachzeitschriften zu aktuellen compliance-rechtlichen Themen und Fragestellungen.

Dr. Daniela Eisele-Wijnbergen, LL.M, war bzw. ist Professorin für Personal an der Hochschule Heilbronn und bis heute an der HSBA Hamburg School of Business Administration. Parallel ist sie Management Partnerin der Dialog HR Consultants GmbH und berät Unternehmen in personalpolitischen Fragen. Davor war Frau Eisele-Wijnbergen bei der EnBW Energie Baden-Württemberg AG und später bei der ZF Friedrichshafen AG für Personalgrundsatzfragen verantwortlich.  Nach ihrem Studium der Ökonomie war sie wissenschaftliche Mitarbeiterin und promovierte an einem Personallehrstuhl. Parallel dazu war sie als Recuiterin tätig. Ihren LL.M. in Arbeitsrecht absolvierte sie berufsbegleitend an der JurGRAD, Trägerin der Aus- und Weiterbildung der Westfälischen Wilhelms-Universität Münster.

Dr. Anne Förster, Fachanwältin für Arbeitsrecht, ist Salary Partnerin bei Taylor Wessing Partnergesellschaft mbB. Sie berät nationale und internationale Unternehmen in allen Bereichen des Individual- und Kollektivarbeitsrechts. Sie fokussiert sich dabei auf den Bereich Arbeitnehmerüberlassung und den rechtskonformen Einsatz von Fremdpersonal. Hier verfügt sie über eine langjährige Branchen-Expertise im IT-Bereich und ist sehr erfahren bei der arbeitsrechtlichen Gestaltung agiler Projekte. Außerdem verfügt sie über besondere Expertise in Fragen der betrieblichen Mitbestimmungsrechte (einschließlich der Verhandlungen mit Betriebsräten) sowie der Beratung von Unternehmen im Rahmen von Umstrukturierungsprozessen, insbesondere im Zusammenhang mit Betriebsübergängen.

Dr. Christiane Freytag ist Counsel im Stuttgarter Büro von Gleiss Lutz. Sie ist im Öffentlichen Wirtschaftsrecht tätig. Ihre Schwerpunkte liegen im Vergaberecht, im Umweltrecht und im Produkt(sicherheits)recht. Sie berät regelmäßig Unternehmen zu vergaberechtlichen Fragen der Selbstreinigung im Zusammenhang mit der Implementierung und Überarbeitung von Compliance Management Systemen sowie der Nachweisführung gegenüber Vergabestellen und Registerbehörden.

Frau **Dr. Tatjana Gohritz** sammelte mehrjährige Erfahrung als Chief Compliance Officer bei der Paul Hartmann AG, einem der führenden internationalen Anbieter von Medizin- und Pflegeprodukten. Bis 2013 war Frau Dr. Gohritz als Fachanwältin für Arbeitsrecht bei Kliemt & Vollstädt (Düsseldorf) tätig und betreute dort auch internationale Mandanten. Ihre Ausbildung absolvierte sie unter anderem an der Philipps-Universität Marburg und der University of Kent at Canterbury.

Autorenverzeichnis

Dr. Katrin Haußmann ist Partner der Sozietät Gleiss Lutz am Standort Stuttgart und Expertin in der umfassenden arbeitsrechtlichen Beratung und der gerichtlichen Vertretung von Unternehmen. Schwerpunkte ihrer Tätigkeit sind die arbeitsrechtliche Begleitung von Compliance-Projekten, internen Untersuchungen (Investigations) und Verhandlungen mit Gewerkschaften und Betriebsräten, insbesondere auch zu EDV-bezogenen Betriebsvereinbarungen und technischer Verhaltens- und Leistungskontrolle, einschließlich der damit verbundenen arbeitnehmerdatenschutzrechtlichen Themen. Sie leitet den Arbeitskreis Arbeitsrecht im Deutschen Institut für Compliance DICO e.V.

Dr. Martin Knaup ist Salary Partner im Hamburger Büro von Taylor Wessing. Er ist spezialisiert auf die laufende Beratung von nationalen und internationalen Unternehmen im Bereich Corporate Compliance, insbesondere auf die Implementierung und den Ausbau von Compliance-Managementsystemen sowie die Durchführung interner Untersuchungen. Ein weiterer Schwerpunkt seiner Tätigkeit liegt in der Betreuung von gesellschaftsrechtlichen Rechtsstreitigkeiten, insbesondere bei Gesellschafterauseinandersetzungen in Personen- und Kapitalgesellschaften sowie bei Organhaftungsklagen.

Dr. Michael Johannes Pils ist Mitglied der Praxisgruppe Employment, Pension & Mobility bei Taylor Wessing. Dort ist er schwerpunktmäßig in der forensischen und beratenden Betreuung von Unternehmen und leitenden Angestellten in allen Fragen des individuellen und kollektiven Arbeitsrechts sowie in der Vertragsgestaltung tätig. Insbesondere ist er mit der arbeitsrechtlichen Betreuung von Unternehmenskäufen, ähnlichen Transaktionen und mit der Post-Merger-Beratung befasst. Sein besonderes Interesse gilt der betrieblichen Altersversorgung, Vergütungssystemen, Arbeitszeitmodellen und dem Arbeitnehmerdatenschutz.

Autorenverzeichnis

Katja Schiffelholz berät zum individuellen und kollektiven Arbeitsrecht. Dabei hat sie sich auf die Umsetzung von komplexen Vergütungsregelungen insbesondere in reglementierten Bereichen und Branchen spezialisiert. Ein weiterer Schwerpunkt ihrer Tätigkeit liegt in der Verhandlung von Vergütungsregelungen in betriebsverfassungs- und tarifrechtlicher Hinsicht.

Dr. Harald Schloßmacher studierte Rechtswissenschaften in Köln und promovierte dort. Er arbeitete als Unternehmensjurist bei Akzo Nobel als Leiter Personal & Recht bei Vaillant, war Arbeitsdirektor beim Sicherheitsdienstleister Securitas, Direktor Personal & Recht bei der Total Deutschland, Arbeitsdirektor bei der Eurocopter Deutschland und Global Head of HR der Süd-Chemie. Seite 2012 ist er als Rechtsanwalt tätig und seit Anfang 2013 Partner bei PRW Rechtsanwälte. Seine Schwerpunkte sind das Personalmanagement und das Arbeitsrecht und die sich daraus ergebenden Aspekte der „HR-Compliance".

Johannes Simon ist Mitglied der Practice Area Arbeitsrecht der Wirtschaftskanzlei Taylor Wessing und als Salary Partner am Düsseldorfer Standort tätig. Er berät nationale und internationale Unternehmen, insbesondere in den Bereichen Fremdpersonal-Compliance, Personalflexibilisierung und innerbetriebliches Outsourcing. Er verfügt über langjährige Erfahrung in komplexen Fremdpersonal Compliance-Projekten, einschließlich Abstimmung mit den zuständigen Behörden. Johannes Simon tritt regelmäßig als Referent zu HR und Fremdpersonal-Compliance-Themen auf und ist (Co-)Autor von mehreren Fachveröffentlichungen in diesem Bereich.

Jan-Patrick Vogel, LL.M. (Stellenbosch) ist Fachanwalt für Arbeitsrecht bei der Wirtschaftskanzlei Taylor Wessing und hat sich auf das Arbeitsstrafrecht und die HR-Compliance spezialisiert. Er berät umfassend zum Aufbau und Implementierung einer HR-Compliance-Organisation sowie zur repressiven Verteidigung von Unternehmen bei unternehmensinternen Straftaten. Ein weiterer Schwerpunkt seiner Tätigkeit ist die unternehmensinterne Aufklärung und  ggf. die Korrektur von strafbewehrten Rechtsverstößen mit arbeits-/ sozialversicherungsrechtlichem Bezug.

 **Dr. Volker Vogt**, LL.M. ist Rechtsanwalt, Fachanwalt für Arbeitsrecht, Partner und Leiter des Arbeitsrechtsdezernates bei Schomerus & Partner mit Büros in Hamburg, Berlin und München. Zudem ist er Lehrbeauftragter für Arbeitsrecht an der HSBA in Hamburg. Er gehört laut Handelsblatt & Best Lawyers und kanzleimonitor.de zu den empfohlenen Rechtsanwälten im Bereich Arbeitsrecht in Deutschland. Schwerpunktmäßig berät er Arbeitgeber bei Umstrukturierungen und Betriebsänderungen sowie in Compliance-Sachverhalten.

Susan Weltz studierte Rechtswissenschaften an der Johannes Gutenberg-Universität in Mainz. Während ihres juristischen Vorbereitungsdienstes im Bezirk des Oberlandesgerichts Koblenz war sie als wissenschaftliche Mitarbeiterin in einer renommierten international tätigen Wirtschaftskanzlei im Bereich des Bank- und Kapitalmarktrechts tätig. Im Anschluss wirkte sie als Trainee im Attorney General's Department in Canberra (Australien) an dem  Entwurf des Haager Übereinkommens über die Anerkennung und Vollstreckung ausländischer Urteile mit. Seit 2018 berät Frau Weltz nationale und internationale Mandanten in zivilrechtlichen und gesellschaftsrechtlichen Streitigkeiten und ist zudem publizierend tätig.

 **Martin Zackor** studierte Rechtswissenschaften an der Universität Trier und absolvierte anschließend ein LL.M.-Studium an der University of California, Davis, USA. Er arbeitete mehrere Jahre in internationalen Großkanzleien und Großbanken in Frankfurt am Main in den Bereichen Tax und Finance. Seit 2018 ist er als Counsel für die Luther Rechtsanwaltsgesellschaft mbH in Frankfurt am Main tätig. Außerdem kommentiert er zum Investment- und Investmentsteuerrecht in einem Großkommentar.

Stichwortverzeichnis

A

Abfindung 106
Abhören 157
Abmahnung 305
AGB-Bestimmung 81
AGB-Kontrolle 79
AGB-Recht 79
AGG 25, 29, 33, 37, 40, 63
Amtsermittlungsgrundsatz 176
Anforderungsgerechtigkeit 60, 61
Anzeigepflicht 342
Arbeitgebereigenschaft 120, 123
Arbeitnehmerschutz 325
Arbeitnehmerüberlassung 41, 42, 127
Arbeitsbewertung 61
Arbeitsentgelt 83
Arbeitsleistung 59
Arbeitsschutz-Compliance 171, 183
Arbeitsschutzgesetz 173
Arbeitsschutzmanagementsysteme 187
Arbeitsschutzmaßnahmen 178
Arbeitsschutzorganisation 187
Arbeitsschutzrecht 176
Arbeitsstättenrecht 172
Arbeitsstättenverordnung 181
Arbeitsunfähigkeit 315
Arbeitsverhalten 301
Arbeitsverhältnis 299
Arbeitsvertrag 221
Arbeitsverweigerung 307, 314
Arbeitswert 72

Arbeitszeit-Compliance 197, 204
Arbeitszeitgesetz 199
Aufhebungsvertrag 86
Aufsichtspflicht 142
Auskunftsverweigerungsrecht 167
Ausschlussgründe 325
Ausschreibungsverfahren 27

B

BaFin 249
Baustellenverordnung 181
Befristung 54
Begünstigung 96, 97, 98, 99, 103
Beitragsbemessungsgrenze 128
Beitragshaftung 43
Beitragspflicht 141
Beitragsvorenthaltung 120, 145, 147
Beleidigung 307, 316
BEM-Gespräch 196
Berater 123
Berichtigungspflicht 343
Beschäftigungsverhältnis 85, 123
Beschwerdemanagement 176
Beschwerdesystem 175
Beschwerdeverfahren 176
Bestimmtheitsgebot 82
Betätigungsfreiheit 229
Beteiligungsrecht 96
Betriebsmittelverordnung 181
Betriebsrat 71, 96, 178, 301, 303
Betriebsratsbegünstigung 98, 100, 114

Betriebsratsmitglied 99, 100, 102, 103, 105, 106, 107, 110, 113, 117
Betriebsvereinbarung 68, 194, 303
Beweislast 330
Beweislastumkehr 262
Bewerbungsprozess 25
Bindungsdauer 84
Bindungsfrist 83
Biostoffverordnung 181
Bundesdatenschutzgesetz 151
Bußgeld 22
Bußgeldkatalog 198
Bußgeldtatbestand 137

C

Commitment 91, 92
Compliance-Abteilung 267, 290
Compliance-Beauftragte 267
Compliance-Kette 297
Compliance-Kultur 293
Compliance-Management-System 119, 125, 246, 284
Compliance-Maßnahmen 96
Compliance-Mitarbeiter 267
Compliance-Officer 290
Compliance-Organisation 248, 289
Compliance-Prozess 114
Compliance-Risiko 248
Compliance-Schulung 217
Compliance-Struktur 22
Compliance-System 22, 114, 288
Compliance-Verstöße 321, 339
Crowdworker 173

D

Datenerhebung 151
Datenschutz 33, 150, 203, 213
Datenschutzbestimmungen 213
Datenverarbeitung 151

DCGK 249
Detektiveinsatz 162
Digitalisierung 197
Direktionsrecht 220, 303, 304
Diskriminierung 26, 27, 28, 29, 33, 39
Dokumentation 305
Dokumentationspflicht 173, 202, 203, 260, 340
DSGVO 192, 257
Due Diligence 208

E

Echtzeit-Medien 211
Ehrenamt 104
Ehrenamtsprinzip 105
Eignung 329
Eignungsmerkmale 325
Eingliederungsmanagement 172, 194
E-Learning 186
Entgeltausfallprinzip 97, 102, 105, 106, 117
Entgelttransparenzgesetz 60, 72
Enthaftungskonzepte 172
Entschädigungsanspruch 29
Entstehungsprinzip 43
Entwicklungsteam 234
Ermittlungsverfahren 331

F

Facebook 215
Feedback-Kultur 296
Freelancer 49, 123
Freistellung 105, 106, 107, 108
Fremdpersonal 126
Fremdpersonal-Compliance 42, 45, 46
Führungsaufgabe 284

Führungsverhalten 287
Führungszeugnis 36
Fürsorgepflicht 150

G

Gefährdungsbeurteilung 172, 174, 183, 201
Gefahrenanordnung 177
Geheimhaltungsinteresse 213
Gemeinschaftsbetrieb 55
Gender Pay Gap 72
Generalanordnung 177
Geschäftsleitung 117

H

Haftung 348
Handlungshilfen 184
Hauptpflicht 59
Hinweisgeberschutz 252
Hinweisgebersystem 245
Höchstüberlassungsdauer 50

I

Implementierung 302
Individualvereinbarung 221
Informationsfreiheit 33
Insolvenz 131
Institutsvergütungsverordnung 67
Interessenabwägung 308
Internal Investigations 302
Internet 211

K

Kernstrafrecht 179
Kontrollmaßnahmen 22
Kontrollverantwortung 188
Konzernprivileg 53
Korruptionsregister 143

Kündigung 85, 86, 304, 306, 309, 327
Kündigungsgrund 313
Kündigungsschutzgesetz 325
Kündigungsschutzrecht 326

L

Legalitätspflicht 247
Legalitätsprinzip 182
Leiharbeitnehmer 43
Lieferkette 296
Liquiditätsvorsorge 130
Lohnbestandteile 120

M

Marktgerechtigkeit 60, 70
Meinungsfreiheit 225
Meldesystem 257
Mindestlohn 73
Mindestlohngesetz 60, 73
Minimum Viable Product 235
Mitarbeiterbefragung 166
Mitarbeiterbeurteilung 165
Mitbestimmung 75, 172, 301
Mitbestimmungsrecht 184, 186, 203, 219, 276
Mitteilungspflicht 135, 141
Mittlerfunktion 293
Mitwirkungspflicht 343

N

Nebenpflichten 301
Nettolohnabrede 128
Netzwerk 31, 213
Nutzungsrahmen 223

O

Ombudsperson 268
Ordnungsverhalten 302

Ordnungswidrigkeit 42
Organisationspflicht 248, 288

P

Personalabteilung 103, 104, 115
Personalkompetenz 189
Personalmanagement 91
Personalwesen 20
Persönlichkeitsrecht 150, 157
Pflichtendelegation 188
Pflichterfüllung 125
Pflichtverletzung 124, 154, 326
Pflichtverstöße 21
Plausibilitätsprüfung 279
Privatsphäre 150, 152, 164, 212
Product Backlog 234
Product Owner 233
Prognoseprinzip 307
Prüfpflicht 153

Q

Qualifikation 329

R

Rechtsrat 179
Recruiting-Team 26
Regelverstoß 246
Rekruitierung 31, 40
Restleistungsfähigkeit 193
Restrisiko 175
Revisionierung 118
Richtlinie 218, 254
Richtlinien 218
Risikomanagement 266
Risikoprüfung 208
Rücksichtnahmepflicht 225, 307
Rückzahlungsklausel 84, 86, 88, 90
Rückzahlungspflicht 85, 86

Rückzahlungsvereinbarung 86, 90
Rüge 305
Rügefunktion 305

S

Sanktionskatalog 323
Sanktionsmöglichkeiten 302
Säumniszuschlag 344
Schadensersatzansprüche 263
Scheinarbeit 147
Scheinselbstständigkeit 123
Schulungen 295
Schwarzlohnabrede 128
Scrum Master 233
Selbstanzeige 48, 139
Selbstreinigung 322
Sicherheitsrisiken 224
Sicherheitsvorschriften 180
Social Media 213
Social-Media-Guidelines 217
Social-Media-Plattform 214
Sorgfaltspflicht 181
Sozialleistungen 109
Sozialpartner 61
Sozialversicherung 48
Sozialversicherungsbeiträge 120
Sozialzulagen 105
Speak-Up-Kultur 287
Sprint 234
Sprint-Planning 234
Sprint-Retrospektive 235
Sprint-Review 235
Stakeholder 118
Stellenausschreibung 26
Steuerabteilung 103, 104, 117
Steuererklärung 341
Steuerhinterziehung 114, 139
Steuererklärungspflicht 341

Steuerordnungswidrigkeit 346
Steuerstrafrecht 101
Steuerstraftat 347
Stichtagsklausel 87, 88
Strafantrag 98, 99, 102
Strafausschluss 140
Strafbarkeit 97, 99, 102, 103, 104
Strafbarkeitsrisiko 97, 119, 140
Stresstest 192

T

Tariferhöhung 110
Tarifvertrag 68, 70, 109, 112
Tarifverträgen 70
Täuschung 133, 136
Tax-Compliance 335
Tax-Compliance-Kultur 339
Tax-Compliance-Management-System 335
Tax-Risk-Management 337
Tendenzbetrieb 317
Transparenzkontrolle 60

U

Überwachung 150, 159, 169, 303
Überwachungsmaßnahmen 22
Überwachungspflicht 247
Unpünktlichkeit 314
Unternehmenskultur 284
Unternehmensleitung 114
Unternehmenspersönlichkeitsrecht 229
Unternehmerpflicht 49
Untersagungsanordnung 178
Unterweisung 175
Untreue 99, 100, 115
User-Stories 234

V

Verbandsgeldbuße 142, 143
Verdachtskündigung 316
Vergabesperre 45
Vergabeverfahren 45
Vergleichsgruppe 107, 108, 109, 113, 117
Vergütung 59
Vergütungsgerechtigkeit 60
Vergütungsgruppensystem 193
Verhaltensregeln 299
Verhältnismäßigkeitsprinzip 225
Verhältnismäßigkeitsprüfung 165
Verjährungsfrist 141
Verkehrssicherungspflicht 181
Vermögensdelikte 315
Vertrauensarbeitszeit 202
Vertraulichkeitspflichten 260
Verzögerungsgeld 344
Videoüberwachung 152, 153
Vorbildfunktion 303
Vorstellungsgespräch 26

W

Warnfunktion 305
Wasserfallmodell 237
Weisung 121, 301
Weisungsbefugnis 291
Wettbewerbsregister 144
Wettbewerbsvorteil 296
Whistleblower 176
Whistleblower-Hotline 176
Whistleblowermeldung 278
Whistleblowing 245
Whistleblowing-Policy 255, 271
Whistleblowing-System 245
Workshops 295
WRL 254

Z

Zahlungsunfähigkeit 130
Zulagen 106, 110
Zusatzleistungen 68
Zuwendung 99, 100, 101, 105
Zwangsgeld 344